Votre version numérique
offerte
pour l'achat d'un livre imprimé *
Demandez votre accès gratuit
au **livre numérique**
livrenumerique@eni.fr
Configuration avancée

Ressourcesinformatiques

C# 5 et Visual Studio 2013

Les fondamentaux du langage

ISBN : 978-2-7460-9264-8
Imprimé en France

Editions ENI
ZAC du Moulin Neuf
Rue Benjamin Franklin
44800 St HERBLAIN

Tél. 02.51.80.15.15
Fax 02.51.80.15.16

e-mail : editions@ediENI.com
http://www.editions-eni.com

Auteur : Sébastien PUTIER
Collection **Ressources Informatiques** dirigée par Joëlle MUSSET

Avant-propos

Depuis l'introduction de C# avec la première version de la plateforme .NET, le langage a connu de nombreuses évolutions pour aboutir à sa cinquième version. Les multiples fonctionnalités qu'il permet d'utiliser, ainsi que sa syntaxe élégante, font de lui le langage de référence dans l'univers .NET.

La place de C# dans le monde du développement a grandi au fil du temps pour arriver à la situation actuelle : C# est un langage "qui compte". Il permet de cibler de nombreuses plateformes matérielles et logicielles (notamment grâce au projet Mono) et est utilisé par de très nombreuses sociétés qui voient en lui un outil de productivité idéal.

Cet ouvrage est destiné à tous les développeurs désireux d'appréhender le développement d'applications à l'aide de C# et Visual Studio 2013.

Vous commencerez par **découvrir la plateforme .NET** au travers de son historique et de la description de ses composants, puis vous verrez la procédure d'installation ainsi que la présentation de l'environnement de développement qu'est **Visual Studio 2013**. La **structuration des solutions et projets** est également détaillée de manière à vous familiariser avec les outils à votre disposition.

Une fois cette première étape passée, vous découvrirez les **éléments fondamentaux de C#** et leur application à la **programmation orientée objet** afin d'utiliser au moins les fonctionnalités offertes par la plateforme .NET. Afin d'être en mesure de diagnostiquer et résoudre les différentes erreurs que vous pourrez rencontrer lors de vos développements, un chapitre est ensuite consacré aux problématiques de **débogage et de gestion d'erreurs**.

Une fois ces notions acquises, vous serez en mesure de prendre en main la conception d'**applications fenêtrées utilisant la technologie WPF**. Lors de vos futurs développements, vous aurez probablement besoin, en plus d'une interface graphique soignée, de travailler avec des données stockées dans des bases de données. Les deux chapitres suivants vous permettront de vous pencher sur la question en traitant d'**ADO.NET** et de **LINQ**. ADO.NET fournit les outils fondamentaux pour la manipulation de données, notamment à l'aide de requêtes SQL. LINQ est une API de plus haut niveau qui offre des possibilités de traitements complexes sur des jeux de données en mémoire ou dans une base de données.

Le format **XML** est aujourd'hui un standard permettant notamment l'échange de données entre applications ou sur le Web. Un chapitre lui est par conséquent dédié afin que vous soyez en mesure de manipuler la structure et le contenu de documents XML.

Enfin, un chapitre traite une partie importante du cycle de vie d'une application : le **déploiement**. Deux technologies intégrées à Visual Studio sont décrites afin de vous donner les clés pour mener à bien cette opération : **InstallShield** et **ClickOnce**.

Afin de vous aider dans votre apprentissage et votre perfectionnement, le dernier chapitre de l'ouvrage est un **aide-mémoire** regroupant les différents mots-clés du langage. Chacun est accompagné d'un rapide descriptif et d'un exemple d'utilisation, vous permettant ainsi de toujours avoir à portée de main une **référence rapide et accessible**.

Les éléments à télécharger sont disponibles à l'adresse suivante :
http://www.editions-eni.fr
Saisissez la référence ENI du livre **RI13CSHA** dans la zone de recherche et validez. Cliquez sur le titre du livre puis sur le bouton de téléchargement.

Avant-propos

Chapitre 1
La plateforme .NET

Chapitre 2
Visual Studio 2013

Chapitre 3
L'organisation d'une application

Chapitre 4
Les bases du langage

Chapitre 5
La programmation orientée objet avec C#

Chapitre 6
Débogage et gestion des erreurs

Chapitre 7
Développement d'applications Windows

Chapitre 8
Accès aux données

Chapitre 9
LINQ

Chapitre 10
XML

Chapitre 11
Déploiement

Chapitre 12

Chapitre 1
La plateforme .NET

1. Introduction

Microsoft fournit au travers de la plateforme .NET un ensemble d'outils et de technologies permettant le développement d'applications ciblant des plateformes variées :

- Applications Windows (applications fenêtrées, applications console, services Windows)
- Applications et services web
- Applications pour smartphones
- Applications orientées tablettes
- Applications pour systèmes embarqués

Ces différents types d'applications peuvent être développés grâce à une brique commune : le **framework .NET**. Ce framework est une solution logicielle qui comprend plusieurs composants dédiés au développement ou à l'exécution des applications. Il est fourni par Microsoft pour le système d'exploitation Windows, et est disponible pour d'autres systèmes par l'intermédiaire de solutions logicielles tierces, comme Mono.

Les éléments formant le cœur du framework .NET sont le **Common Language Runtime (CLR)**, le **Dynamic Language Runtime (DLR)** et la **bibliothèque de classes de base (Base Class Library)**.

Le Common Language Runtime est un environnement qui permet l'exécution du code .NET et assure la gestion de la mémoire. Le code pris en charge par le CLR est couramment appelé code managé.

Le Dynamic Language Runtime est une addition au Common Language Runtime développée en C#, qui fournit des capacités d'exécution de code dynamique. Grâce à lui, des langages dynamiques, tels que PHP ou Python, peuvent être supportés par le framework .NET.

La Base Class Library est un ensemble de classes qui exposent des fonctionnalités courantes et qui peuvent être utilisées pour tout type d'application. Elle est constituée de plusieurs briques indépendantes ajoutées progressivement au fil des versions du framework .NET.

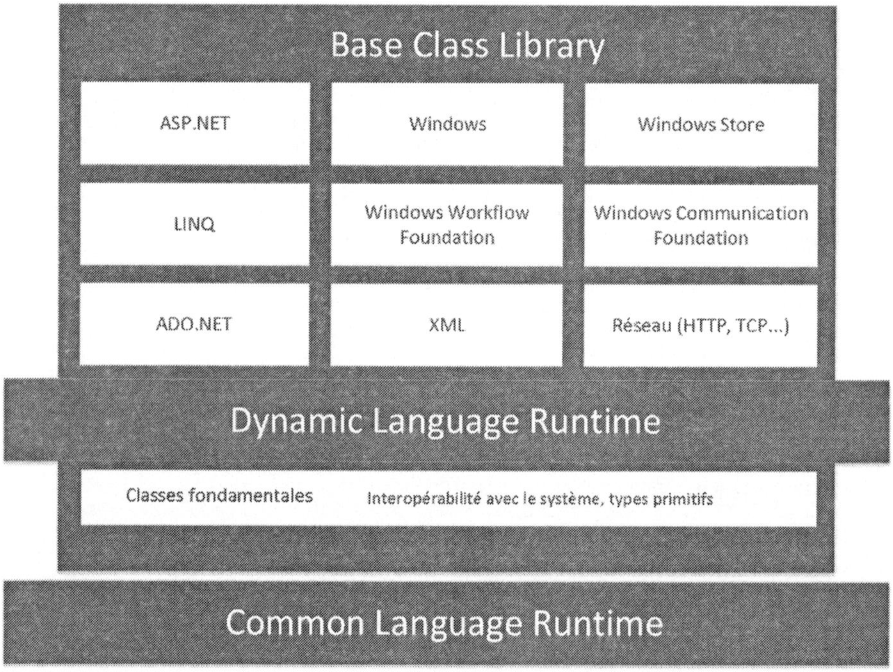

2. Historique

Depuis ses débuts, Windows expose ses fonctionnalités aux développeurs au travers d'interfaces de programmation (en anglais API pour *Application Programming Interface*) afin de permettre la création d'applications. Avec la complexification de Windows, différentes API ont vu le jour et évolué :

- **API Windows (Win16 & Win32)** : ces API constituent le cœur de Windows et sont utilisées directement par le système. Elles sont destinées à être utilisables au plus bas niveau, avec le langage C. Win16 était livré à partir de Windows 3.1, tandis que Win32 est utilisé depuis Windows 95.
- **MFC (Microsoft Foundation Classes)** existe depuis 1992 et encapsule les API Win16 puis Win32 dans une structure orientée objet en C++.
- **COM (Component Object Model)** est apparu peu après les MFC pour répondre à une problématique de communications entre processus. Par la suite, la bibliothèque **ATL (Active Template Library)** a encapsulé les API COM afin de simplifier leur utilisation.

La plateforme .NET est apparue au début des années 2000 en réponse au problème de la complexification de ces API. Elle les unifie et les modernise, tout en permettant leur utilisation par n'importe quel langage possédant une implémentation compatible. Visual C# a d'ailleurs été créé pour la plateforme .NET afin qu'un langage puisse exploiter toutes les capacités qu'elle offre.

L'unification des API et des modèles de développement a aussi touché le monde du Web. Microsoft fournissait en effet le moteur de script (côté serveur) **ASP** (*Active Server Page*) depuis le milieu des années 90, mais il a été déprécié en faveur d'une brique intégrée au framework .NET : **ASP.NET**. Celle-ci a permis l'amélioration des performances des applications Web en introduisant du code compilé, et non plus interprété. Elle a aussi amélioré leur maintenabilité en remplaçant la programmation procédurale typique des langages de script avec un modèle de programmation événementiel et orienté objet.

Depuis sa sortie initiale, la plateforme .NET a connu neuf versions différentes, dont sept apportent des modifications ou des fonctionnalités majeures. Ci-dessous ces évolutions sont résumées (de manière non exhaustive).

Version : 1.0

Date de sortie : Février 2002

IDE associé : Visual Studio .NET 2002

Fonctionnalités associées :

Sortie initiale :

- Développement Windows avec les WinForms
- Développement Web avec ASP.NET

Version : 1.1

Date de sortie : Avril 2003

IDE associé : Visual Studio .NET 2003

Fonctionnalités associées :

- Nombreux changements dans l'API
- Ajout des fournisseurs de données Oracle et ODBC dans la brique ADO.NET (auparavant disponible sous la forme d'un add-on)
- Ajout de contrôles visuels pour le développement ASP. NET (auparavant disponible sous la forme d'un add-on)
- Support du protocole IPv6
- Première version du .NET Compact Framework à destination des périphériques mobiles.

Version : 2.0

Date de sortie : Janvier 2006

IDE associé : Visual Studio 2005

Fonctionnalités associées :

- Support des systèmes d'exploitation 64 bits
- Support des classes partielles, permettant la séparation entre le code généré et le code écrit par le développeur
- Support des méthodes anonymes
- Introduction des types génériques, qui permettent l'écriture de code adaptable à différents types de données

Version : 3.0

Date de sortie : Novembre 2006

IDE associé : Visual Studio 2005

Fonctionnalités associées :

Quatre nouvelles briques majeures :

- WPF (*Windows Presentation Foundation*) pour la définition d'interfaces graphiques
- WCF (*Windows Communication Foundation*) pour la communication pour l'interopérabilité entre applications
- WF (*Windows Workflow Foundation*) qui permet la définition de flux de travail automatisables
- Windows CardSpace pour la gestion d'identité par authentification unique (désormais obsolète)

Version : 3.5

Date de sortie : Novembre 2007

IDE associé : Visual Studio 2008

Fonctionnalités associées :

- Inférence de type
- LINQ pour le requêtage de données

Version : 4.0

Date de sortie : Avril 2010

IDE associé : Visual Studio 2010

Fonctionnalités associées :

- Introduction du DLR (*Dynamic Language Runtime*) pour l'interfaçage avec des langages dynamiques
- Ajout des Parallel Extensions pour la gestion du multithreading et de la parallélisation de l'exécution du code
- Amélioration des performances du Garbage Collector

Version : 4.5

Date de sortie : Août 2012

IDE associé : Visual Studio 2012

Fonctionnalités associées :

- Support des applications dédiées à Windows 8
- Extension de C# et VB.NET pour inclure l'asynchronisme directement dans les langages
- Nouvelle API pour la communication HTTP
- Amélioration des performances Web avec la minification et l'asynchronisme

Version : 4.5.1

Date de sortie : Octobre 2013

IDE associé : Visual Studio 2013

Fonctionnalités associées :

– Support des applications dédiées à Windows 8.1

Version : 4.5.2

Date de sortie : Mai 2014

IDE associé : Visual Studio 2013

Fonctionnalités associées :

– Nouvelles API pour ASP. NET

3. Le Common Language Runtime (CLR)

L'exécution des applications Windows traditionnelles est prise en charge par le système d'exploitation. Ces programmes sont générés par un compilateur qui transforme des instructions écrites dans un langage comme C ou C++ en un fichier binaire contenant des instructions spécifiques à un système d'exploitation particulier et à une architecture de processeur spécifique. Dans cette configuration, plusieurs exécutables doivent donc être générés pour supporter les différentes configurations matérielles et logicielles des utilisateurs.

Une solution à cette problématique est de générer un exécutable dont le code est générique, indépendant de l'environnement d'exécution. Dans ce contexte, son exécution ne peut pas être confiée directement au système d'exploitation puisqu'il n'est pas en mesure de traiter le code générique. Il est alors nécessaire d'insérer une brique logicielle dans la chaîne d'exécution, entre l'application et le système, afin de traduire le code générique en instructions adaptées à la machine. Un composant logiciel de ce type est appelé **machine virtuelle**.

C'est exactement ce principe qui est utilisé par la plateforme .NET. L'étape de compilation d'une application écrite avec Visual C# ou Visual Basic .NET produit un fichier exécutable dont le contenu est essentiellement écrit dans un langage générique nommé **Microsoft Intermediate Language** (ou **MSIL**). Lors de son exécution, c'est le **Common Language Runtime** (**CLR**) qui prend en charge ce code et assure le rôle de machine virtuelle. Il traduit à la volée et à la demande les portions de code qui doivent être exécutées afin d'optimiser les ressources utilisées pour assurer cette transformation.

L'utilisation de cette technique nécessite l'installation de la machine virtuelle sur les différents postes de travail devant exécuter l'application. Microsoft fournit une implémentation de cette machine virtuelle pour tous les systèmes Windows, mais n'assure pas sa livraison pour les autres systèmes. Le projet Mono fournit une implémentation open source de ce composant logiciel afin de permettre l'exécution d'applications .NET sur les plateformes Linux, Unix et Mac OS notamment.

En plus de cette opération de traduction, le Common Language Runtime fournit un certain nombre de services relatifs à l'exécution du code géré. L'ensemble des fonctionnalités du CLR est schématisé ci-dessous.

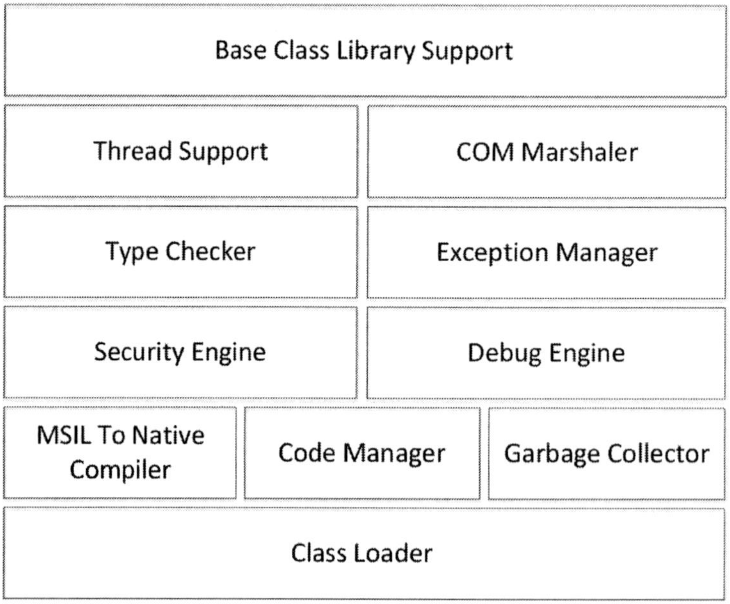

Class Loader

Il gère la création et le chargement en mémoire des instances de classes.

MSIL To Native Compiler

Ce service convertit le code intermédiaire en code natif.

Code Manager

Il gère l'exécution du code.

Garbage Collector

Il fournit une gestion automatique de la mémoire en surveillant les objets de l'application et en libérant la mémoire des instances de classe inutilisées et inaccessibles.

Security Engine

Il assure la sécurité du système en vérifiant les permissions d'exécution au niveau du code, du dossier de l'application et de la machine.

Debug Engine

Il permet le débogage de l'application.

Type Checker

Il vérifie la compatibilité des différents types utilisés dans l'application afin de fournir une sécurité au niveau du typage.

Exception Manager

Il fournit la gestion individuelle des exceptions pouvant être levées dans l'application.

Thread Support

Il fournit une encapsulation managée des threads, permettant ainsi le développement d'applications multithread tout en bénéficiant de tous les services fournis par le CLR.

COM Marshaler

Il permet la communication entre une application .NET et un composant COM, notamment en effectuant des conversions de types de données automatiques en cas de besoin.

Base Class Library Support

Il fournit l'accès à l'ensemble des classes de la Base Class Library.

4. La Base Class Library (BCL)

Le framework .NET inclut un ensemble de types de données permettant d'obtenir apidement une solution à un grand nombre de problématiques pouvant être rencontrées au cours du développement d'une application.

Ces types de données sont organisés sous la forme d'une hiérarchie. Chaque niveau de cette hiérarchie est défini par un **espace de noms** (**namespace**) identifiant un groupement de types. Les espaces de noms sont nommés en concaténant le nom de son parent, le symbole "." et son propre nom, le tout désignant généralement le point commun des fonctionnalités fournies. L'espace de noms `System.Xml` regroupe par exemple un ensemble de classes permettant de traiter des flux de données au format XML.

La BCL contient plusieurs milliers de types, et il est fort probable qu'une grande partie d'entre eux ne soit jamais utilisée dans vos développements. Certains d'entre eux sont en effet très spécifiques et utilisables dans très peu de contextes. C'est notamment le cas des types définis dans les espaces de noms `Microsoft.Build` ou `System.CodeDom` qui permettent respectivement d'interagir avec le moteur MSBuild et de générer du code C# ou Visual Basic .NET.

Parmi les espaces de noms les plus utilisés, on peut notamment trouver :

System

C'est l'espace de noms racine pour les fonctionnalités fournies par le système d'exploitation. Il contient notamment la définition des types primitifs alphanumériques et numériques.

System.Data

Il contient l'ensemble des types permettant l'accès aux bases de données.

System.IO

Cet espace de noms contient les types permettant l'accès à des flux de données ou à des fichiers.

5. Le Dynamic Language Runtime (DLR)

Le **Dynamic Language Runtime** est une surcouche du Common Language Runtime, apparue avec la version 4.0 de la plateforme .NET, qui fournit des services facilitant l'implémentation et l'utilisation des langages dynamiques dans l'environnement .NET.

Depuis l'arrivée du DLR, il est possible de définir des variables .NET dont le type est dynamique, c'est-à-dire qu'il n'est pas fixé au moment de l'écriture du code. L'utilisation de cette fonctionnalité peut se révéler extrêmement pratique lorsqu'il est question d'interagir avec des applications écrites avec des langages dynamiques ou lorsque l'on souhaite utiliser certains composants COM. Les types de données renvoyés par ces éléments logiciels ne sont en effet pas forcément connus au moment de l'écriture du code et sont donc difficilement utilisables par un langage dont le typage est purement statique.

L'existence du Dynamic Language Runtime permet par conséquent de fournir une **implémentation de langages dynamiques** comme Python ou Ruby pour la plateforme .NET. Ces deux langages ont d'ailleurs déjà été portés pour .NET sous les noms **IronPython** et **IronRuby**.

Il est également possible grâce au DLR de créer des applications .NET qui peuvent être des hôtes de scripts, c'est-à-dire qu'il est possible d'écrire du code compatible .NET, avec IronPython par exemple, et de l'exécuter à l'intérieur d'une application Visual C# de la même manière qu'il est possible d'écrire des scripts exécutables dans les logiciels Microsoft Access, 3DS Max ou mIRC.

Les types .NET dédiés à l'écriture de code dynamique sont localisés dans l'espace de noms `System.Dynamic`.

6. Une première application avec Visual C#

Pour découvrir Visual C#, nous étudierons ici l'écriture d'une application très simple ainsi que le processus de compilation du code. Cette première phase sera suivie d'une étape d'analyse de l'exécutable généré.

6.1 Création

Une application Visual C# est construite à partir de fichiers de code source. Ces fichiers sont généralement édités à l'aide d'un environnement de développement comme Visual Studio ou, si vous êtes adeptes des outils open source, MonoDevelop ou SharpDevelop.

Ces fichiers de code source n'étant finalement que des fichiers texte, il est parfaitement possible de les éditer à l'aide de l'application Bloc-Notes de Windows ou de tout autre programme permettant l'ouverture et la modification de fichiers texte. Le logiciel utilisé pour l'édition de ces fichiers ne doit toutefois pas ajouter de code de mise en page comme le feraient des applications de traitement de texte telles que Word, WordPad ou LibreOffice Writer.

Le premier exemple que nous verrons dans cet ouvrage sera une application affichant le traditionnel "Hello World !" dans la fenêtre de ligne de commande. Pour écrire le code source correspondant, il est nécessaire de créer un fichier texte avec l'éditeur de votre choix.

```
using System;

class Program
{
    static void Main()
    {
        Console.WriteLine("Hello world !");
    }
}
```

Ce fichier doit être enregistré avec un nom suffixé par l'extension `.cs`. Cette extension n'est pas obligatoire pour la compilation du programme, mais elle correspond aux conventions utilisées pour le développement d'applications avec C#.

Détaillons à présent le contenu de ce code source :

```
using System;
```

Cette ligne indique que le code utilise un ou plusieurs types localisés dans l'espace de noms System. Sans cette ligne, il serait nécessaire d'utiliser le nom pleinement qualifié de chacun de ces types pour les utiliser. Dans notre cas, nous aurions dû écrire :

```
System.Console.WriteLine("Hello world !");
```

```
class Program
```

Cette ligne est la définition de la classe `Program`. Dans une application Visual C#, toutes les portions de code doivent être contenues dans une classe. La première et la dernière accolade du fichier délimitent cette classe.

```
static void Main()
```

Cette ligne définit la fonction principale de notre application. On appelle aussi cette fonction **point d'entrée de l'application**. Cette fonction respecte la norme des applications Visual C# qui précise que le point d'entrée d'un programme est une fonction statique dont le nom est `Main` et dont le type de retour doit être `int` ou `void`. Cette fonction peut aussi accepter des paramètres correspondant aux arguments passés à la ligne de commande. Les deuxième et troisième accolades du fichier délimitent le code de cette fonction.

```
Console.WriteLine("Hello world !");
```

Le type `Console` permet la manipulation de la console Windows. Il possède, entre autres, des fonctions dont l'objectif est l'affichage ou la lecture de données dans la fenêtre de ligne de commande. Cette dernière ligne effectue l'affichage du texte "Hello world !" en utilisant la fonction `WriteLine` de la classe `Console`.

6.2 Compilation

Le Kit de développement logiciel pour le framework .NET (ou SDK .NET) inclut un certain nombre d'outils permettant notamment la compilation des applications écrites avec Visual C#. Le compilateur correspondant au framework .NET 4.5 est un exécutable dont le nom est **csc.exe** et qui est localisé dans le répertoire *C:\Windows\Microsoft.NET\Framework\v4.0.30319*. L'exécution directe de ce programme à l'aide de la ligne de commande Windows n'est pas recommandée car certaines variables d'environnement peuvent ne pas être définies, ce qui entraînerait un comportement non désiré, voire des erreurs.

L'installation de Visual Studio crée heureusement un raccourci fort utile dans le menu Démarrer de Windows (ou dans le Start Screen si vous utilisez Windows 8.1), dans le dossier **Visual Studio 2013 - Visual Studio Tools**. Celui-ci pointe sur un fichier .bat qui exécute les instructions nécessaires au positionnement des variables d'environnement indispensables au bon fonctionnement du compilateur, puis ouvre une fenêtre de ligne de commande.

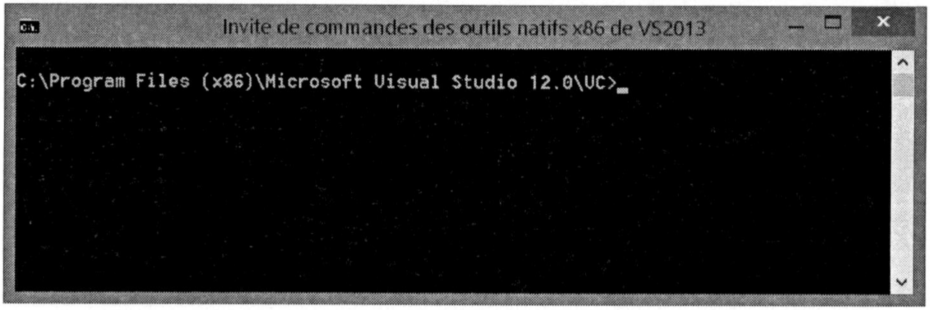

L'exécution de l'instruction `csc /?` dans cette ligne de commande indique les options utilisables pour la compilation. Les principales sont les suivantes :

`/out:<nom de fichier>`

Spécifie le nom du fichier de sortie. Par défaut, son nom correspond au nom du premier fichier fourni.

/target:exe ou /t:exe

Définit que le fichier de sortie est une application console.

/target:winexe ou /t:winexe

Définit que le fichier de sortie est une application fenêtrée pour Windows.

/target:library ou /t:library

Définit que le fichier de sortie est une bibliothèque de classes au format DLL.

/reference:<liste de fichiers>

Cette option indique une liste de fichiers à référencer pour la bonne compilation du code. Les noms de fichiers doivent être séparés par des virgules.

La compilation de l'application peut être effectuée en plaçant l'invite de commande dans le répertoire contenant notre fichier source puis en exécutant la commande csc HelloWorld.cs. Après quelques instants, le compilateur vous rend la main et il est possible de vérifier la présence du fichier exécutable généré. Par défaut, celui-ci est localisé dans le même dossier que le fichier de code source et est nommé HelloWorld.exe.

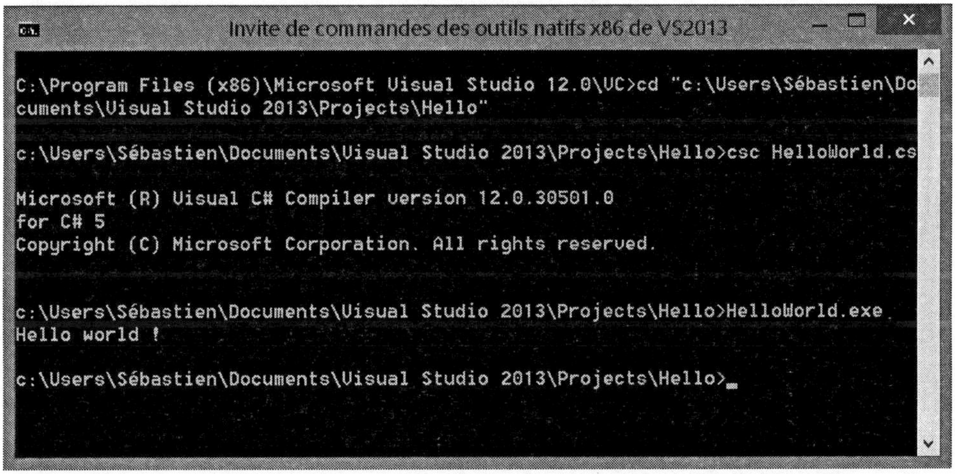

6.3 Analyse de l'assembly

Une fois le fichier exécutable généré, il est possible de l'explorer afin de visualiser son contenu. Au préalable, une explication de la structure d'un assembly (c'est le nom donné aux fichiers .dll ou .exe construits par et pour la plateforme .NET) est nécessaire.

6.3.1 Structure

Les assemblies .NET ont une capacité de réflexion. Ceci signifie qu'ils sont capables de découvrir le contenu d'un assembly .NET. Ceci s'applique aussi à eux-mêmes : ils sont capables de lire leur propre contenu. Cette fonctionnalité peut exister grâce à la structure même des assemblies générés lors de la compilation d'un code source compatible .NET.

Un assembly est une unité logique de code contenant deux éléments essentiels : les **métadonnées** et le code de l'application sous la forme de **code MSIL**. Les métadonnées contiennent des informations relatives à l'assembly, comme la description de son contenu ou la liste de ses dépendances. L'assembly peut aussi contenir des ressources intégrées, stockées sous forme binaire, ce qui permet de ne pas dissocier le code de ses dépendances externes (images, fichiers audio ou vidéo, etc.).

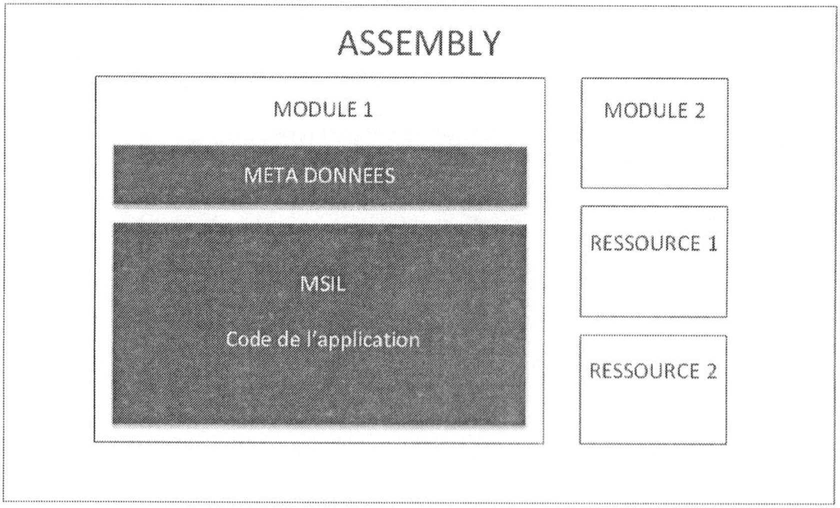

6.3.2 Exploration avec ILDASM

Un assembly étant autodescriptif, il est possible avec certains outils de lire ses métadonnées pour obtenir la description du code qu'il contient, puis de lire le code MSIL de l'assembly pour retrouver le contenu de chaque classe, fonction, propriété ou tout autre élément de code. On appelle cette opération le **désassemblage**.

Parmi les outils installés par le kit de développement du framework .NET, on trouve un logiciel fenêtré nommé IL DASM (pour *Intermediate Language Disassembler*). Celui-ci exécute exactement les opérations décrites ci-dessus, ce qui permet donc la visualisation du code d'une application .NET sous la forme de code MSIL.

Cet outil est lancé à partir de la commande `ildasm` dans la ligne de commande de Visual Studio. Une fois la fenêtre principale de l'application ouverte, il convient de fournir un assembly .NET à analyser à l'aide du menu **File - Open**. L'ouverture de l'exécutable HelloWorld.exe affiche le résultat suivant :

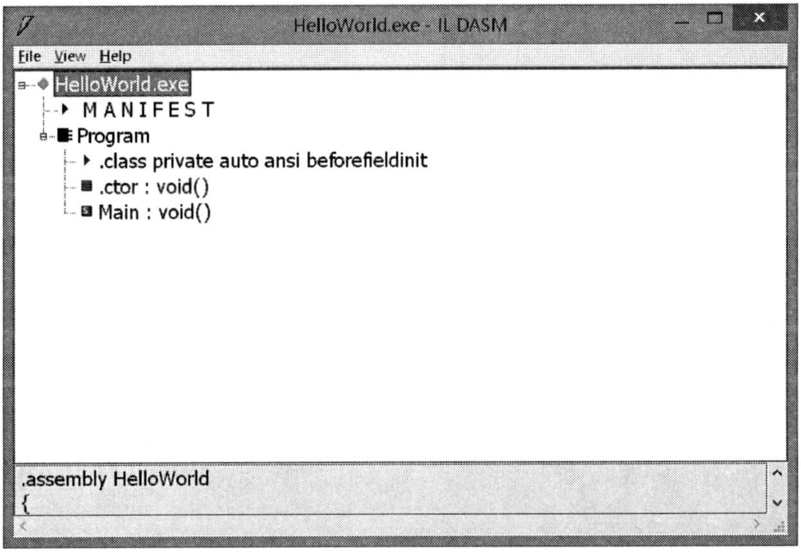

Le contenu de l'assembly est représenté sous la forme d'une arborescence. On trouve dans cette arborescence les deux éléments essentiels décrits plus tôt.

La section **MANIFEST** représente les métadonnées de l'assembly. Un double clic sur cet élément ouvre une fenêtre qui contient ces informations de description.

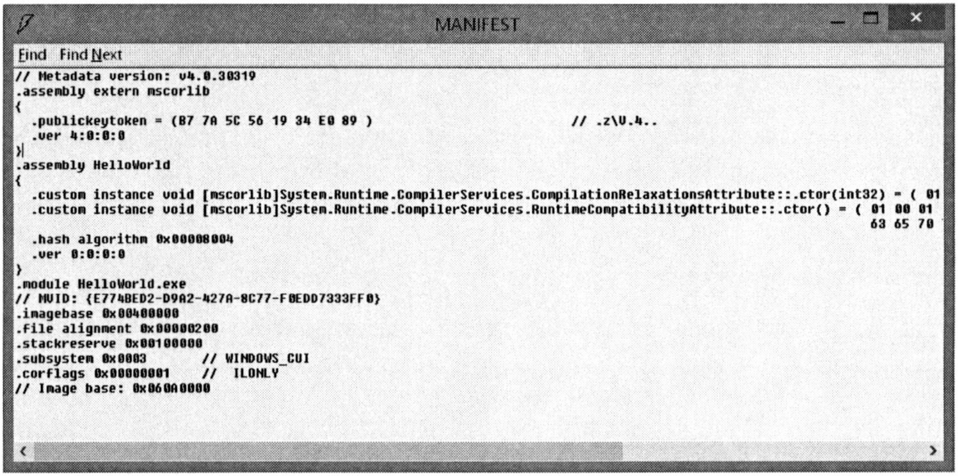

Le premier bloc indique que la version 4.0.0.0 de l'assembly `mscorlib` est une dépendance de notre application. Les éléments suivants décrivent l'assembly.

La seconde partie de l'arborescence correspond au code MSIL du programme. Elle affiche les différents types définis dans le code ainsi que leur contenu. Un double clic sur chacun de ces éléments ouvre une fenêtre contenant le code associé.

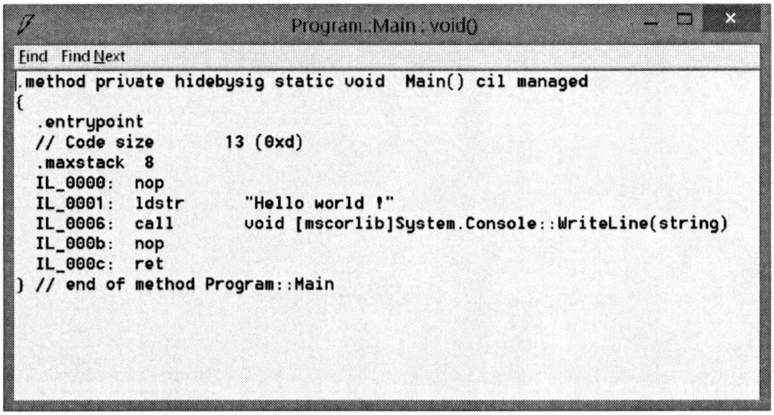

Le code MSIL associé à la fonction `Main` du programme HelloWorld.exe peut être très facilement mis en correspondance avec le code Visual C# écrit plus tôt.

L'instruction `IL_0001` charge la chaîne de caractères sur la pile du système, et l'instruction `IL_0006` appelle la fonction `System.Console.WriteLine` stockée dans la bibliothèque `mscorlib`. Le paramètre attendu pour cette fonction est récupéré à partir de la pile.

Chapitre 2
Visual Studio 2013

1. Installation et premier lancement

La première étape dans l'utilisation de Visual Studio est son installation sur la machine destinée au développement.

1.1 Prérequis

Visual Studio est un environnement de développement qui peut se révéler extrêmement puissant, mais pour tirer pleinement parti de ses fonctionnalités, il est nécessaire que la machine sur laquelle il est installé ait une configuration matérielle et logicielle minimale.

Microsoft indique les valeurs suivantes pour cette configuration :

	Visual Studio 2013 Premium	Visual Studio 2013 Express pour Windows Desktop
Système d'exploitation	Windows 8.1 (x86 et x64) Windows 8 (x86 et x64) Windows 7 SP1 (x86 et x64) Windows Server 2012 R2 (x64) Windows Server 2012 (x64) Windows Server 2008 R2 SP1 (x64)	
Processeur	Processeur de 1,6 GHz	
Mémoire vive	1 Go de RAM (1,5 Go en cas d'exécution sur un ordinateur virtuel)	
Espace disque disponible	20 Go	5 Go
Vidéo	Carte vidéo compatible DirectX 9 s'exécutant à une résolution d'affichage de 1024 x 768	

1.2 Versions de Visual Studio

Visual Studio 2013 est disponible en différentes éditions adaptées à différents contextes. Microsoft les propose en téléchargement à l'adresse suivante :
http://www.visualstudio.com/downloads/download-visual-studio-vs

Remarque

Cette URL est valable à l'heure de l'écriture de ces lignes, mais en cas de modification, une simple recherche des termes "Visual Studio" devrait vous conduire très rapidement à la bonne adresse.

Les versions autres que les éditions Express permettent une utilisation gratuite pour 90 jours. Passé ce délai, il vous faudra vous procurer une licence d'utilisation auprès de Microsoft.

1.2.1 Visual Studio Express

Trois éditions allégées et gratuites existent. Elles sont chacune destinées à un type d'applications spécifique et peuvent être utilisées à des fins d'apprentissage ou de développement à titre commercial. Elles ne présentent en revanche pas tous les outils des versions commerciales de Visual Studio et en cela peuvent être trop légères pour un utilisateur avancé.

Visual Studio Express 2013 pour le Web

Cette version permet le développement d'applications Web avec ASP.NET.

Visual Studio Express 2013 pour Windows

Avec cette édition de Visual Studio, il est possible de créer des applications Windows Store qui pourront être diffusées et vendues sur le marché d'applications de Windows.

Visual Studio Express 2013 pour Windows Desktop

Cette version est destinée au développement d'applications Windows "classiques". **Elle peut être utilisée pour tous les exemples présents dans cet ouvrage**, mais les fonctionnalités qui seront décrites un peu plus loin ne seront probablement pas toutes disponibles si vous décidez d'utiliser cette édition.

1.2.2 Éditions commerciales

Visual Studio 2013 est décliné en quatre versions commerciales différentes et adaptées à des problématiques variées.

Visual Studio 2013 Test Professional

Cette version est destinée aux professionnels du test d'applications. Elle ne permet pas d'effectuer de développement.

Visual Studio 2013 Professional

Cette déclinaison du produit permet le développement d'applications Web, Windows Store, Windows "classiques" et Windows Phone.

Visual Studio Premium

En plus des fonctionnalités de la version Professional, l'édition Premium embarque des fonctionnalités avancées telles que l'automatisation des tests d'interface ou la recherche de code dupliqué. **C'est cette version de Visual Studio qui est utilisée pour l'écriture de cet ouvrage**.

Visual Studio Ultimate

Cette dernière déclinaison de Visual Studio 2013 intègre la totalité des fonctionnalités des éditions commerciales déjà décrites ainsi que des solutions pointues pour le diagnostic à l'aide de données provenant d'applications en production. Elle comporte également des outils permettant le test de montée en charge des applications Web.

1.3 Installation

L'installation de Visual Studio 2013 requiert :

- le DVD d'installation de Visual Studio ou son équivalent téléchargé sur le site de Microsoft,
- le respect des prérequis listés au début de ce chapitre,
- de la patience ! L'installation complète de Visual Studio Premium peut durer plus d'une heure en fonction de la machine.

Le lancement de l'installation ouvre l'écran suivant :

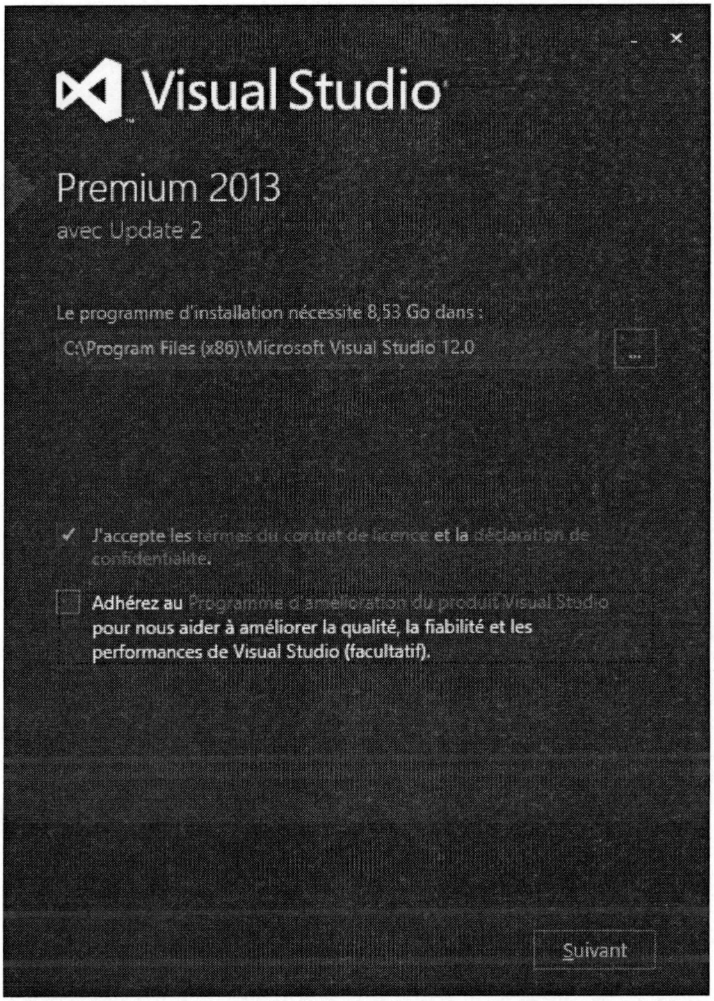

Cet écran vous propose de modifier le répertoire d'installation du produit et nécessite de votre part que vous lisiez et acceptiez le contrat de licence. L'installation est impossible sans cette acceptation. L'espace disque nécessaire pour l'installation est également indiqué. Cette taille est une estimation et variera en fonction des choix que vous ferez lorsque l'écran suivant apparaîtra.

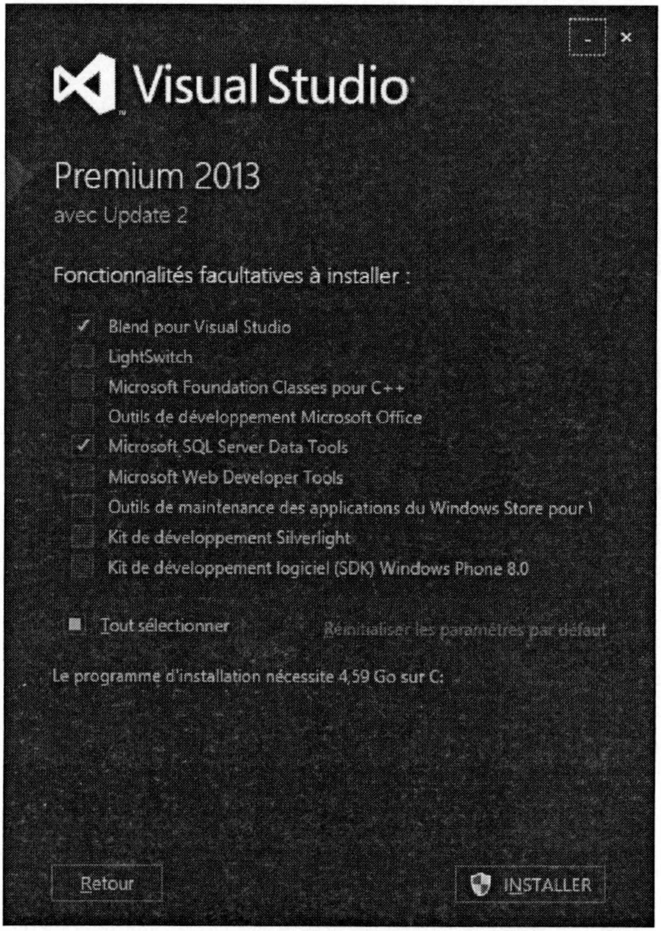

De nombreux outils supplémentaires peuvent être installés afin d'effectuer des développements sur des plateformes comme Silverlight ou Windows Phone 8.0. Il est possible d'afficher une infobulle expliquant l'intérêt d'un des éléments de la liste en positionnant le curseur de la souris sur le nom de la fonctionnalité pour laquelle vous souhaitez une information.

Remarque

Le chapitre Développement d'applications Windows vous proposera une introduction à l'utilisation de Blend, et les chapitres traitant d'ADO.NET et de LINQ utiliseront tous deux une base de données SQL Server. L'installation des composants additionnels ***Blend pour Visual Studio*** *et* ***Microsoft SQL Server Data Tools*** *est donc requise pour la suite de votre apprentissage.*

Une fois votre sélection faite, un clic sur le bouton **INSTALLER** lance l'installation et bascule sur un nouvel écran qui indique son avancement.

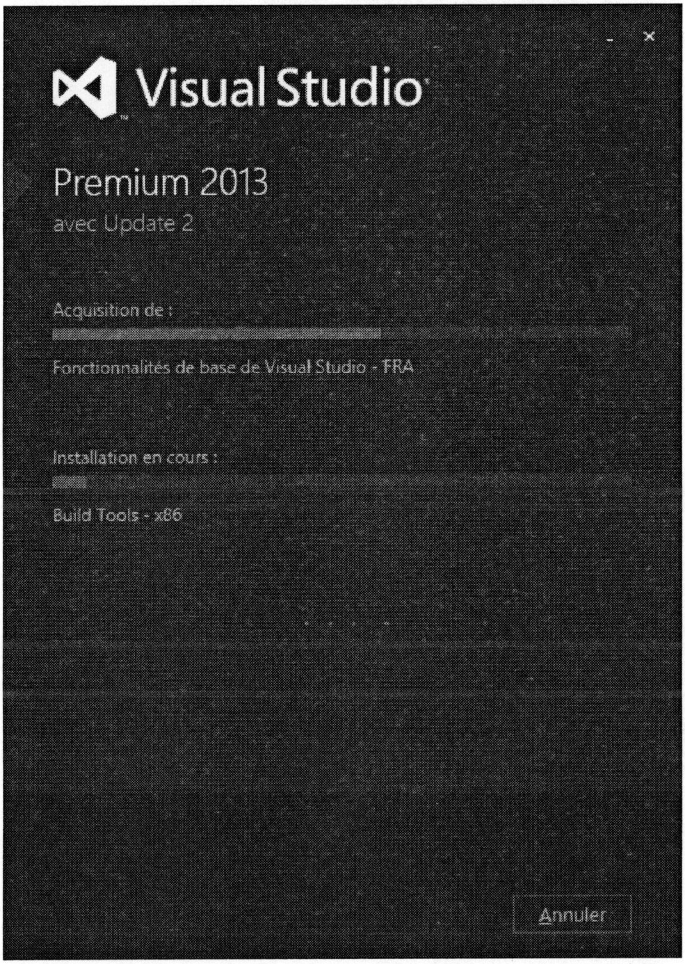

À l'issue de l'installation, l'écran suivant vous informe que l'opération est un succès et peut proposer un redémarrage de la machine (qu'il faut bien entendu accepter).

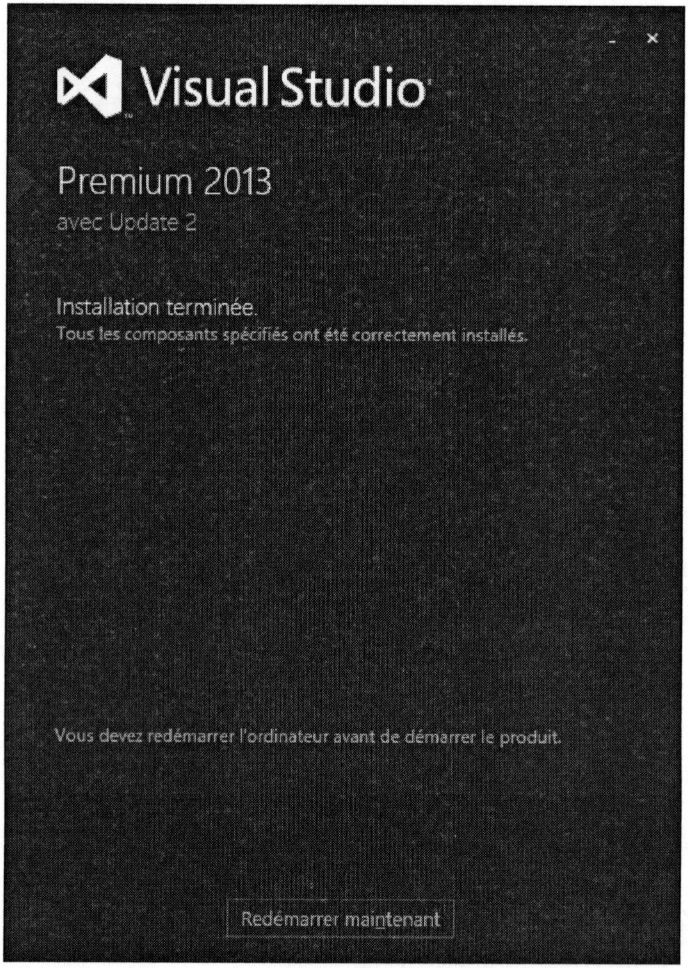

1.4 Premier lancement

Un raccourci permettant de lancer Visual Studio a été automatiquement placé dans le menu Démarrer (ou le Start Screen si vous utilisez Windows 8 ou 8.1) pendant l'installation du produit.

Le premier lancement est l'occasion pour le logiciel de vous proposer de personnaliser votre environnement de développement. La première étape de cette personnalisation est la connexion à un compte Microsoft afin d'importer et de sauvegarder vos paramètres Visual Studio.

Cliquer le bouton **Se connecter** ouvre une fenêtre de connexion à un compte Microsoft telle que celle que vous pouvez voir lorsque vous accédez à votre boîte aux lettres Microsoft (à l'adresse http://www.outlook.com ou http://www.hotmail.com si vous êtes nostalgique).

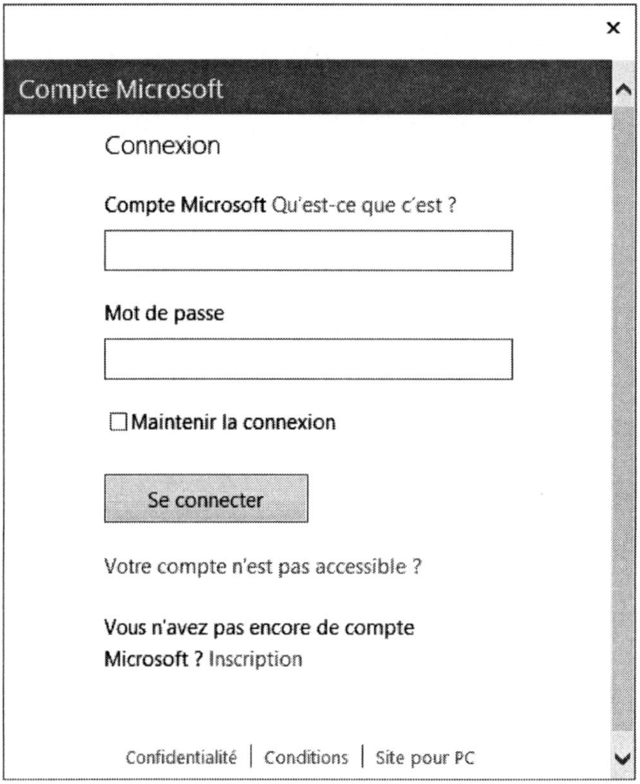

Une fois la connexion établie, Visual Studio demande quelques informations supplémentaires afin de personnaliser un peu plus son interface, et il vous propose également la création d'un compte **Visual Studio Online**. Ce service correspond à une version allégée et en ligne de **Team Foundation Server**. Il inclut la gestion du code à l'aide du contrôle de code source, mais aussi la planification des éléments de travail tout au long de la vie d'un projet.

Une fois cette étape franchie, Visual Studio propose la sélection d'un thème pour l'environnement : **Bleu**, **Clair** ou **Sombre**. Libre à vous !

Sur le même écran, une liste déroulante présente une liste de paramètres de développement prédéfinis. Les exemples et explications de cet ouvrage ont été réalisés avec les paramètres **Visual C#**.

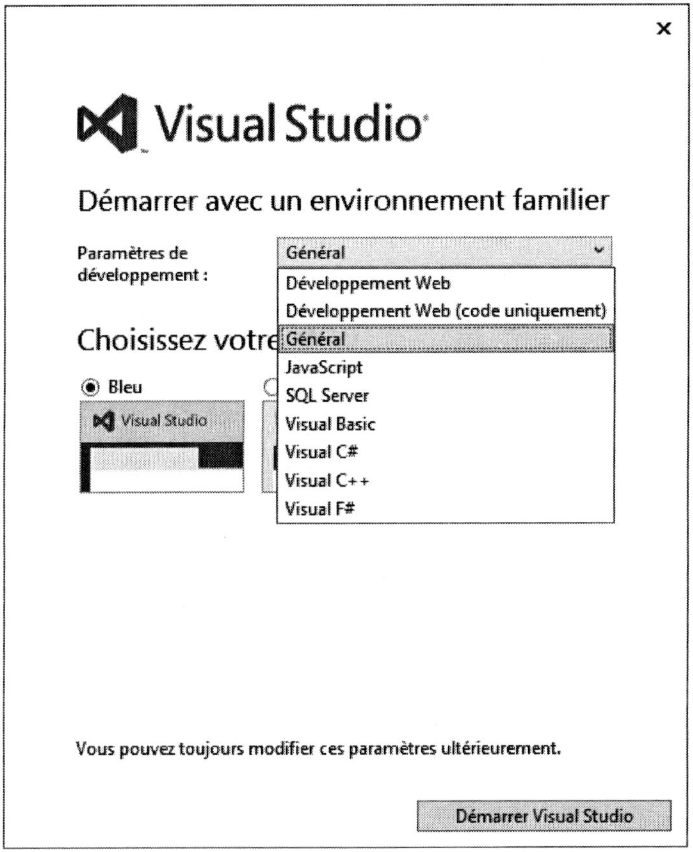

Enfin, après avoir cliqué sur le bouton **Démarrer Visual Studio** et patienté quelques instants pendant la configuration de l'environnement, la page de démarrage de Visual Studio s'affiche.

Cette page permet d'accéder rapidement aux derniers projets ouverts ainsi que de créer ou d'ouvrir un projet. Elle affiche également certaines informations concernant les produits de développement de Microsoft.

Un indicateur placé en haut à droite permet de savoir quel est le compte Microsoft connecté actuellement à Visual Studio.

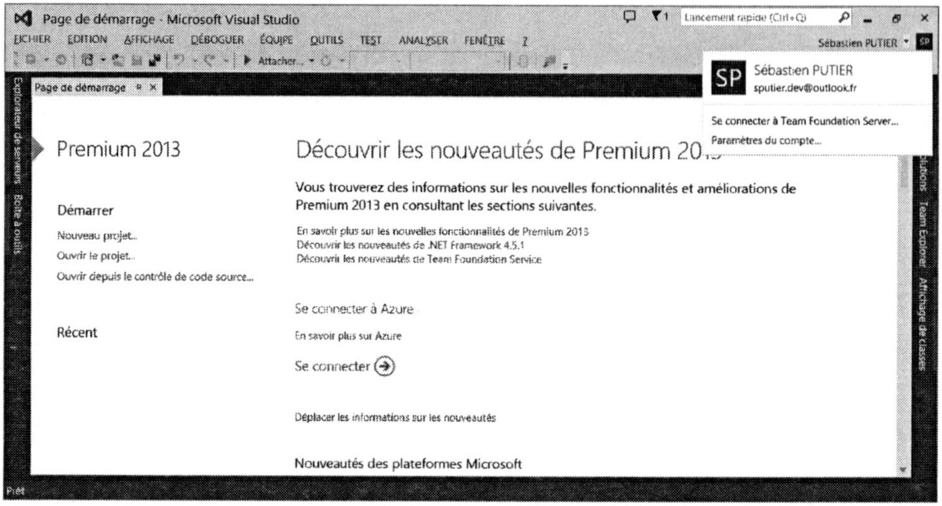

2. Description des outils

Visual Studio est constitué de trois types d'éléments répartis dans sa zone d'affichage :

- Le haut de la fenêtre principale est constitué d'une barre de menus et de plusieurs barres d'outils.
- Le centre de la fenêtre principale contient la zone de travail dans laquelle peuvent être affichés, entre autres, un ou plusieurs concepteurs visuels ainsi que des fenêtres d'éditions de code.
- Différentes fenêtres secondaires représentant les différents outils à la disposition du développeur.

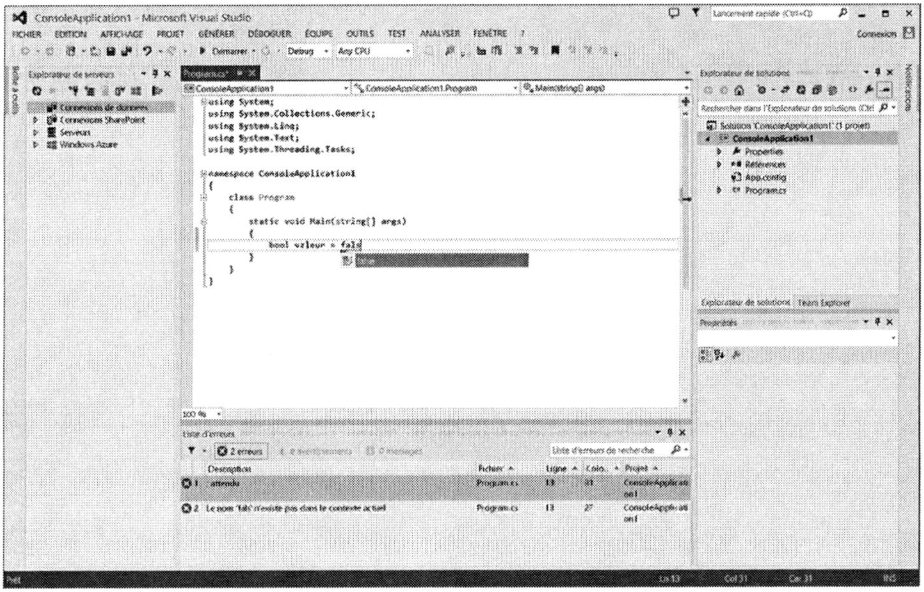

L'environnement de travail peut être géré et adapté par l'utilisation de trois techniques :

- l'ancrage des fenêtres,
- le masquage automatique de fenêtres,
- l'utilisation d'onglets.

L'ancrage d'une fenêtre correspond au fait de l'accrocher à l'un des côtés de la fenêtre principale. Il est aussi possible de rendre une fenêtre flottante, c'est-à-dire qu'elle est positionnée de manière absolue, sans relation avec les autres éléments de l'interface. Ces deux opérations peuvent être réalisées à l'aide du menu contextuel de chacune des fenêtres (qui est ouvert à l'aide d'un clic droit au niveau du titre de la fenêtre) ou par glisser-déposer.

Lors du déplacement d'une fenêtre par glisser-déposer, Visual Studio affiche plusieurs guides. Lorsque l'emplacement de la fenêtre correspond à un ancrage, une prévisualisation de l'espace occupé est affichée à l'aide d'un fond de couleur bleue (peu importe le thème choisi pour Visual Studio).

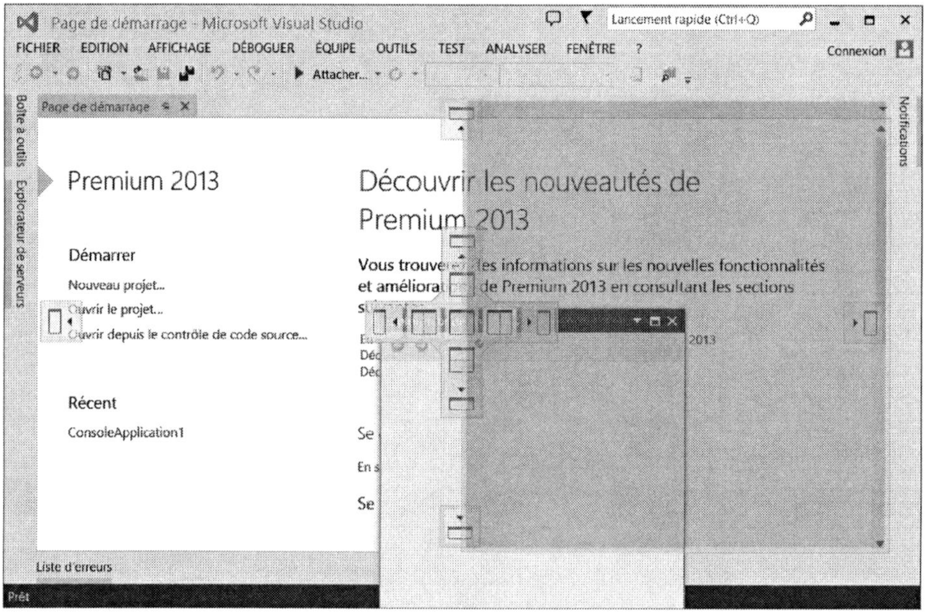

Déposer une fenêtre sur un des guides ancre la fenêtre à la position souhaitée. Si celle-ci est relâchée en dehors d'un guide, la fenêtre devient flottante.

Le masquage automatique de fenêtre ne peut être effectif que sur une fenêtre ancrée. Chacune de celles-ci possède en effet dans sa barre de titre un bouton représentant une punaise. Lorsqu'elle est orientée horizontalement, la fenêtre est en mode de masquage automatique.

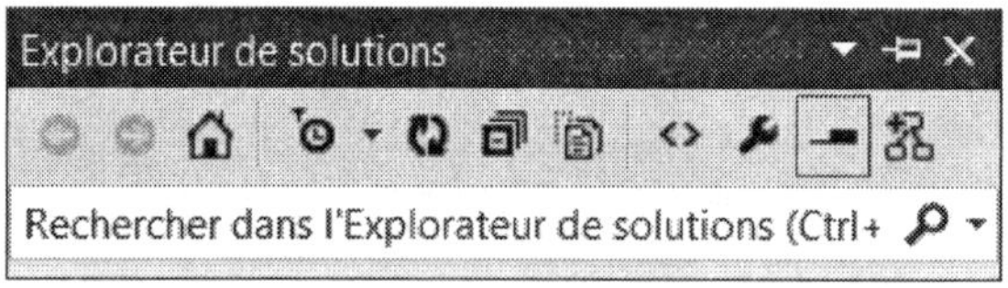

Dans le cas contraire, elle est ancrée à la fenêtre principale de Visual Studio :

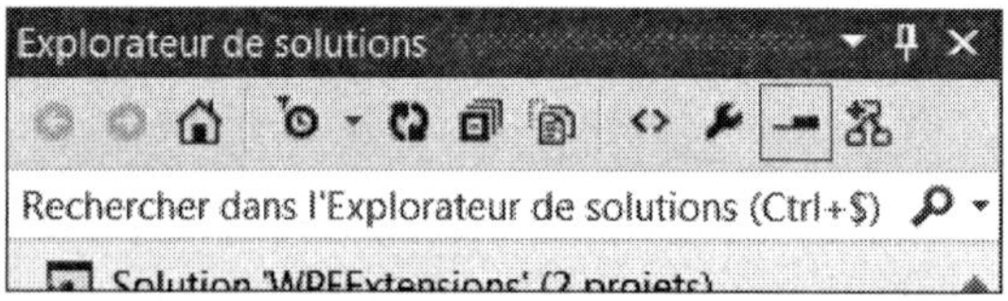

L'utilisation d'onglets permet l'ancrage de fenêtres avec un minimum de perte d'espace de travail. Cette solution consiste en l'utilisation d'une fenêtre ancrée pour l'affichage de plusieurs fenêtres par le biais d'une barre d'onglets.

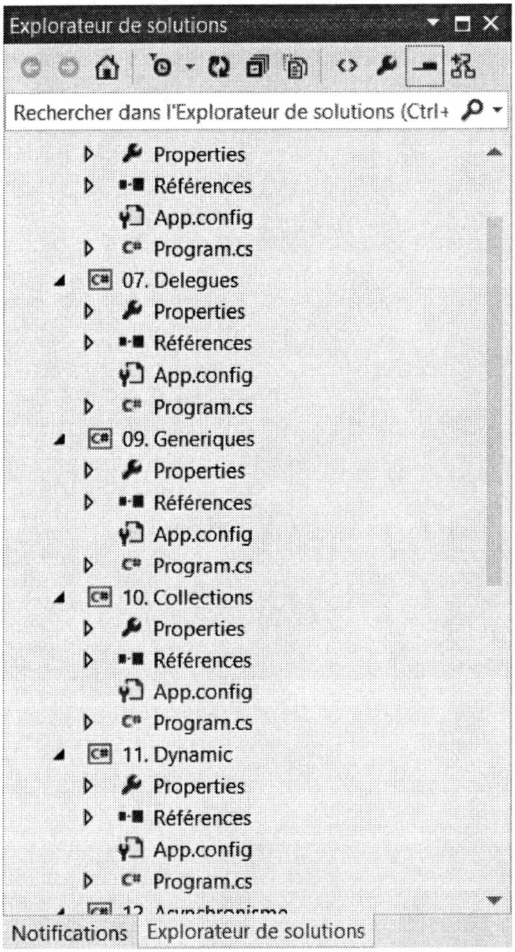

Ce résultat est obtenu en déposant une fenêtre sur une autre fenêtre à l'aide des guides affichés par Visual Studio ou sur la barre de titre de la fenêtre de destination. Visual Studio affiche une prévisualisation incluant l'onglet dans la partie basse.

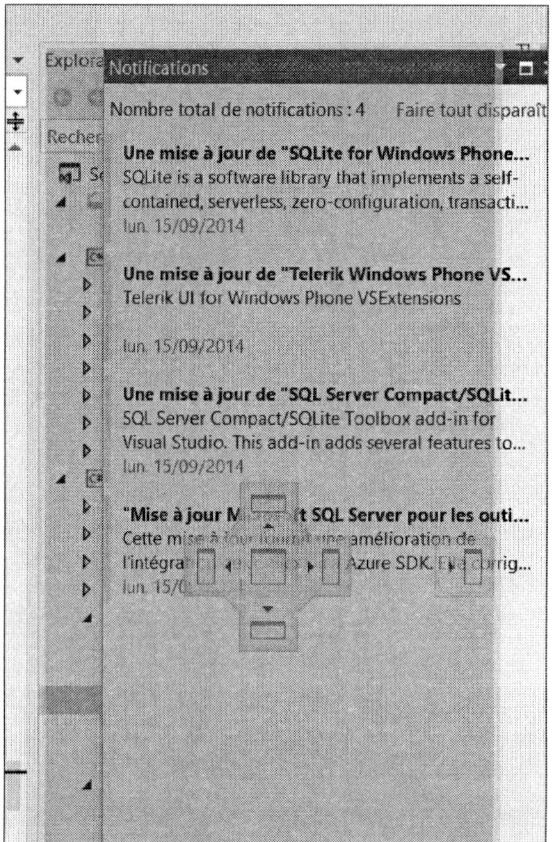

2.1 Barres d'outils

Visual Studio dispose de nombreuses barres d'outils adaptées à différents domaines fonctionnels. Leur affichage est personnalisable : le menu contextuel de la zone de barres d'outils affiche un nombre impressionnant de barres d'outils disponibles.

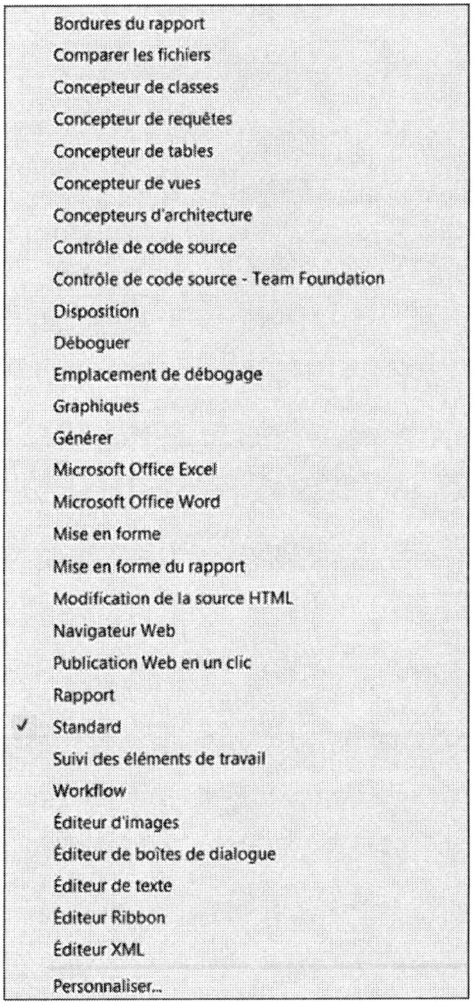

La sélection d'un élément dans cette liste affiche la barre d'outils correspondante dans la zone de barres d'outils. Cette personnalisation est importante, car certains outils peuvent s'avérer inutiles dans certains contextes et particulièrement intéressants à d'autres moments. La barre d'outils **Contrôle de code source - Team Foundation**, par exemple, est complètement inutile si vous n'utilisez pas **Team Foundation Server** ou **Visual Studio Online**, tandis qu'elle pourra se rendre indispensable si vous utilisez l'un de ces deux outils.

2.2 Explorateur de solutions

L'explorateur de solutions est un outil indispensable. Il permet en effet de naviguer dans les différents dossiers et fichiers composant le code source d'une solution. Une solution peut contenir plusieurs projets, qui correspondent eux-mêmes à plusieurs applications et/ou bibliothèques de classes (et/ou applications Web, etc.).

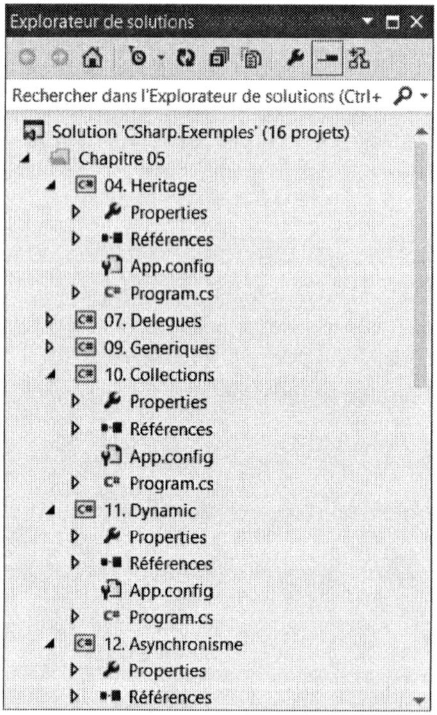

Remarque

L'utilisation de cet outil est décrite en détail dans le chapitre L'organisation d'une application.

2.3 Explorateur d'objets

L'explorateur d'objets permet d'obtenir une vision détaillée de deux groupes d'éléments :

- les projets, espaces de noms et types qui composent la solution active,
- les assemblies, espaces de noms et types qui composent un sous-ensemble du framework .NET.

Cet outil peut être ouvert par l'utilisation du menu **Affichage - Explorateur d'objets** ou par la combinaison de touches [Ctrl] W, J.

Lorsqu'un élément est sélectionné, sa description est affichée dans la partie droite de la fenêtre. Si la sélection porte sur un type contenant plusieurs membres, ces derniers sont également affichés dans la partie droite de la fenêtre.

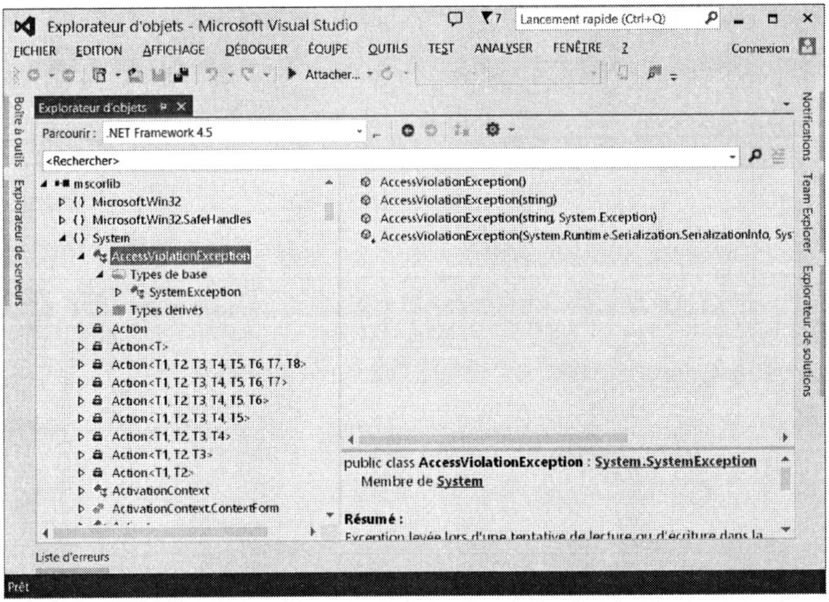

Une zone de saisie permet d'effectuer une recherche parmi les éléments inspectés. Cette recherche peut porter sur tout ou partie d'un nom de classe, d'espace de noms ou même de fonction ou de propriété.

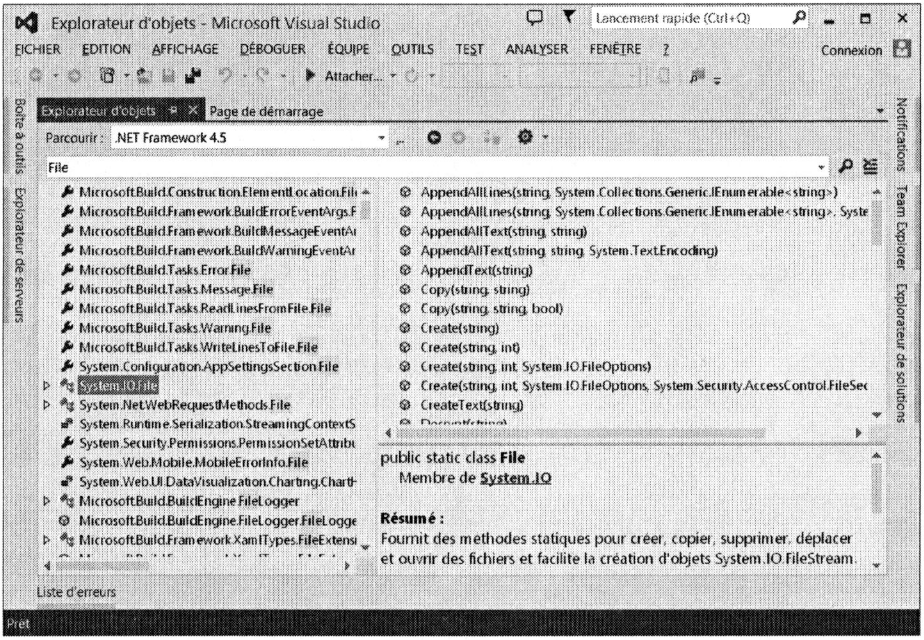

2.4 Explorateur de serveurs

L'explorateur de serveurs permet la visualisation et la manipulation de données provenant de différentes sources : base de données, serveur Sharepoint ou compte Microsoft Azure. Il est ainsi possible d'effectuer des tâches d'administrations sur ces différentes sources, comme la création d'une table dans une base de données ou l'ajout d'un site Web dans Azure

Cet outil peut être ouvert par l'utilisation du menu **Affichage - Explorateur de serveurs** ou par la combinaison de touches [Ctrl] W, L.

Remarque

L'administration des services hébergés dans Windows Azure nécessite de posséder un compte sur cette plateforme. Vous pouvez créer un compte d'essai à l'adresse suivante : http://azure.microsoft.com/fr-fr/pricing/free-trial/

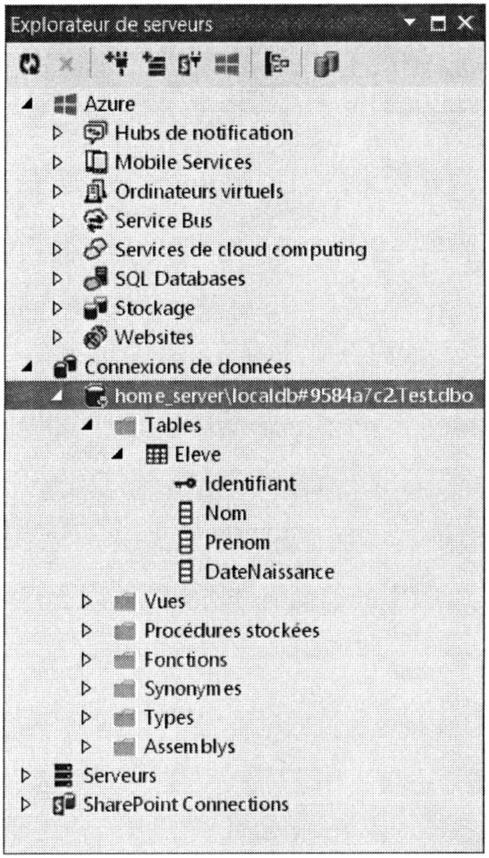

La barre d'outils de cette fenêtre présente plusieurs boutons qui permettent de se connecter à ces différentes sources de données. L'utilisation du bouton **Connexion à la base de données** ouvre une fenêtre qui contient une liste de fournisseurs de données.

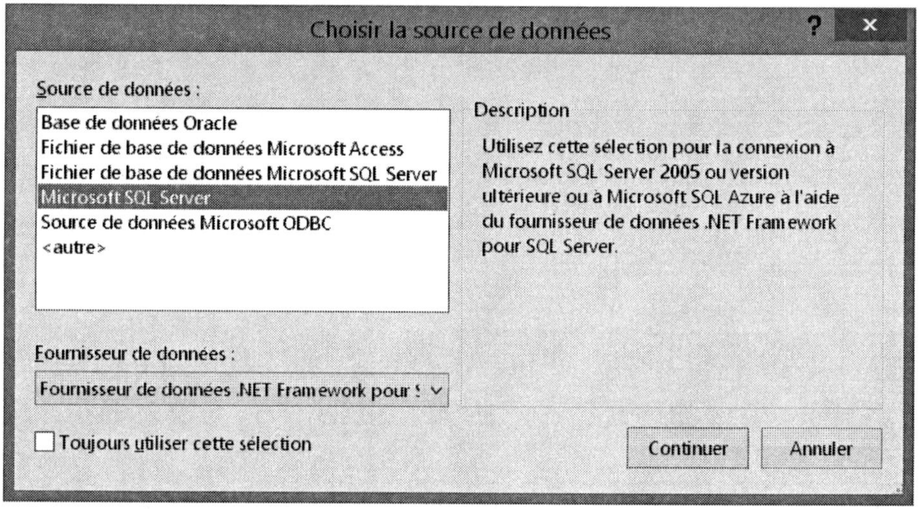

La sélection d'un de ces fournisseurs (ici, SQL Server) ouvre ensuite une fenêtre permettant de saisir et/ou sélectionner le nom d'un serveur de base de données, puis de choisir la base de données à laquelle la connexion doit être effectuée.

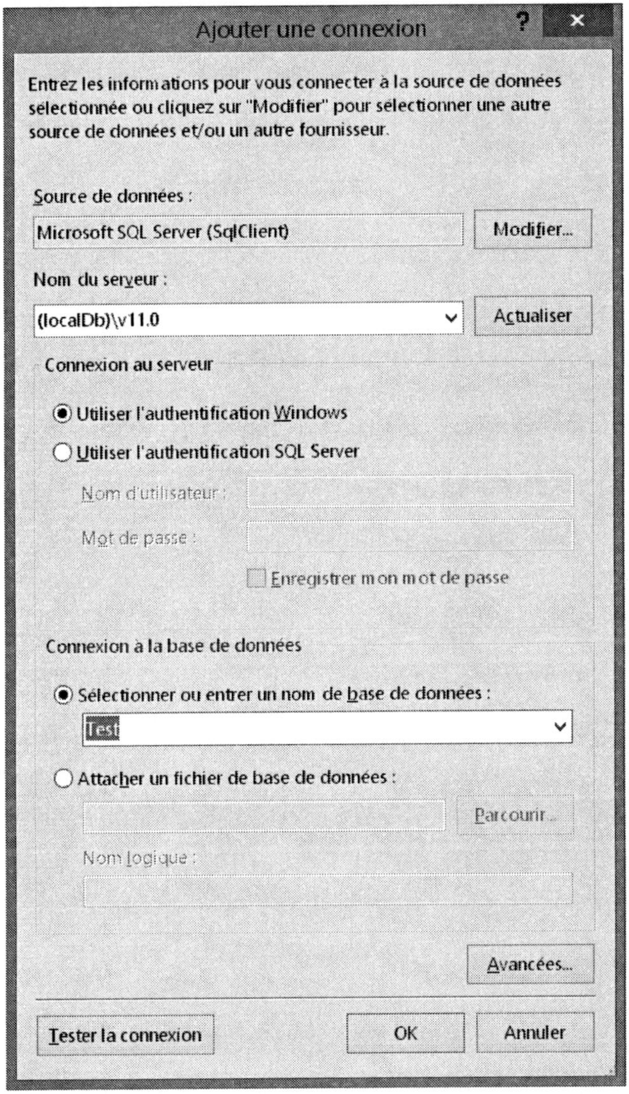

Remarque

__LocalDb__ est un mode d'exécution particulier de __SQL Server Express__ introduit dans sa version 2012. Ce mode est destiné aux développeurs d'application. Cette édition de SQL Server (en version 2014) est gratuite et téléchargeable sur le site de Microsoft (à l'heure de l'écriture de ces lignes, à l'adresse suivante : http://www.microsoft.com/fr-FR/download/details.aspx?id=42299)

Après validation de la sélection, une nouvelle connexion est ajoutée dans l'arborescence de l'explorateur de serveurs.

2.5 Fenêtre de propriétés

Certains éléments relatifs à une grande partie des constituants d'une solution peuvent être affichés à l'aide de la **fenêtre de propriétés**. Ces constituants peuvent être issus de l'explorateur de solutions ou correspondre à un composant graphique lors de l'édition d'une fenêtre d'application. Il est également possible d'afficher les propriétés d'un serveur ou d'une table de base de données à partir de l'**explorateur de serveurs**.

La **fenêtre de propriétés** peut être ouverte en appuyant sur la touche [F4] ou en sélectionnant l'option **Propriétés** présente dans le menu contextuel de nombreux éléments de l'interface de Visual Studio. Ce menu est notamment présent dans le menu contextuel de chacun des fichiers contenus dans un projet.

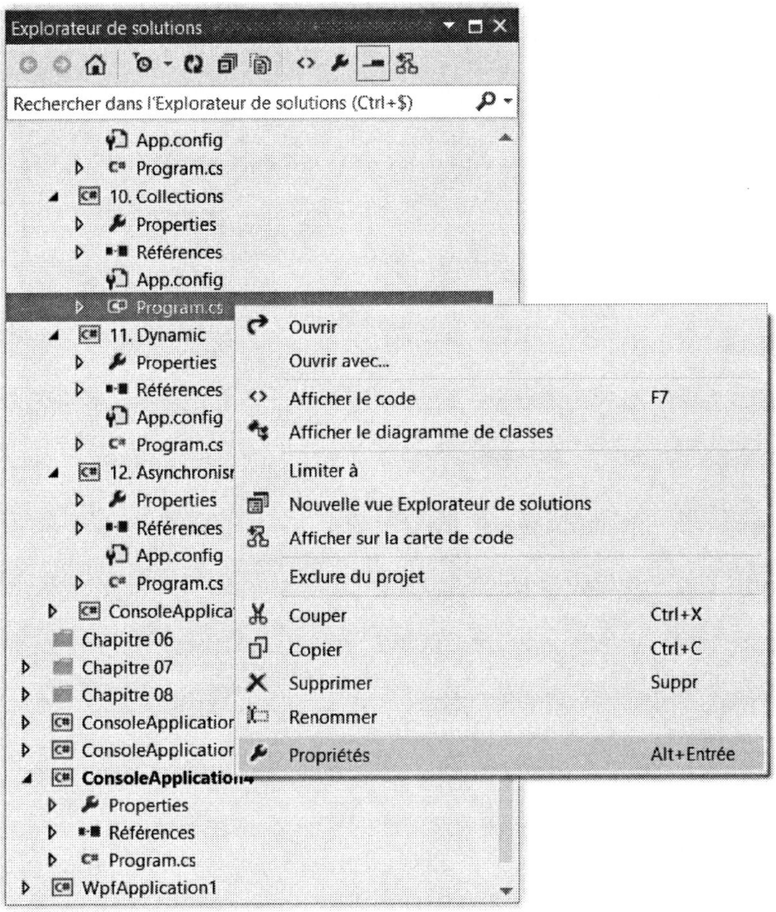

La fenêtre **Propriétés** présente différentes données correspondant au dernier élément sélectionné. Ces éléments sont toujours présentés sous la forme d'une grille dans laquelle la première colonne correspond à un nom de propriété et la seconde colonne correspond à la valeur associée. Cette grille peut être triée par catégorie, ce qui modifie légèrement l'affichage de manière à prendre en compte le groupement des éléments.

La figure ci-dessous montre l'apparence de cette fenêtre lors de l'édition d'un élément graphique dans le concepteur visuel de Visual Studio.

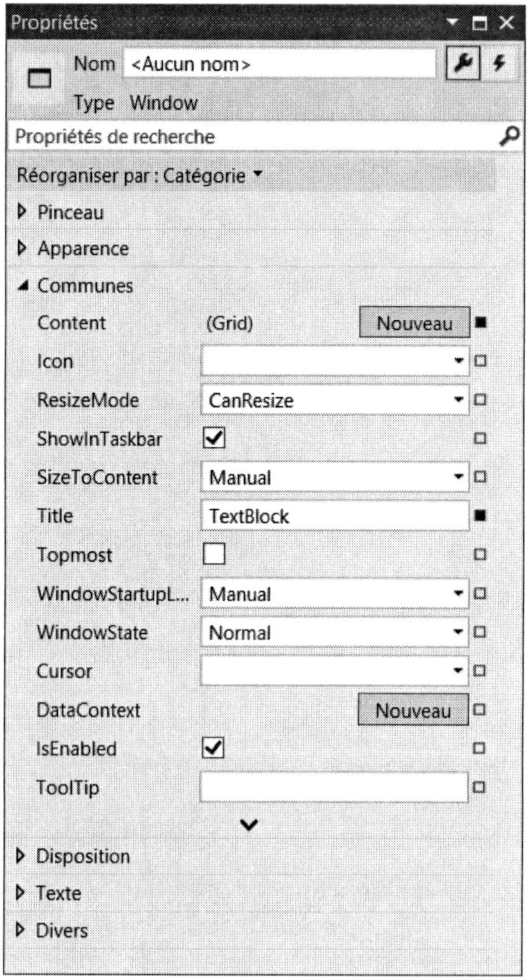

2.6 Fenêtre d'édition de code

Cette fenêtre est certainement la plus importante de l'environnement de développement puisque c'est celle qui permet de visualiser et modifier le code source d'une application. Elle intègre de nombreux outils pour accélérer la lecture et l'écriture de code. Plusieurs fichiers peuvent être ouverts simultanément, chacun étant associé à une fenêtre d'édition distincte.

2.6.1 Navigation

La fenêtre d'édition de code possède, en plus de la zone de saisie de texte, trois listes déroulantes permettant une navigation rapide entre certaines zones d'une solution.

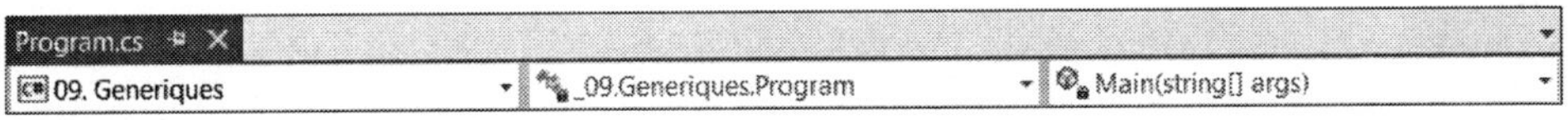

La première de ces listes déroulantes est utilisable lorsqu'un fichier de code est partagé par plusieurs projets à l'intérieur d'une même solution. Elle contient alors la liste des projets associés et permet de se positionner dans le projet sélectionné.

La seconde permet de naviguer entre les différentes définitions de type contenues dans le fichier courant.

La dernière liste contient les noms des différents membres du type sur lequel l'éditeur de texte est positionné. La sélection d'un de ces éléments déplace la vue courante au niveau de la définition du membre.

2.6.2 Suivi des modifications

Vous pouvez suivre les modifications des fichiers ouverts dans Visual Studio. Lorsqu'une ligne est modifiée, une bordure de couleur apparaît à sa gauche.

Une bordure de couleur jaune indique que le code a été modifié mais pas encore enregistré. Lorsque le code modifié est enregistré, cette bordure devient verte.

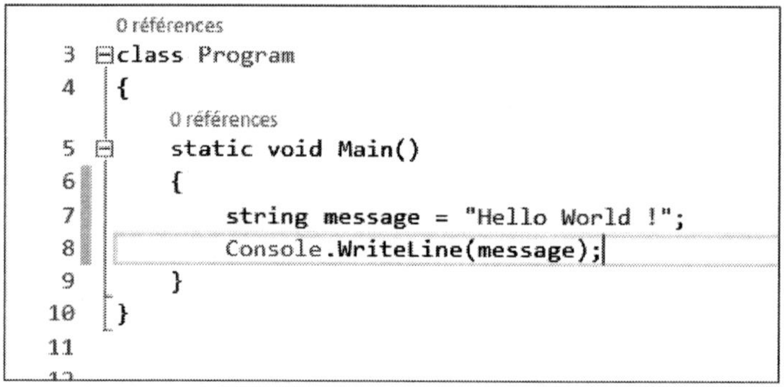

Remarque

Il est possible d'activer ou désactiver la numérotation des lignes dans l'éditeur à partir de la fenêtre d'options de Visual Studio. Vous pouvez accéder à ce paramètre en utilisant le menu ***Outils - Options****, puis* ***Éditeur de texte - C#****. Cochez ou décochez ensuite la case* ***Numéros de ligne****.*

2.6.3 Mise en surbrillance des références

Lorsque le curseur d'édition est placé sur le nom d'une variable, fonction ou classe, chacune des utilisations de cet élément est surlignée dans la fenêtre d'édition.

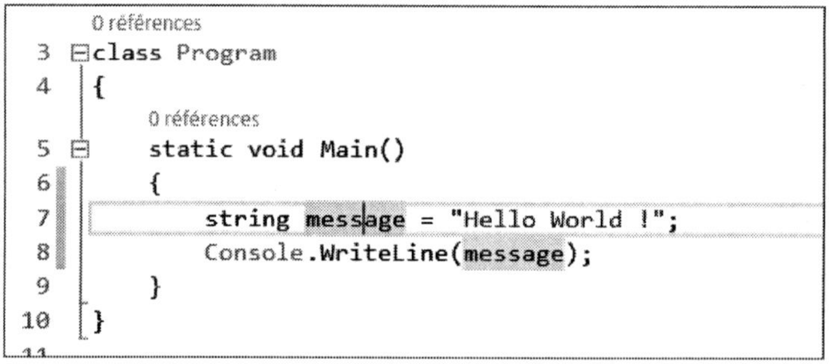

2.6.4 Refactorisation

Vous pouvez modifier le nom d'un élément de code dans l'éditeur et propager automatiquement la modification à toutes les instructions utilisant cet élément. Cette fonctionnalité, appelée **refactorisation**, est notamment utilisée pour modifier toutes les occurrences d'une variable ou d'une fonction. Cette opération peut être effectuée de deux manières.

Avant le renommage

Il faut sélectionner l'option **Refactoriser - Renommer** dans le menu contextuel du nom de l'élément à renommer (ou en appuyant sur la touche [F2]). La fenêtre suivante s'ouvre alors.

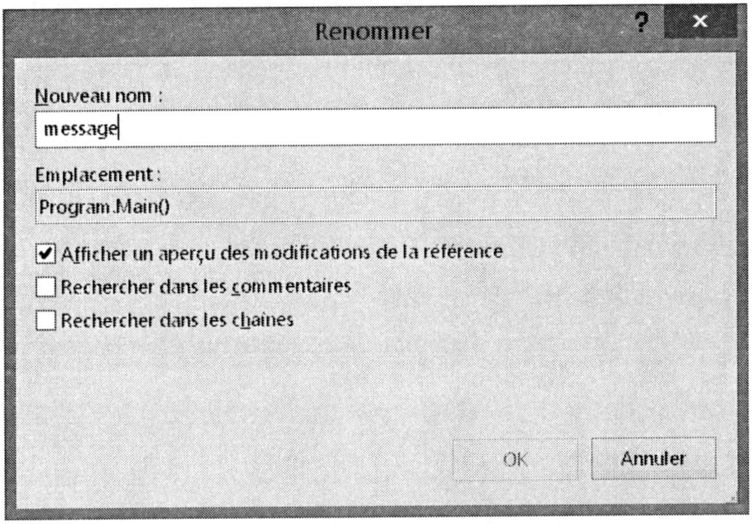

Il faut ensuite saisir le nom souhaité dans la zone de saisie et valider. Si l'option **Afficher un aperçu des modifications de la référence** est cochée, une nouvelle fenêtre permettant d'appliquer ou d'annuler le renommage est ouverte.

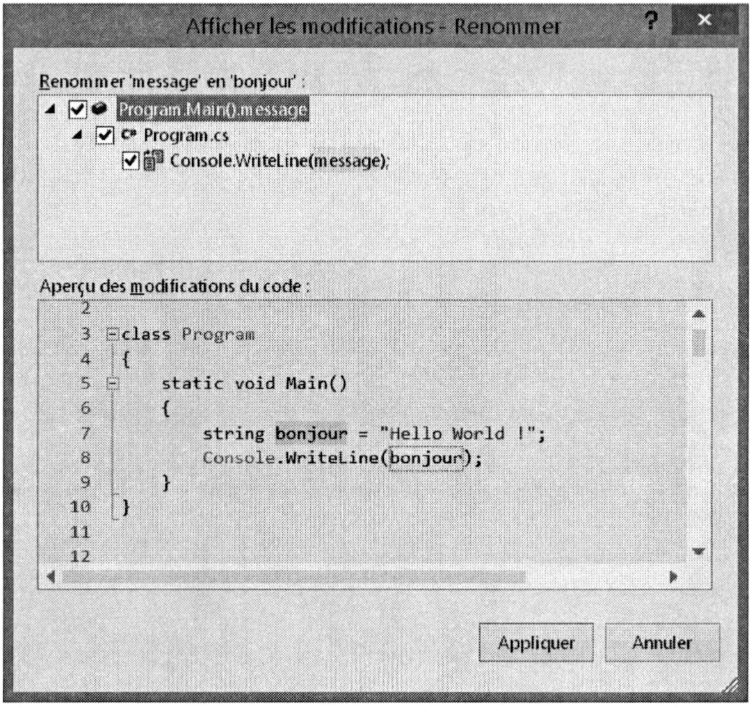

Après renommage

Cette opération s'effectue en passant le curseur de la souris sur le petit rectangle rouge qui apparaît à la droite du nom de l'élément renommé **après une modification** (ou en utilisant le raccourci [Alt] + .) puis en sélectionnant l'option **Renommer ... en ...**.

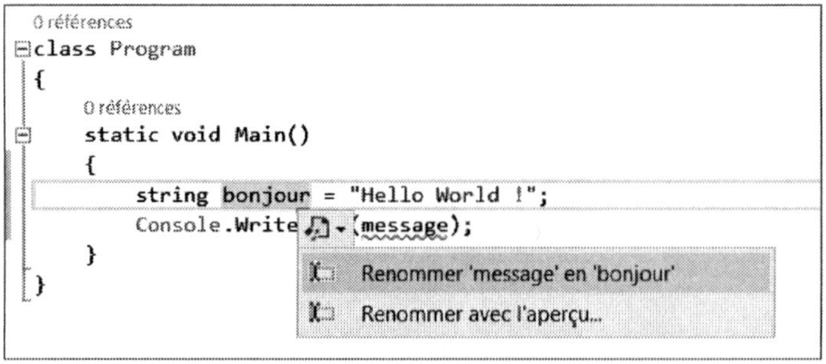

Cette technique permet également d'afficher un aperçu des modifications en utilisant l'option **Renommer avec aperçu**.

2.6.5 IntelliSense

IntelliSense est le nom de la fonctionnalité d'**autocomplétion** intégrée dans l'éditeur de code de Visual Studio. Elle est contextuelle, c'est-à-dire que les suggestions fournies dépendent des éléments de code précédents. Elle se manifeste par l'apparition d'une liste déroulante au moment de la saisie ou lors de l'utilisation de la combinaison de touches [Ctrl][Espace].

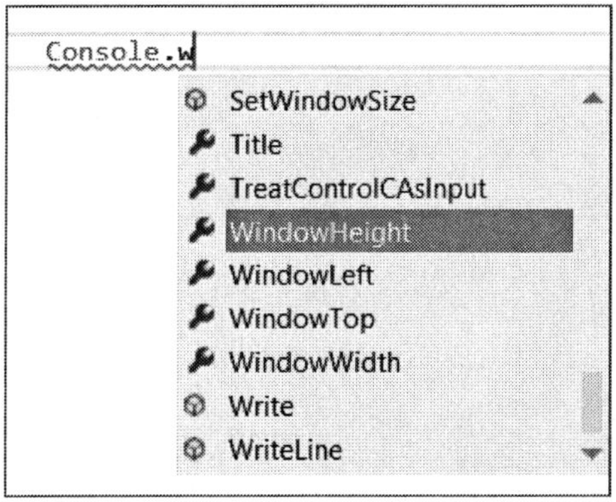

Lorsqu'un élément est en surbrillance dans la liste, un appui sur la touche [Entrée] l'insère à l'emplacement courant du curseur de la souris.

2.6.6 Snippets

Les Code Snippets (extraits de code) sont des portions de code qui peuvent être incorporées dans le code source lors de l'édition. Ils permettent d'écrire très rapidement certains morceaux de code dont la forme est toujours la même.

Trois solutions existent pour l'insertion d'un Snippet :

- L'utilisation de l'option **Insérer un extrait** du menu contextuel de l'éditeur.
- L'utilisation du raccourci [Ctrl] K, X.
- La sélection du nom d'un snippet dans la liste fournie par IntelliSense lors de la saisie.

Les deux premières techniques affichent une liste des différents snippets enregistrés dans Visual Studio. La sélection d'un élément de cette liste insère le code. La sélection d'un snippet dans IntelliSense donne exactement le même résultat.

Dans tous les cas, l'éditeur affiche le code ajouté avec certaines zones en surbrillance. Dans l'exemple suivant, le snipper `propfull` a été utilisé pour insérer la définition d'une variable et d'une propriété qui lui est associée.

```
private int myVar;

0 références
public int MyProperty
{
    get { return myVar; }
    set { myVar = value; }
}
```

La modification du nom de type `int` ainsi que du nom de variable `myVar` sera répercutée en cascade sur le code du Snippet.

Chapitre 3
L'organisation d'une application

1. Les solutions

Le développement d'une application dans Visual Studio est organisé selon une structure hiérarchique. L'élément de plus haut niveau dans cette structure est la solution.

1.1 Présentation

Une solution est un conteneur logique qui regroupe un ensemble de projets distincts pouvant être liés entre eux. Chacun de ces projets contient un ou plusieurs fichiers qui permettront au compilateur de générer un fichier exécutable ou une bibliothèque de classes.

La compilation d'une solution peut donc résulter en plusieurs applications et/ou fichiers .dll formant un tout cohérent. Le code source d'une application de traitement d'images, comme Paint .NET, pourrait être organisé en une solution dans laquelle un projet permettrait de générer le fichier exécutable et la compilation des autres projets produirait des bibliothèques de classes fournissant les traitements utilisés par l'exécutable.

1.2 Création d'une solution

Lorsque vous démarrez un nouveau projet dans Visual Studio, une solution le contenant est automatiquement créée. Cette étape est effectuée en utilisant le menu **Fichier - Nouveau projet**. Une boîte de dialogue est alors ouverte.

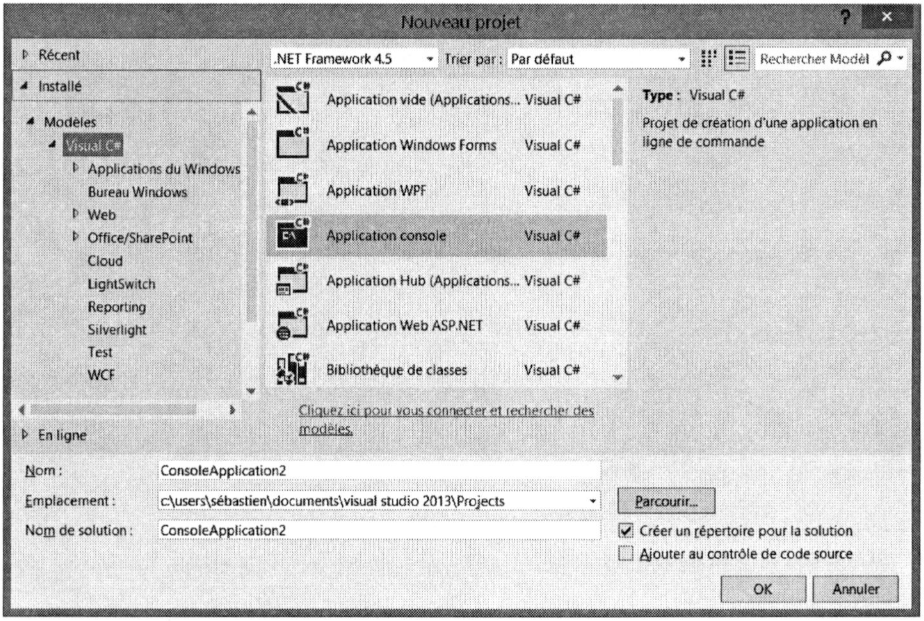

De nombreuses informations sont fournies à Visual Studio lors de cette étape :

- La version du framework .NET à utiliser parmi la liste des versions installées.
- Le langage et le modèle de projet à utiliser. Les deux éléments sont associés dans l'arborescence des modèles.
- Le nom du projet.
- L'emplacement dans lequel doit être créée la solution.
- Le nom de la solution. Il peut tout à fait être différent du nom du projet.
- La création d'un répertoire pour la solution dans l'emplacement choisi.

- L'ajout au contrôle de code source. Cette option, si elle est sélectionnée, nécessite l'existence d'un dépôt dans une solution de gestion de code source, comme **Team Foundation Server** ou **Visual Studio Online**.

Après validation des informations saisies, Visual Studio crée automatiquement tous les fichiers initiaux nécessaires au développement dans le répertoire indiqué, puis ouvre la solution.

1.3 Organisation

Créer une solution en sélectionnant le type de projet **Application console** génère les fichiers suivants :

- Un fichier `.sln` qui contient la configuration de la solution avec la version minimale de Visual Studio pouvant ouvrir la solution, la liste des projets qu'elle contient, etc. Cette dernière sera mise à jour à chaque ajout de projet.
- Un fichier `.suo` qui contient la liste des options associées à un développeur pour la solution. Ce fichier n'a pas besoin d'être enregistré dans un système de gestion de code source.
- Un fichier `.csproj` représentant la configuration du projet. Il contient notamment la liste des fichiers inclus dans le projet.
- Un fichier `App.Config` qui contient certains paramètres de configuration pour l'assembly résultant de la compilation du projet.
- Un fichier `Program.cs` qui contient le code source de l'application.

Une solution peut contenir de nombreux projets. Chacun de ces projets est représenté par un fichier `.csproj` et est référencé dans le fichier `.sln` représentant la solution.

L'explorateur de solutions représente la solution sous la forme d'une arborescence.

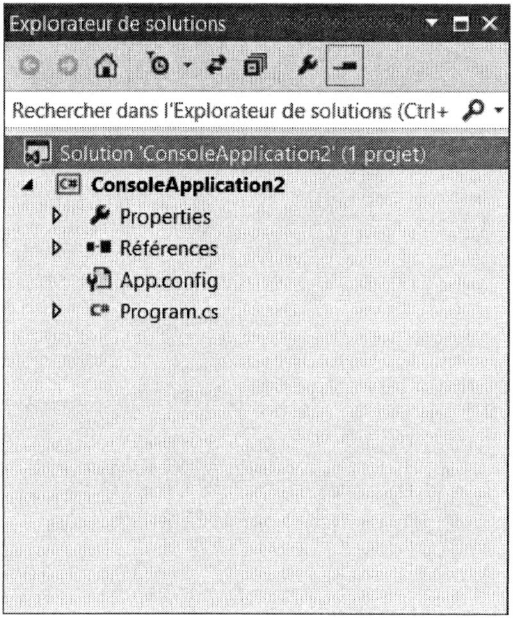

1.4 Actions disponibles sur une solution

L'explorateur de solutions de Visual Studio permet d'effectuer un grand nombre d'actions sur les solutions.

1.4.1 Ajout et suppression d'un projet

L'opération d'ajout d'un projet à une solution est effectuée à l'aide du menu contextuel ouvert lors d'un clic droit sur le nœud racine de l'explorateur de solutions. Il convient alors d'utiliser le menu **Ajout - Nouveau projet** puis de fournir les paramètres nécessaires à la création du projet dans la fenêtre ouverte. Cette action est également disponible par l'utilisation du menu **Fichier - Ajouter - Nouveau projet**.

Il est également possible d'ajouter un projet existant à une solution. Pour cela, il faut procéder aux mêmes opérations que pour la création d'un projet mais sélectionner **Projet existant**. Cet ajout n'effectue pas de copie du projet d'origine. Toute modification aux fichiers du projet sera visible dans les solutions utilisant déjà le projet.

La suppression d'un projet est exécutée par l'option **Supprimer** du menu contextuel qui est ouvert par un clic droit sur la racine d'un projet (et non de la solution). Cette suppression élimine uniquement le projet de la solution : le projet reste enregistré sur le disque. Il peut même être ajouté de nouveau à la solution.

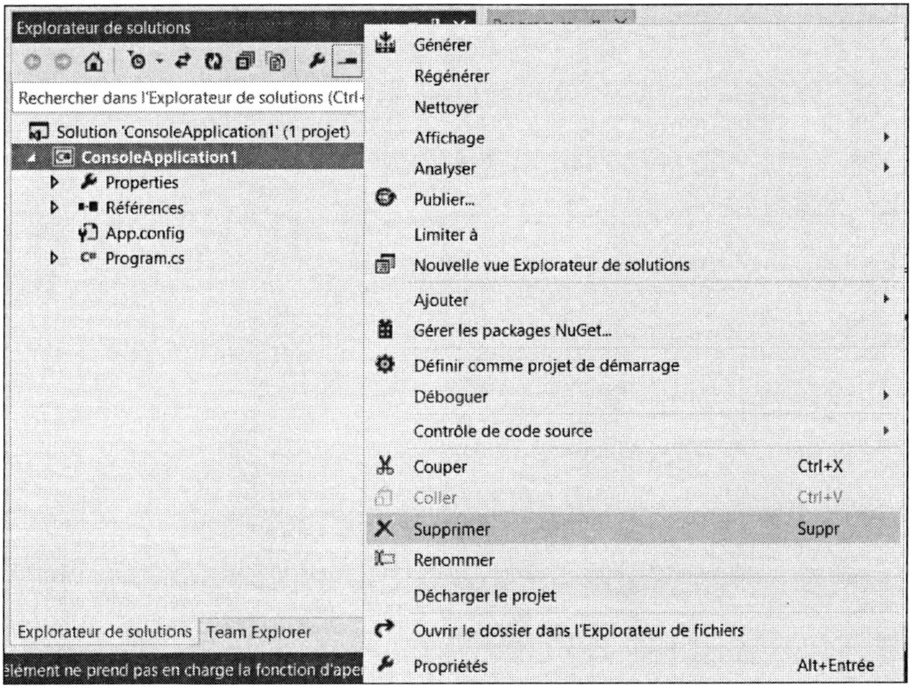

1.4.2 Création d'un dossier de solution

Les dossiers de solution sont des éléments logiques de structuration. Ils permettent de grouper des projets en ajoutant un ou plusieurs niveaux de hiérarchisation. Ils peuvent également contenir des fichiers n'appartenant pas à un projet mais qu'il est pertinent d'ajouter à la solution.

Le menu contextuel de la solution contient une option dédiée à l'ajout d'un dossier de solution. Elle se trouve dans **Ajouter - Nouveau dossier de solution**.

La création d'un dossier de solution n'est pas répercutée sur le système de fichiers : aucun dossier supplémentaire n'est créé dans le répertoire de la solution.

De la même manière qu'il est possible d'ajouter un projet à la solution, il est possible d'ajouter un projet dans un dossier de solution. Il est également envisageable d'effectuer un glisser-déposer d'un projet de la solution vers un dossier de solution.

1.4.3 Chargement et déchargement d'un projet

Il peut parfois être intéressant d'exclure temporairement un projet d'une solution. Pour cela, il convient d'utiliser l'option **Décharger le projet** dans le menu contextuel du projet concerné. Une fois cette action effectuée, l'explorateur de solutions marque le projet comme non disponible et empêche la modification de chacun des fichiers qu'il contient.

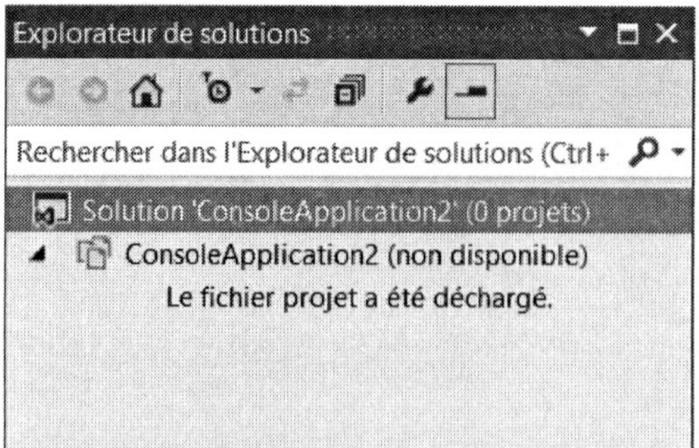

Chaque projet déchargé a un menu contextuel restreint dans lequel on trouve une option permettant le rechargement du projet.

1.4.4 Création d'un fichier

Le menu contextuel de la solution offre la possibilité de lui ajouter un fichier par le biais de ses sous-menus **Ajouter - Nouvel élément** et **Ajouter - Élément existant**. Ces deux choix peuvent aussi être exécutés par l'utilisation des raccourcis clavier [Ctrl][Maj] A et [Alt][Maj] A.

L'ajout d'un nouvel élément ouvre une boîte de dialogue permettant la sélection du type de fichier à ajouter ainsi que son nom.

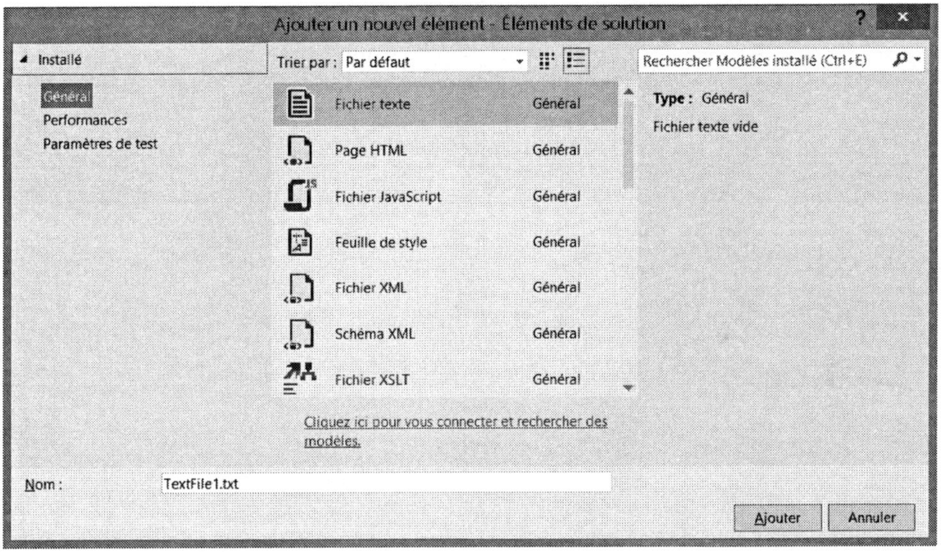

La sélection de l'option d'ajout d'un fichier existant ouvre quant à elle une fenêtre de sélection de fichiers classique.

1.4.5 Génération de la solution

L'utilisation des options **Générer la solution** et **Regénérer la solution** effectue une compilation de tous les projets de la solution. La différence entre ces deux actions est dans la gestion des projets non modifiés depuis la dernière compilation.

Lorsqu'un projet n'a pas été modifié, la première option n'effectue pas de recompilation. La seconde option, quant à elle, force la recompilation de tous les projets, qu'ils aient été modifiés ou non.

1.5 Configuration de la solution

Les solutions disposent de propriétés permettant d'influer sur leur comportement lors de la génération ou de l'exécution. Ces paramètres peuvent être modifiés à partir de la boîte qui est ouverte par l'utilisation du sous-menu **Propriétés** du menu contextuel de la solution.

1.5.1 Configuration des projets de démarrage

Cette page de propriétés permet de définir quels projets doivent être exécutés au démarrage de la solution.

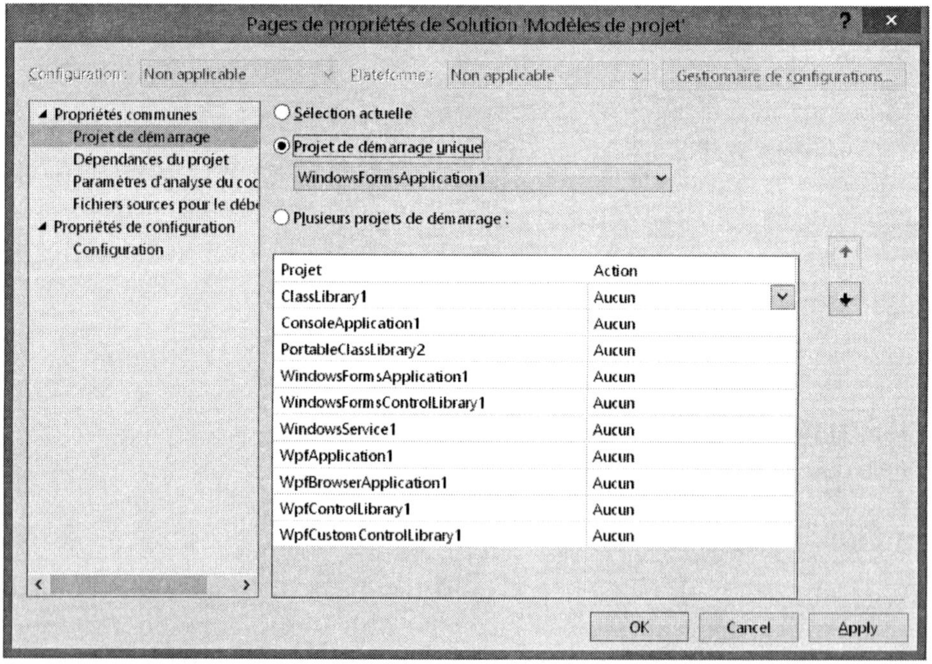

Trois choix sont disponibles pour ce paramètre.

Sélection actuelle

Cette option indique que le projet en cours d'édition sera lancé au démarrage de la solution.

Projet de démarrage unique

Une liste déroulante contenant le nom de chacun des projets de la solution est affichée. Le projet sélectionné dans cette liste sera exécuté au démarrage de la solution.

Lorsque cette option est sélectionnée, le nom du projet marqué comme projet de démarrage est affiché en gras dans l'**explorateur de solutions**. Il est aussi possible de modifier le projet de démarrage unique directement dans l'explorateur en ouvrant le menu contextuel d'un projet et en utilisant le sous-menu **Définir comme projet de démarrage**.

Plusieurs projets de démarrage

Une grille présente la liste des projets de la solution. Pour chacun, il est possible de spécifier l'action à effectuer au démarrage de la solution. Trois choix sont possibles pour chaque projet :

- **Aucun**
- **Démarrer**
- **Exécuter sans débogage**

Pour modifier l'ordre de démarrage de chacun des projets sélectionnés, il suffit de modifier l'ordre des éléments dans la grille. Pour cela, deux boutons sont disponibles. Ils permettent respectivement de remonter le projet et de descendre le projet dans la liste.

1.5.2 Dépendances du projet

La génération d'un projet peut nécessiter qu'un autre projet ait été généré au préalable. L'écran de gestion des dépendances permet de configurer ces dépendances.

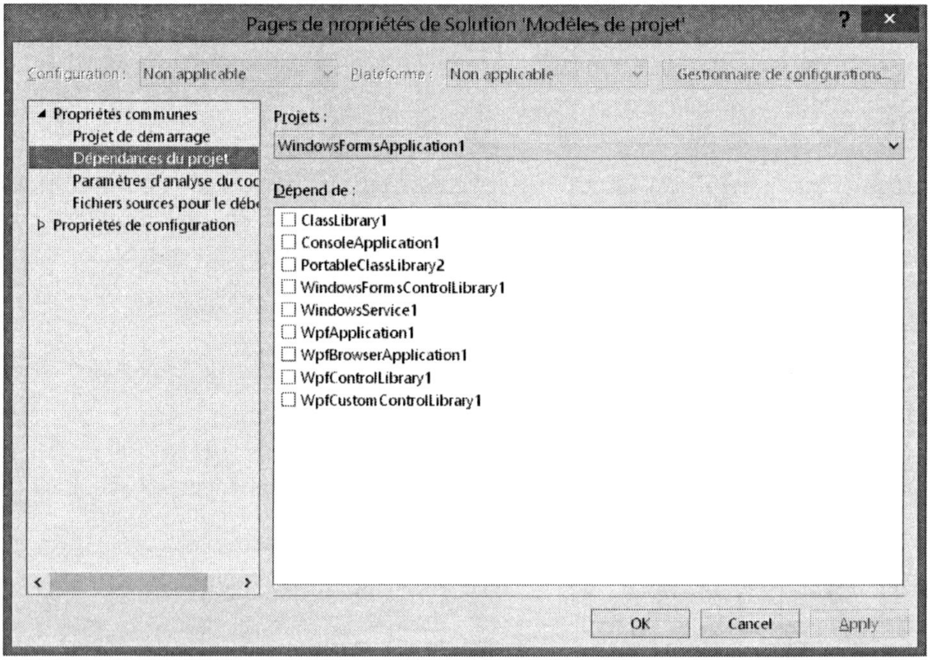

Pour configurer les dépendances d'un projet, il convient de le sélectionner dans la liste déroulante. La liste des autres projets est alors affichée avec, pour chacun d'eux, une case à cocher. Chaque génération d'un projet générera au préalable chacune des dépendances indiquées par une coche.

1.5.3 Paramètres d'analyse du code

Cette page permet de configurer les règles utilisées pour l'analyse du code de chacun des projets de la solution.

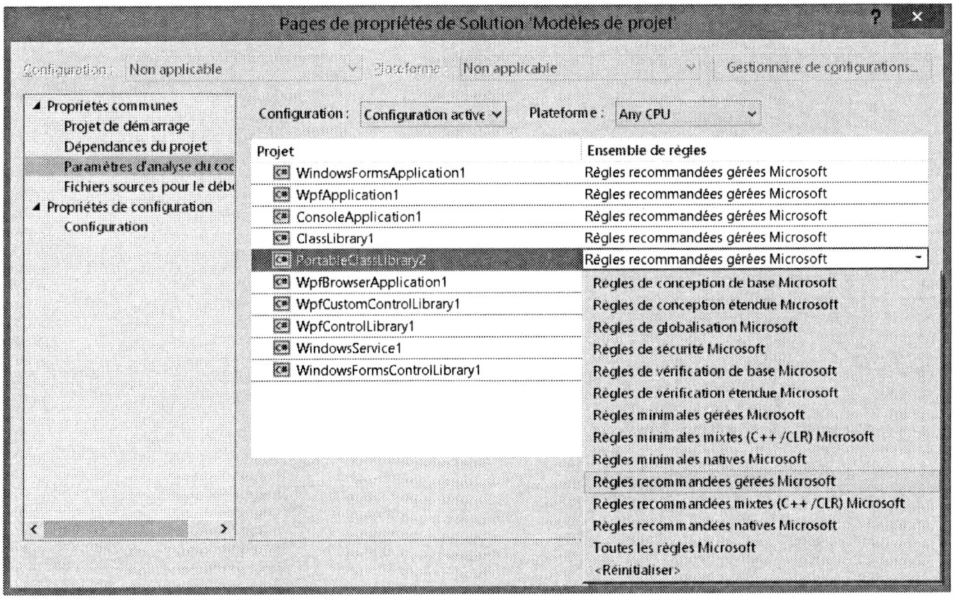

Pour chacun des projets, une liste déroulante permet d'indiquer la règle à appliquer. Chaque erreur ou point à surveiller est ensuite affiché dans la fenêtre **Liste d'erreurs** de Visual Studio. Le détail de chaque règle peut être consulté sur le site MSDN.

Remarque

À l'heure de l'écriture de ces lignes, les règles sont décrites sur la page ***Référence d'ensemble de règles d'analyse du code*** *à l'adresse suivante :*
http://msdn.microsoft.com/fr-fr/library/dd264925.aspx

1.5.4 Fichiers sources pour le débogage

Le débogueur de Visual Studio a besoin d'accéder au fichier source du code en cours de débogage. La page de propriétés **Fichiers sources pour le débogage** permet d'indiquer à l'environnement quels sont les dossiers à inspecter pour rechercher ces fichiers de code source.

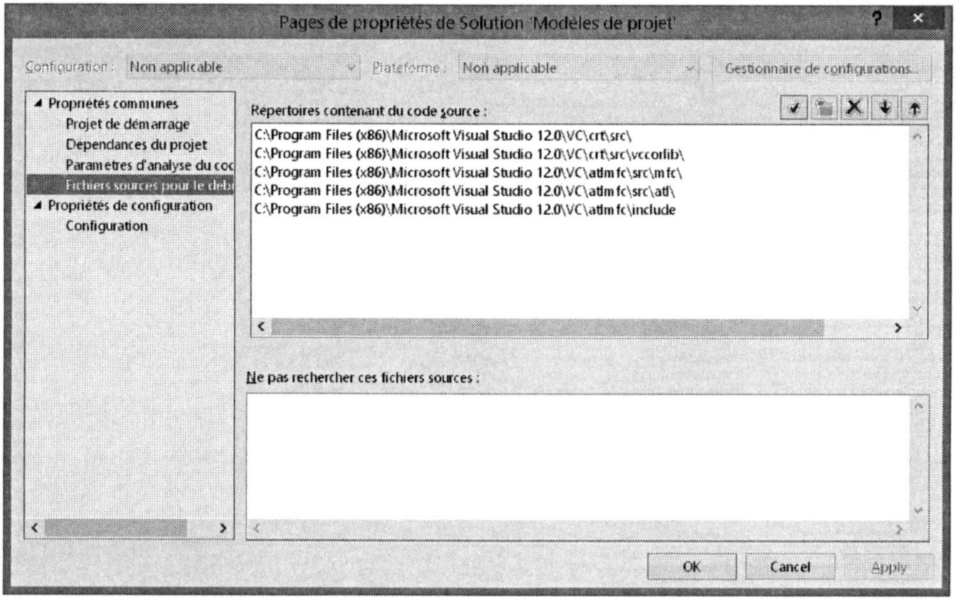

La liste **Répertoires contenant du code source** affiche la liste des répertoires dans lesquels le code source sera recherché. Cette liste peut être gérée à l'aide de la barre d'outils placée au-dessus de la liste.

La liste **Ne pas rechercher ces fichiers sources** permet d'exclure certains fichiers de la recherche.

1.5.5 Configuration

Cette dernière page de propriétés permet de définir la manière dont seront générés les projets de la solution. Par défaut, deux configurations existent dans Visual Studio : **Debug** et **Release**. La configuration peut être spécifiée au niveau de la solution ou au niveau de chacun des projets.

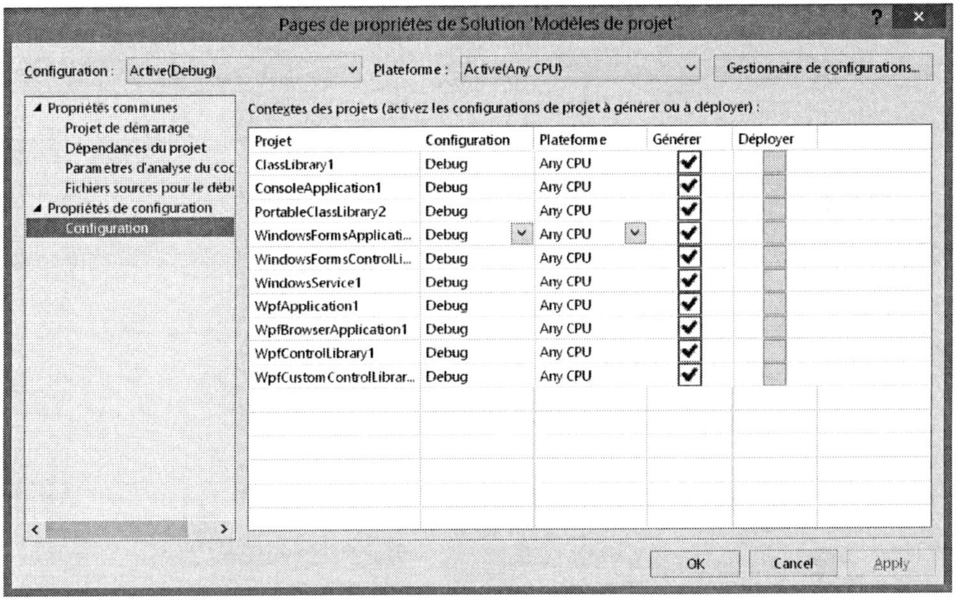

La configuration **Debug** est généralement utilisée pour la phase de développement et de tests, tandis que la configuration **Release** est utilisée pour la génération finale d'un projet.

Il est aussi possible, au niveau de chacun de projets, de définir l'architecture matérielle cible. Par défaut, la valeur **Any CPU** est sélectionnée, mais il est aussi possible de choisir les valeurs **x86** ou **x64**.

2. Les projets

Un projet forme le code source d'une application ou d'une bibliothèque de classes. Il peut contenir des fichiers de code, des fichiers de définition d'interface graphique ou des ressources, graphiques ou non.

2.1 Création d'un projet

Dans Visual Studio, la création d'un projet est effectuée à partir de la boîte de dialogue **Nouveau projet**, qui peut être ouverte à partir du menu contextuel d'une solution (**Ajouter - Nouveau projet**) ou par le menu de Visual Studio (**Fichier - Ajouter - Nouveau projet**). Dans tous les cas, la création d'un projet nécessite la sélection d'un modèle à partir duquel est générée sa structure.

De nombreux modèles de projets sont fournis par défaut avec Visual Studio. Chacun de ces modèles contient les éléments de base pour la création d'un projet du type correspondant, ainsi que les références les plus utiles pour ce type de projet.

La boîte de dialogue **Nouveau projet**, lorsqu'elle est positionnée sur **Visual C# - Bureau Windows**, contient une liste de onze modèles. Détaillons ces modèles afin de comprendre leur utilité et leurs différences.

Application Windows Forms

Ce type de projet permet la construction d'applications Windows fenêtrées traditionnelles en utilisant la technologie **Windows Forms**.

Le modèle de projet ajoute neuf fichiers au projet lors de sa création :

- `AssemblyInfo.cs` : ce fichier de code contient les propriétés de l'assembly qui résultera de la compilation du projet (numéro de version, nom de l'éditeur, etc.).
- `Resources.resx` et `Resources.Designer.cs` : le premier permet d'éditer des ressources d'application, tandis que le second est généré par Visual Studio pour encapsuler l'accès aux ressources.

- `Settings.settings` et `Settings.Designer.cs` : ces fichiers sont utilisés de la même manière que les fichiers de ressources mais sont destinés au stockage de paramètres relatifs à l'utilisateur ou à l'application dans son ensemble.
- `App.config` : c'est un fichier utilisant le format XML qui est associé à l'assembly généré par le projet. Il contient des paramètres de configuration de l'application.
- `Form1.cs` et `Form1.Designer.cs` : ces fichiers définissent une fenêtre d'application éditable à l'aide du concepteur visuel de Visual Studio. Le fichier `Form1.Designer.cs` contient le code généré par l'environnement de développement lors de l'édition du formulaire tandis que `Form1.cs` contient le code écrit par le développeur. Ce dernier fichier contiendra entre autres les gestionnaires d'événements relatifs à la fenêtre.
- `Program.cs` : il contient le point d'entrée de l'application.

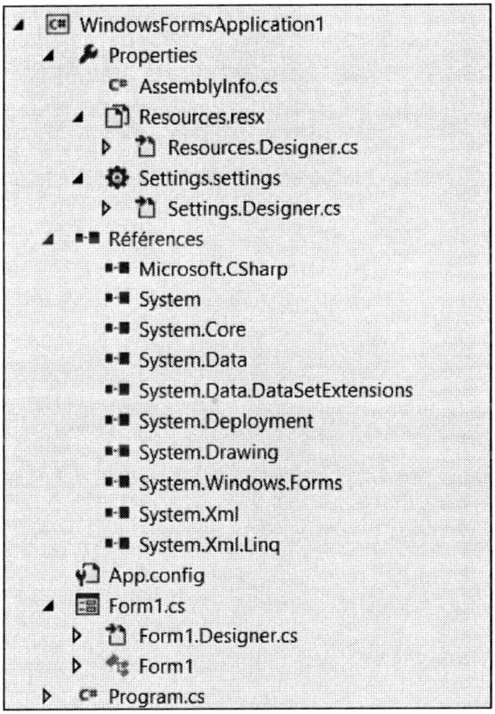

L'arborescence du projet présente également un élément nommé **Références**. C'est un dossier logique, présent dans tous les projets .NET, qui liste les assemblies utilisables dans le projet. Cette liste peut être étendue avec des assemblies provenant du framework .NET ou de sources tierces en fonction des besoins.

Application WPF

Le type de projet **Application WPF** fournit les bases pour la création d'une application fenêtrée utilisant la technologie **Windows Presentation Foundation**. Comme le modèle de projet précédent, le modèle d'application WPF crée un projet contenant neuf fichiers.

Les fichiers de description de l'assembly, de gestion des ressources et des paramètres ainsi que le fichier de configuration de l'application sont ici aussi présents et ont le même rôle que dans une application Windows Forms.

Le fichier `Program.cs` n'existe pas dans ce modèle et est remplacé par le fichier `App.xaml`. La fenêtre initiale, nommée par défaut `MainWindow.xaml` contient la description de l'interface graphique à l'aide du langage XAML, tandis que le fichier `MainWindow.xaml.cs` est le fichier de code-behind qui lui est associé. Ce dernier contiendra donc les gestionnaires d'événements relatifs à la fenêtre.

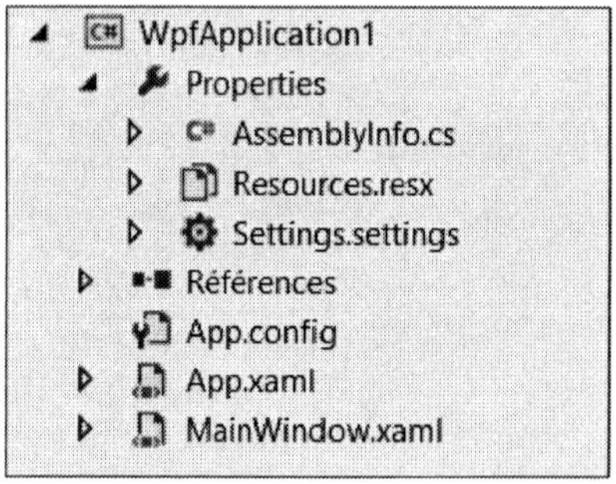

Application console

Ce type de projet permet la création d'une application utilisable en ligne de commande. Elle ne contient donc aucune interface graphique. Ce point fait sa force mais aussi sa faiblesse : une application console est idéale pour effectuer des tests avec Visual C# sans devoir se soucier de l'interface utilisateur, mais aujourd'hui, les interfaces utilisateurs se doivent d'être conviviales et belles. Cette austérité graphique aussi bien que la difficulté d'utilisation liée aux entrées/sorties claviers rendent ce type de projet obsolète.

Un projet de ce type contient initialement trois fichiers : `AssemblyInfo.cs`, `App.config` et `Program.cs`.

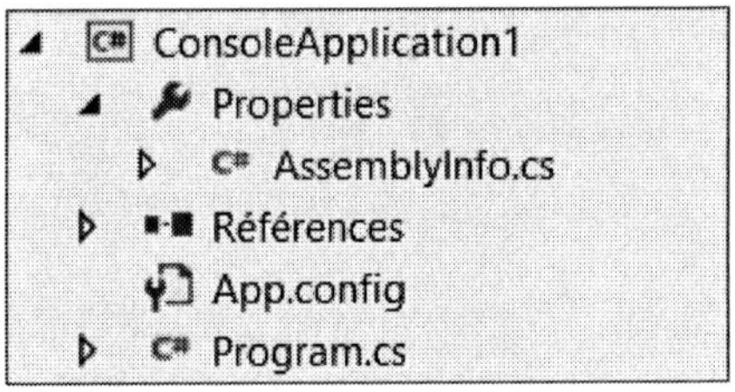

Bibliothèque de classes

Le modèle de projet **Bibliothèque de classes** a pour objectif la création de fichiers .dll utilisables à partir d'exécutables .NET. Un projet de ce type est extrêmement simple : il contient initialement un fichier `AssemblyInfo.cs` et un fichier de code, nommé par défaut `Class1.cs`.

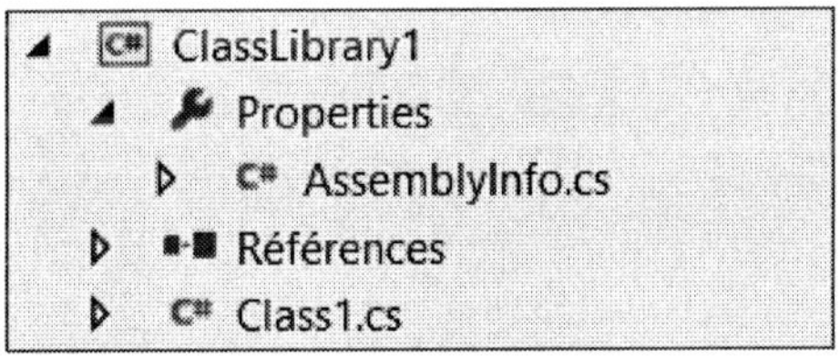

Bibliothèque de classes (Portable)

Les différentes plateformes capables d'exécuter du code .NET (Windows, Windows Phone, Xbox, Windows Store...) n'utilisent pas exactement les mêmes types mais elles ont toutes une portion du framework .NET en commun. Cette particularité fait qu'une bibliothèque de classes classique ne peut être utilisée que sur une seule plateforme, ceci afin d'éviter tout problème.

Les **bibliothèques de classes portables** (ou **PCL** pour ***Portable Class Library***) sont spécialement configurées pour utiliser le sous-ensemble commun à plusieurs plateformes. Au moment de la création du projet, une boîte de dialogue permettant la sélection de ces plateformes est affichée.

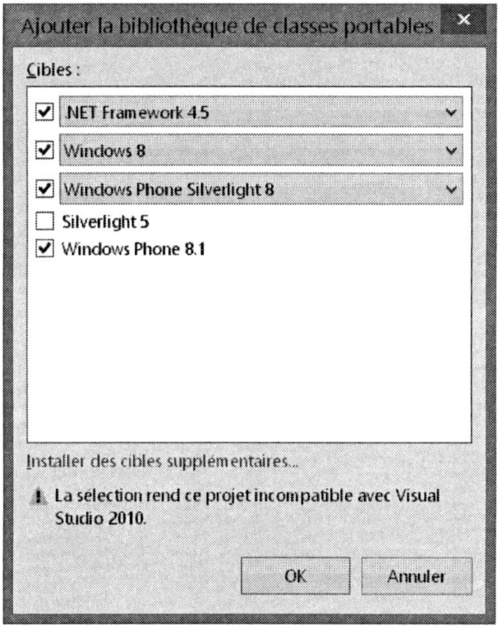

La structure du projet créé est identique à celle d'un projet de bibliothèque de classes traditionnelle.

Application de navigateur WPF

Les applications WPF peuvent être accessibles à travers un navigateur Web sous réserve de l'utilisation d'une configuration spécifique. Le modèle de projet **Application de navigateur WPF** crée la configuration nécessaire ainsi qu'une structure de fichier similaire, mais pas identique, à celle d'une application WPF classique.

Le projet d'application de navigateur WPF comprend un fichier nommé `app.manifest` contenant certains paramètres nécessaires à l'exécution de l'application.

Les fichiers `MainWindow.xaml` et `MainWindow.xaml.cs` sont ici remplacés par un fichier nommé `Page1.xaml` et par le fichier de code-behind qui lui est associé.

Enfin, ce projet contient un fichier dont le nom se termine par `_TemporaryKey.pfx`. Ce dernier fichier est destiné à la signature de l'application (en cours de développement) avant son déploiement.

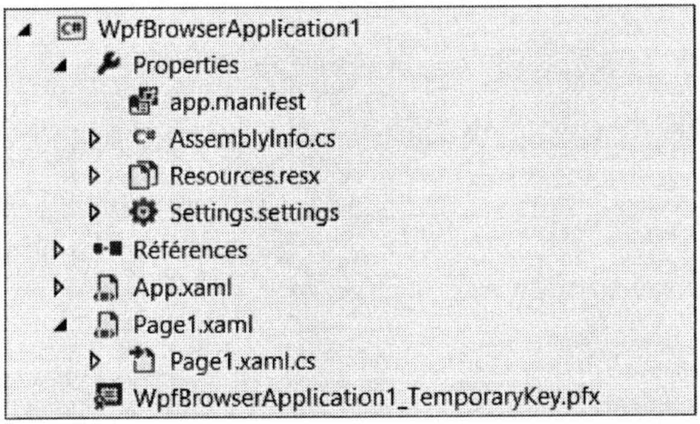

Bibliothèque de contrôles utilisateur WPF

Un contrôle utilisateur représente une portion d'interface graphique dont l'aspect et le comportement sont externalisés dans un élément réutilisable. Cet élément est composé d'un ou plusieurs contrôles définis dans un fichier `.xaml`. Le comportement de ces composants est codé dans un fichier de code-behind associé au contrôle utilisateur.

Une bibliothèque de contrôles utilisateur contient un ou plusieurs contrôles de ce type et permet ainsi d'étendre la boîte à outils de Visual Studio.

Comme tous les types de projets vus jusqu'ici, un projet **Bibliothèque de contrôles utilisateur** contient un fichier `Assembly.cs` contenant des informations de description de l'assembly qui sera généré pour le projet. Il comprend également des fichiers destinés à stocker des ressources et des paramètres.

Un contrôle utilisateur vide est créé par défaut. Les fichiers qui lui sont associés sont `UserControl1.xaml` et `UserControl1.xaml.cs`.

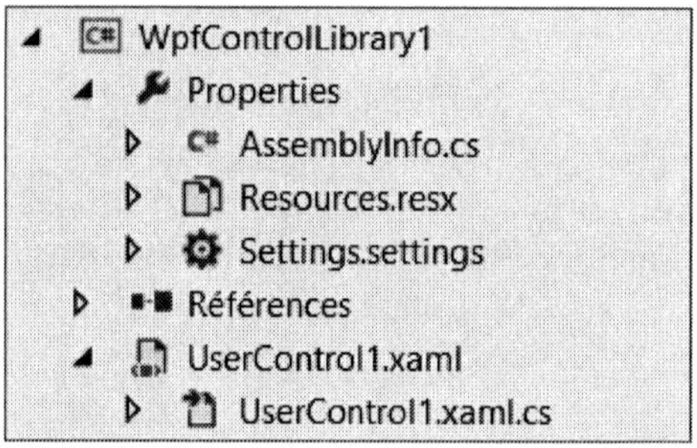

Bibliothèque de contrôles personnalisés WPF

Tout comme le modèle de projet précédent, le modèle de **Bibliothèque de contrôles personnalisés WPF** permet d'étendre le nombre de composants disponibles pour le développement en créant de toutes pièces de nouveaux contrôles. Il est également possible d'étendre un contrôle existant en lui ajoutant de nouvelles fonctionnalités. Dans tous les cas, il est nécessaire de redéfinir l'aspect visuel du contrôle.

Un projet **Bibliothèques de contrôles personnalisés WPF** comprend, en plus des fichiers de ressources, de paramètres et de description de l'assembly, la définition d'un premier contrôle personnalisé dans un fichier nommé `CustomControl1.cs`. Le code XAML qui définit le visuel de ce contrôle est localisé au sein du fichier `generic.xaml`, dans un sous-dossier nommé `Themes`. Le nommage de ces deux éléments doit obligatoirement être celui-ci.

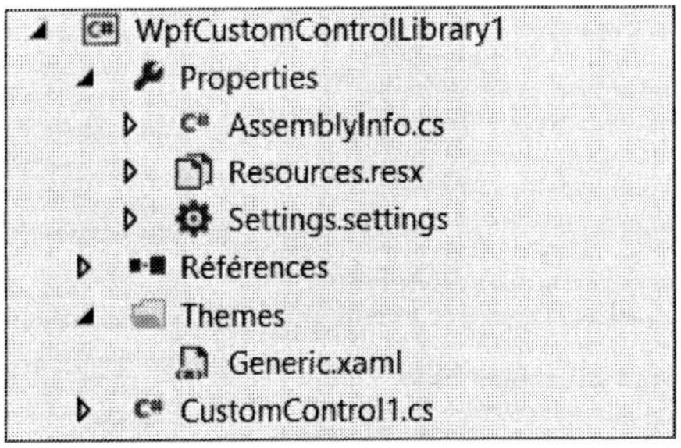

Service Windows

Ce modèle de projet est conçu pour le développement d'applications exécutées directement par le système d'exploitation, en tâche de fond. Ce type de programme ne possède pas d'interface utilisateur, ce qui implique que les interactions avec l'utilisateur doivent être implémentées séparément, et qu'une couche de communication doit être utilisée pour transmettre et recevoir les informations.

Le fichier `Service1.cs` contient le squelette d'un service Windows et le fichier `Service1.Designer.cs` contient des portions de code source générées automatiquement par Visual Studio.

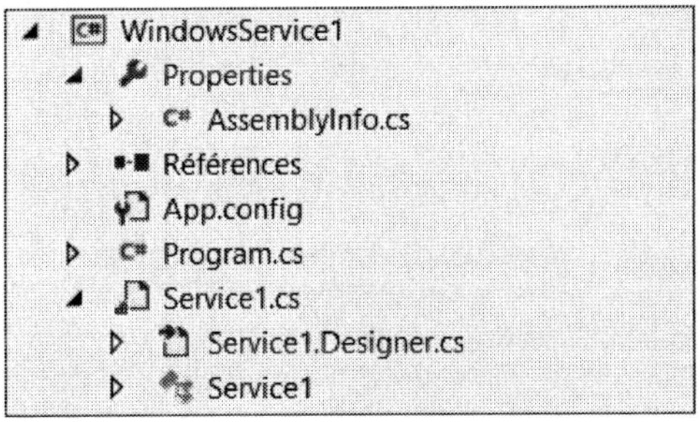

Bibliothèque de contrôles Windows Forms

Le modèle **Bibliothèque de contrôles Windows Forms** est l'équivalent du modèle **Bibliothèque de contrôles utilisateur WPF** pour la technologie Windows Forms. Il permet lui aussi de créer de nouveaux contrôles par la combinaison de plusieurs composants existants.

Par défaut, un projet de ce type contient un fichier de description d'assembly et un squelette de contrôle utilisateur. La définition visuelle de ce contrôle est générée par le concepteur visuel de Visual Studio dans le fichier `UserControl1.Designer.cs` tandis que le fichier `Usercontrol1.cs` est destiné à contenir la logique du contrôle.

Projet vide

Ce type de projet doit être utilisé lorsque vous souhaitez créer votre propre type de projet. Seul le fichier `.csproj` est créé, aucun fichier n'est ajouté à la solution. Visual Studio n'ajoute pas non plus la moindre référence.

2.2 Propriétés d'un projet

Les projets sont des éléments fondamentaux dans le développement d'applications avec Visual Studio. À ce titre, ils possèdent un grand nombre de propriétés permettant de modifier leur comportement pendant les phases de conception, de génération ou d'exécution des applications. Ces propriétés sont accessibles par le sous-menu du même nom dans le menu contextuel des projets. Plusieurs onglets sont disponibles dans la fenêtre de propriétés.

Remarque

Le présent ouvrage traitant des fondamentaux de l'utilisation de Visual Studio et C#, certains onglets ne sont pas décrits en raison de leur manque de pertinence à ce stade de votre apprentissage.

2.2.1 Application

Cet onglet présente les propriétés qui concernent le comportement général de l'application.

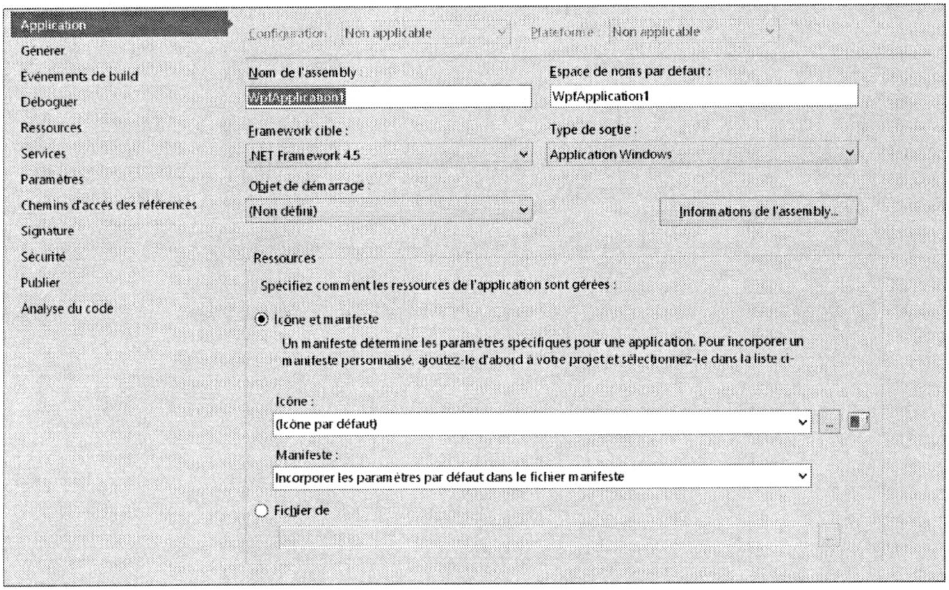

Nom de l'assembly

La valeur de cette propriété détermine le nom du fichier résultant de la compilation du projet. Par défaut, ce nom est identique à celui du projet, mais il peut être modifié sans affecter le nom du projet.

Framework cible

La sélection d'une valeur dans cette liste modifie le framework .NET ciblé par le projet. Les fonctionnalités disponibles pour le développement dépendent de cette propriété. Par défaut, sa valeur correspond à celle choisie lors de la création du projet.

Espace de noms par défaut

Cette propriété définit l'espace de noms racine pour les éléments du projet. Chaque fichier de code ajouté au projet se verra automatiquement attribuer un espace de noms correspondant à son emplacement dans la hiérarchie du projet. Par défaut, la valeur de cette propriété correspond au nom du projet.

Type de sortie

Le type d'une sortie d'une application correspond au type de fichier généré lors de sa compilation. Cette valeur est généralement liée au modèle de projet utilisé et est très rarement modifiée car le type de sortie dépend beaucoup du code source associé au projet.

Objet de démarrage

L'objet de démarrage définit le type contenant le point d'entrée de l'application. Cette propriété n'est disponible que pour les types de projets pouvant être exécutés, comme une application Windows Forms. Dans le cas d'une bibliothèque de classes, cette propriété contient la valeur **(Non défini)**.

Informations de l'assembly

L'utilisation du bouton **Informations de l'assembly** ouvre une boîte de dialogue qui permet d'éditer le contenu du fichier `AssemblyInfo.cs` d'une manière plus graphique.

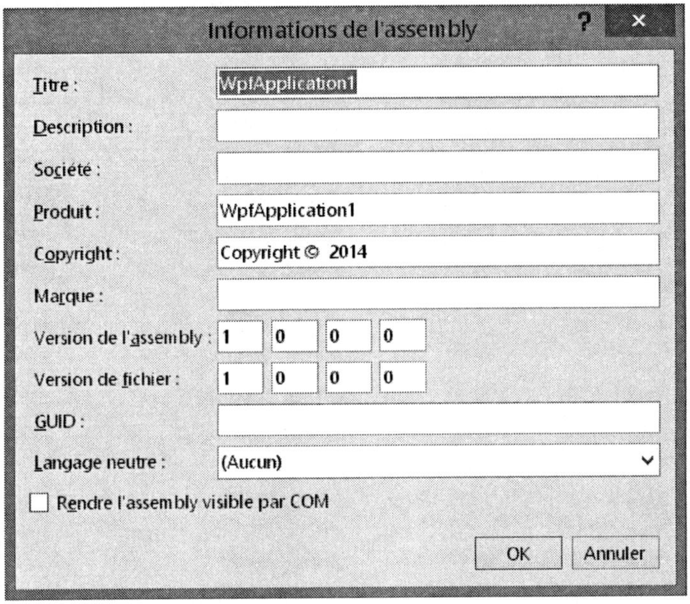

Ressources

Cette section permet le choix du mode de gestion de certaines ressources d'applications. Deux possibilités sont offertes au développeur.

La sélection du choix **Icône et manifeste** donne la possibilité de modifier l'icône de l'application afin de personnaliser son affichage dans la barre des tâches ou dans l'explorateur Windows. Il également possible de choisir d'incorporer ou non un manifeste dans l'application. Un manifeste est utilisé pour déterminer le niveau d'exécution requis pour l'application. Le choix de l'incorporation génère automatiquement un manifeste requérant les droits de l'utilisateur qui exécute l'application.

L'option **Fichier de** permet quant à elle d'intégrer un fichier de ressources Win32 standard dans l'application. Celle-ci utilise alors l'icône d'application stockée dans ce fichier.

2.2.2 Générer

La page de propriétés **Générer** présente plusieurs options permettant d'agir sur la compilation d'un projet.

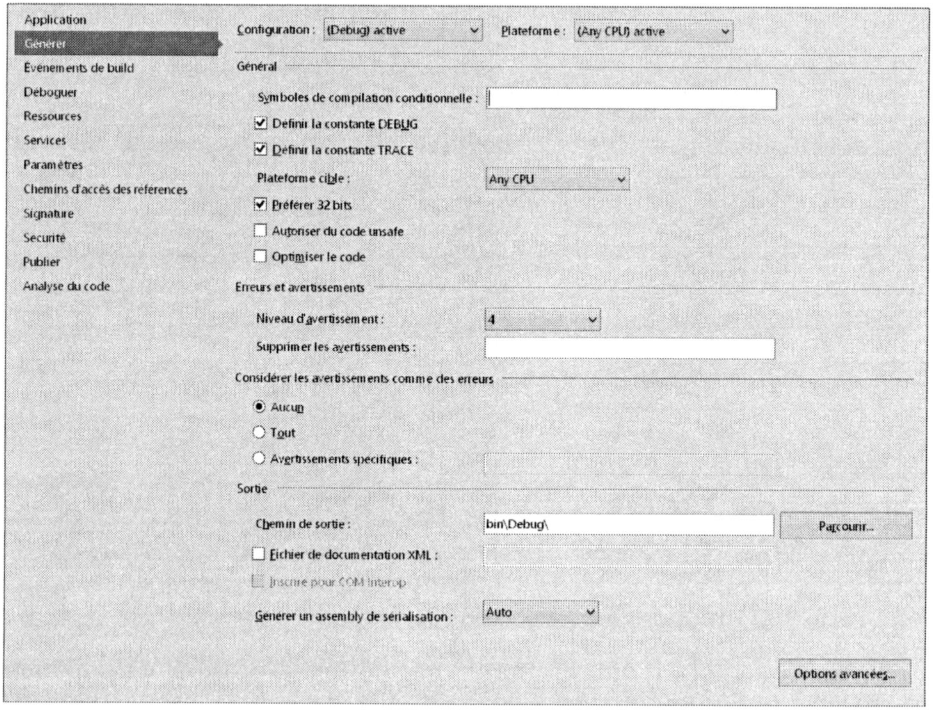

Les deux listes déroulantes **Configuration** et **Plateforme** permettent de définir le couple configuration/plateforme pour lequel les propriétés sont éditées.

Symboles de compilation conditionnelle

Cette propriété permet de spécifier une ou plusieurs constantes qui peuvent être évaluées par des directives préprocesseur `#if`. Certaines portions de code peuvent ainsi être compilées uniquement si un symbole de compilation est défini.

Lorsque plusieurs constantes doivent être définies, il convient de les séparer par un espace.

Définir la constante DEBUG

Lorsque cette option est cochée, une constante de compilation nommée DEBUG est automatiquement définie.

Définir la constante TRACE

Lorsque cette option est cochée, une constante de compilation nommée TRACE est automatiquement définie.

Plateforme cible

Cette liste déroulante permet de spécifier l'architecture processeur ciblée par l'application. La valeur par défaut de cette propriété est **Any CPU** pour garantir la portabilité du code sur tout type d'architecture supporté. Il est néanmoins possible de sélectionner **x86** ou **x64** si l'on maîtrise l'environnement cible de l'application.

L'option **Préférer 32 bits** est disponible uniquement lorsque la plateforme cible est **Any CPU**. Elle permet d'indiquer que peu importe la machine sur laquelle est exécuté le code, l'application doit fonctionner comme si l'architecture de la machine était en 32 bits.

Autoriser du code unsafe

Le code unsafe utilise le concept avancé de pointeurs. Le framework .NET et C# permettent l'utilisation de pointeurs, mais ces éléments pouvant causer des problèmes, il est requis que le développeur accepte explicitement ces risques.

Optimiser le code

Cette option active ou désactive les optimisations que le compilateur peut faire pour rendre l'exécution du code plus efficace.

Niveau d'avertissement

Le niveau d'avertissement définit le type de messages devant être affiché par le compilateur lorsqu'il rencontre un problème. Le niveau 0 correspond à une suppression complète des messages d'avertissement tandis que le niveau 4 est le plus verbeux : tous les messages d'avertissement sont affichés, même les moins critiques.

Supprimer les avertissements

Ce paramètre permet de supprimer tous les avertissements de certains types. Pour cela, il convient de saisir les codes numériques associés à chaque avertissement indésirable en les séparant par des virgules ou des points-virgules.

Considérer les avertissements comme des erreurs

Il est possible de considérer tout ou partie des avertissements renvoyés par le compilateur comme des erreurs bloquantes. Pour cela, il convient de sélectionner l'option appropriée :

- **Aucun** : les avertissements ne sont jamais considérés comme des erreurs.
- **Tout** : aucun avertissement n'est toléré par le compilateur.
- **Avertissements spécifiques** : les codes numériques d'avertissement saisis sont considérés comme des erreurs.

Chemin de sortie

Ce paramètre indique le répertoire où seront enregistrés les fichiers générés par le compilateur. Par défaut, ce répertoire est **\bin\Debug** ou **\bin\Release** en fonction de la configuration sélectionnée.

Fichier de documentation XML

Le compilateur C# est capable de générer un fichier de documentation à partir de commentaires spécialement formatés présents dans le code source. Ce fichier peut ensuite être traité par des outils annexes, comme **Sandcastle**, pour générer une documentation au format HTML (ou autre).

Inscrire pour COM Interop

Cette option indique au compilateur qu'une bibliothèque de classes doit être générée de manière à être compatible avec l'environnement COM.

Générer un assembly de sérialisation

Indique au compilateur le comportement à adopter face aux opérations de sérialisation et désérialisation d'objets du projet.

2.2.3 Événements de build

Les événements de build permettent d'exécuter une ou plusieurs commandes avant ou après la compilation du projet. Ces deux événements sont souvent utilisés pour copier des fichiers vers le répertoire du projet courant ou d'un autre projet.

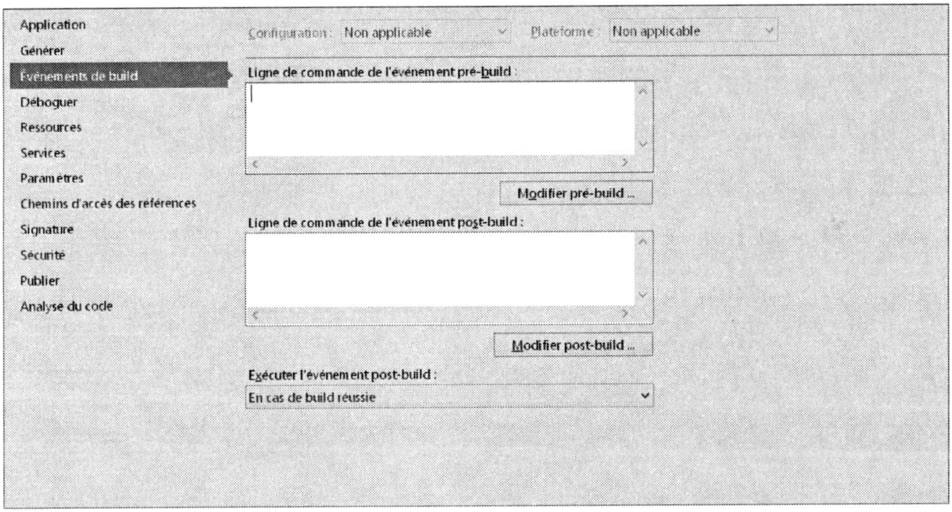

Ces commandes peuvent être saisies dans les zones de texte prévues à cet effet. Les boutons **Modifier pre-build** et **Modifier post-build** ouvrent une boîte de dialogue qui fournit des macros supplémentaires afin de simplifier l'écriture de scripts.

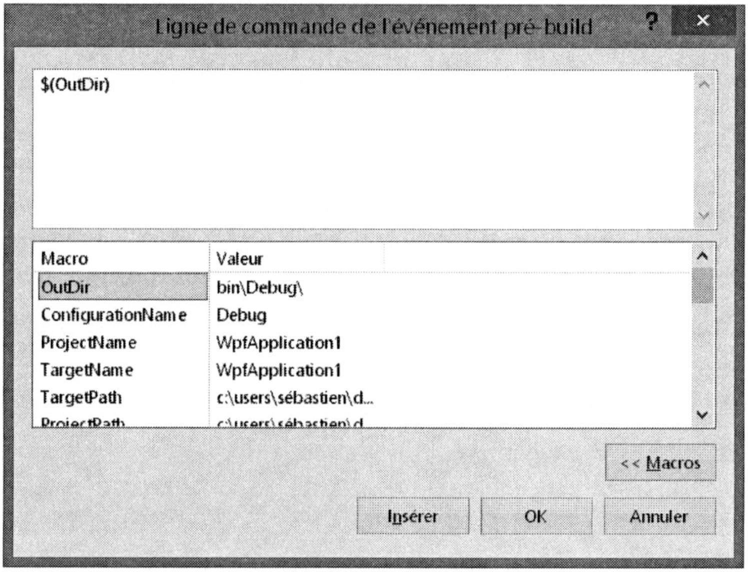

Un double clic sur une des macros insère une valeur spéciale dans la ligne de commande. Cette valeur sera évaluée lorsque l'événement en cours d'édition sera déclenché. La grille contenant les macros permet également d'avoir une prévisualisation des valeurs qu'elles retournent.

2.2.4 Déboguer

Cette page de propriétés permet l'édition de paramètres relatifs à l'exécution de l'application générée par la compilation du projet.

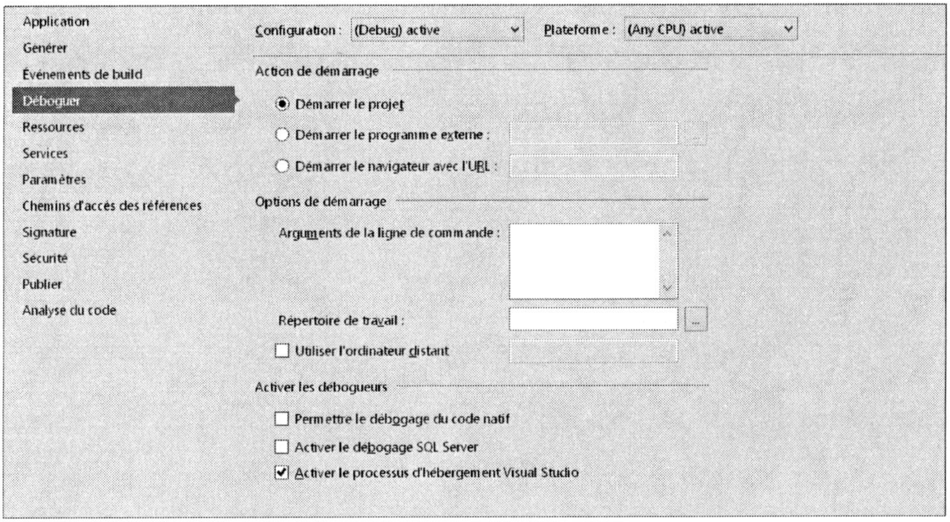

Action de démarrage

Cette propriété détermine le comportement qui sera adopté par Visual Studio après la compilation de l'application et après l'exécution des commandes post-build, si elles existent. Trois choix sont proposés :

- **Démarrer le projet** : cette option indique que le projet généré doit être exécuté.
- **Démarrer le programme externe** : cette option exécute une application qui fait appel au code généré. Ce choix peut être particulièrement utile pour le débogage du code d'une bibliothèque de classes.
- **Démarrer le navigateur avec l'URL** : ce dernier choix est utilisé pour le débogage d'applications Web ou d'applications de navigateur WPF. Lorsque ce choix est sélectionné, Visual Studio lance le navigateur par défaut de la machine à l'adresse indiquée.

Options de démarrage

Il est possible de préciser une liste d'arguments à l'application sélectionnée pour l'action de démarrage. Ceux-ci doivent être saisis dans la zone **Arguments de la ligne de commande**.

Le **répertoire de travail**, qui est par défaut le répertoire de l'application, peut également être modifié afin de placer l'application dans un contexte particulier.

Enfin, la case à cocher **Utiliser l'ordinateur distant** autorise le débogage d'une application s'exécutant sur une autre machine. Lorsque cette option est sélectionnée, il est nécessaire de saisir le nom de la machine distante.

Activer les débogueurs

Les différentes options proposées permettent d'activer l'utilisation de débogueurs supplémentaires, en complément du débogueur intégré à Visual Studio.

2.2.5 Ressources

Les ressources permettent d'externaliser certains éléments d'une application. Ces éléments peuvent être des chaînes de caractères, des images, ou tout autre type de données qu'il peut être pertinent de stocker en dehors du code source afin de simplifier leur recherche et éventuellement leur modification. Une même ressource peut être utilisée à plusieurs endroits, ce qui facilite également la maintenance par l'évitement de données dupliquées.

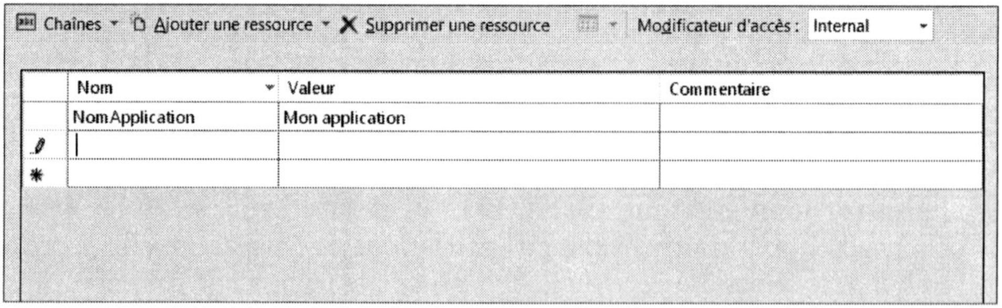

L'éditeur de ressources stocke les données qui lui sont fournies dans le fichier **Resources.resx** que vous avez pu repérer dans différents modèles de projets.

Chaque ressource est identifiée par un nom qui sera utilisé dans le code pour récupérer la valeur associée.

La ressource `NomApplication` définie ci-dessus pourra être utilisée dans le code de la manière suivante :

```
string app = WpfApplication1.Properties.Resources.NomApplication;
```

2.2.6 Paramètres

Les paramètres d'applications sont utilisés d'une manière similaire aux ressources, mais ils correspondent au fichier **Settings.settings**. Ils permettent de stocker des paramètres relatifs à une application ou à l'utilisateur de l'application. Ils sont, par exemple, couramment utilisés pour stocker les préférences des utilisateurs : tailles de polices, éléments affichés ou masqués, etc.

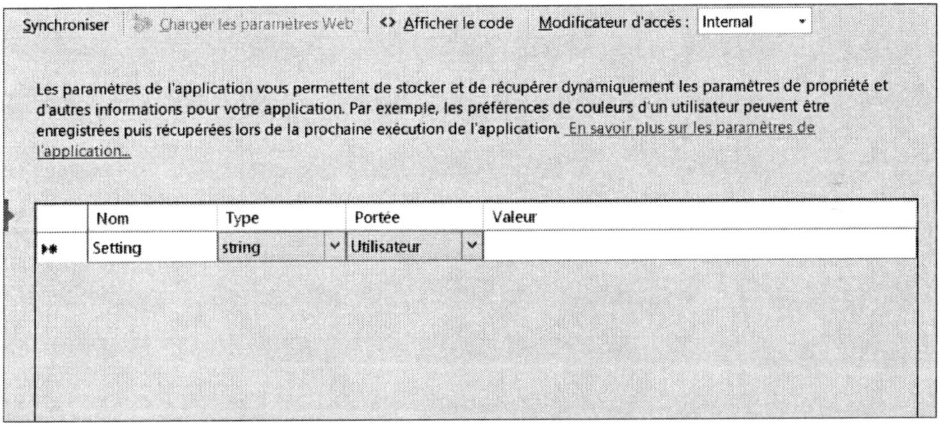

Pour chaque paramètre, il est nécessaire de fournir un nom qui l'identifiera de manière unique, un type de données, ainsi qu'une portée et une valeur. La portée peut être de deux types :

- **Application** : le paramètre est en lecture seule pendant l'utilisation de l'application.
- **Utilisateur** : le paramètre peut être modifié pendant l'exécution.

Contrairement aux ressources, les paramètres ne sont pas chargés automatiquement. Pour effectuer cette opération, il faut utiliser la propriété `Default` de l'objet `Settings`.

```
WpfApplication1.Properties.Settings.Default.Reload();
```

On accède ensuite à la valeur du paramètre de la même manière que pour les ressources :

```
//En écriture
WpfApplication1.Properties.Settings.TaillePolice = 14;
//En lecture
int taillePolice =
WpfApplication1.Properties.Settings.TaillePolice;
```

Enfin, les paramètres modifiés peuvent être sauvegardés de la manière suivante :

```
WpfApplication1.Properties.Settings.Default.Save();
```

Chapitre 4
Les bases du langage

1. Introduction

Comme tous les langages de programmation, C# impose certaines règles au développeur. Ces règles se manifestent au travers de la syntaxe du langage mais elles couvrent le large spectre fonctionnel proposé par C#. Avant d'explorer en profondeur les fonctionnalités du langage au chapitre suivant, nous étudierons donc les notions essentielles et fondamentales de C# : la création de données utilisables par une application et le traitement de ces données.

2. Les variables

Les données utilisables dans un programme C# sont représentées par des variables. Une variable est un espace mémoire réservé auquel on assigne arbitrairement un nom et dont le contenu est une valeur dont le type est fixé. On peut manipuler ce contenu dans le code en utilisant le nom de la variable.

2.1 Nommage des variables

La spécification du langage C# établit quelques règles à prendre en compte lorsque l'on nomme une variable :

- Le nom d'une variable ne peut comporter que des chiffres, des caractères de l'alphabet latin accentués ou non, le caractère ç ou les caractères spéciaux _ et μ.
- Le nom d'une variable ne peut en aucun cas commencer par un chiffre. Il peut en revanche en comporter un ou plusieurs à toute autre position.
- Le langage est sensible à la casse, c'est-à-dire qu'il fait la distinction entre majuscules et minuscules : les variables `unevariable` et `uneVariable` sont donc différentes.
- Un nom de variable ne peut pas excéder 511 caractères. Il n'est évidemment pas recommandé d'avoir des noms de variable aussi longs, le maximum en pratique étant plus souvent de l'ordre de la trentaine de caractères.
- Le nom d'une variable ne peut pas être un mot-clé du langage. Il est toutefois possible de préfixer un mot-clé par un caractère autorisé ou par le caractère @ pour utiliser un nom de variable similaire.

Les noms de variables suivants sont acceptés par le compilateur C# :

- `maVariable`
- `maVariableNumero1`
- `@void` (`void` est un mot-clé de C#)
- `µn3_VàRïãbl3`

De manière générale, il est préférable d'utiliser des noms de variables explicites, c'est-à-dire permettant de savoir à quoi correspond la valeur stockée dans la variable, comme `nomClient`, `montantAchat` ou `ageDuCapitaine`.

2.2 Type des variables

Une des caractéristiques de C# est la notion de typage statique : chaque variable correspond à un type de données et ne peut en changer. De plus, ce type doit être déterminable au moment de la compilation.

2.2.1 Types valeurs et types références

Les différents types utilisables en C# peuvent être décomposés en deux familles : les types valeurs et les types références. Cette notion peut être déconcertante au premier abord, puisqu'une variable représente justement une donnée et donc une valeur. Ce concept est en fait lié à la manière dont est stockée l'information en mémoire.

Lorsque l'on utilise une variable de type valeur, on accède directement à la zone mémoire stockant la donnée. Au moment de la création d'une variable de type valeur, une zone mémoire de la taille correspondant au type est allouée. Chaque octet de cette zone est automatiquement initialisé avec la valeur binaire 00000000. Notre variable aura donc une suite de 0 pour valeur binaire.

Dans le cas d'une variable de type référence, le comportement est différent. La zone mémoire allouée à notre variable contient une adresse mémoire à laquelle est stockée la donnée. On passe donc par un intermédiaire pour accéder à notre donnée. L'adresse mémoire est initialisée avec la valeur spéciale `null`, qui ne pointe sur rien, tandis que la zone mémoire contenant les données n'est pas initialisée. Elle sera initialisée lorsque la variable sera instanciée. Dans le même temps, l'adresse mémoire stockée dans notre variable sera mise à jour.

Une variable de type référence pourra donc ne contenir aucune donnée, tandis qu'une variable de type valeur aura forcément une valeur correspondant à une suite de 0 binaires.

Cette différence de fonctionnement a une conséquence importante : la copie de variable se fait par valeur ou par référence, ce qui signifie qu'une variable de type valeur sera effectivement copiée, tandis que pour un type référence, c'est l'adresse que contient la variable qui sera copiée, et il sera donc possible d'agir sur la donnée réelle indifféremment à partir de chacune des variables pointant sur ladite donnée.

2.2.2 Les types intégrés

Le framework .NET embarque plusieurs milliers de types différents utilisables par les développeurs. Parmi ces types, nous en avons une quinzaine que l'on peut considérer comme fondamentaux : ce sont les types intégrés (aussi nommés types primitifs). Ce sont les types de base à partir desquels sont construits les autres types de la BCL ainsi que ceux que le développeur crée dans son propre code. Ils permettent de définir des variables contenant des données très simples.

Ces types ont comme particularité d'avoir chacun un alias intégré à C#.

Types numériques

Ces types permettent de définir des variables numériques entières ou décimales. Ils couvrent des plages de valeurs différentes et ont chacun une précision spécifique. Certains types seront donc plus adaptés pour les calculs entiers, d'autres pour les calculs dans lesquels la précision décimale est très importante, comme les calculs financiers.

Les différents types numériques sont énumérés ci-dessous avec leurs alias ainsi que les plages de valeurs qu'ils couvrent.

Type	Alias C#	Plage de valeurs couverte	Taille en mémoire
System.Byte	byte	0 à 255	1 octet
System.SByte	sbyte	-128 à 127	1 octet
System.Int16	short	-32768 à 32767	2 octets
System.UInt16	ushort	0 à 65535	2 octets
System.Int32	int	-2147483648 à 2147483647	4 octets
System.UInt32	uint	0 à 4294967295	4 octets
System.Int64	long	-9223372036854775808 à 9223372036854775807	8 octets
System.UInt64	ulong	0 à 18446744073709551615	8 octets
System.Single	float	±1,5e-45 à ±3,4e38	4 octets

Type	Alias C#	Plage de valeurs couverte	Taille en mémoire
System.Double	double	±5,0e-324 à ±1,7e308	8 octets
System.Decimal	decimal	±1,0e-28 à ±7,9e28	16 octets

Les types numériques primitifs sont tous des types valeurs. Une variable de type numérique et non initialisée par le développeur aura pour valeur par défaut 0.

Remarque

.NET 4 a apporté le type `System.Numerics.BigInteger` afin de manipuler des entiers d'une taille arbitraire. Ce type est aussi un type valeur, mais il ne fait pas partie des types intégrés.

Types textuels

Il existe dans la BCL deux types permettant de manipuler des caractères Unicode et des chaînes de caractères Unicode : `System.Char` et `System.String`. Ces types ont respectivement pour alias `char` et `string`.

Le type `char` est un type valeur encapsulant les mécanismes nécessaires au traitement d'un caractère Unicode. Par conséquent, une variable de type char est stockée en mémoire sur deux octets.

Les valeurs de type `char` doivent être encadrées par les caractères ' ' : 'a'.

Certains caractères ayant une signification particulière pour le langage doivent être utilisés avec le caractère d'échappement \ afin d'être correctement interprétés. D'autres caractères n'ayant pas de représentation graphique doivent être aussi déclarés avec des séquences spécifiques. Le tableau suivant résume les séquences qui peuvent être utilisées.

Séquence d'échappement	Caractère associé
\'	Simple quote '
\"	Double quote "
\\	Backslash \

Séquence d'échappement	Caractère associé
\a	Alerte sonore
\b	Retour arrière
\f	Saut de page
\n	Saut de ligne
\r	Retour chariot
\t	Tabulation horizontale
\v	Tabulation verticale
\0	Caractère nul
\uXXXX	Caractère Unicode dont le code hexadécimal est XXXX

Le type `string` manipule en interne des tableaux d'objets de type `char` pour permettre le traitement de chaînes pouvant représenter jusqu'à 4 Go, soit 2 147 483 648 caractères. Contrairement aux types intégrés vus jusqu'ici, le **type string est un type référence**, ce qui signifie donc qu'une variable de ce type peut avoir la valeur `null`.

Une chaîne de caractère s'écrit entre les caractères " " : `"une chaîne de caractères sympathique et un peu longue"`. Tout comme pour les `char`, certains caractères nécessitent d'utiliser une séquence d'échappement.

Il est à noter que les chaînes de caractères sont invariables, c'est-à-dire qu'elles ne peuvent pas être modifiées. Heureusement, le framework nous permet de le faire mais à un certain prix. Chaque modification effectuée sur une chaîne de caractères entraîne la création d'une nouvelle chaîne incluant la modification. Ce comportement, transparent pour nous, peut entraîner des problèmes de performance lorsqu'il est question de traitement important sur ce type d'objets. Il est donc important de connaître cette subtilité afin d'éviter ce type de problèmes.

Type booléen

Une valeur booléenne représente un état vrai ou faux. C'est un type essentiel au développement car c'est lui qui va permettre d'effectuer des vérifications de conditions.

Les valeurs booléennes "vrai" et "faux" s'écrivent respectivement `true` et `false`.

Tableaux

Une variable de type tableau est une variable contenant plusieurs éléments d'un même type. Il est possible d'accéder à chacun de ces éléments en utilisant un index entier supérieur ou égal à 0. La première valeur stockée dans un tableau a toujours pour index 0.

Un tableau peut avoir plusieurs dimensions. Il est en général difficile d'utiliser un tableau à plus de trois dimensions car il n'est pas évident de se représenter un objet en quatre ou cinq dimensions dans un espace en trois dimensions.

La déclaration d'une variable de type tableau s'effectue en suffixant le nom d'un type de données par l'opérateur "crochets" : `[]`.

```
int[] tableau;
```

La variable `tableau` déclarée ici ne peut pas être utilisée en l'état. En effet, les tableaux sont des types références. Sans initialisation, la variable a donc pour valeur `null`.

L'initialisation de notre tableau se fait à l'aide du mot-clé `new` et en précisant le nombre d'éléments maximum qu'il peut contenir.

```
tableau = new int[10];
```

Ici, notre tableau peut contenir dix éléments, indexés de 0 à 9.

Il est aussi possible d'initialiser un tableau en fournissant directement les valeurs qu'il doit contenir. Dans ce cas, il n'est pas nécessaire de préciser la longueur du tableau, elle est déduite automatiquement du nombre d'éléments passés lors de l'initialisation.

```
tableau = new int[] { 1 , 7, 123, 201 }
```

2.3 Déclaration des variables

La première étape dans l'utilisation d'une variable est sa déclaration. Si une variable est utilisée sans avoir été déclarée, le compilateur renvoie une erreur. La déclaration du tableau précédent montre qu'une variable est associée à un type. Détaillons maintenant la syntaxe de déclaration d'une variable.

La syntaxe générale de déclaration d'une variable est la suivante :

```
<Type de la variable> <Nom de la variable> [ = valeur initiale]
[, Nom d'une seconde variable];
```

On spécifie la valeur de la variable à l'aide de l'opérateur d'affectation =. Si la valeur initiale de la variable n'est pas définie à la déclaration, la variable aura pour valeur la valeur par défaut de son type.

Comme évoqué précédemment, pour un type référence, la variable aura la valeur `null` tandis que pour un type valeur, la valeur correspondra à une initialisation de la variable en mémoire avec une suite de 0 binaires. Pour un numérique, la représentation de ce 0 binaire sera 0, pour un booléen, ce sera `false`, pour un char, ce sera le caractère nul (`'\0'`).

```
System.String maChaineDeCaracteres = "Ceci est une chaîne de
caractères";
char caractere = 'a';

int nombreEntier1 = 4,
    nombreEntier2 = 128,
    nombreEntier3;
```

2.4 Portée des variables

On parle de portée de variable quand il est question de savoir dans quelle portion du code une variable est utilisable. En C#, elle correspond au bloc de code (entre les caractères { et }) dans lequel elle est déclarée.

Ce bloc de code peut être une classe, une fonction, une structure de contrôle à l'intérieur d'une fonction, ou même, mais ce cas n'est en pratique jamais utilisé, entre deux accolades positionnées arbitrairement dans une fonction. Ce dernier comportement est aussi important à connaître, car personne n'est à l'abri d'une erreur de manipulation, et une suppression de ligne malencontreuse pourrait vous mettre dans ce cas.

À l'intérieur d'une fonction, une variable n'est utilisable qu'à partir de la ligne suivant sa déclaration.

Une variable déclarée à l'intérieur d'une classe peut aussi, en fonction des modificateurs d'accès utilisés lors de la déclaration, être utilisable en dehors de la classe.

2.5 Modificateurs d'accès

Les modificateurs d'accès sur les variables déclarées au niveau d'une classe permettent de déterminer la visibilité des variables à l'extérieur de sa classe.

Les différents modificateurs utilisables sont, du plus restrictif au moins restrictif :

- `private` : la variable est utilisable uniquement à l'intérieur de la classe dans laquelle elle est déclarée.
- `protected` : la variable est utilisable à l'intérieur de la classe dans laquelle elle est déclarée ainsi que dans toutes ses classes filles.
- `internal` : la variable est utilisable dans toutes les classes de l'assembly qui contient la déclaration de la variable.
- `protected internal` : la variable est utilisable dans toutes les classes de l'assembly qui contient sa déclaration ainsi que dans toutes les classes filles de la classe à laquelle elle appartient.
- `public` : la variable est utilisable sans restriction.

2.6 Le mot-clé var et l'inférence de type

L'inférence de type est la capacité qu'a le compilateur C# de déterminer le type d'une variable en fonction de la valeur qui lui est assignée. On utilise cette fonctionnalité du langage en utilisant le mot-clé `var` à la place du type dans la déclaration d'une variable.

```
var nomClient = "Jean";
```

Ici, le compilateur détermine automatiquement que le type de `nomClient` est `string` :

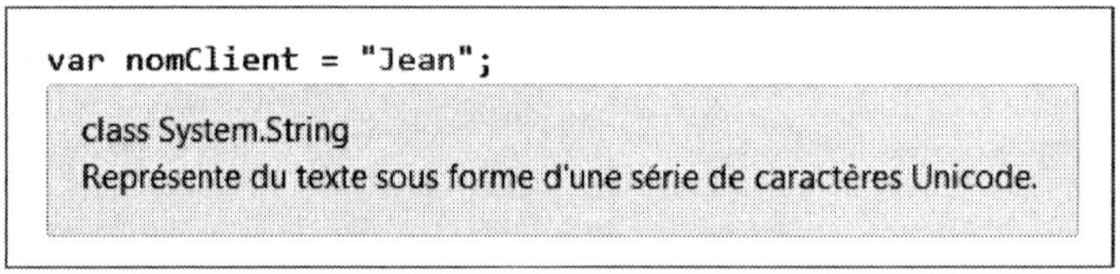

Il peut être tentant de penser que le type de notre variable est dynamique puisque nous ne l'avons pas défini explicitement. Le type est pourtant fixé de la même manière que si nous avions utilisé explicitement le type `string`. Le compilateur refuse d'ailleurs d'assigner une valeur d'un autre type à notre variable.

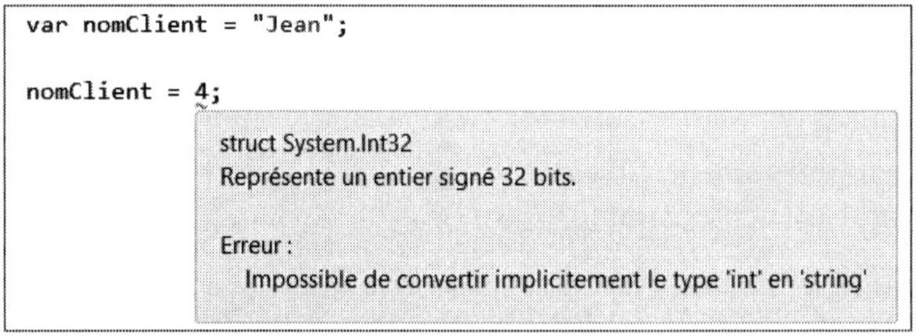

Pour utiliser l'inférence de type, il faut respecter deux règles :

- La variable doit être locale, c'est-à-dire qu'elle doit être déclarée à l'intérieur d'une fonction.
- Il est obligatoire d'assigner une valeur à la variable au moment de sa déclaration. Sans cela, le compilateur ne peut pas déterminer le type de la variable et retourne une erreur.

3. Les constantes

Lors de l'écriture d'une application, il arrive que l'on utilise des valeurs déterminées qui ne sont pas amenées à être modifiées. Un exemple typique est la constante mathématique π. Cette valeur est définie comme suit dans la classe `Math` du framework .NET :

```
public const double PI = 3.14159;
```

Cette déclaration est une déclaration d'une variable à laquelle on a ajouté le mot-clé `const`. L'utilisation de ce mot-clé permet de sceller la valeur de `PI`.

Il est possible de définir des constantes calculées à partir d'autres constantes :

```
public const double 2PI = 2 * Math.PI;
```

4. Les opérateurs

Les opérateurs sont des mots-clés du langage permettant l'exécution de traitements sur des variables, valeurs de retour de fonctions ou valeurs littérales (les opérandes).

La combinaison d'opérateurs et d'opérandes constitue une expression qui sera évaluée à l'exécution et retournera un résultat dépendant des différents éléments qui la composent.

Nous avons déjà vu l'opérateur d'affectation = qui permet d'assigner une valeur à une variable. Celle-ci peut être une variable, une valeur littérale, le résultat d'une fonction ou le résultat d'une expression.

Les différents autres opérateurs peuvent être classés en quatre familles relatives au type de traitement qu'ils permettent d'effectuer.

4.1 Les opérateurs arithmétiques

Les opérateurs arithmétiques permettent d'effectuer des calculs sur leurs opérandes.

Opérateur	Nom de l'opération	Exemple	Résultat
+	Addition	1 + 2	3
-	Soustraction	1 – 2	-1
*	Multiplication	1 * 2	2
/	Division	1 / 2	0.5
%	Modulo (reste de la division entière)	1 % 2	1

Ces opérateurs sont principalement utilisés avec des opérandes numériques. Certains types modifient le comportement de ces opérateurs afin d'exécuter des traitements plus en accord avec leur logique. C'est notamment le cas du type `string` pour lequel l'opérateur d'addition permet d'effectuer une concaténation, c'est-à-dire de joindre deux chaînes de caractères.

4.2 Les opérateurs de comparaison

Les opérateurs de comparaison permettent de définir des expressions dont le résultat est une valeur booléenne. Ils sont principalement utilisés comme conditions dans les structures de contrôles.

Opérateur	Nom de l'opération	Exemple	Résultat
==	Égalité	`10 == 20`	`false`
!=	Inégalité	`"C#" != "VB.NET"`	`true`
>	Supériorité	`10 > 20`	`false`
>=	Supériorité ou égalité	`10 >= 20`	`false`
<	Infériorité	`10 < 20`	`true`
<=	Infériorité ou égalité	`10 <= 20`	`true`
is	Comparaison de type	`"Hello world" is string`	`true`

4.3 Les opérateurs logiques

À l'exception de l'opérateur !, les opérations logiques permettent de combiner plusieurs expressions renvoyant un booléen, comme des expressions de comparaison.

4.3.1 Négation : !

L'opérateur Négation permet d'inverser une valeur booléenne. Cette valeur peut être représentée par un littéral, une variable ou une expression renvoyant une valeur booléenne.

```
bool booleen1 = true;
bool booleen2 = !booleen1;
//Arrivé ici, booleen2 vaut false

bool comparaison = !(booleen1 == booleen2);
// booleen1 == booleen2 renvoie false, donc comparaison vaut true
```

4.3.2 ET logique : &

L'opérateur ET logique permet de combiner deux expressions afin de déterminer si elles sont toutes deux vraies.

```
bool booleen1 = true;
bool booleen2 = false;

bool comparaison1 = booleen1 & booleen2;
// comparaison1 vaut false

booleen2 = true;
bool comparaison2 = booleen1 & booleen2;
// comparaison2 vaut true
```

4.3.3 OU logique : |

L'opérateur OU logique permet de combiner deux expressions afin de déterminer si au moins une des deux expressions est vraie.

```
bool booleen1 = true;
bool booleen2 = false;

bool comparaison = booleen1 | booleen2;
// comparaison vaut true
```

4.3.4 OU exclusif : ^

L'opérateur OU exclusif permet de combiner deux expressions afin de déterminer si une seule de ces expressions est vraie.

```
bool booleen1 = true;
bool booleen2 = false;

bool comparaison1 = booleen1 ^ booleen2;
// comparaison1 vaut true

booleen2 = true;
bool comparaison2  = booleen1 ^ booleen2;
// comparaison2 vaut false
```

4.3.5 ET conditionnel : &&

L'opérateur ET conditionnel permet de combiner deux expressions afin de déterminer si elles sont toutes deux vraies.

Le second opérande passé à cet opérateur ne sera évalué que si le premier opérande est évalué comme vrai.

```
bool booleen1 = false;
bool booleen2 = true;

bool comparaison1 = booleen1 && booleen2;
// comparaison1 vaut false, et booleen2 n'est pas évalué

booleen1 = true;
bool comparaison2 = booleen1 && booleen2;
// comparaison2 vaut true
```

4.3.6 OU conditionnel : ||

L'opérateur OU conditionnel permet de combiner deux expressions afin de déterminer si au moins une des deux est vraie.

Le second opérande passé à cet opérateur ne sera évalué que si le premier opérande est évalué comme faux.

```
bool booleen1 = true;
bool booleen2 = true;

bool comparaison1 = booleen1 || booleen2;
// comparaison1 vaut true, et booleen2 n'est pas évalué

booleen1 = false;
bool comparaison2 = booleen1 || booleen2;
// comparaison2 vaut true
```

4.4 Les opérateurs binaires

Les opérateurs binaires ne peuvent être appliqués que sur des types numériques entiers. Ils effectuent sur leurs opérandes des opérations logiques au niveau des bits.

4.4.1 ET binaire : &

L'opérateur ET binaire effectue un ET logique sur chacun des bits des opérandes. Le résultat de l'expression est une valeur de type `int`. Effectuons l'opération suivante :

```
int resultat = 21 & 57;
```

	Opérande 1	Opérande 2	Résultat
Base 10	21	57	17
Base 2 (valeur binaire)	00010101	00111001	00010001

4.4.2 OU binaire : |

L'opérateur OU binaire effectue un OU logique sur chacun des bits des opérandes. Le résultat de l'expression est une valeur de type `int`. Effectuons l'opération suivante :

```
int resultat = 21 | 57;
```

	Opérande 1	Opérande 2	Résultat
Base 10	21	57	61
Base 2 (valeur binaire)	00010101	00111001	00111101

4.4.3 OU exclusif : ^

L'opérateur OU exclusif binaire effectue un OU exclusif sur chacun des bits des opérandes. Le résultat de l'expression est une valeur de type `int`.

	Opérande 1	Opérande 2	Résultat
Base 10	21	57	44
Base 2 (valeur binaire)	00010101	00111001	00101100

4.4.4 Négation : ~

L'opérateur négation binaire inverse la valeur de chacun des bits de son opérande. Effectuons l'opération suivante :

```
int resultat = ~21;
```

	Opérande	Résultat
Base 10	21	-22
Base 2 (valeur binaire)	00010101	11111111111111111111111111101010

L'opérateur de négation renvoie une valeur du même type que son opérande : ici, `int`. Ce type est codé sur 32 bits, ce qui explique la longueur du résultat renvoyé.

4.4.5 Décalage vers la droite : >>

Cet opérateur décale vers la droite les bits composant le premier opérande du nombre de positions spécifiées par le second opérande. Effectuons l'opération suivante :

```
int resultat = 21 >> 2;
```

	Opérande 1	Opérande 2	Résultat
Base 10	21	2	5
Base 2 (valeur binaire)	00010101		00000101

4.4.6 Décalage vers la gauche : <<

Cet opérateur décale vers la gauche les bits composant le premier opérande du nombre de positions spécifiées par le second opérande. Effectuons l'opération suivante :

```
int resultat = 21 << 2;
```

	Opérande 1	Opérande 2	Résultat
Base 10	21	2	84
Base 2 (valeur binaire)	00010101		01010100

5. Les structures de contrôle

Les structures de contrôle permettent de créer un flux de traitements complexe. Il existe deux types de structures de contrôle :

- Les structures conditionnelles, qui exécutent un traitement en fonction d'une condition.
- Les structures de boucles, qui exécutent plusieurs fois un même traitement.

5.1 Les structures conditionnelles

Deux structures conditionnelles existent.

5.1.1 if ... else

La structure `if ... else` accepte comme paramètre une expression renvoyant une valeur booléenne, comme une expression de comparaison. Si la condition est respectée, le bloc de code correspondant est exécuté.

S'il ne l'est pas, trois possibilités s'offrent à nous :

- Un bloc `else` est défini juste après le `if`, et dans ce cas le code de ce bloc est exécuté.
- Un ou plusieurs blocs `else if` existent après le `if`, et chaque expression de condition est exécutée jusqu'à ce qu'une d'entre elles renvoie `true`. À ce stade, le bloc de l'instruction `else if` (ou `else`, éventuellement) est exécuté.
- Aucun bloc `else` ou `else if` n'existe, et l'exécution du code reprend à la sortie du bloc `if`.

La syntaxe de cette structure est la suivante :

```
if (<expression de condition>)
{
    //Placer ici le code à exécuter si l'expression renvoie true
}
[ else if (<expression de condition 2>)
{
    //Placer ici le code à exécuter si la première expression
    //renvoie false et la seconde expression renvoie true
}]
[else if...]
[ else
{
    //Placer ici le code à exécuter si aucune des expressions
    //des blocs if et else if ne renvoie true
}]
```

L'utilisation de blocs `else if` ou `else` est facultative. Mais, très logiquement, un bloc `else` ou `else if` ne peut exister sans un bloc `if`.

Cette structure peut avoir des dizaines de blocs `else if` associés, mais elle ne peut avoir qu'un seul bloc `else`.

5.1.2 switch

La structure switch choisit une branche d'exécution en fonction d'un argument et de tests de valeurs de ce paramètre. L'argument passé à cette structure doit être de l'un des types suivants :

- bool ou Nullable<bool>
- char ou Nullable<char>
- string
- un des types numériques entiers : byte, sbyte, short, ushort, int, uint, long ou ulong ou un type Nullable correspondant (comme Nullable<int>).
- énumération (cf. chapitre La programmation orientée objet avec C# - section Les énumérations).

Le corps de cette structure est composé d'étiquettes case permettant chacune de tester une valeur. Il est aussi possible d'avoir une étiquette default qui gère les cas qui ne sont pas explicitement testés.

La syntaxe de la structure switch est la suivante :

```
switch (<argument>)
{
   case <valeur1> :
          //placer ici les traitements à effectuer
          break;
   case <valeur2>:
          //placer ici les traitements à effectuer
          break;
   [ case ... ]
   [ default :
          //placer ici les traitements à effectuer si notre
          //valeur n'a pas de case associée
          break; ]
}
```

En C#, contrairement à d'autres langages, comme C++, il est impossible d'exécuter un traitement dans une étiquette et de continuer en exécutant le code de l'étiquette suivante. Le mot-clé break sert ici à rendre ce comportement explicite. Si une étiquette contenant des traitements ne contient pas d'appel à cette instruction, le compilateur retourne une erreur.

En revanche, il est possible d'effectuer le même traitement pour deux étiquettes. Il suffit pour cela de placer deux étiquettes directement l'une au-dessus de l'autre.

Ci-dessous un exemple de structure `switch` montrant l'utilisation de ces différents comportements.

```
int maVariable = 4;

switch (maVariable)
{
    case 1:
        Console.WriteLine("Je suis un 1 !");
        break;
    case 2:
    case 3:
        Console.WriteLine("Je suis un 2 ou un 3 !");
        break;
    default:
        Console.WriteLine("Je ne suis ni un 1, ni, un 2, ni un 3.... .
Qui suis-je ?");
        break;
}
```

Ce code produira la sortie suivante :

```
Je ne suis ni un 1, ni, un 2, ni un 3.... Qui suis-je ?
```

5.2 Les structures d'itération

Il est souvent intéressant de répéter le même traitement sur plusieurs variables, comme les éléments d'un tableau. Pour cela, C# fournit quatre types de structures capables d'exécuter en boucle un traitement.

5.2.1 for

La structure `for` est utilisée lorsque le nombre d'itérations à effectuer est connu avant de commencer l'exécution. Cette structure accepte trois arguments, séparés par des points-virgules, qui sont :

- **Une instruction d'initialisation** qui est exécutée avant de commencer les itérations. Cette instruction est en règle générale l'initialisation d'une variable "compteur".

- **Une condition évaluée avant chaque itération**. Si cette condition est évaluée à `false`, la boucle s'arrête. Cette instruction est en règle générale une comparaison de la variable "compteur" avec une valeur telle que la longueur d'un tableau.
- **Une instruction exécutée à la fin de chaque itération** et avant l'évaluation de la condition de sortie. Cette instruction est en règle générale une modification de la variable "compteur" par incrémentation ou décrémentation.

Ces trois instructions sont facultatives, mais attention, une boucle infinie est vite arrivée !

La syntaxe pour l'écriture de boucles `for` est la suivante :

```
for ([<instruction d'initialisation>]; [<condition de début
d'itération>]; [<instruction de fin d'itération>])
{
    //Code à exécuter à chaque itération
}
```

En règle générale, l'utilisation d'une boucle `for` ressemble à ceci :

```
int nombreIterations = 7;
for (int compteur = 0; compteur < nombreIterations; compteur++)
{

    //Code à exécuter à chaque itération
}
```

L'instruction de fin d'itération peut paraître étrange au premier abord. L'opérateur `++` est l'opérateur d'incrémentation. L'utilisation de l'instruction `compteur++` est équivalente à l'instruction :

```
compteur = compteur + 1;
```

5.2.2 while

La structure `while` est utilisée principalement lorsque le nombre d'itérations est complètement inconnu avant le début de l'exécution de la boucle. Elle accepte comme argument une expression booléenne. La boucle terminera son exécution lorsque cette condition renverra la valeur `false`.

Une boucle `while` s'écrit de la manière suivante :

```
while (<condition>)
{
   //Traitement à exécuter
}
```

5.2.3 do ... while

Les structures `do ... while` sont utilisées lorsqu'une itération au minimum doit être exécutée et que le nombre total d'itérations est inconnu avant le début de l'exécution.

Tout comme une boucle `while`, elle accepte une expression booléenne comme argument. Sa syntaxe est la suivante :

```
do
{
    //Traitement à exécuter au moins une fois
} while (<condition>)
```

5.2.4 foreach

Les boucles `foreach` sont des structures un peu particulières. Elles permettent d'itérer sur les éléments d'une collection. La collection utilisée doit respecter une condition : implémenter l'interface `IEnumerable`. Cette interface est notamment implémentée par les tableaux.

Remarque

Le concept d'interfaces est traité au chapitre La programmation orientée objet avec C# - section Les interfaces.

La syntaxe de cette structure est la suivante :

```
foreach (<type> <nom de variable> in <collection>)
{
   //Traitements
}
```

L'écriture de boucle `foreach` n'étant pas forcément évidente, un exemple concret sera probablement plus parlant.

```
string[] arcEnCiel = {
"rouge", "orange", "jaune", "vert", "bleu", "indigo", "violet" };

foreach (string couleur in arcEnCiel)
{
    Console.WriteLine(couleur);
}
```

5.2.5 Contrôler l'exécution d'une boucle

Comme évoqué plus haut, il est très simple d'écrire une boucle infinie en C#. Pour en sortir, il suffit d'utiliser le mot-clé `break` que nous avons déjà vu avec la structure `switch`.

```
int i = 0;
//Création d'un boucle infinie
while (true)
{
    //Condition de sortie
    if (i == 5)
        break;
    i++;
}
```

Pour stopper un traitement dans une boucle et passer directement à l'itération suivante, il faut utiliser le mot-clé `continue`.

```
for (int i = 0; i < 20; i++)
{
   if (i == 5)
        continue;
   //Traitements spécifiques aux nombres différents de 5
}
```

5.3 Autres structures

Il existe deux autres structures en C#, la première étant nettement plus utilisée que la seconde.

5.3.1 using

La structure `using` est une aide syntaxique destinée à l'usage d'objets implémentant l'interface `IDisposable`. Les classes qui implémentent cette interface font généralement usage d'une ou plusieurs ressources externes, comme des fichiers. Ces ressources sont libérées par la méthode `Dispose`.

Le type `FileStream` représente un flux de données lié à un fichier. Il implémente l'interface `IDisposable` de manière à pouvoir libérer les ressources utilisées lorsque le traitement est terminé.

Sans l'instruction `using`, le code permettant son utilisation ressemble à celui-ci :

```
FileStream stream = new FileStream(@"C:\monfichier.txt",
FileMode.Open);

// Traitements...

stream.Dispose();
```

Ce type de code est sujet à problèmes car il ne donne pas l'assurance que la méthode `Dispose` sera toujours appelée. Le flux d'exécution peut en effet être interrompu par une erreur, ou l'appel peut même être omis par le développeur.

La réécriture de ce code à l'aide d'un bloc `using` donne le résultat suivant :

```
using (FileStream stream = new FileStream(@"C:\monfichier.txt",
FileMode.Open))
{
    //Traitements
}
```

L'appel à la méthode `Dispose` est généré par le compilateur de façon à être systématiquement effectué, même dans le cas d'une erreur d'exécution. De plus, il est impossible pour le développeur d'omettre l'appel à cette méthode puisque c'est le compilateur qui gère cet appel.

Pour ces raisons, l'utilisation de structures `using` est considérée comme une des bonnes pratiques de C#.

5.3.2 goto

La structure `goto` est un héritage de langages tels que le BASIC. Elle permet d'effectuer des sauts dans l'exécution du code, du point d'exécution courant vers une étiquette prédéfinie. Du fait qu'elle complique la lecture du code, cette structure est rarement utilisée dans du code C#, mais elle peut parfois se révéler très pratique, notamment pour sortir de traitements très complexes.

On l'utilise de la manière suivante :

```
<nom d'étiquette>:
//Traitements
goto <nom d'étiquette>;
```

L'instruction `goto` peut également se trouver avant la définition d'étiquette.

```
Console.WriteLine("Exécutons du code...");

goto etiquette;
Console.WriteLine("entre le goto et l'étiquette");

etiquette:
Console.WriteLine("après la définition de l'étiquette");
```

Ce code produit la sortie suivante :

```
Exécutons du code...
après la définition de l'étiquette
```

6. Les fonctions

Les fonctions sont un élément central dans le développement avec C#. En effet, toutes les instructions d'une application écrite en C# doivent être placées dans des fonctions.

Chaque fonction représente une unité de traitement réutilisable pouvant avoir un ou plusieurs paramètres et retournant une valeur.

L'écriture de fonctions permet de structurer le code en découpant de manière logique les fonctionnalités développées. Il est recommandé, pour une bonne lisibilité et une bonne maintenabilité, de limiter la longueur des fonctions.

Nombre de développeurs préconisent ainsi une longueur permettant de voir le code complet d'une fonction dans "un écran". Cette longueur est toute relative, mais peut ainsi convenir à chacun. Cette règle n'est évidemment pas absolue mais elle peut aider, notamment dans le cas d'un travail en équipe, à la relecture et au débogage.

Pour tenir cet objectif, il est nécessaire de limiter les responsabilités des fonctions : chacune effectue un type de tâche uniquement.

6.1 Écriture d'une fonction

La syntaxe générale pour l'écriture d'une fonction est la suivante :

```
<modificateur d'accès> <type de retour> <Nom de méthode>(
[paramètre 1, [paramètre 2]...])
{
    //Traitements
    return <valeur>;
}
```

Le couple nom de méthode/liste de paramètres définit la signature de la fonction. C'est elle qui va permettre au compilateur de reconnaître l'existence d'une fonction lors de son appel.

Le type de retour de la fonction peut être n'importe quel type accessible par le code de la fonction.

Une fonction doit obligatoirement et dans tous les cas retourner une valeur explicitement. Pour cela, on utilise le mot-clé `return` suivi de la valeur à renvoyer.

```
public int CalculerAgeDuCapitaine()
{
    int ageDuCapitaine = 0;

    //Traitements...
```

```
    return ageDuCapitaine;
}

public string RecupererTypeJour()
{
    if (DateTime.Today.Day % 2 == 0)
          return "JOUR PAIR";
}
```

Ici, la fonction `RecupererTypeJour` n'est pas valide. En effet, elle ne retourne une valeur que si le jour courant est pair. Le compilateur indique d'ailleurs ce problème :

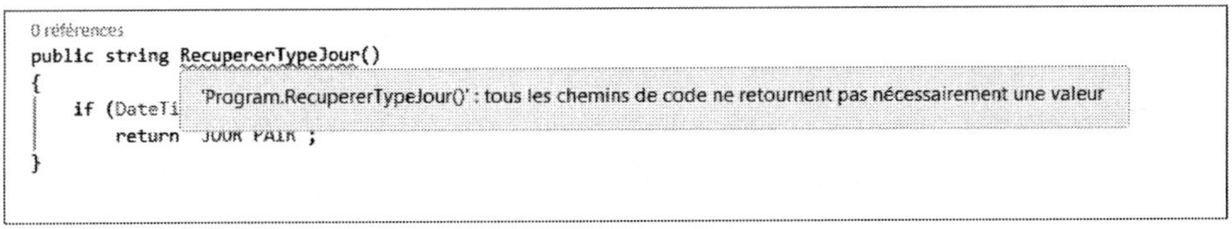

Corrigeons donc cette méthode que le compilateur ne saurait voir :

```
public string RecupererTypeJour()
{
    if (DateTime.Today.Day % 2 == 0)
          return "JOUR PAIR";
    //Ici, on gère tous les cas autres, donc les jours impairs
    return "JOUR IMPAIR";
}
```

Cette fois, le processus de compilation se termine sans encombre.

6.2 Paramètres de fonction

Il est fréquent de devoir effectuer des traitements dépendants de données particulières. Pour cela, les fonctions peuvent avoir des paramètres.

Les paramètres sont des variables locales à une fonction, mais dont la valeur est fournie à partir d'un appel à cette fonction. On déclare un paramètre en précisant son type et son nom.

```
public decimal CalculerPrixTTC(decimal prixHT)
{
    //Application de la TVA à 20%
    return prixActuel * 1.2;
}
```

Nous pouvons appeler notre fonction de la manière suivante :

```
decimal prix = CalculerPrixTCC(10.25);
```

Paramètres optionnels

Il est possible d'ajouter des paramètres optionnels à notre fonction, c'est-à-dire des paramètres que le développeur pourra choisir de ne pas valoriser au moment de l'appel de la fonction. Pour utiliser cette fonctionnalité, il est obligatoire de fournir une valeur par défaut à chacun des paramètres optionnels.

Les paramètres optionnels doivent être les derniers paramètres déclarés dans la signature de la fonction.

Modifions la fonction précédente de manière à avoir deux paramètres optionnels correspondant au taux de TVA et à une réduction à appliquer sur le prix TTC :

```
public decimal CalculerPrixTTC(decimal prixHT, decimal tauxTVA =
0.2, decimal montantReduction = 0)
{
    //Application de la TVA et de la réduction
    return prixActuel * (1 + tauxTVA) - montantReduction;
}
```

Il est maintenant possible d'appeler cette fonction des manières suivantes :

```
//Application de la TVA par défaut
decimal prix = CalculerPrixTTC(10.25);

//Application d'une TVA à 10%
decimal prix2 = CalculerPrixTTC(10.25, 0.1);

//Application d'une TVA à 10 % et d'une réduction de 1
decimal prix3 = CalculerPrixTTC(10.25, 0.1, 1);
```

Paramètres nommés

Pour calculer un prix TTC avec une TVA de 20 %, soit la TVA par défaut, et une remise spécifique, nous avons la possibilité d'appeler la méthode `CalculerPrixTTC` en spécifiant la valeur de tous les paramètres. Mais ceci induit une redondance inutile au niveau du paramètre optionnel `tauxTVA`. Cette redondance deviendrait d'autant plus inutile et difficile à maintenir que le nombre de paramètres optionnels augmenterait.

L'utilisation de paramètres nommés est toute indiquée pour résoudre ce problème.

Il est en effet possible de ne spécifier que les paramètres optionnels dont nous avons besoin en précisant le nom des paramètres en même temps que leur valeur.

Pour la méthode `CalculerPrixTTC`, ceci donnerait l'appel suivant :

```
decimal prix = CalculerPrixTTC(10.25, montantReduction: 1);
```

Il est aussi possible de spécifier le nom de tous les paramètres passés, et de modifier l'ordre des paramètres dans l'appel, comme montré ci-dessous :

```
decimal prix = CalculerPrixTTC(tauxTVA: 0.1, montantReduction:
1, prixHT: 10,25);
```

Paramètres variables

Certaines fonctions doivent accepter un nombre variable de paramètres. C'est notamment le cas de la fonction `Main` d'une application console.

En effet, dans le cas d'une application console, la fonction `Main` prend en paramètres tous les arguments fournis à l'application. Or, il est impossible de savoir à l'avance quels seront les arguments passés.

Dans un cas comme celui-ci, on définit dans la fonction un paramètre particulier, de type tableau et annoté avec le mot-clé `params`. Lors de l'appel à cette fonction, il est ainsi possible de spécifier un nombre variable de valeurs qui sont regroupées dans un seul paramètre.

```
public int AdditionnerPlusieursEntiers(params int[] entiers)
{
    int resultat = 0;
    for (int compteur = 0; compteur < entiers.Length; compteur++)
    {
        resultat += entiers[compteur];
    }
    return resultat;
}
```

Cette fonction est utilisée des manières suivantes :

```
int resultatAddition = AdditionnerPlusieursEntiers(1, 5, 123, 4, -5);
int resultatAddition2 = AdditionnerPlusieursEntiers(1, 5);

int resultatAddition3 = AdditionnerPlusieursEntiers();
```

Il n'est possible de définir qu'un seul paramètre variable par fonction. Il est toutefois autorisé de définir des paramètres obligatoires avant le paramètre variable.

```
public string AdditionnerPlusieursEntiersAUnNombre(int unNombre,
params int[] entiers)
{
    int resultat = unNombre;
    for (int compteur = 0; compteur < entiers.Length; compteur++)
    {
        resultat += entiers[compteur];
    }
    return resultat;
}
```

Cette fonction est appelée de la même manière que la précédente, mais il est obligatoire de passer au moins un entier en paramètre lors de son appel.

Paramètres en écriture : out et ref

Certains cas d'utilisations peuvent nécessiter de modifier une des valeurs passées en paramètre à une fonction. Par défaut, un paramètre d'une fonction est en lecture seule lorsque son type est un type valeur. Pour modifier ce comportement, C# introduit les mots-clés `out` et `ref`. Bien qu'ils permettent tous deux de répercuter la modification d'une valeur de paramètre dans la fonction appelante, ils ne sont pas utilisés dans le même contexte ni de la même manière.

Le mot-clé `ref` devant le type d'un paramètre indique qu'une **variable initialisée** doit être fournie lors de l'appel de la fonction, et il indique également que cette valeur peut être modifiée par le code exécuté dans la fonction. Il est par exemple envisageable que la fonction de calcul de prix TTC écrite plus haut modifie la valeur de la remise appliquée lorsque celle-ci est trop importante.

```
public decimal CalculerPrixTTC(decimal prixHT, decimal tauxTVA,
ref decimal montantReduction)
{
    //Si la réduction est supérieure à 20% du prix HT,
    //on plafonne le montant à 20% de ce prix
    if (montantReduction > prixHT * 0.2)
    {
        montantReduction = prixHT * 0.2;
    }
   //Application de la TVA
   return prixActuel * (1 + tauxTVA) - montantReduction;
}
```

Cette fonction est appelée par l'utilisation du code suivant :

```
decimal montantReduction = 4;
decimal prixTTC = CalculerPrixTTC(40, 0.2, ref montantReduction);
```

Le code appelant doit obligatoirement utiliser la fonction en utilisant le mot-clé `ref` devant le nom de la variable qui est passée par référence, et la variable doit obligatoirement avoir été initialisée.

Le mot-clé `out` est, quant à lui, utilisé lorsque plusieurs données doivent être retournées par une fonction. Ici, on peut imaginer que la fonction `CalculerPrixTTC` puisse retourner de manière classique le prix TTC d'un article, et qu'elle renvoie le pourcentage de réduction accordé relativement au montant HT à l'aide d'un paramètre marqué avec le mot-clé `out`.

```
public decimal CalculerPrixTTC(decimal prixHT, decimal tauxTVA,
decimal montantReduction, out decimal pourcentageReduction)
{
    //Calcul du pourcentage de réduction sur le montant HT
    pourcentageReduction = montantReduction * 100 / prixHT;

    //Application de la TVA
    return prixActuel * (1 + tauxTVA) - montantReduction;
}
```

Dans ce cas, la fonction est appelée de la manière suivante :

```
decimal pourcentage;
decimal prixTTC = CalculerPrixTTC(40, 0.2, 5, out pourcentage);
```

Après exécution, la variable pourcentage contient la valeur calculée à l'intérieur de la fonction. On peut remarquer qu'elle n'a pas été initialisée avant l'exécution du calcul, comme aurait dû l'être une variable passée à l'aide du mot-clé `ref`.

6.3 Procédures

Il est possible d'écrire des fonctions ne renvoyant pas de valeur. Ces fonctions sont appelées procédures.

En pratique, on définit que leur type de retour est `void`. L'utilisation de ce mot-clé permet au compilateur de savoir qu'il n'est pas possible de placer un appel à une procédure à un endroit où une valeur est attendue (assignation ou calcul, par exemple).

```
public void UneProcedure()
{
    //Traitements

    //Mot-clé facultatif dans une procédure
    return;
}
```

Dans une procédure, le mot-clé `return` est totalement facultatif. Il peut néanmoins être intéressant d'utiliser ce mot-clé dans l'optique de raccourcir un traitement, notamment en fonction du contexte.

```
public void AllumerLaLumiere()
{
    bool lumiereEstAllumee = false;
    if (lumiereEstAllumee)
        return;

    //Si on arrive ici, la lumière est forcément éteinte
    AppuyerSurInterrupteur();
    lumiereEstAllumee = true;
}
```

6.4 Surcharges

Le langage C# permet de définir plusieurs fonctions ou procédures ayant le même nom mais des signatures différentes, c'est-à-dire que les paramètres qu'elles peuvent accepter doivent différer de manière significative : le nombre ou le type des paramètres doit être différent. Ces fonctions sont appelées **surcharges**.

```
public int Additionner(int nombre1, int nombre2)
{
    return nombre1 + nombre2;
}

public int Additionner(int nombre1, int nombre2, int nombre3)
{
    return nombre1 + nombre2 + nombre3;
}
```

Ces deux fonctions peuvent tout à fait coexister : le compilateur C# est capable de savoir quelle fonction exécuter en fonction du nombre de paramètres passés dans l'appel.

```
public int Additionner(int nombre1, int nombre2, int nombre3 = 3)
{
    return nombre1 + nombre2 + nombre3;
}

public int Additionner(int nombre1, int nombre2, int nombre3)
{
    return nombre1 + nombre2;
}
```

Ici, on obtient une erreur de compilation. En effet, si l'on effectuait l'appel suivant, le compilateur serait dans l'incapacité de savoir quelle surcharge appeler.

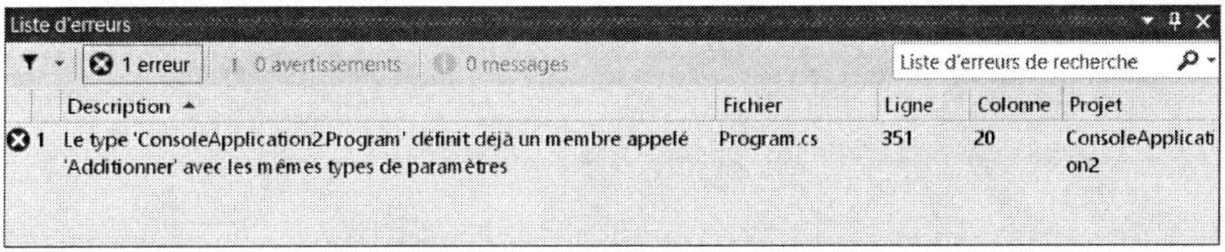

Il est en revanche tout à fait possible d'écrire le code suivant :

```
public int Additionner(int nombre1, int nombre2)
{
    return nombre1 + nombre2;
}

public decimal Additionner(decimal nombre1, decimal nombre2)
{
    return nombre1 + nombre2;
}
```

Le compilateur est capable de savoir que la première fonction doit être exécutée lorsque l'on additionne deux entiers, et que la seconde fonction est adaptée pour les sommes de nombres décimaux.

7. Les attributs

Les attributs sont des éléments de code qui permettent de fournir des informations relatives à d'autres éléments d'une application.

Ils sont enregistrés dans les **métadonnées** d'un assembly pendant l'étape de compilation et peuvent être lus une fois la compilation terminée. Ils peuvent décrire un assembly, fournir des informations au débogueur ou donner une indication sur l'utilisation d'un élément de code. Il est possible de placer des attributs sur bon nombre d'éléments de code. Ceux-ci sont listés dans l'énumération `System.AttributeTargets` et incluent notamment les assemblies, les classes et les méthodes.

Un attribut est défini en plaçant dans le code le nom de son type entre les symboles [et]. Par convention, les types d'attributs ont un nom terminant par `Attribute`, mais il est possible, au moment de leur utilisation, de raccourcir ce nom en omettant le suffixe. Les deux déclarations de classe ci-dessous ont donc exactement les mêmes effets.

```
[ObsoleteAttribute]
public class Client
{
}
```

```
[Obsolete]
public class Client
{
}
```

La réflexion

Le framework .NET inclut un jeu de classes et de méthodes permettant de lire les métadonnées des assemblies, dont les attributs font partie. Elles se trouvent principalement dans l'espace de noms `System.Reflection`. Les possibilités offertes par ces types permettent la mise en œuvre de scénarios avancés, comme l'utilisation de classes non connues de l'application (principe du plugin) ou la création de systèmes de mappage objet-relationnel (transformation automatique de données issues de bases de données en objets .NET et inversement).

Chapitre 5
La programmation orientée objet avec C#

1. Les principes de la programmation orientée objet

La notion d'objet est omniprésente lorsque l'on développe avec C#. Nous allons donc voir dans un premier temps ce que représente cette notion, puis nous verrons comment la mettre en œuvre.

La programmation procédurale, telle qu'utilisée avec des langages comme C ou Pascal, définit un programme comme un flot de données qui seront transformées, au fil de l'exécution, par des procédures et fonctions. Aucun lien fort n'existe entre données et actions.

La programmation orientée objet (POO) introduit la notion d'ensembles cohérents de données et d'actions en transposant au monde du développement des concepts communs et intuitifs issus du monde qui nous entoure.

En effet, nous utilisons au quotidien des objets ayant tous des propriétés et des actions qui leur sont associées. Ils peuvent également interagir ou être composés les uns des autres, ce qui permet de former des systèmes complexes.

Une infinité d'analogies existe pour matérialiser ce concept, mais nous choisirons pour cette introduction celle de l'automobile, à la fois suffisamment simple et suffisamment complexe pour illustrer parfaitement les notions associées à la POO.

Une voiture a des propriétés qui lui sont propres, comme sa marque ou sa couleur, ainsi que des actions qui lui sont associées, comme le fait de démarrer, de freiner ou d'allumer les feux et peut déclencher des événements, comme l'allumage d'un voyant du tableau de bord en cas de problème mécanique.

L'existence de ces éléments dans le code C# se traduit par l'écriture de classes. Une classe est un modèle qui définit les propriétés et actions de chacun des objets qui seront créés à partir de lui. L'étape de création d'un objet s'appelle l'instanciation. Dans le cas de notre analogie, on peut considérer qu'une classe est un plan de voiture qui sera livré aux usines. L'instanciation correspond quant à elle à l'étape de fabrication. Comme dans une usine, il est possible de construire une infinité d'objets à partir du même modèle.

L'exécution de l'action d'allumage des feux sur une voiture implique des éléments qui sont masqués à l'utilisateur : ils sont sous le capot et ne sont pas destinés à être utilisés séparément. Ceci va nous permettre d'introduire un des trois piliers de la POO : l'encapsulation.

L'encapsulation

Chaque objet expose les données et les fonctions qui permettent aux autres objets d'interagir avec lui, et seulement celles-ci. Toutes les données propres au fonctionnement de l'objet et inutiles dans le cadre des interactions avec l'extérieur sont masquées. L'objet se comporte ainsi comme une boîte noire exposant seulement certaines données et fonctionnalités dont l'utilisation ne pourra pas corrompre l'état de l'objet.

Dans le cas de notre analogie, on pourrait dire qu'un objet Voiture expose la donnée *Niveau de carburant* en lecture et écriture, la donnée *État des feux* en lecture seule et la fonctionnalité *Allumage des feux*, entre autres.

On constate que l'état des feux ne peut être modifié que par l'exécution de l'action *Allumage des feux*, ce qui permet de garantir que l'état des feux correspond à l'état du levier d'allumage correspondant. D'autre part, le niveau d'essence peut être modifié en remplissant ou en vidant le réservoir directement, ce qui ne peut pas corrompre l'état interne de notre véhicule, l'état *En Panne* étant certes désagréable, mais parfaitement logique et prévisible.

Pour définir le second fondement de la POO, il est possible de présenter l'automobile comme étant un concept générique à partir duquel tous les modèles sont conçus. Toutes les voitures ont le même fonctionnement logique, malgré des détails de conception différents : elles ont toutes quatre roues, un volant, un moteur ainsi qu'une carrosserie dans laquelle tous ces éléments sont imbriqués. Ainsi, dans le contexte de la POO, nous pouvons dire que toute voiture hérite des propriétés et fonctionnalités de notre automobile générique.

L'héritage

L'héritage définit une relation de type "est un" entre deux classes. Cette relation signifie qu'une classe expose les mêmes fonctionnalités et données qu'une autre classe, en ajoutant potentiellement ses propres fonctionnalités. En général, on utilise l'héritage pour implémenter la notion de spécialisation.

Dans notre cas, il serait possible de dire qu'une voiture de type 4x4 "est une" automobile, tout comme il serait possible de dire qu'une voiture de type traction "est une" automobile. On peut donc définir la classe `Automobile` comme étant la classe de base de laquelle héritent les classes `Voiture4x4` et `VoitureTraction`. Les deux classes filles peuvent ainsi bénéficier des fonctionnalités implémentées dans `Automobile` et implémenter les fonctionnalités spécifiques au mode de fonctionnement qu'elles utilisent.

L'héritage est une notion profondément intégrée dans .NET, et donc dans C#. En effet, tous les types héritent, directement ou non, de la classe `System.Object` qui est, par conséquent, la classe mère de toutes les classes et n'hérite donc d'aucune classe. Cette relation d'héritage est implicite : si une classe n'hérite pas explicitement d'une autre classe, alors elle hérite de `System.Object`.

Lorsqu'une classe est la classe fille dans une relation d'héritage, on dit d'elle qu'elle est dérivée de sa classe parente.

Le polymorphisme

Le dernier concept fondamental de la POO est en lien direct avec l'héritage. Le polymorphisme est en effet la capacité d'un objet à être vu sous plusieurs formes. Mais ces formes ne sont pas aléatoires. Elles dépendent directement de la hiérarchie d'héritage dont fait partie l'objet. Chaque classe peut donc être vue sous sa forme propre, mais aussi celle de sa classe mère ainsi que toutes les classes "ancêtres" de sa classe mère. Chaque objet a donc au minimum deux formes possibles : celle définie par sa classe, ainsi que celle définie par le type `Object`.

Dans le cas d'héritage que nous venons de voir, il est donc possible de dire qu'un objet `VoitureTraction` est aussi accessible sous la forme d'un objet de type `Automobile` et d'un objet de type `System.Object`. Ce comportement permet de créer des fonctionnalités relatives aux objets de type `VoitureTraction` et `Voiture4x4` en ciblant les objets de type `Automobile`.

2. Les classes et les structures

L'utilisation d'objets étant au cœur de la POO, nous commencerons par voir comment les créer, de la déclaration de la classe ou de la structure qui servira de modèle juqsu'à l'instanciation. Nous verrons aussi comment ajouter des propriétés et des fonctionnalités à nos objets.

2.1 Classes

La majorité des types définis dans le framework .NET sont des classes, aussi il est très important de comprendre comment les manipuler. En effet, toute application écrite en C# comportera au minimum une classe écrite par le développeur, et utilisera probablement des dizaines/centaines de classes issues du framework .NET.

2.1.1 Déclaration

Une classe se définit et est utilisée au travers de son nom. Il faut respecter certaines règles pour ce nommage, sous peine de se voir dans l'impossibilité de compiler. Les possibilités d'utilisation de la classe sont quant à elles définies par le modificateur d'accès associé.

Nom d'une classe

Le nom d'une classe n'est valide que s'il respecte les règles suivantes :

- Il ne contient que des caractères alphanumériques ou le caractère _.
- Il ne commence pas par un chiffre.

Par convention, il est d'usage de nommer les classes en respectant le style "UpperCamelCase" (aussi appelé PascalCase), c'est-à-dire que la première lettre de chaque mot composant le nom de la classe doit être en majuscule, tandis que le reste est écrit en minuscules. Toutes les classes du framework .NET respectent cette convention.

`MaClasse`, `MurEnBrique` ou `PorteManteau` sont des noms respectant la casse "UpperCamelCase".

`ecranPlat` est un nom accepté mais ne respectant pas cette convention.

Syntaxe

Une classe est déclarée en utilisant le mot-clé `class` suivi d'un nom et d'un bloc de code délimité par les caractères { et }.

La syntaxe générale de déclaration d'une classe est la suivante :

```
<modificateur d'accès> [partial] class <nom de la classe> :
[<Classe de base>, <Interface1>, <Interface2>, ...]
{
}
```

Remarque

Les notions de classe de base et d'interface seront étudiées dans ce chapitre aux sections L'héritage et Les interfaces.

Les classes sont des types références, ce qui signifie que les variables dont le type est une classe ont pour valeur par défaut `null`. Ce comportement est important à connaître car il implique qu'il faut instancier un objet pour initialiser la variable. La notion d'instanciation est étudiée un peu plus loin dans ce chapitre (cf. section Utilisation des classes et structures).

Modificateurs d'accès

Les modificateurs d'accès sont des mots-clés définissant la visibilité de la classe pour le reste du code. Les différents modificateurs d'accès disponibles pour les classes sont les suivants, du plus restrictif au moins restrictif :

- `private` : ce modificateur n'est autorisé que dans le cas de classes imbriquées, la classe étant dans ce cas uniquement visible par le type qui la contient (voir l'exemple ci-dessous).
- `protected` : ce modificateur n'est autorisé que dans le cas de classes imbriquées, la classe étant dans ce cas visible par le type qui la contient et par ses types dérivés (voir l'exemple ci-dessous).
- `internal` : la classe est visible par toutes les classes définies dans l'assembly.
- `protected internal` : la classe est visible par toutes les classes définies dans l'assembly et visible par une classe extérieure à l'assembly uniquement si cette dernière en hérite.
- `public` : la classe est visible par n'importe quel autre type, dans n'importe quel assembly.

Remarque

Lorsqu'aucun modificateur d'accès n'est spécifié dans la déclaration, le compilateur marque la classe comme étant `internal`.

Exemple de classe imbriquée avec visibilité `private` :

```
public class Voiture
{
    private class Transmission
    {
    }
}
```

Dans le cas décrit ci-dessus, la classe `Transmission` ne sera utilisable que par `Voiture`. Si le modificateur est remplacé par `protected`, `Transmission` devient accessible par `Voiture` et ses classes filles uniquement.

Variables d'instance

Les classes représentent des ensembles cohérents de données et d'actions. Il est donc possible de déclarer des variables dans les classes. On les appelle variables membres, ou membres d'instances. On les déclare de la même manière que les variables d'une fonction, à l'exception du fait qu'on peut leur assigner une visibilité.

Par défaut, si aucun modificateur d'accès n'est spécifié pour une variable, le compilateur considère que la variable est marquée comme `private`.

```
public class Voiture
{
    //Déclaration d'une variable membre publique
    public int kilometrage;
}
```

Pour utiliser une variable d'instance, il suffit de préfixer le nom de la variable par le nom de l'objet sur lequel vous voulez agir et l'opérateur point (`.`). Ici, pour modifier le kilométrage de notre voiture, on peut écrire :

```
//maFerrari est évidemment de type Voiture
maFerrari.kilometrage = 42;
```

2.1.2 Constructeur et destructeur

Tout comme les objets physiques, les objets utilisés en C# ont un cycle de vie défini. Celui-ci commence par l'instanciation de l'objet et se termine par son nettoyage par le Garbage Collector. Pour exécuter des instructions pendant chacune de ces deux opérations, il existe deux méthodes spécifiques : le constructeur et le destructeur.

Constructeur

Un constructeur est une méthode spéciale permettant l'instanciation d'un objet. Son nom est identique à celui de la classe dans laquelle il est défini, et il n'a aucun type de retour.

Toutes les classes possèdent au moins un constructeur (à l'exception des classes abstraites que nous verrons à la section L'héritage), qu'il soit défini dans le code ou non. Si aucun constructeur n'est déclaré explicitement, le compilateur crée un constructeur vide n'acceptant aucun paramètre appelé constructeur par défaut.

Il est très souvent utile de définir un constructeur afin d'initialiser des variables membres de la classe.

La syntaxe permettant d'écrire un constructeur est la suivante :

```
<modificateur d'accès> <Nom de la classe>([<paramètre1>,
<paramètre2>...])
{
}
```

Il est possible de surcharger les constructeurs, ce qui permet d'initialiser l'objet de plusieurs manières différentes en fonction du contexte d'utilisation.

```
public class Employe
{
    private int age;
    private int salaire

    public Employe()
    {
    }

    public Employe(int ageEmploye)
    {
          age = ageEmploye;
    }

    public Employe(int ageEmploye, int salaireEmploye)
    {
          age = ageEmploye;
          salaire = salaireEmploye;
    }
}
```

Il est possible de déclarer un ou plusieurs constructeurs avec les modificateurs d'accès `private` ou `protected`. Ceci peut s'avérer très utile lorsqu'il est nécessaire de maîtriser complètement les instanciations d'une classe, comme dans le cas de l'implémentation du patron de conception Singleton.

Remarque

Le patron de conception Singleton permet de s'assurer que le nombre maximum d'instances d'une classe est à tout moment 1.

Destructeur (ou finaliseur)

La destruction d'un objet est une opération automatique dans une application .NET. Le Garbage Collector (GC) surveille la totalité des instances créées tout au long de l'exécution de l'application, et marque comme orphelin chaque objet qui n'est plus utilisé. Lorsque le système a besoin de mémoire, le GC détruit les objets qu'il considère comme nettoyables en appelant leurs destructeurs s'ils en ont un.

Un destructeur est donc une autre méthode particulière dont la signature est imposée. Son nom est le même que celui de la classe précédé par le caractère ~. De plus, il ne peut accepter aucun paramètre et, comme le constructeur, n'a pas de type de retour.

Cette méthode, si elle est implémentée, doit exécuter le code nécessaire à la libération d'éventuelles ressources non managées qui n'auraient pas été libérées précédemment, comme des fichiers ou des connexions à des bases de données.

Le destructeur de notre classe `Voiture` peut s'écrire ainsi :

```
~Voiture()
{
    //Insérer ici le code permettant de nettoyer
    //les ressources utilisées par l'objet
}
```

Il est impossible de prévoir quand le GC détruira un objet particulier, mais il est toutefois possible de lui demander d'effectuer une collecte des objets inutilisés et de libérer la mémoire qui peut l'être. Cette opération est coûteuse en termes de ressources pour un gain qui peut être très faible (de quelques ko à plusieurs dizaines de Mo en fonction du contexte). Pour lancer cette collecte, il suffit d'exécuter la méthode statique `Collect` de la classe GC :

```
GC.Collect();
```

Remarque

Pour connaître le nombre d'octets alloués à une application en mémoire, il est possible d'utiliser le code suivant :

```
long memoireUtilisee = GC.GetTotalMemory(false));
```

L'imprédictibilité du GC pousse donc les développeurs à isoler le code de nettoyage dans une méthode appelée explicitement quand l'objet n'est plus utilisé.

Cette méthode s'appelle en général `Dispose` et fait partie de l'implémentation du patron de conception **Disposable**.

```
public void Dispose()
{
    //Code de libération des ressources
}
```

L'appel de cette méthode pouvant être omis par le développeur utilisant la classe, il convient de l'appeler à partir du destructeur afin d'être certain que la ressource sera libérée.

Un problème peut alors se poser : la méthode `Dispose` peut être appelée une fois explicitement dans le code et une fois implicitement via le destructeur. Il faut donc mettre en place un mécanisme permettant d'exécuter plusieurs fois la méthode `Dispose` sans causer d'erreur.

```
public class Voiture
{
    private bool estNettoye = false;

    public void Dispose()
    {
           if (!estNettoye)
           {
                 //Code de nettoyage
                 estNettoye = true;
           }
    }

    ~Voiture()
    {
           Dispose();
    }
}
```

Une autre solution est d'indiquer au GC qu'il n'est plus nécessaire d'appeler le destructeur de l'objet une fois qu'il a été nettoyé.

```
public void Dispose()
{
    //Code de libération des ressources

    GC.SuppressFinalize(this);
}
```

2.1.3 Les classes partielles

La version 2 du langage C# (arrivée avec .NET 2.0) a introduit la notion de classes partielles afin de mieux gérer la génération automatique de code. En effet, les interfaces graphiques Windows Forms sont entièrement créées à l'aide de code C#. La présence de code généré et de code écrit par les développeurs dans le même fichier était donc source de problèmes. Avec les classes partielles, il est possible de scinder une classe en plusieurs portions pouvant être réparties dans plusieurs fichiers.

Il est ainsi possible de générer le code d'une interface graphique Windows Forms ou de classes d'accès aux données tout en laissant la possibilité d'étendre ce code sans créer de nouvelles classes ou entraîner des situations de conflits entre le code généré et le code du développeur.

On déclare une classe partielle de la même manière qu'une classe classique, mais en préfixant le mot-clé `class` par le mot-clé `partial`. Toutes les parties d'une classe partielle doivent être déclarées avec le même nom dans le même assembly et dans le même espace de noms. Si ces conditions ne sont pas respectées, le compilateur considérera les différentes parties comme des classes différentes, ce qui n'est évidemment pas l'effet attendu.

```
public partial class Employe
{
    public int salaire;
}

public partial class Employe
{
    public int age;
}
```

À la compilation, ces deux déclarations seront fusionnées. Ainsi, il sera possible d'écrire :

```
//La variable employe est de type Employe
employe.age = 19;
employe.salaire = employe.salaire * 1.1;
```

2.2 Structures

Les structures sont, comme les classes, des ensembles cohérents de données et de fonctionnalités. Elles sont similaires aux classes mais ont comme principale différence d'être des **types références**.

Cette différence implique des comportements différents, notamment le fait qu'un objet de type structure ne peut pas être `null` et a donc forcément une valeur. Lors de la déclaration d'une variable de type structure, chacun des membres de l'objet est initialisé à sa valeur par défaut.

On déclare une structure presque de la même manière qu'une classe, mais en utilisant le mot-clé `struct`.

```
<modificateur d'accès> [partial] struct <nom de la structure>
{
}
```

Les structures héritent toutes implicitement de la classe `System.ValueType`, elle-même héritant de la classe `System.Object`, mais elles ne peuvent pas hériter d'une autre classe ou structure. Elles ne peuvent pas avoir de destructeur et ne peuvent pas avoir de constructeur sans paramètre. Toutefois, il n'est pas obligatoire de définir un constructeur dans une structure.

```
public struct Voiture
{
    public int kilometrage;
}
```

Pour initialiser notre voiture, on peut écrire :

```
Voiture maFerrari;
maFerrari.kilometrage = 42;
```

Il est à noter qu'au même titre que les classes, il est possible de définir des structures partielles. Celles-ci sont rarement utilisées car les objets de type structure sont la plupart du temps des conteneurs légers destinés à grouper quelques variables ayant une relation entre elles.

2.3 Création de méthodes

Une méthode est une fonction ou une procédure définie dans une classe ou une structure. Elle définit une fonctionnalité associée à l'objet et peut manipuler les variables de l'objet afin de modifier son état.

2.3.1 Création

Pour définir une méthode, il suffit d'écrire une procédure ou une fonction à l'intérieur d'une définition de type.

```
public class Voiture
{
    private bool estDemarree;

    public void Démarrer()
    {
           estDemarree = true;
           Console.WriteLine("VROUUUUUM");
    }
}
```

Une fois définie, une méthode peut, comme une variable, être appelée sur un objet grâce à l'opérateur point (.), sous réserve que le modificateur d'accès de la méthode l'autorise.

```
maFerrari.Demarrer();
```

Plusieurs méthodes peuvent avoir le même nom, mais elles doivent se distinguer par leurs arguments. On dit alors que ces méthodes sont surchargées.

La distinction entre les différentes surcharges ne se fait pas sur le nom des arguments. Les points importants sont :

– le nombre des arguments,

– le type des arguments,

– l'ordre des arguments.

```
public void EnvoyerCourrier(string nomDestinataire, Adresse
adresseDestinataire)
{
}

public void EnvoyerCourrier(Adresse adresseDestinataire, string
nomDestinataire)
{
}

public void EnvoyerCourrier(string nomDestinataire, Adresse
adresseDestinataire, decimal tarifTimbre)
{
}

public void EnvoyerCourrier(string nomDestinataire, Adresse
adresseDestinataire, string adresseExpediteur)
{
}
```

Écrire ces quatre méthodes dans la même classe est tout à fait valide, même si la seconde a un intérêt très limité puisqu'elle possède exactement les mêmes paramètres que la première. Chaque appel de méthode sera lié à la bonne déclaration à la compilation, en fonction des paramètres passés dans l'appel.

2.3.2 Méthodes partielles

La version 3 de C# (arrivée avec .NET 3.5) a amené les méthodes partielles pour la même raison que les classes partielles ont fait leur apparition dans C# 2. La génération de code **LINQ to SQL** se fait à l'aide de classes partielles qui permettent au développeur d'ajouter des fonctionnalités au code généré. L'ajout de la notion de méthodes partielles permet en plus d'ajouter des traitements dans le code généré, mais sans le modifier.

Le principe des méthodes partielles est relativement simple : une première partie de la méthode est définie avec le mot-clé `partial` mais elle ne possède pas de bloc de code associé. Ceci permet au compilateur de savoir que la méthode est susceptible d'avoir une implémentation dans une autre partie de la classe.

Les méthodes partielles doivent être définies dans des classes partielles. Dans le cas contraire, le compilateur génère une erreur.

Les méthodes partielles ne peuvent pas être des fonctions. En effet, le code appelant cette fonction dépendrait d'elles pour fonctionner convenablement, ce qui ne correspond pas à la logique d'extension de fonctionnalité décrite ci-dessus.

Pour la même raison, elles ne peuvent pas avoir de modificateur d'accès, leur visibilité étant directement définie à `private` par le compilateur.

```
partial class Voiture
{
    partial void AuDemarrage();

    void Demarrer()
    {
           AuDemarrage();
    }
}
```

La seconde partie de la méthode peut être définie dans le même fichier ou dans un autre, mais toujours dans la même classe partielle. Elle doit avoir la même signature que la première partie.

```
partial class Voiture
{
    partial void AuDemarrage()
    {
           Console.WriteLine("VROUUUUUM");
    }
}
```

Ainsi, à l'appel de la méthode Demarrer, le moteur vrombit !

Si la deuxième partie de cette méthode n'est pas présente, alors la méthode partielle n'a pas d'implémentation. Dans ce cas, le compilateur supprime la définition de la méthode partielle ainsi que les appels à cette méthode.

2.3.3 Méthodes d'extension

Les méthodes d'extension permettent de rajouter des fonctionnalités à des classes ou des structures existantes sans en modifier le code. Ce type de méthode est tout à fait adapté à l'extension de classes du framework .NET telles que la classe `String`. En effet, ces classes ne sont pas modifiables et il arrive fréquemment que l'on souhaite leur adjoindre une fonctionnalité.

Avant C# 3, la fonctionnalité était définie dans une classe utilitaire, éventuellement statique, et appelée de manière conventionnelle.

```
bool estPalindrome = objetUtilitaire.EstUnPalindrome(maChaine);
```

Tout comme les méthodes utilitaires décrites ci-dessus, les méthodes d'extension sont écrites à l'extérieur de la classe étendue mais elles sont utilisables de la même manière que les méthodes de la classe étendue.

Une méthode d'extension doit respecter une convention d'écriture stricte :

- Elle doit être définie dans une classe marquée `static`.
- Elle doit être marquée `static`.
- Son premier paramètre (obligatoire) doit être du type étendu. Il doit être précédé du mot-clé `this`.

Dans cet exemple, nous ajoutons une méthode à la classe string permettant de tester si un mot est un palindrome, c'est-à-dire s'il peut se lire indifférement de gauche à droite ou de droite à gauche.

```
static class Extensions
{
    public static bool EstPalindrome(this string motATester)
    {
            if (motATester == null)
                    return false;

            string motInverse = "";
            for (int i = motATester.Length - 1; i >= 0; i--)
            {
```

```
                motInverse = motInverse + motATester [i];
            }

            return motInverse.Equals(motATester);
        }
}
```

Si nous utilisons ensuite une variable de type `string`, la méthode `EstPalindrome` est disponible et suggérée par IntelliSense.

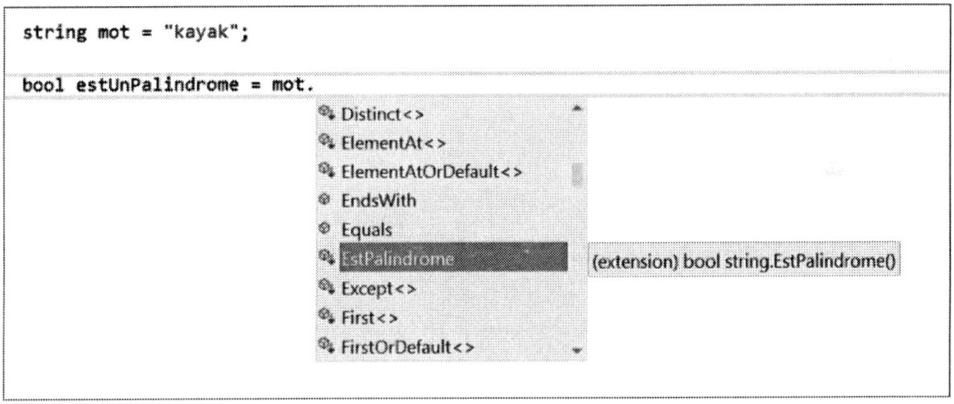

Remarque

Les méthodes d'extension sont repérées dans la liste par une icône différente des méthodes classiques ainsi que par la précision "(extension)" dans le texte d'information associé.

2.3.4 Méthodes opérateurs

Les méthodes opérateurs permettent de redéfinir un opérateur standard du langage pour l'utiliser sur des types définis par le développeur.

Dans le cas de deux collections de timbres, redéfinir l'opérateur + permettrait de fusionner les collections.

Prenons deux objets de type `CollectionDeTimbres` définis comme ci-dessous et essayons de les additionner :

```
struct CollectionDeTimbres
{
    public int nombreDeTimbres;
    public int prixEstime;
}
```

```
CollectionDeTimbres collection1, collection2, collectionResultat;

collection1.nombreDeTimbres = 2500;
collection1.prixEstime = 250;

collection2.nombreDeTimbres = 1240;
collection2.prixEstime = 200;

collectionResultat = collection1 + collection2;
                     L'opérateur '+' ne peut pas être appliqué aux opérandes de type 'CollectionDeTimbres' et 'CollectionDeTimbres'

Console.WriteLine("La nouvelle collection contient {0} timbres et son prix est estimé à {1}€",
    collectionResultat.nombreDeTimbres, collectionResultat.prixEstime);
```

Le compilateur ne sait pas comment additionner ces deux éléments et nous le fait savoir en affichant une erreur bloquante pour la compilation. Rajoutons une redéfinition de l'opérateur + à notre structure :

```
public static CollectionDeTimbres operator +(CollectionDeTimbres
collection1, CollectionDeTimbres collection2)
{
    CollectionDeTimbres resultat;
    resultat.nombreDeTimbres = collection1.nombreDeTimbres +
collection2.nombreDeTimbres;
    resultat.prixEstime = collection1.prixEstime +
collection2.prixEstime;

    return resultat;
}
```

Après cet ajout, l'erreur de compilation disparaît et l'exécution du code affiche le résultat suivant :

```
La nouvelle collection contient 3740 timbres et son prix
est estimé à 450€
```

2.4 Création de propriétés

Les classes peuvent contenir des données publiques sous la forme de variables membres, mais afin de respecter le concept d'encapsulation, il est préférable d'exposer des propriétés plutôt que des variables. En effet, les propriétés permettent d'exécuter du code à chaque accès en lecture ou en écriture. Ceci permet de valider les données et ainsi de maintenir l'objet dans un état cohérent.

2.4.1 Lecture et écriture

Une propriété est semblable à une déclaration de fonction mais elle contient deux blocs de code identifiés par les mots-clés `get` et `set`. Le bloc `get` est exécuté à la lecture de la propriété tandis que le bloc `set` est exécuté lorsque l'on accède en écriture à la propriété.

Une propriété ressemble à ceci :

```
private int kilometrage;

public int Kilometrage
{
    get
    {
        return kilometrage;
    }
    set
    {
        if (value > kilometrage)
        {
            kilometrage = value;
        }
        else
        {
            Console.WriteLine("Le kilométrage d'une voiture ne
peut pas diminuer");
        }
    }
}
```

Afin de respecter le principe d'encapsulation, la variable `kilometrage` est maintenant marquée comme `private`.

On pourra remarquer le mot-clé `value` que l'on trouve dans le bloc `set`. Celui-ci représente la valeur assignée à la propriété. Un test a aussi été ajouté dans le bloc `set` afin de valider la valeur passée à la propriété.

2.4.2 Lecture seule

Il peut être intéressant pour la cohérence d'un objet de n'exposer une propriété qu'en lecture seule. Dans notre cas, on peut dire que le kilométrage d'une voiture ne doit être modifié que par le fonctionnement interne de la voiture. Protéger la variable d'instance `kilometrage` en l'exposant uniquement à travers une propriété en lecture seule paraît donc être une excellente solution.

Pour cela, il suffit de déclarer la propriété sans bloc `set`. Sans ce bloc, toute tentative d'assignation à la propriété résulte en une erreur de compilation. Notre kilométrage est sauf !

```
private int kilometrage;

public int Kilometrage
{
    get
    {
        return kilometrage;
    }
}
```

2.4.3 Écriture seule

Dans de très rares cas, il peut être utile de définir une propriété en écriture seule. Par exemple, on peut avoir besoin de définir une propriété `Motdepasse` dans une classe `Utilisateur`. Il n'est clairement pas souhaitable que ce mot de passe puisse être lu. Une propriété en écriture seule semble donc tout indiquée pour l'implémenter.

On implémente une propriété en écriture seule en omettant le bloc `get`.

```
private string motDePasse;

public string MotDePasse
{
    set
    {
```

```
            motDePasse = value;
        }
    }
```

2.4.4 Propriétés automatiques

Lorsqu'aucune logique particulière ne doit être associée aux accesseurs `get` et `set` d'une propriété, il peut être intéressant d'utiliser les propriétés automatiques, arrivées avec C# 3 et .NET 3.5. On déclare ces éléments en utilisant un raccourci syntaxique pour la définition de propriétés.

Une propriété automatique est déclarée comme une propriété classique, mais en ne fournissant pas de corps aux blocs `get` et `set`. Ajoutons une propriété `Couleur` à notre `Voiture` :

```
public string Couleur { get; set; }
```

Comme cette propriété n'accède pas explicitement à une variable membre, il n'est pas nécessaire d'en déclarer une pour stocker la valeur qui lui est affectée. Dans les coulisses, le compilateur en créera une et générera le corps des blocs `get` et `set`.

L'un ou l'autre des blocs `get` et `set` peut être marqué par un modificateur d'accès afin de protéger l'accès à la propriété (n'exposer que de la lecture seule, par exemple).

Le modificateur utilisé pour un bloc doit être plus restrictif que le modificateur appliqué à la propriété. Spécifier un modificateur d'accès aux deux blocs résulte en une erreur de compilation, même si les deux blocs ont le même modificateur d'accès.

2.4.5 Propriétés indexées

Les propriétés indexées, aussi nommées indexeurs ou propriétés par défaut, permettent un accès de type tableau à un ensemble d'éléments.

Ces propriétés acceptent un ou plusieurs paramètres passés entre crochets. Elles n'ont pas de nom et une classe peut posséder plusieurs propriétés indexées qui doivent se différencier par leurs paramètres.

Pour les structures, les choses sont un peu différentes. Comme une structure est un type valeur, une variable de type structure n'est pas `null` au moment de sa déclaration et chacun de ses membres a pour valeur la valeur par défaut de son type.

```
//Voiture est une structure

//Déclaration de la variable
Voiture auto;
```

Si un constructeur a été défini pour le type structure, alors il est possible d'initialiser notre objet de la même manière que l'on instancie un objet à partir d'une classe.

```
Voiture auto;
//Le constructeur de Voiture a pour paramètre : int kilometrage
auto = new Voiture(42);
```

2.6.2 Initialisation

L'initialisation d'un objet est un processus dont les éléments sont la construction d'une instance et l'affectation de valeurs à ses propriétés. Classiquement, on initialise les propriétés d'un objet de la manière suivante :

```
Voiture auto = new Voiture();
auto.Couleur = "Rouge";
auto.Kilometrage = 12500;
auto.Prix = 20000;
```

Afin de simplifier ce processus qui peut vite devenir fastidieux, C# 3 a introduit les initialiseurs, qui permettent de créer notre objet et d'initialiser tout ou partie de ses propriétés publiques en une seule instruction.

```
Voiture auto = new Voiture { Couleur = "Rouge", Kilometrage =
12500 };
auto.prix = 20000;
```

2.6.3 Les types anonymes

Durant le développement d'une application, il est souvent utile de créer de petits objets qui seront utilisés dans une ou deux fonctions tout au plus. Ces objets ont une durée de vie très courte et n'ont plus ou moins aucune responsabilité vis-à-vis du fonctionnement de l'application.

Créer des classes comme modèles pour ces objets est donc une contrainte n'apportant pas vraiment de valeur à l'application.

Depuis C# 3, il n'est plus nécessaire de créer des types spécifiques pour ces objets. En effet, les types anonymes ont exactement le rôle décrit ci-dessus.

On peut créer un objet de type anonyme en utilisant presque exactement la même syntaxe que nous avons vue pour les initialiseurs. Il suffit juste de ne pas spécifier de nom de type après le mot-clé `new`, et déclarer chacune de nos propriétés en donnant leur nom et leur valeur.

```
new { Couleur = "Rouge", Kilometrage = 12500 }
```

Par contre, un problème se pose... Comment déclarer la variable qui va contenir cet objet ?

Eh bien, nous sommes typiquement dans le cas où l'**inférence de type** et le mot-clé `var` de C# trouvent toute leur valeur. En effet, le compilateur C# est capable de générer un type d'après les propriétés que nous avons spécifiées pour la création de notre objet. Ce type inconnu durant la phase de développement prendra alors vie durant la compilation et notre variable déclarée avec le mot-clé `var` sera liée au même moment à ce nouveau type.

Pour le vérifier, faisons un essai :

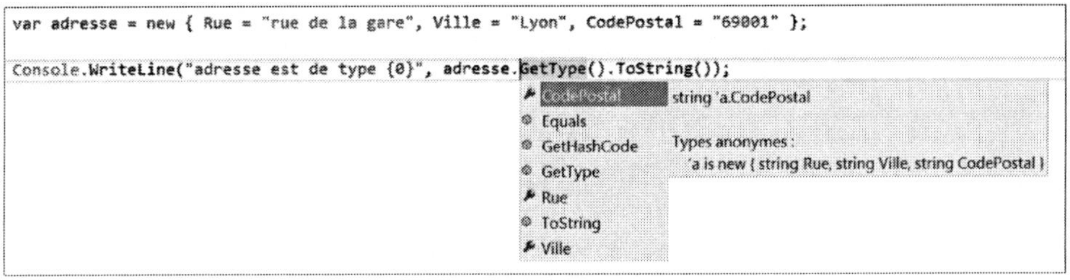

Avant même la compilation, Visual nous montre que notre type est bien reconnu comme anonyme et qu'il possède bien trois propriétés de type `string`. Il possède aussi quatre méthodes que vous aurez peut-être reconnues : ce sont les méthodes fournies par la classe `System.Object`. En effet, comme toutes les classes, notre type anonyme hérite lui aussi de la classe `Object`.

Ces méthodes sont les seules que pourra avoir notre objet, car il est impossible de définir une méthode dans un objet anonyme.

Le résultat de l'exécution de notre code est le suivant :

```
Adresse est de type
<>f__AnonymousType0`3[System.String,System.String,System.String]
```

On peut constater que le compilateur a effectivement généré un type (au nom un peu barbare) et qu'il a bien lié la variable `adresse` à ce type. Par contre, instancier une variable de type anonyme ne veut pas nécessairement dire que le compilateur générera une classe pour cette variable. Il cherchera d'abord un type qu'il a généré qui correspond à la variable que nous souhaitons créer, et en créera un si aucun ne correspond.

Pour comprendre quels critères sont utilisés par le compilateur, créons quelques variables et comparons le résultat avec notre résultat précédent :

```
//2 variables déclarées exactement de la même manière
var adresse = new { Rue = "rue de la gare", Ville = "Lyon", CodePostal = "69001" };
var adresseIdentique = new { Rue = "rue de la gare", Ville = "Lyon", CodePostal = "69001" };
//4 propriétés au lieu de 3
var adresseNombre = new { Numero = 15, Rue = "rue de la gare", Ville = "Lyon", CodePostal = "69001" };
//Une propriété avec un nom différent
var adresseNom = new { Rue = "rue de la gare", Ville = "Lyon", CP = "69001" };
//CodePostal et Ville ont été interchangés
var adresseOrdre = new { Rue = "rue de la gare", CodePostal = "69001", Ville = "Lyon" };
//CodePostal est maintenant un entier
var adresseType = new { Rue = "rue de la gare", Ville = "Lyon", CodePostal = 69001 };

Console.WriteLine("adresse est de type {0}", adresse.GetType().ToString());
Console.WriteLine("adresseIdentique est de type {0}", adresseIdentique.GetType().ToString());
Console.WriteLine("adresseNombre est de type {0}", adresseNombre.GetType().ToString());
Console.WriteLine("adresseNom est de type {0}", adresseNom.GetType().ToString());
Console.WriteLine("adresseOrdre est de type {0}", adresseOrdre.GetType().ToString());
Console.WriteLine("adresseType est de type {0}", adresseType.GetType().ToString());
```

Le résultat est le suivant :

```
adresse est de type
<>f__AnonymousType0`3[System.String,System.String,System.String]

adresseIdentique est de type
<>f__AnonymousType0`3[System.String,System.String,System.String]

adresseNombre est de type
<>f__AnonymousType1`4[System.Int32,System.String,System.String,
System.String]

adresseNom est de type
<>f__AnonymousType2`3[System.String,System.String,System.String]

adresseOrdre est de type
<>f__AnonymousType3`3[System.String,System.String,System.String]

adresseType est de type
<>f__AnonymousType0`3[System.String,System.String,System.Int32]
```

Les deux premières variables sont du même type, mais toutes les autres ont un type différent. On en déduit donc que les critères de choix sont les suivants :

- le nom des propriétés,
- le nombre de propriétés,
- l'ordre de définition des propriétés,
- le type des propriétés.

Il est à noter qu'il est possible de comparer deux instances de la même classe anonyme en utilisant la méthode `Equals` (héritée de la classe `Object`). Celle-ci est redéfinie par le compilateur dans le type généré, et permet de dire que les variables `adresse` et `adresseIdentique` sont égales :

```
Console.WriteLine(adresse.Equals(adresseIdentique));
```

La méthode `Equals` renverra false si l'une de ces conditions n'est pas respectée :

- Les deux objets comparés doivent être du même type.
- Ils doivent être déclarés dans le même assembly.
- Les valeurs de chaque propriété des objets doivent être identiques.

3. Les espaces de noms

Le code d'une application peut très vite contenir plusieurs dizaines, centaines ou milliers de types différents. Afin d'organiser le projet, il est tout à fait possible de créer une structure hiérarchique de dossiers regroupant les types par utilité ou par contexte d'utilisation. En plus de cette organisation physique, il est possible de créer une organisation logique à l'aide du concept d'espace de noms (**namespace** en anglais).

Un espace de noms est composé de plusieurs identificateurs séparés par l'opérateur ".", chacun des identificateurs faisant office de conteneur logique. Voyons quelques exemples d'espaces de noms :

```
System
System.Windows
System.Data.SqlClient
```

Ces trois espaces de noms font partie du framework .NET. `System` contient les types de base de .NET, comme les types primitifs, `System.Windows` est le conteneur logique des types de base pour la création d'applications fenêtrées. Enfin `System.Data.SqlClient` contient les types de la brique ADO.NET spécifiques aux bases de données SQL Server.

En plus de l'aide à la structuration, l'utilisation d'espaces de noms permet d'avoir plusieurs types dont le nom est identique : pour éviter toute ambiguïté entre ces types, il est possible d'utiliser le nom pleinement qualifié du type que l'on souhaite utiliser. Ce nom complet est la concaténation de l'espace de noms, de l'opérateur point (`.`) et du nom du type.

Le framework .NET comprend plusieurs classes nommées `DataGrid`. Celles-ci se trouvant dans des espaces de noms différents, il est possible de faire référence à chacun de ces types sans ambiguïté de la manière suivante :

```
System.Windows.Controls.DataGrid grilleWpf;

System.Windows.Forms.DataGrid grilleWindowsForms;
```

Très souvent, il ne sera pas nécessaire d'utiliser ce nom complet explicitement. Il est en effet possible de déclarer dans le code que nous souhaitons utiliser les classes d'un ou plusieurs espaces de noms particuliers à l'aide du mot-clé `using`.

Remarque

Dans ce contexte, ce mot-clé n'a rien à voir avec l'utilisation qui a été détaillée dans le chapitre Les bases du langage à la section Autres structures.

Ainsi, si l'on souhaite utiliser les classes de l'espace de noms `System.Windows.Forms`, on pourra écrire le code suivant :

```
using System.Windows.Forms;

public class MaClasse
{
    private void CreerDataGrid()
    {
          DataGrid maGrille;
          // ...

          //On peut aussi utiliser le type DataGrid de l'espace
          //de noms System.Windows.Controls en spécifiant
          //le nom comple
          System.Windows.Controls.DataGrid maGrilleWpf;
    }
}
```

Pour inclure un type dans un espace de noms, il suffit de déclarer le type à l'intérieur d'un bloc `namespace`.

```
namespace MonApplication
{
    public class UneClasse
    {
    //...
    }
}
```

4. L'héritage

L'héritage permet de représenter et d'implémenter une relation de spécialisation entre une **classe de base** et une **classe dérivée**. Il permet donc la transmission des caractéristiques et du comportement du type de base vers le type dérivé, ainsi que leur modification.

4.1 Mise en œuvre

Pour déclarer une relation d'héritage entre deux classes, il est nécessaire de modifier la déclaration de celle que l'on veut définir comme étant la classe dérivée. Cette modification consiste en l'ajout du symbole ":" et du nom de la classe de base après la déclaration du type :

```
public class ClasseDeBase
{
    public int Identifiant;

    public void AfficherIdentifiant()
    {
          Console.WriteLine(Identifiant)
    }
}

public class ClasseDerivee : ClasseDeBase
{
}
```

Remarque

À l'inverse d'autres langages comme le C++, C# n'autorise pas à faire dériver un type de plusieurs classes de base.

Une fois que cette relation d'héritage est mise en place, il est parfaitement possible d'écrire le code suivant :

```
ClasseDerivee monObjet = new ClasseDerivee();
monObjet.Identifiant = 42;
monObjet.AfficherIdentifiant();
//Affiche 42 dans la console
```

En effet, `ClasseDerivee` peut accéder aux membres `public`, `internal` et `protected` de sa classe de base, dont la variable `Identifiant` et la méthode `AfficherIdentifiant`.

4.2 Les mots-clés this et base

Le mot-clé `this` renvoie l'instance courante de la classe dans laquelle il est utilisé. Il permet par exemple de passer une référence de l'objet courant à un autre objet.

```
namespace ThisEtBase
{
    public class Voiture
    {
          public decimal Longueur;

          //Constructeur de la classe Voiture
          public Voiture()
          {
                //Les 2 lignes suivantes ont exactement le même
                //rôle puisque this renvoie l'objet courant

                Longueur = 4.2;
                this.Longueur = 4.2;

                //La ligne suivante écrit dans la console
                //le résultat de l'appel this.ToString()
                //("ThisEtBase.Voiture", dans ce cas)

                Console.WriteLine(this):
          }
    }
}
```

Le mot-clé `base` permet quant à lui de faire référence à l'objet courant, mais sous la forme de sa classe de base. Ce mot-clé n'est pas utilisable seul : il doit obligatoirement être utilisé pour faire référence à un membre de la classe de base. Il n'est donc pas possible d'écrire le code suivant :

```
Console.WriteLine(base);
```

Le compilateur C# nous renvoie en effet une erreur assez explicite :

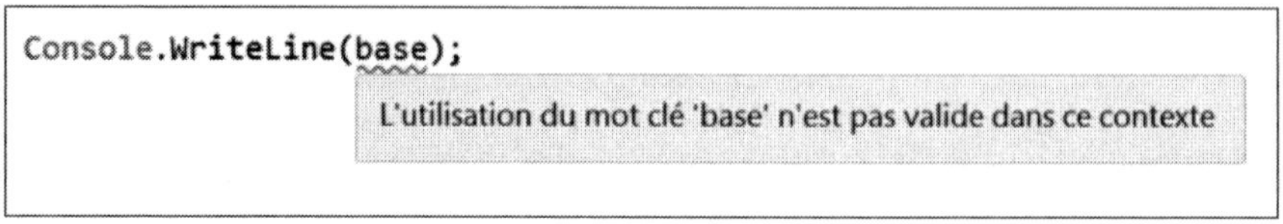

En revanche, il est possible d'écrire ceci :

```
Console.WriteLine(base.ToString());
```

On pourrait s'attendre à ce que le résultat affiché dans la console soit le type de la classe de base (`System.Object`), ce qui n'est pas le cas puisque nous obtenons "ThisEtBase.Voiture". L'explication est très simple, et nous allons la détailler tout de suite.

Tout d'abord, le code de la méthode `ToString()` de la classe `System.Object` dont la classe `Voiture` hérite implicitement est le suivant :

```
public virtual string ToString()
{
    return GetType().ToString();
}
```

Remarque

Le mot-clé `virtual` et son rôle sont traités à la section suivante : Redéfinition et masquage.

La méthode `GetType` appelée par cette méthode renvoie le type instancié, donc le type "réel" de l'objet, et non le type sous la forme duquel nous voyons l'objet. Le résultat de l'appel à `base.ToString()` est donc parfaitement logique.

4.3 Redéfinition et masquage

Dans une relation d'héritage, il peut être nécessaire de modifier un comportement pour l'adapter aux caractéristiques d'une classe dérivée. Deux manières de faire sont disponibles avec C# : la redéfinition et le masquage. Ces deux techniques correspondent à la réécriture d'une fonction dans une classe enfant, mais on les utilise dans des contextes différents.

4.3.1 Redéfinition de méthode

La redéfinition d'une méthode est applicable lorsque la méthode est définie dans la classe mère avec le mot-clé `virtual`. Ce mot-clé indique que la méthode a été pensée pour pouvoir être redéfinie.

Considérons une classe de base `Personne` définissant une méthode marquée comme `virtual`.

```
public class Personne
{
    public virtual void Conduire()
    {
        //Code pour conduire en respectant le code de la route
    }
}
```

La méthode `Conduire` est marquée comme `virtual` car certains types de personnes peuvent potentiellement exécuter la même action de manière différente. Une personne lambda doit conduire en respectant le code de la route, un pilote conduit de manière à effectuer son trajet le plus rapidement possible et un conducteur de bus doit s'arrêter fréquemment pour laisser monter ou descendre des passagers.

Dans une classe `Pilote` héritant de `Personne`, il faudrait donc redéfinir la méthode `Conduire` pour tenir compte de cette différence. Pour cela, il faut réécrire la méthode avec son code spécifique dans la classe `Pilote`, et la marquer avec le mot-clé `override`.

```
public class Pilote : Personne
{
    public override void Conduire()
    {
```

```
            //Code pour conduire le plus vite possible
    }
}
```

La méthode `override` doit avoir la même signature et la même visibilité que la méthode de la classe de base.

4.3.2 Masquage de méthode

Le masquage de méthode est similaire à la redéfinition, mais ses effets sont différents (ceux-ci seront étudiés à la section suivante : Différences entre redéfinition et masquage). Il permet de réécrire une méthode dans une classe dérivée, mais pour le masquage, on utilise le mot-clé `new` au lieu du mot-clé `override`.

```
public class Pilote : Personne
{
    public new void Conduire()
    {
            //Code pour conduire le plus vite possible
    }
}
```

Il n'est pas nécessaire que la méthode soit marquée comme `virtual` par la classe de base pour la masquer.

4.3.3 Différences entre redéfinition et masquage

Bien que ces deux notions paraissent identiques, elles sont légèrement différentes dans leur effet.

La classe `Personne` définit deux méthodes, `Conduire_Override` et `Conduire_New`. La classe `Pilote` hérite de `Personne` et redéfinit la première méthode, tandis qu'elle va masquer la seconde.

```
public class Personne
{
    public virtual void Conduire_Override()
    {
            Console.WriteLine("Je conduis en respectant le code de
la route");
    }
```

```
    public void Conduire_New()
    {
            Console.WriteLine("Je conduis en respectant le code de
la route");
    }

}

public class Pilote : Personne
{
    public override void Conduire_Override()
    {
            Console.WriteLine("Je conduis le plus vite possible
pour gagner");
    }

    public new void Conduire_New()
    {
            Console.WriteLine("Je conduis le plus vite possible
pour gagner");
    }
}
```

Redéfinition

Exécutez le code suivant :

```
Personne personne = new Personne();
personne.Conduire_Override();

Pilote pilote = new Pilote();
pilote.Conduire_Override();

Personne personnePilote = new Pilote();
personnePilote.Conduire_Override();
```

Le résultat de cette exécution est le suivant :

```
Je conduis en respectant le code de la route
Je conduis le plus vite possible pour gagner
Je conduis le plus vite possible pour gagner
```

Masquage

Exécutez maintenant le code suivant :

```
Personne personne = new Personne();
personne.Conduire_New();

Pilote pilote = new Pilote();
pilote.Conduire_New();

Personne personnePilote = new Pilote();
personnePilote.Conduire_New();
```

Le résultat de cette exécution est le suivant :

```
Je conduis en respectant le code de la route
Je conduis le plus vite possible pour gagner
Je conduis en respectant le code de la route
```

On constate une différence au niveau de la troisième opération. La clé est dans cette instruction :

```
Personne personnePilote = new Pilote();
```

La méthode `Personne.Conduire_Override` est marquée comme `virtual`. La présence de ce mot-clé déclenche le processus suivant :

- Au moment de son exécution, le CLR inspecte le type concret de la variable `personnePilote`. Ici, ce type est Pilote.
- Il recherche la méthode substituée `Conduire_Override` dans le type concret Pilote.

À ce stade, deux possibilités :

- La méthode est trouvée, et il l'exécute.
- La méthode n'est pas trouvée et dans ce cas le CLR recommence en considérant que le type concret est la classe mère du type concret, et ce jusqu'à trouver la méthode cherchée.

Lorsque l'on utilise l'opérateur `new` sur une méthode, on coupe l'arbre de recherche.

Si la méthode `Personne.Conduire_New` est marquée comme `virtual`, on exécute la recherche en commençant par la classe mère du premier type masquant la méthode. Ici, la classe `Personne`.

Si la méthode n'était pas marquée comme `virtual` au départ, on exécute simplement la méthode de la classe manipulée, ici, `Personne.Conduire_New`.

Remarque

Ces concepts peuvent paraître compliqués à appréhender à première vue, mais les manipuler rend la chose plus simple. N'hésitez pas à écrire du code avec des relations d'héritage pour mieux l'assimiler.

4.4 Imposer ou interdire l'héritage

Dans certains cas, il peut être intéressant de placer certaines contraintes sur une classe afin de limiter les conditions de son utilisation, notamment d'imposer ou d'interdire l'héritage de cette classe. En C#, il est possible de le faire à l'aide de deux mots-clés : `abstract` et `sealed`.

Les classes abstraites

Les classes abstraites sont des types définis comme non instanciables. Elles ne sont donc utilisables qu'au travers de classes dérivées.

Ces types sont utilisés pour centraliser des éléments de code communs à plusieurs types ou pour fournir des fonctionnalités de base devant être complétées dans un type dérivé. Ils peuvent contenir tous les éléments de code d'une classe "normale" : méthodes, propriétés, variables membres...

Les classes abstraites peuvent aussi contenir des méthodes abstraites, c'est-à-dire dont l'implémentation n'est pas fournie. Il est alors nécessaire que chaque type dérivé fournisse sa propre implémentation de la méthode.

La syntaxe de déclaration d'une classe abstraite nécessite d'ajouter le mot-clé `abstract` avant le nom de la classe.

```
<modificateur d'accès> abstract <nom de classe>
{
}
```

Ci-dessous un exemple de classe abstraite possédant une méthode abstraite, et dont une classe hérite :

```
public abstract class ClasseAbstraite
{
    public abstract void MethodeAbstraite();
}

public class ClasseDerivee : ClasseAbstraite
{
    public override void MethodeAbstraite()
    {
           //Implémentation de la méthode
    }
}
```

Les classes scellées

Les classes scellées fonctionnent à l'inverse des classes abstraites : elles sont forcément instanciables (elles ne peuvent pas être définies comme `abstract`), mais il est impossible d'en hériter. Pour cette raison, il est impossible de définir un de ses membres comme `abstract` ou `virtual`, puisqu'il serait de toute façon impossible de lui fournir une implémentation dans une classe dérivée.

La syntaxe de déclaration d'une classe scellée nécessite d'ajouter le mot-clé `sealed` avant le nom de la classe.

```
<modificateur d'accès> sealed <nom de classe>
{
}
```

4.5 Le transtypage

Le transtypage est un des points fondamentaux de la programmation orientée objet avec C#, car il est une des clés pour la bonne mise en œuvre du polymorphisme. C'est en effet lui qui permet de visualiser un objet sous plusieurs formes.

En fonction du contexte d'utilisation, il peut être implicite ou explicite. Les conversions implicites sont effectuées automatiquement lorsqu'elles sont nécessaires. Elles ne peuvent être effectuées que lorsque deux conditions sont réunies :

– Les types source et destination sont compatibles : les deux types sont liés par une relation d'héritage ou une opération de conversion implicite vers le type destination a été définie dans le type source.
– La conversion d'un type vers l'autre n'entraîne aucune perte de données.

Des transtypages implicites peuvent être effectués, entre autres, d'un type numérique `short` vers `int`, car aucune perte de données ne sera occasionnée, ou d'un type dérivé vers un type de base, car l'objet du type dérivé est forcément un objet du type de base.

```
short valeurShort = 12;
int valeurInt = valeurShort;
```

```
public class Pilote : Personne
{
}

Pilote pilote = new Pilote();
Personne personne = pilote;
```

En revanche, l'écriture des lignes de code suivantes cause une erreur de compilation :

```
int valeurInt = 12;
short valeurShort = valeurInt;
```

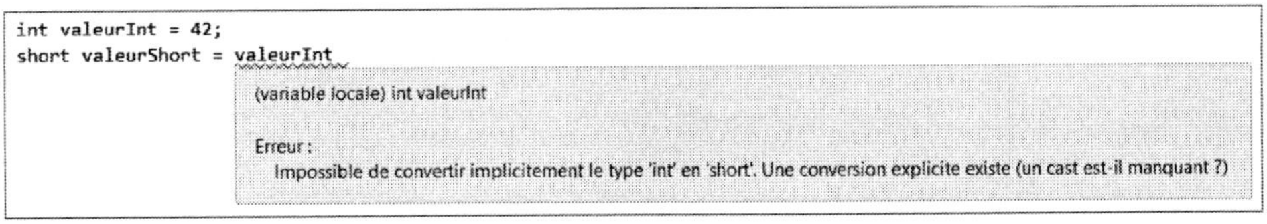

En effet, même si l'on sait que la valeur 12 peut parfaitement être contenue dans un `short`, le compilateur détecte une possible perte de données sur la conversion du type `int` (4 octets) vers `short` (2 octets). Il est ici requis d'utiliser un **cast (transtypage explicite)** afin de valider l'intention du développeur.

L'opérateur de transtypage est représenté par un couple de parenthèses entre lesquelles est précisé le type de destination. Dans le cas mentionné ci-dessus, la correction est la suivante :

```
int valeurInt = 42;
short valeurShort = (short)valeurInt;
```

Le cas est légèrement plus compliqué pour transtyper de la classe `Personne` vers la classe `Pilote`. Il faut en effet que l'objet de type `Personne` contienne déjà un objet de type `Pilote` pour pouvoir retourner vers ce type.

Le code suivant génère une erreur d'exécution :

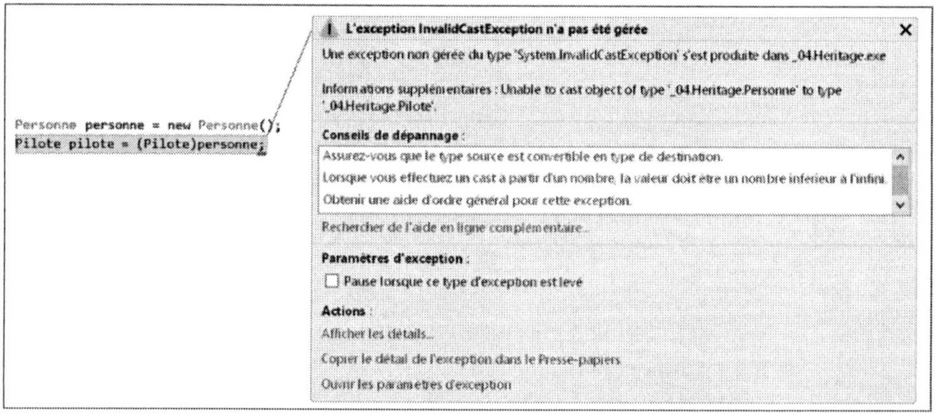

Pour éliminer cette erreur, il faudrait avoir le code suivant :

```
Personne personne = new Pilote();
Pilote pilote = (Pilote)personne;
```

5. Les interfaces

Pour manipuler différents types d'objets possédant des fonctionnalités similaires, il est possible d'utiliser un contrat définissant les données et les comportements communs à ces types. En C#, on appelle ce contrat une interface.

Une interface est un type qui possède uniquement des membres publics. Ces membres ne possèdent pas d'implémentation : ce sont les types qui respecteront ce contrat qui implémenteront chacun des membres.

Les interfaces représentent une couche d'abstraction particulièrement utile pour rendre une application modulaire, puisqu'elles permettent d'utiliser n'importe quelle implémentation pour un même contrat.

5.1 Création

Les interfaces sont déclarées d'une manière similaire aux classes, les différences étant les suivantes :

- Il faut utiliser le mot-clé `interface` au lieu de `class`.
- Seuls les membres destinés à être visibles publiquement doivent être définis dans l'interface, et aucun modificateur de visibilité n'est autorisé sur ces membres.
- Aucun des membres de l'interface ne peut avoir d'implémentation.

La syntaxe générale pour la création d'une interface est la suivante :

```
<modificateur d'accès> interface <nom> [: interfaces de base ]
{

}
```

Remarque

Par convention, le nom des interfaces en C# commence par un I (i majuscule).

Considérons le cas de la lecture de fichiers audio. Il est tout à fait possible de lire des fichiers aux formats MP3, WAV, OGG, MWA, et bien d'autres encore. La lecture de chacun de ces formats nécessitant un décodage particulier, il semble pertinent de créer une classe pour chacun des types de fichiers supportés par une application : `LecteurAudioMp3`, `LecteurAudioOgg`, etc.

Il est fort probable que ces classes soient très similaires et doivent être utilisées dans les mêmes circonstances, ce qui fait donc de cet ensemble un candidat parfait à la création d'une interface commune aux différents types.

Une interface possible pour ces différentes classes pourrait être la suivante :

```
public interface ILecteurAudio
{
    bool LectureEnCours { get; }

    bool EstEnPause { get; }

    void Lire(string cheminFichier);

    void Pause();

    void ReprendreLecture();

    void Stop();
}
```

`LectureCours` et `EstEnPause` sont deux propriétés pour lesquelles on indique que les classes implémentant l'interface doivent fournir au minimum la lecture publique. Toutes les méthodes définies dans l'interface seront elles aussi présentes dans toute classe implémentant l'interface.

5.2 Utilisation

Pour utiliser une interface, il faut tout d'abord déclarer la relation entre classe et interface. Pour ceci, on utilise la même syntaxe que pour l'héritage :

```
<modificateur d'accès> class <nom> [:interface1, interface2...]
{
}
```

La déclaration de la classe `LecteurMp3` serait donc la suivante :

```
public class LecteurMp3 : IlecteurAudio
{
}
```

La compilation du code de l'interface et de la classe, à ce stade, produit très exactement six erreurs.

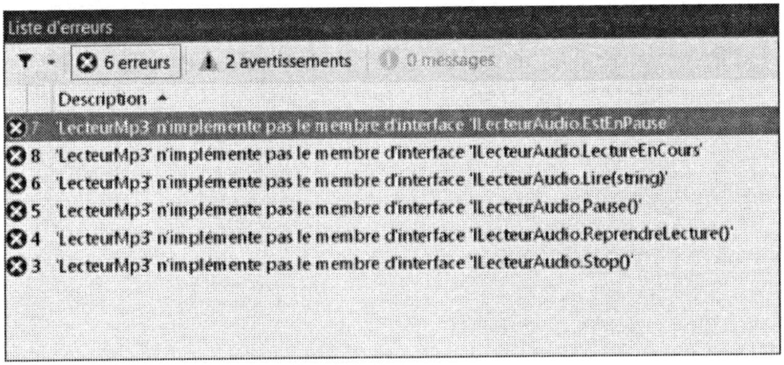

Le compilateur C# indique très clairement que les membres d'interface n'ont pas été implémentés dans la classe `LecteurMp3`. Il est possible de les implémenter de deux manières : implicitement ou explicitement.

5.2.1 Implémentation implicite

Dans la grande majorité des cas, les interfaces sont implémentées de manière implicite. Ceci signifie simplement que chacun des membres définis dans l'interface existe dans les classes implémentant l'interface.

Chacun des membres doit être implémenté avec une visibilité publique et, dans le cas de méthodes, avec la même signature que celle définie par l'interface.

L'outil de refactorisation de Visual Studio peut simplifier cet exercice en créant un squelette d'implémentation implicite.

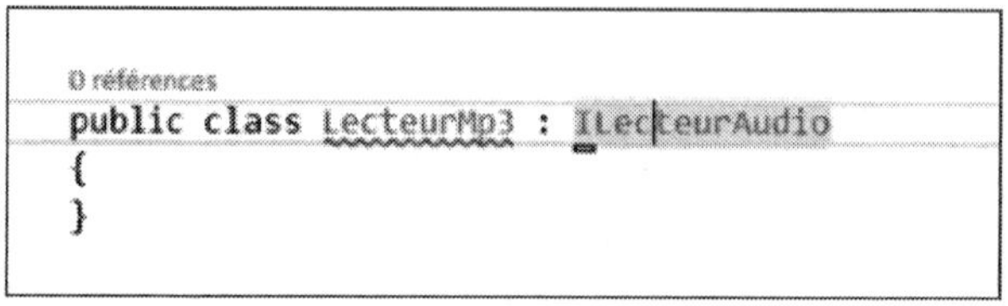

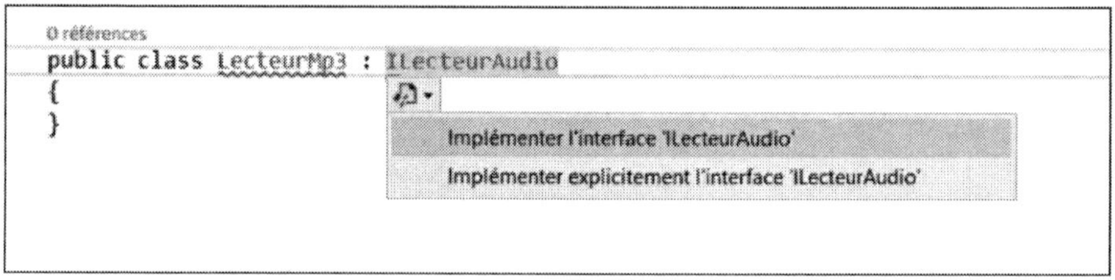

Utiliser cet outil génère le code suivant :

```
class LecteurMp3 : ILecteurAudio
{
    public bool LectureEnCours
    {
        get { throw new NotImplementedException(); }
    }

    public bool EstEnPause
    {
        get { throw new NotImplementedException(); }
    }

    public void Lire(string cheminFichier)
    {
        throw new NotImplementedException();
    }

    public void Pause()
    {
        throw new NotImplementedException();
    }

    public void ReprendreLecture()
    {
        throw new NotImplementedException();
    }
```

```
    public void Stop()
    {
        throw new NotImplementedException();
    }
}
```

Une fois cette opération effectuée, chacun des membres de l'interface `ILecteurAudio` possède une implémentation (non fonctionnelle en l'état) dans la classe `LecteurMp3`.

5.2.2 Implémentation explicite

Il peut parfois arriver qu'une classe implémente plusieurs interfaces dont certains membres partagent la même signature. Dans ce cas, implémenter les interfaces implicitement amène à partager la même implémentation pour toutes les interfaces concernées.

Il peut pourtant être nécessaire que la classe comporte une implémentation de membre par interface. L'implémentation explicite est une réponse à cette problématique particulière.

Considérons les deux interfaces suivantes :

```
public interface ILecteurAudio
{
    void Lire(string cheminFichier);
}
```

```
public interface ILecteurVideo
{
    void Lire(string cheminFichier);
}
```

Pour implémenter ces deux interfaces dans une classe `LecteurMultimedia`, il faut faire précéder le nom de chacun des membres spécifiques par le nom de l'interface associée et l'opérateur point.

```
public class LecteurMultimedia : ILecteurAudio, ILecteurVideo
{
    void ILecteurAudio.Lire(string cheminFichier)
    {
           //Démarrage de la lecture audio
```

```
        }

        void ILecteurVideo.Lire(string cheminFichier)
        {
               //Préparation de l'affichage du flux vidéo
               //Démarrage de la lecture audio & vidéo
        }
    }
```

Visual Studio permet aussi de générer ces implémentations explicites via son outil de refactorisation :

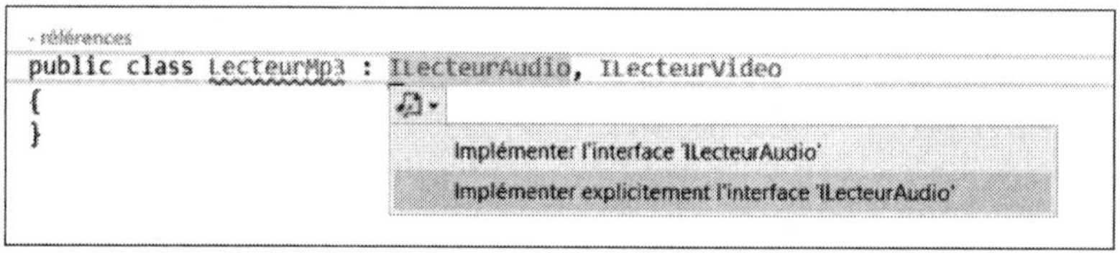

6. Les énumérations

Une énumération est un type de données représentant un ensemble fini de valeurs constantes pouvant être utilisées dans les mêmes circonstances.

La déclaration d'une énumération doit être faite en utilisant la syntaxe suivante :

```
<modificateur d'accès> enum <nom>
{
    <nom de constante 1> [ = <valeur numérique>],
    <nom de constante 2> [ = <valeur numérique>],
    ...
}
```

Le framework .NET définit un nombre important de types d'énumérations. Parmi elles, on trouve le type `System.Windows.Visibility`, qui définit l'état visuel d'un contrôle WPF. Sa définition est la suivante :

```
public enum Visibility
{
    Visible = 0,
    Hidden = 1,
    Collapsed = 2,
}
```

On utilise une valeur d'énumération en écrivant le nom de l'énumération suivi de l'opérateur point (`.`) et du nom d'une constante d'énumération.

Pour masquer un contrôle `System.Windows.Grid`, on peut par exemple écrire ceci :

```
//grid est un objet de type System.Windows.Grid
Grid.Visibility = System.Windows.Visibility.Collapsed;
```

7. Les délégués

Un délégué est un type représentant une référence à une méthode. Grâce aux délégués, il est possible de spécifier qu'un paramètre de méthode doit être une fonction possédant une liste de paramètres et un type de retour précis. Il est ensuite possible d'appeler cette fonction dans le corps de notre méthode sans la connaître à l'avance.

7.1 Création

La déclaration d'un délégué utilise le mot-clé `delegate` suivi d'une signature de procédure ou fonction. Le nom spécifié dans cette signature est le nom du type délégué créé.

```
//Création d'un délégué pour une fonction prenant
//2 paramètres de type double et renvoyant un double
public delegate double OperationMathematique(double operande1,
double operande2);
```

Le code ci-dessus crée un nouveau type utilisable dans l'application : `OperationMathematique`

7.2 Utilisation

Le type `OperationMathematique` est utilisable pour toute variable ou tout paramètre de méthode. Une variable de ce type peut être utilisée comme une méthode, c'est-à-dire que l'on peut lui fournir des paramètres et récupérer sa valeur de retour.

```
private static double
ExecuterOperationMathematique(OperationMathematique
operationAEffectuer, double operande1, double operande2)
{
     return operationAEffectuer(operande1, operande2);
}
```

Il convient ensuite d'appeler la méthode `ExecuterOperationMathematique` en lui fournissant des paramètres convenables. Pour cela, il faut créer une méthode correspondant à la signature du délégué, et passer le nom de la méthode comme valeur du paramètre `operationAEffectuer`.

```
private static double Additionner(double operande1, double
operande2)
{
    return operande1 + operande2; s
}
```

```
double resultatAddition =
ExecuterOperationMathematique(Additionner, 143, 18);
Console.WriteLine(resultatAddition);
```

7.3 Expressions lambda

Une expression lambda est une fonction anonyme pouvant être utilisée à tout endroit où une valeur est attendue pour un délégué.

Les expressions lambda utilisent l'opérateur => pour leur déclaration. À gauche de cet opérateur, on trouve une liste de noms de paramètres correspondant aux paramètres que le délégué spécifie. Cette liste de paramètres se trouve entre parenthèses. Il y a deux cas particuliers pour cette liste :

- Lorsque l'expression lambda n'a pas de paramètres, le couple de parenthèses doit quand même apparaître.
- Lorsqu'il n'y a qu'un paramètre, les parenthèses sont facultatives.

La partie droite de l'expression est un bloc d'instructions qui peut, ou non, retourner une valeur. Ce bloc doit être encadré par des accolades, sauf dans le cas où il n'y a qu'une instruction. Dans ce dernier cas, elles sont facultatives.

La syntaxe pour la déclaration d'une expression lambda est :

```
(paramètre1, paramètre2, ...) => { [instructions pouvant utiliser
les valeurs parametre1, parametre2, ...] }
```

L'appel de la méthode `ExecuterOperationMathematique` écrite plus haut pour l'exécution d'une addition peut être réécrit de la manière suivante :

```
OperationMathematique addition = (op1, op2) => { return op1 +
op2; };

double resultatAddition = ExecuterOperationMathematique(addition, 143,
18);
Console.WriteLine(resultatAddition);
```

8. Les événements

Les événements sont au cœur du développement d'applications avec C#. Ils permettent de baser la logique de l'application sur une série de procédures et de fonctions exécutées lorsque l'un de ses composants demande l'exécution. C'est par exemple le cas avec les composants graphiques : ceux-ci peuvent déclencher des événements lorsque l'utilisateur effectue une action comme la sélection d'un élément dans une liste ou un clic sur un bouton.

8.1 Déclaration et déclenchement

Les événements de C# sont basés sur l'utilisation de délégués. L'idée générale est que chaque événement peut accepter un ou plusieurs gestionnaires d'événements dont la signature est définie par un type de délégué.

Les événements générés par les classes du framework utilisent fréquemment le type de délégué `EventHandler` pour définir les gestionnaires d'événements qui peuvent leur être associés. Ce délégué est défini de la manière suivante :

```
public void delegate EventHandler(object sender, EventArgs e);
```

Le paramètre `sender` correspond à l'objet qui a généré l'événement, tandis que le paramètre de type `EventArgs`, nommé `e`, est utilisé pour fournir des informations aux méthodes qui traitent l'événement. Si aucune valeur ne doit être passée aux gestionnaires d'événements, il est possible d'utiliser une instance de la classe `EventArgs`, mais dans le cas contraire, il est pertinent de passer un objet d'un type hérité de la classe `EventArgs`.

Remarque

Il existe aussi le type de délégué générique `EventHandler<TEventArgs>`, qui permet le passage d'informations lorsque l'événement est déclenché. Les génériques sont étudiés un peu plus loin dans ce chapitre.

Utiliser le type `EventHandler` ou sa contrepartie générique `EventHandler<TEventArgs>` permet de garder une certaine cohérence entre les événements de l'application et les événements générés par les classes du framework .NET.

La syntaxe générale pour la déclaration d'un événement est la suivante :

```
<modificateur d'accès> event <type de délégué> <nom d'événement>;
```

La déclaration d'un événement déclenché à la fin d'un calcul de factures peut être écrite de la manière suivante :

```
public event EventHandler CalculFacturesTermine;
```

Il est d'usage de placer le déclenchement d'un événement dans une méthode dont l'unique but est de le déclencher si un ou plusieurs gestionnaires existent pour l'événement.

```
protected virtual void DeclencheCalculFacturesTermine(EventArgs e)
{
    EventHandler handler = CalculFacturesTermine;

    //Si un ou plusieurs gestionnaires sont définis,
    //handler ne sera pas null
    if (handler != null)
    {
        handler(this, e);
    }
}
```

Le déclenchement de l'événement est ensuite effectué à l'endroit où l'on souhaite exécuter le code des gestionnaires liés à l'événement, dans notre cas, à la fin de l'exécution de la méthode `CalculFactures` de la classe `Facturation`.

```
public class Facturation
{
    //Déclaration de l'événement
    public event EventHandler CalculFacturesTermine;

    public void CalculFactures()
    {
        //Code potentiellement long effectuant le calcul
        //Ici, nous simulons ce calcul en
        //incrémentant un compteur de 1 à 1000
        for (int i = 0; i < 1000; i++)
        {
            i++;
        }

        //Déclenchement de l'événement
        EventArgs arguments = new EventArgs();
        DeclencheCalculFacturesTermine(arguments);
    }

    protected virtual void DeclencheCalculFacturesTermine(EventArgs e)
    {
        EventHandler handler = CalculFacturesTermine;

        //Si un ou plusieurs gestionnaires sont définis,
        //handler ne sera pas null
        if (handler != null)
        {
            handler(this, e);
        }
    }
}
```

8.2 Gestion des événements

Avant de gérer l'événement CalculFacturesTermines, exécutons notre méthode de calcul des factures :

```
Facturation fact = new Facturation();
fact.CalculFactures();
```

Ce code fonctionne sans erreurs. Ceci est lié à la vérification effectuée dans le corps de la méthode DeclencheCalculFacturesTermine. Aucun gestionnaire n'est associé à l'événement CalculFacturesTermine, celui-ci n'est donc pas déclenché. Si cette vérification n'était pas effectuée, une exception de type NullReferenceException serait générée et interromprait le cours normal de l'application.

Ajout d'un gestionnaire d'événements

L'ajout d'un gestionnaire pour un événement est effectué à l'aide de l'opérateur += auquel il faut passer un nom de méthode correspondant au type de délégué attendu.

```
<objet>.<nom d'événement> += <nom de la methode gestionnaire>;
```

Dans le cas de l'événement CalculFacturesTermine, le type de délégué attendu est EventHandler, ce qui implique qu'il faut définir une méthode correspondant à la signature de ce délégué.

```
private void gestionnaire_CalculFacturesTermine(object sender,
EventArgs e)
{
    Console.WriteLine("Le calcul des factures est terminé.");
}
```

Pour que le gestionnaire soit exécuté, il faut maintenant l'affecter à l'événement avant que celui-ci ne soit déclenché :

```
Facturation fact = new Facturation();
fact.CalculFacturesTermine += gestionnaire_CalculFacturesTermine;
fact.CalculFactures();
```

Suppression d'un gestionnaire d'événements

La suppression d'un gestionnaire d'événements est similaire à son ajout, la différence étant dans l'opérateur utilisé. Il faut en effet utiliser l'opérateur -= pour déréférencer un gestionnaire.

```
Facturation fact = new Facturation();
fact.CalculFacturesTermine += gestionnaire_CalculFacturesTermine;
fact.CalculFactures();
fact.CalculFacturesTermine -= gestionnaire_CalculFacturesTermine;
fact.CalculFactures();
```

L'exécution de cette portion de code affiche le message "*Le calcul des factures est terminé.*" une seule fois, puisque le second calcul est effectué après déréférencement du gestionnaire d'événements.

9. Les génériques

Les génériques sont des éléments de programme capables de s'adapter de manière à fournir les mêmes fonctionnalités pour différents types de données.

Ils ont été introduits avec l'arrivée du framework .NET 2.0 dans l'objectif de fournir des services adaptés à plusieurs types de données tout en gardant un typage fort.

Les frameworks .NET 1.0 et .NET 1.1 fournissaient la classe `ArrayList` pour la gestion de listes dynamiques. Ce type, quoique très pratique, avait l'inconvénient de ne contenir que des objets de type `System.Object`, ce qui induisait un nombre important de transtypages dont il était souhaitable de se passer. Les génériques sont la réponse apportée par Microsoft à ce problème : la classe `List<T>` remplace avantageusement (dans la plupart des cas) la classe `ArrayList` en permettant de définir le type des objets qu'elle contient.

Ceci simplifie le code tout en le rendant plus sûr puisque le développeur élimine une grosse partie des problèmes de transtypage potentiels.

Les éléments génériques sont reconnaissables aux caractères < et > présents dans leurs noms. Ces symboles encadrent les noms de types associés à une instance d'un élément générique.

Les génériques seront ici étudiés au travers du développement d'un type permettant de gérer une file d'éléments. Les files sont des collections suivant le principe FIFO (*First In, First Out*) : il n'est possible d'accéder qu'au premier élément de la collection, et lorsque l'on ajoute un élément, celui-ci est automatiquement placé en dernière position de la collection. Un type similaire existe dans le framework .NET : `System.Collections.Generic.Queue<T>;`.

9.1 Classes

Les classes génériques sont conçues pour manipuler d'une manière unifiée plusieurs types de données. Ces types sont désignés par un ou plusieurs alias dans le nom de la classe, et les types concrets sont assignés à ces alias à l'instanciation d'un objet générique.

9.1.1 Définition d'une classe générique

Pour créer une classe générique, il faut définir une classe, lui adjoindre les caractères < et > et placer entre ceux-ci un ou plusieurs alias de types séparés par des virgules. Ces alias permettent de manipuler des variables fortement typées sans en connaître préalablement le type concret.

```
public class ListeFIFO<TElement>
{
}
```

Remarque

Par convention, les alias de type sont préfixés par la lettre T (pour Type).

La déclaration d'une classe générique ayant la capacité de gérer deux types de données simultanément pourrait être écrit de la manière suivante :

```
public class ListeDoubleFIFO<TElement1, TElement2>
{
}
```

9.1.2 Utilisation d'une classe générique

Pour instancier un type générique, Il faut utiliser l'opérateur `new` suivi du nom du type générique. Les alias de type doivent être remplacés par des noms de types concrets.

```
ListeFIFO<string> liste = new ListeFIFO<string>();
```

Cette instanciation indique que chaque élément marqué par l'alias de type `TElement` dans la classe `ListeFIFO` sera traité comme étant de type `string`. Ce comportement n'est valable que pour l'instance définie ici. Il est parfaitement possible de définir une autre instance manipulant des entiers ou des fichiers (`System.IO.File`).

Remarque

Il est aussi possible de définir des structures génériques. Leur déclaration est similaire à celle des classes génériques. La différence est dans l'utilisation du mot-clé `struct` en lieu et place du mot-clé `class`.

9.2 Interfaces

Une interface générique permet de définir un contrat d'utilisation indépendant du type de données manipulé par les classes qui l'implémentent.

9.2.1 Définition d'une interface générique

La définition d'une interface générique est semblable à la définition d'une interface normale. La différence réside dans le fait qu'il est nécessaire d'associer un ou plusieurs types paramètres après le nom de l'interface, comme pour la déclaration d'une classe générique.

```
public interface IListeFIFO<TElement>
{
}
```

Remarque

La convention d'écriture de C# indique que le nom des interfaces, qu'elles soient génériques ou non, commence par un I (i majuscule).

La définition des membres de l'interface peut faire référence à chacun des types paramètres de l'interface, sans obligation de le faire. En ajoutant deux signatures de méthodes à l'interface pour ajouter et enlever un élément, la définition du type `IListeFIFO<TElement>` ressemble à ceci :

```
public interface IListeFIFO<TElement>
{
    void AjouterElement(TElement elementAAjouter);

    TElement EnleverElement();
}
```

Ces signatures utilisent toutes deux le type paramètre `TElement`. Une classe qui implémente cette interface en précisant que le type paramètre est `string` (`IListeFIFO<string>`) doit implémenter ces méthodes de la manière suivante :

```
public void AjouterElement(string elementAAjouter)
{
    //implémentation concrète de la méthode
}

public string EnleverElement()
{
    //implémentation concrète de la méthode
}
```

9.2.2 Utilisation d'une interface générique

Les interfaces génériques sont utilisées de la même manière que les interfaces normales, mais il faut évidemment spécifier quels sont ses types paramètres.

```
class ListeEntiers : IListeFIFO<int>
{
    public void AjouterElement(int elementAAjouter)
    {
           //implémentation concrète de la méthode
    }

    public int EnleverElement()
    {
           //implémentation concrète de la méthode
    }
}
```

Dans le cas de la classe `ListeFIFO<TElement>`, il est pertinent que le type paramètre de l'interface soit le même que celui utilisé lors de l'instanciation d'un objet. Il est tout à fait possible d'écrire la déclaration de classe suivante pour arriver à ce résultat.

```
public class ListeFIFO<TElement> : IListeFIFO<TElement>
```

L'implémentation complète (et non optimisée) de la classe à ce stade peut être la suivante :

```
public class ListeFIFO<TElement> : IListeFIFO<TElement>
{
    private TElement[] tableauInterne;

    public ListeFIFO()
    {
        tableauInterne = new TElement[0];
    }

    public void AjouterElement(TElement elementAAjouter)
    {
        TElement[] tableauTemporaire = new
TElement[tableauInterne.Length + 1];

        tableauInterne.CopyTo(tableauTemporaire, 0);
        tableauTemporaire[tableauInterne.Length] = elementAAjouter;

        tableauInterne = tableauTemporaire;
    }

    public TElement EnleverElement()
    {
        TElement resultat = tableauInterne[0];

        TElement[] tableauTemporaire = new
TElement[tableauInterne.Length - 1];
        for (int i = 1; i < tableauInterne.Length; i++)
        {
            tableauTemporaire[i - 1] = tableauInterne[i];
        }

        tableauInterne = tableauTemporaire;

        return resultat;
    }
}
```

9.3 Contraintes

Les éléments génériques ont la capacité de s'adapter à la manipulation de plusieurs types de données. Il peut toutefois être pertinent de restreindre le jeu de types paramètres utilisables pour satisfaire certains besoins logiques ou techniques. Le compilateur est capable de vérifier que les types paramètres d'éléments génériques répondent bien aux contraintes fixées. Lorsque l'une des contraintes n'est pas respectée, une erreur de compilation est générée.

Cinq types de contraintes peuvent être fixés sur les types paramètres et peuvent être combinés.

where TParametre : class

Cette contrainte spécifie que le type paramètre doit être un type référence : classe, tableau ou délégué.

```
public class ListeFIFO<TElement> where TElement : class
{
}
```

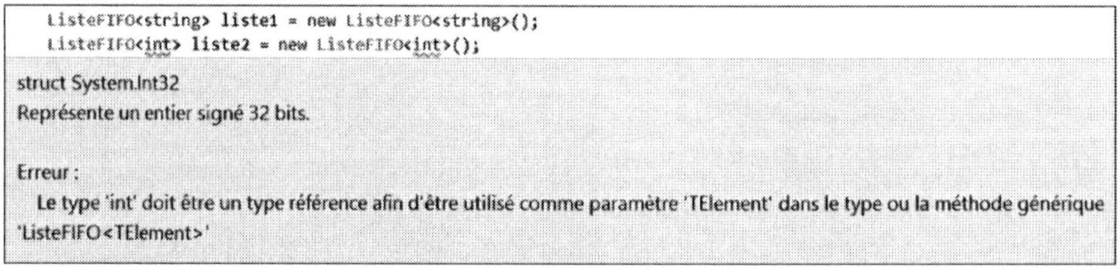

where TParametre : struct

Cette contrainte impose l'utilisation d'un type valeur (donc non nullable) comme type paramètre.

```
public class ListeFIFO<TElement> where TElement : struct
{
}
```

```
ListeFIFO<string> liste1 = new ListeFIFO<string>();
```

class System.String
Représente du texte sous forme d'une série de caractères Unicode.

Erreur :
Le type 'string' doit être un type valeur non nullable afin d'être utilisé comme paramètre 'TElement' dans le type ou la méthode générique 'ListeFIFO<TElement>'

where TParametre : new()

Lorsque cette contrainte est appliquée, le type paramètre concerné doit avoir un constructeur sans paramètre public. Elle est utilisée lorsque la classe générique doit pouvoir instancier des objets du type paramètre.

```
public class ListeFIFO<TElement> where TElement : new()
{
}
```

```
ListeFIFO<string> liste1 = new ListeFIFO<string>();
```

class System.String
Représente du texte sous forme d'une série de caractères Unicode.

Erreur :
'string' doit être un type non abstrait avec un constructeur sans paramètre public afin de l'utiliser comme paramètre 'TElement' dans le type ou la méthode générique 'ListeFIFO<TElement>'

where TParametre : <type>

Cette contrainte indique que le type paramètre concerné doit être le type spécifié ou en dériver.

```
public class ListeFIFO<TElement> where TElement : Attribute
{
}
```

```
ListeFIFO<ObsoleteAttribute> liste1 = new ListeFIFO<ObsoleteAttribute>();
ListeFIFO<int> liste2 = new ListeFIFO<int>();
```

struct System.Int32
Représente un entier signé 32 bits.

Erreur :
Le type 'int' ne peut pas être utilisé comme paramètre de type 'TElement' dans le type ou la méthode générique 'ListeFIFO<TElement>'. Il n'y a pas de conversion boxing de 'int' en 'System.Attribute'.

Lorsque le type générique possède plusieurs types paramètres, il est parfaitement envisageable de définir une contrainte sur l'un deux indiquant que son type doit être ou doit dériver d'un autre type paramètre.

```
public class CoupleDeValeurs<TValeur1, TValeur2> where TValeur2 :
TValeur1
{
}
```

where TParametre : <interface>

Cette dernière contrainte force l'utilisation d'un type paramètre implémentant une interface particulière.

```
public class ListeFIFO<TElement> where TElement : IComparable
{
}
```

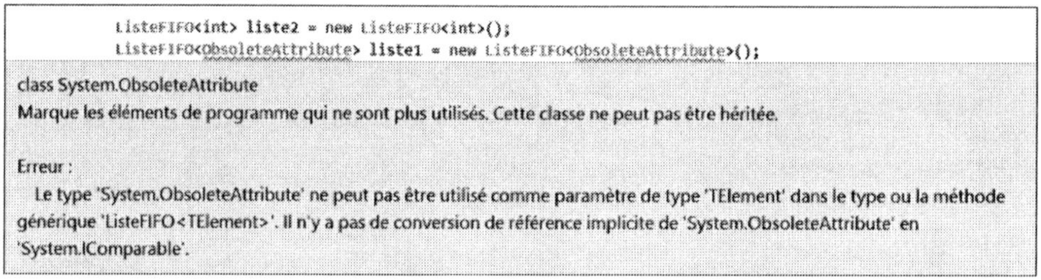

Combinaison de contraintes

Il est possible de combiner les contraintes de manière à obtenir un contrôle plus fin sur les types paramètres.

```
public class ListeFIFO<TElement> : IListeFIFO<TElement> where
TElement : class, IComparable, new()
{
}
```

Certaines contraintes sont incompatibles entre elles ou utilisables une seule fois par type paramètre. Lorsqu'un cas problématique est décelé, une erreur de compilation est levée.

```
- références
public class ListeFIFO<TElement> : IListeFIFO<TElement>
    where TElement : struct, new()
{
```

La contrainte 'new()' ne peut pas être utilisée avec la contrainte 'struct'

9.4 Méthodes

Les méthodes génériques sont des méthodes possédant un ou plusieurs types paramètres. Elles peuvent ainsi effectuer le même traitement sur plusieurs types de données.

Ces méthodes peuvent être définies dans des types génériques ou non, ce qui peut s'avérer pratique pour l'écriture de méthodes génériques utilitaires placées dans des classes statiques non génériques.

9.4.1 Définition d'une méthode générique

Comme pour la définition d'une classe ou d'une interface, les méthodes génériques sont très similaires à leur contrepartie non générique. La différence réside dans l'ajout de types paramètres à leur signature.

La classe `ListeFIFO` peut ainsi fournir une méthode générique `EnleverElement<TResultat>()` renvoyant un élément transtypé du type paramètre de la classe vers le type paramètre de la méthode.

```
- références
public TResultat EnleverElement<TResultat>()
{
    //L'alias de type TElement est défini au niveau de la classe
    //On utilise la méthode non générique EnleverElement pour récupérer un élément de type TElement
    TElement element = EnleverElement();

    //On effectue le transtypage en utilisant l'alias de type TResultat comme type "destination"
    TResultat resultat = (TResultat)element;

    return resultat;
}
```

Malgré son apparente simplicité, le code de cette méthode génère une erreur de compilation au niveau du transtypage :

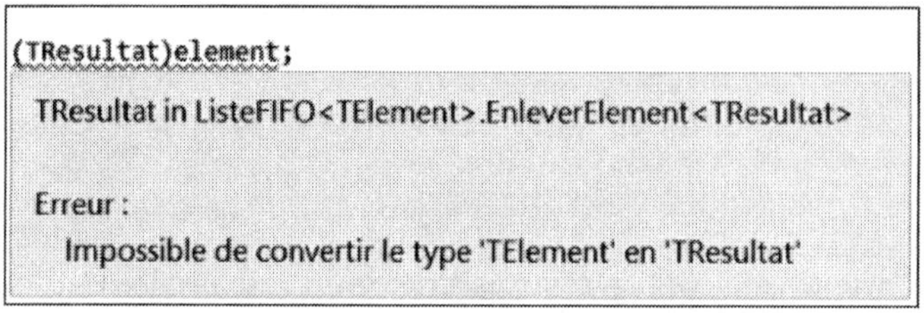
(TResultat)element;

TResultat in ListeFIFO<TElement>.EnleverElement<TResultat>

Erreur :
Impossible de convertir le type 'TElement' en 'TResultat'

Cette erreur signifie que le compilateur ne connaît pas de point commun entre les deux types permettant une conversion. Pour résoudre ce problème, il convient d'ajouter une contrainte sur la méthode générique afin de spécifier que `TResultat` est un type dérivé de `TElement`, ce qui permet au compilateur de valider la justesse du transtypage.

```
public TResultat EnleverElement<TResultat>() where TResultat :
TElement
{
    TElement element = EnleverElement();
    TResultat resultat = (TResultat)element;

    return resultat;
}
```

9.4.2 Utilisation d'une méthode générique

Les méthodes génériques sont utilisées de la même manière que les méthodes normales. Comme tous les éléments génériques, il suffit de leur adjoindre un ou plusieurs types paramètres afin de les utiliser.

```
//Instanciation d'une liste d'objets.
var liste = new ListeFIFO<object>();
//Ajout d'un objet de type string
liste.AjouterElement("chaine 1");

//Récupération de l'objet sous la forme d'un string à l'aide
//de la méthode générique EnleverElement<TResultat>
string chaine = liste.EnleverElement<string>();

Console.WriteLine("Mon objet est la chaîne'{0}'", chaine);
```

9.5 Événements et délégués

De la même manière que des alertes sont levées lorsque les files d'attente deviennent trop longues aux caisses d'un supermarché, il peut être intéressant de lever un événement lorsque le nombre d'éléments devient trop important dans notre liste. Ici, l'événement sera déclenché lorsque la liste contiendra plus de dix éléments.

Tout d'abord, il faut définir un délégué qui prendra comme paramètre l'élément ajouté ayant déclenché l'alerte.

```
public delegate void GestionnaireAlerteNombre<TElementAjoute>(
TElementAjoute dernierElementAjoute)
```

L'événement est déclaré de la manière suivante :

```
public event GestionnaireAlerteNombre<TElement>
AlerteNombreElements;
```

Le type `TElement` utilisé dans la déclaration de cet événement est celui utilisé comme type paramètre pour la classe. Le type utilisé dans le gestionnaire d'événements sera ainsi toujours adapté à l'objet `ListeFIFO` instancié.

Une fois l'événement créé, il faut le déclencher quand le nombre d'éléments devient trop important. Pour cela, on définit une méthode dont le but est de déclencher l'événement si un gestionnaire lui est associé, et on modifie le code de la méthode `AjouterElement` pour l'appeler si besoin.

```
protected virtual void DeclencheAlerteNombre(TElement
dernierElementAjoute)
{
    GestionnaireAlerteNombre<TElement> handler =
AlerteNombreElements;

    //Si un ou plusieurs gestionnaires sont définis,
    //handler ne sera pas null
    if (handler != null)
    {
           handler(dernierElementAjoute);
    }
}
```

Enfin, nous pouvons associer un gestionnaire à une instance de la liste et vérifier que l'événement est lancé.

```
static void Main(string[] args)
{
    ListeFIFO<string> liste = new ListeFIFO<string>();
    //Ajout du gestionnaire d'événements
    liste.AlerteNombreElements += liste_AlerteNombreElements;

    for (int i = 0; i < 10; i++)
    {
        liste.AjouterElement("chaine " + 1);
    }
    Console.WriteLine("10 éléments sont dans la liste.");
    Console.WriteLine("Ajout d'un élément perturbateur...");
    liste.AjouterElement("élément perturbateur");

    Console.ReadLine();
}

static void liste_AlerteNombreElements(string dernierElementAjoute)
{
    Console.WriteLine("Il y a plus de 10 éléments dans la liste !
Le dernier est '{0}'", dernierElementAjoute);
}
```

Ce code affiche le résultat suivant :

```
10 éléments sont dans la liste.
Ajout d'un élément perturbateur...
Il y a plus de 10 éléments dans la liste ! Le dernier est
'élément perturbateur'
```

10. Les collections

Il est fréquent qu'une application doive manipuler de grandes quantités de données. Pour ceci, le framework .NET fournit plusieurs structures de données, regroupées sous l'appellation Collections. Celles-ci sont adaptées à différents types de situations : le stockage désordonné de données disparates, le stockage de données par type, le stockage de données par nom...

10.1 Types existants

Les différentes classes permettant la gestion de collections sont regroupées dans deux espaces de noms :

- `System.Collections`
- `System.Collections.Generic`

Le premier comporte les types "classiques", tandis que le second comporte les classes génériques équivalentes permettant de travailler avec des objets fortement typés.

10.1.1 Array

La classe `Array` ne se trouve pas dans l'espace de noms `System.Collections`, mais elle peut tout de même être considérée comme une collection. Elle implémente en effet plusieurs interfaces propres aux collections : `IList`, `ICollection` et `IEnumerable`. Cette classe est la classe de base pour tous les tableaux utilisés en C#.

Cette classe n'est néanmoins pas très utilisée directement : on lui préfère dans la majorité des cas la syntaxe C#.

La classe `Array` étant abstraite, il n'est pas possible de l'instancier avec l'opérateur new. Pour cela, on utilisera l'une des surcharges de la méthode statique `Array.CreateInstance`.

```
Array tableau = Array.CreateInstance(typeof(int), 5);
```

Cette déclaration de variable est équivalente à celle-ci :

```
int[] tableau = new int[5];
```

10.1.2 ArrayList et List<T>

Les classes `ArrayList` et leur contrepartie générique `List<T>` sont des évolutions de la classe `Array`. Elles apportent certaines améliorations par rapport aux tableaux :

- La taille d'un objet `ArrayList` ou `List<T>` est dynamique et s'ajuste en fonction des besoins.

– Ces classes apportent des méthodes pour l'ajout, l'insertion ou la suppression d'un ou plusieurs éléments.

En revanche, les listes n'ont qu'une dimension, ce qui peut compliquer certains traitements.

Les collections de type `ArrayList` peuvent aussi poser des problèmes de performance car elles ne manipulent que des éléments de type `Object`, ce qui implique de nombreux transtypages. On leur préfère souvent l'utilisation de tableaux fortement typés ou de listes génériques (`List<T>`) qui assurent, elles aussi, un typage fort.

La classe `ArrayList` peut être instanciée à l'aide d'un de ses trois constructeurs. Le premier ne prend aucun paramètre : l'objet créé aura ainsi une capacité initiale de zéro et sera dimensionné automatiquement lors du premier ajout d'un élément. Ce dimensionnement étant coûteux en termes de ressources, il est préférable, quand la taille finale de la liste est connue, d'utiliser le second constructeur qui prend comme paramètre une valeur numérique indiquant la capacité initiale de l'objet. Le troisième et dernier constructeur permet quant à lui d'instancier un objet `ArrayList` en fournissant une collection source, à partir de laquelle il doit être initialement rempli.

En cours d'utilisation, il est possible d'obtenir le nombre d'éléments dans un `ArrayList` en utilisant la propriété `Count`. La propriété `Capacity` renvoie quant à elle le nombre d'éléments que la collection peut contenir dans son état courant. Ces deux valeurs varient en fonction des ajouts et suppressions d'éléments.

Le code suivant illustre le fonctionnement de la classe `ArrayList` :

```
static void Main(string[] args)
{
    ArrayList liste = new ArrayList();
    Console.WriteLine("Nombre d'éléments dans la liste : {0}",
liste.Count);
    Console.WriteLine("Capacité initiale de la liste : {0}",
liste.Capacity);
    Console.WriteLine();

    Console.WriteLine("Ajout de 10 éléments dans la liste");
    for (int i = 0; i < 10; i++)
    {
```

```
        string valeur = "chaine " + i;
        liste.Add(valeur);
    }

    Console.WriteLine("Le nombre d'éléments dans la liste est
maintenant {0}", liste.Count);
    Console.WriteLine("Sa capacité est maintenant {0}",
liste.Capacity);

    Console.WriteLine("Les éléments présents dans la liste sont :");
    foreach (string chaine in liste)
    {
        //Le caractère \t est une tabulation, permettant
        //d'indenter notre liste d'éléments
        Console.WriteLine("\t{0}", chaine);
    }
    Console.WriteLine();

    Console.WriteLine("Ajout de 10 nouveaux éléments dans la liste");
    for (int i = 10; i < 20; i++)
    {
        string valeur = "chaine " + i;
        liste.Add(valeur);
    }

    Console.WriteLine("Le nombre d'éléments dans la liste est
maintenant {0}", liste.Count);
    Console.WriteLine("Sa capacité est maintenant {0}",
liste.Capacity);
    Console.WriteLine();

    string chaineIndex3 = (string)liste[3];
    string chaineIndex4 = (string)liste[4];
    string chaineIndex5 = (string)liste[5];
    string chaineIndex6 = (string)liste[6];
    Console.WriteLine("La chaine à l'index 3 de la liste est
'{0}'", chaineIndex3);
    Console.WriteLine("La chaine à l'index 4 de la liste est
'{0}'", chaineIndex4);
    Console.WriteLine("La chaine à l'index 5 de la liste est
'{0}'", chaineIndex5);
    Console.WriteLine("La chaine à l'index 6 de la liste est
'{0}'", chaineIndex6);
    Console.WriteLine();

    Console.WriteLine("Suppression des éléments aux index 3 et 4
    liste.RemoveRange(3, 4);
```

```
    chaineIndex3 = (string)liste[3];
    chaineIndex4 = (string)liste[4];
    chaineIndex5 = (string)liste[5];
    chaineIndex6 = (string)liste[6];
    Console.WriteLine("Les chaînes aux index 3, 4, 5 et 6 sont
maintenant '{0}', '{1}', '{2}' et '{3}'", chaineIndex3,
chaineIndex4, chaineIndex5, chaineIndex6);
    Console.WriteLine();

    Console.WriteLine("Insertion de la chaine 'élément inséré' à
l'index 3");
    liste.Insert(3, "élément inséré");

    chaineIndex3 = (string)liste[3];
    chaineIndex4 = (string)liste[4];
    chaineIndex5 = (string)liste[5];
    chaineIndex6 = (string)liste[6];
    Console.WriteLine("Les chaînes aux index 3, 4, 5 et 6 sont
maintenant '{0}', '{1}', '{2}' et '{3}'", chaineIndex3,
chaineIndex4, chaineIndex5, chaineIndex6);
    Console.WriteLine();

    Console.WriteLine("Suppression de tous les éléments de la liste");
    liste.Clear();

    Console.WriteLine("Le nombre d'éléments dans la liste est
maintenant {0}", liste.Count);
    Console.WriteLine("Sa capacité est maintenant {0}",
liste.Capacity);

    Console.ReadLine();
}
```

Il affiche le résultat suivant :

```
Ajout de 10 éléments dans la liste
Le nombre d'éléments dans la liste est maintenant 10
Sa capacité est maintenant 16
Les éléments présents dans la liste sont :
        chaine 0
        chaine 1
        chaine 2
        chaine 3
        chaine 4
        chaine 5
```

```
        chaine 6
        chaine 7
        chaine 8
        chaine 9

Ajout de 10 nouveaux éléments dans la liste
Le nombre d'éléments dans la liste est maintenant 20
Sa capacité est maintenant 32

La chaine à l'index 3 de la liste est 'chaine 3'
La chaine à l'index 4 de la liste est 'chaine 4'
La chaine à l'index 5 de la liste est 'chaine 5'
La chaine à l'index 6 de la liste est 'chaine 6'

Suppression des éléments aux index 3, 4, 5 et 6
Les chaînes aux index 3, 4, 5 et 6 sont maintenant 'chaine 7',
'chaine 8', 'chaine 9' et 'chaine 10'

Insertion de la chaine 'élément inséré' à l'index 3
Les chaînes aux index 3, 4, 5 et 6 sont maintenant 'élément
inséré', 'chaine 7', 'chaine 8' et 'chaine 9'

Suppression de tous les éléments de la liste
Le nombre d'éléments dans la liste est maintenant 0
Sa capacité est maintenant 32
```

Le code ci-dessus fonctionne exactement de la même manière en remplaçant la ligne :

```
ArrayList liste = new ArrayList();
```

par la ligne suivante utilisant la collection générique `List<T>` :

```
List<string> liste = new List<string>();
```

Afin de profiter au maximum de cette liste générique, il est recommandé d'éliminer tous les transtypages permettant de lire les valeurs dans la liste. Ils ne sont en effet plus nécessaires, l'objet `List<string>` renvoyant déjà des objets de type `string`.

```
string chaineIndex3 = (string)liste[3];
```

devient alors :

```
string chaineIndex3 = liste[3];
```

10.1.3 Hashtable et Dictionary<TKey, TValue>

Les classes Hashtable et leur équivalent générique Dictionary<TKey, TValue> permettent de stocker des objets en fournissant pour chacun un identifiant unique. Celui-ci peut être une chaîne de caractères, un numérique, un objet Type ou tout autre objet. Les données peuvent par la suite être récupérées à l'aide de leur identifiant grâce aux indexeurs implémentés dans ces deux collections.

Ces types implémentent aussi la méthode ContainsKey, permettant de savoir si un identifiant existe dans la collection. Cette méthode peut s'avérer très pratique car tout accès à une clé qui n'existe pas génère une exception.

Le code ci-dessous montre le fonctionnement de la classe Hashtable :

```
static void Main(string[] args)
{
    Hashtable collection = new Hashtable();
    Console.WriteLine("Le nombre d'éléments initial est {0}",
collection.Count);
    Console.WriteLine();

    Console.WriteLine("Ajout de 10 éléments");
    for (int i = 0; i < 10; i++)
    {
        collection.Add(i, "chaîne " + i);
    }

    Console.WriteLine("Le nombre d'éléments est {0}",
collection.Count);
    Console.WriteLine();

    Console.WriteLine("Les éléments dans la collection sont :");
    foreach (int identifiant in collection.Keys)
    {
        string valeur = (string)collection[identifiant];
        Console.WriteLine("\tClé : {0} - Valeur : {1}",
identifiant, valeur);
    }
    Console.WriteLine();

    Console.WriteLine("Suppression de l'élément dont la clé est 3");
    collection.Remove(3);

    string cleExiste;
    if (collection.ContainsKey(3))
```

```
        {
            cleExiste = "OUI";
        }
        else
        {
            cleExiste = "NON";
        }
        Console.WriteLine("La clé 3 existe-t-elle ? {0}", cleExiste);
        Console.WriteLine("Le nombre d'éléments est {0}", collection.Count);
        Console.WriteLine();

        Console.WriteLine("Suppression de tous les éléments");
        collection.Clear();
        Console.WriteLine("Le nombre d'éléments est {0}", collection.Count);

        Console.ReadLine();
    }
```

Ce code produit le résultat suivant :

```
Le nombre d'éléments initial est 0

Ajout de 10 éléments
Le nombre d'éléments est 10

Les éléments dans la collection sont :
        Clé : 9 - Valeur : chaîne 9
        Clé : 8 - Valeur : chaîne 8
        Clé : 7 - Valeur : chaîne 7
        Clé : 6 - Valeur : chaîne 6
        Clé : 5 - Valeur : chaîne 5
        Clé : 4 - Valeur : chaîne 4
        Clé : 3 - Valeur : chaîne 3
        Clé : 2 - Valeur : chaîne 2
        Clé : 1 - Valeur : chaîne 1
        Clé : 0 - Valeur : chaîne 0

Suppression de l'élément dont la clé est 3
La clé 3 existe-t-elle ? NON
Le nombre d'éléments est 9

Suppression de tous les éléments
Le nombre d'éléments est 0
```

Ce code peut être adapté très simplement pour utiliser un objet de type `Dictionary` en lieu et place de l'objet `HashTable`.

Il suffit en effet de remplacer la ligne :

```
Hashtable collection = new Hashtable();
```

par la ligne suivante :

```
Dictionary<int, string> collection = new Dictionary<int,
string>();
```

Le type `Dictionary` étant fortement typé, il n'est plus nécessaire d'effectuer de transtypage pour récupérer une valeur de type `string`. La ligne :

```
string valeur = (string)collection[identifiant];
```

devient donc :

```
string valeur = collection[identifiant];
```

10.1.4 Stack et Stack<T>

Les piles (*stack* en anglais) sont des collections suivant le principe LIFO (*Last In, First Out*) : il n'est possible d'accéder qu'au dernier élément de la collection, et lorsque l'on ajoute un élément, celui-ci est automatiquement placé en dernière position de la collection.

Une analogie courante pour représenter ces objets est une pile d'assiettes. Chaque assiette ajoutée est posée en haut de la ligne, et lorsque l'on souhaite enlever une assiette de la pile, on prend celle qui se trouve au-dessus des autres. La dernière posée est la première à sortir de la pile.

Les trois principales opérations disponibles pour ces deux types sont :

- `Push`, pour ajouter un élément au sommet de la pile.
- `Peek`, pour récupérer l'élément au sommet de la pile sans l'ôter de la collection.
- `Pop`, pour récupérer le dernier élément de la pile en le supprimant de la collection.

10.1.5 Queue et Queue<T>

Les files (*queue* en anglais) suivent le même principe que les piles, mais un point majeur les différencie : les files suivent le principe FIFO (*First In, First Out*), ce qui signifie que le premier élément ajouté sera le premier à sortir de la file.

L'analogie évidente que l'on peut utiliser pour illustrer ce principe est la file d'attente : la première personne arrivée est la première à sortir de la file d'attente pour être accueillie à un guichet ou une caisse.

Comme les classes `Stack` et `Stack<T>`, les types `Queue` et `Queue<T>` implémentent trois méthodes principales :

- `Enqueue`, pour ajouter un élément à la fin de la fin.
- `Peek`, pour récupérer le premier élément de la file sans le supprimer de la collection.
- `Dequeue`, pour récupérer le premier élément de la file et l'enlever de la collection.

10.2 Choisir un type de collection

Il est très important d'identifier les besoins relatifs à une collection d'objets avant d'en choisir le type. En effet, la structure d'une classe entière, voire plus, peut dépendre d'un type de collection.

Voici une liste de points à prendre en considération pour choisir le type adapté à votre besoin :

- S'il est nécessaire de pouvoir accéder par index à un élément de la collection, optez pour un tableau, un `ArrayList` ou une `List<T>`.
- Si vous devez stocker des couples "clé unique & élément", utilisez une `Hashtable` ou un `Dictionary<TKey, TValue>`.
- Si vous devez accéder aux éléments dans l'ordre dans lequel ils ont été placés dans la collection, utiliser une `Queue` ou sa contrepartie générique. Si vous devez accéder aux éléments dans l'ordre inverse, utilisez une `Stack` ou une `Stack<T>`.

– Si vous devez stocker des éléments triés, utilisez les classes ArrayList ou Hashtable, ou éventuellement les collections plus avancées SortedSet, SortedList ou SortedList<Tkey, TValue>.

11. La programmation dynamique

Depuis ses débuts, C# est un langage fortement et statiquement typé, ce qui signifie que le compilateur est capable de connaître le type de chaque variable utilisée dans une application. Ceci lui permet de savoir comment traiter les appels de méthodes et de propriétés sur chaque objet, et permet de générer des erreurs de compilation lorsqu'une opération est invalide.

L'arrivée de C# 4 et de l'environnement .NET en version 4.0 a introduit un nouveau type de donnée singulier : dynamic. Ce type s'adresse à des problématiques très particulières car il permet d'utiliser des variables dont le type n'est connu qu'au moment de l'exécution.

Le compilateur n'effectue ainsi pas de vérifications pour les opérations effectuées sur des variables dynamic. Elles ne sont effectuées qu'au moment de l'exécution de l'application : toute opération détectée comme invalide à ce stade génère une erreur d'exécution.

La fonction ci-dessous utilise deux paramètres de type dynamic et leur applique l'opérateur +.

```
private static dynamic Additionner(dynamic operande1, dynamic
operande2)
{
    var resultat = operande1 + operande2;

    return resultat;
}
```

Le type de retour de la fonction est `dynamic` car il n'est pas déterminable avant la compilation. L'utilisation de l'inférence de type dans Visual Studio le montre très bien en plaçant le curseur de la souris sur le mot-clé `var` :

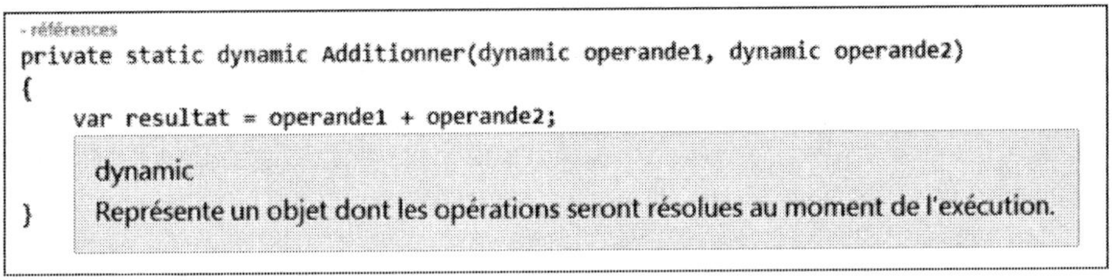

Les opérandes étant de type `dynamic`, IntelliSense est incapable de proposer de méthodes ou propriétés utilisables :

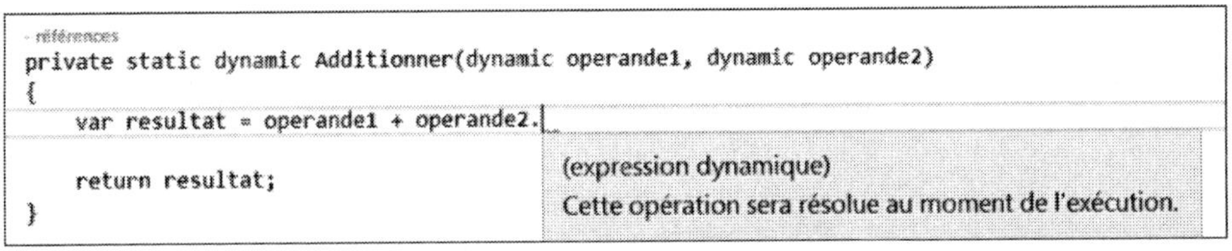

Le code suivant permet de vérifier le fonctionnement de la méthode `Additionner` :

```
int entier1 = 10;
int entier2 = 3;
Console.WriteLine(Additionner(entier1, entier2));

string chaine1 = "Hello ";
string chaine2 = "world !";
Console.WriteLine(Additionner(chaine1, chaine2));

DateTime aujourdhui = DateTime.Today;
DateTime hier = DateTime.Today.AddDays(-1);
Console.WriteLine(Additionner(aujourdhui, hier));
```

Ce code compile sans problème, malgré un problème que l'on peut déceler : il est impossible d'additionner deux objets de type `DateTime`.

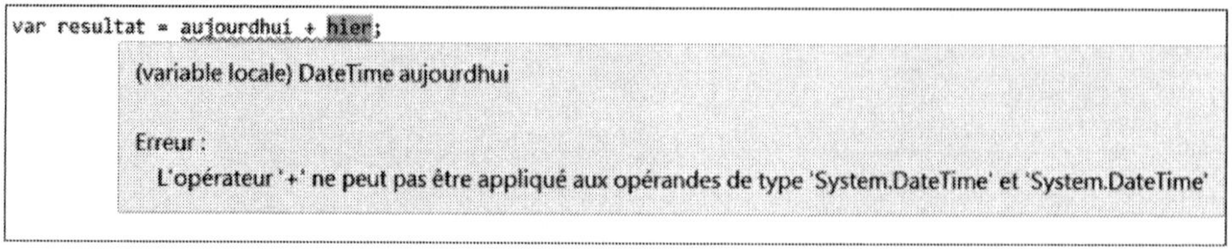

L'exécution de ce code se passe sans encombre pour les deux premières additions. En revanche, comme on pouvait s'y attendre, l'opération utilisant deux objets `DateTime` génère une erreur d'exécution :

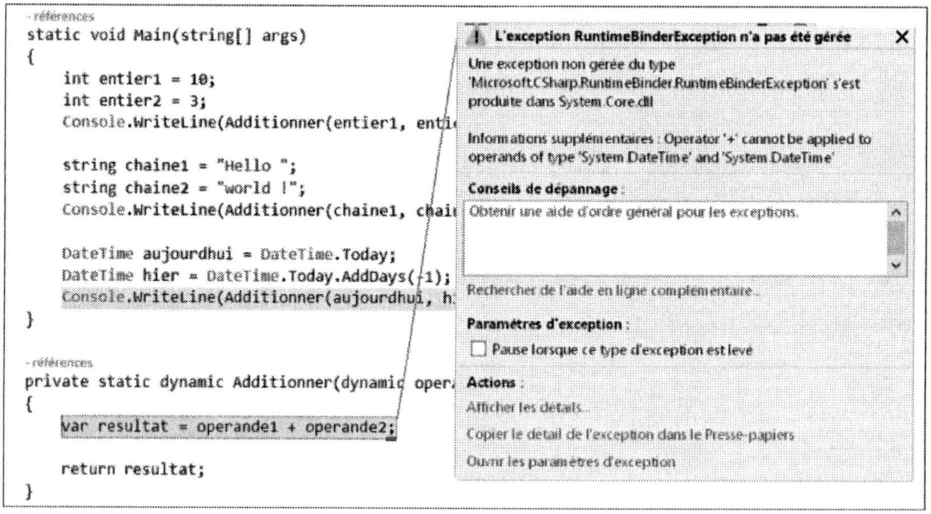

Il convient donc d'être particulièrement prudent avec l'utilisation du type `dynamic`, celle-ci pouvant générer des erreurs non détectables à la compilation.

En pratique, ce type sert souvent dans des contextes d'interopérabilité avec des objets COM ou des langages dynamiques (IronPython ou IronRuby).

Remarque

L'utilisation d'objets dynamiques implique une perte de performance lors de l'exécution. Il convient donc de n'utiliser le type `dynamic` que s'il est vraiment indispensable pour effectuer un traitement.

12. La programmation asynchrone

Il est de plus en plus nécessaire de développer des applications réactives et capables d'effectuer plusieurs tâches simultanément. Le framework .NET a apporté des solutions à ce problème depuis ses débuts avec les classes `Thread` ou `BackgroundWorker`, entre autres. Avec le framework .NET 4.0 sont arrivées la classe `Task` et sa contrepartie générique `Task<TResult>`. Ces types ont simplifié le travail du développeur en permettant de gérer simplement le lancement ou l'attente de l'exécution de blocs de code, mais en fournissant aussi le moyen d'exécuter plusieurs traitements asynchrones à la suite.

L'arrivée de C# 5 a encore simplifié la tâche du développeur avec l'intégration de l'asynchronisme directement dans le langage. En effet, les mots-clés `async` et `await` permettent d'écrire du code asynchrone de manière séquentielle, comme du code... synchrone !

12.1 Les objets Task

Les classes `Task` et `Task<TResult>` permettent l'exécution de code asynchrone en encapsulant l'utilisation de threads.

Fonctionnement des threads

Les threads sont des unités d'exécution qui peuvent travailler, selon l'architecture de la machine, en parallèle ou en pseudo-parallèle (chaque thread s'exécute pendant une petite durée, puis cède sa place à un autre thread, qui cédera de nouveau sa place à un autre thread, etc.). C'est le système d'exploitation qui décide du temps processeur alloué à chaque thread. Pour cette raison, il est impossible de prévoir exactement à quel moment sera exécutée une instruction placée dans un thread.

Création d'un objet Task

Avant toute utilisation, les objets `Task` doivent être instanciés. Pour cela, huit constructeurs sont à disposition, et ils ont tous comme premier paramètre un délégué (de type `Action` ou `Func`). Ce délégué correspond à la portion de code qui doit être exécutée dans un thread séparé.

Le traitement est ensuite lancé à l'aide de la méthode `Start` de l'objet `Task`.

```
static void Main(string[] args)
{
    Console.WriteLine("Ce code est executé dans le thread
principal dont l'identifiant est {0}",
Thread.CurrentThread.ManagedThreadId);

    Action actionAExecuter = () => { Console.WriteLine("Ce code
est executé dans un thread séparé dont l'identifiant est {0}",
Thread.CurrentThread.ManagedThreadId); };

    Task task = new Task(actionAExecuter);
    Task task2 = new Task(actionAExecuter);

    task.Start();
    task2.Start();

    Console.ReadLine();
}
```

Le même code est ici exécuté deux fois, dans deux threads distincts. Le résultat de cette portion de code est le suivant :

```
Ce code est executé dans le thread principal dont l'identifiant
est 10
Ce code est executé dans un thread séparé dont l'identifiant
est 11
Ce code est executé dans un thread séparé dont l'identifiant
est 12
```

Lors d'une nouvelle exécution, le résultat ne sera pas forcément exactement le même. En effet, deux nouveaux threads seront créés et la valeur de la propriété `Thread.CurrentThread.ManagedThreadId` relative à chacun de ces threads sera probablement différente.

L'utilisation de la classe `Task<TResult>` permet pour sa part de récupérer un résultat de traitement fortement typé. Le code suivant additionne les nombres entiers de 1 à 10000 dans un thread séparé et renvoie le résultat. Celui-ci est affiché à l'aide de la propriété `Result` de la classe `Task <TResult>`.

```
static void Main(string[] args)
{
    Traitement();
    Console.ReadLine();
}

private static void Traitement()
{
    Task<long> tacheCalcul = new Task<long>(() =>
        {
            long result = 0;
            for (long i = 1; i <= 10000; i++)
                result += i;

            return result;
        });

    tacheCalcul.Start();
    Console.WriteLine(tacheCalcul.Result);
}
```

L'utilisation de cette propriété attend de manière synchrone la fin de l'exécution du traitement pour afficher son résultat. Afin de garder la notion d'asynchronisme, il est possible d'utiliser la méthode `ContinueWith`, qui crée une nouvelle tâche en lui donnant comme paramètre d'entrée la tâche précédente.

```
private static void Traitement()
{
    Task<long> tacheCalcul = new Task<long>(() =>
        {
            long result = 0;
            for (long i = 1; i <= 10000; i++)
                result += i;

            return result;
        });

    tacheCalcul.ContinueWith(tachePrecedente =>
Console.WriteLine(tachePrecedente.Result));

    tacheCalcul.Start();
}
```

12.2 Écrire du code asynchrone avec async et await

Le mot-clé `await` permet d'attendre la fin de l'exécution d'une `Task` démarrée. Pendant cette attente, l'application rend la main aux threads nécessitant du temps processeur, notamment pour maintenir l'interface graphique réactive. Le code placé à la suite d'une instruction utilisant ce mot-clé est exécuté après la fin de l'exécution du traitement asynchrone, comme s'il était placé dans une méthode `ContinueWith`.

La tâche devant être attendue peut être de type `Task` ou `Task<T>`. Ce dernier type doit être utilisé lorsque le code exécuté par la tâche renvoie une valeur. Si la valeur est de type `int`, alors la tâche doit être de type `Task<int>`.

```
//À la fin de l'exécution, la variable resultat contient 1
int resultat = await Task<int>.Run(() => return 1);
```

Toute méthode contenant une instruction utilisant `await` doit utiliser le mot-clé `async` dans sa déclaration. Un appel à une méthode marquée avec ce mot-clé peut potentiellement être effectué à l'aide du mot-clé `await`, mais pour cela, il faut modifier la signature de cette méthode asynchrone de manière à ce qu'elle renvoie un objet `Task` ou un `Task<T>`.

Le code suivant est une réécriture du code vu précédemment. La méthode `Traitement` ne renvoie ici pas d'objet `Task` car elle est appelée à partir de la méthode `Main` de l'application, or il est strictement interdit d'utiliser un mot-clé `async` ou `await` dans cette méthode.

```
private static async void Traitement()
{
    long resultat = await Task<long>.Run(() =>
        {
            long result = 0;
            for (long i = 1; i <= 10000; i++)
                result += i;

            return result;
        });

    Console.WriteLine(resultat);
}
```

Chapitre 6
Débogage et gestion des erreurs

1. Les différents types d'erreurs

Aucun logiciel n'est exempt de bogues, et aucun développeur n'écrit de code sans faire la moindre faute de frappe ou le moindre oubli de point-virgule. Malgré toute l'attention que les développeurs portent à leur œuvre, ces erreurs sont inévitables. Il est donc nécessaire de pouvoir les identifier et les corriger.

1.1 Erreurs de compilation

Les erreurs de compilation sont des erreurs empêchant la génération d'un assembly à partir du code. Ces erreurs sont souvent des erreurs de syntaxe, mais elles peuvent aussi être liées à la mauvaise utilisation d'un objet, d'une méthode ou de tout autre élément de code.

Ces erreurs sont détectées durant la compilation, évidemment, mais aussi durant l'écriture du programme. En effet, Visual Studio analyse le code en permanence de manière à fournir un maximum d'informations le plus tôt possible, ce qui diminue la difficulté et le coût de la correction de chacune des erreurs.

Affichage dans la fenêtre d'édition

Les erreurs détectées par l'analyse permanente sont affichées directement dans la fenêtre d'édition. Les portions de code générant des erreurs sont marquées par un soulignement rouge. Une infobulle précisant l'erreur peut être affichée sur chacune de ces portions.

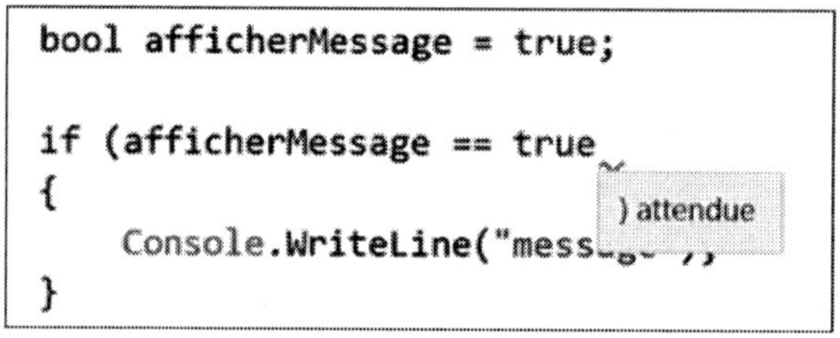

Fenêtre Liste d'erreurs

Les erreurs détectées au moment de la compilation sont affichées dans la fenêtre Liste d'erreurs. Celle-ci peut être ouverte par l'utilisation des menus **Affichage** puis **Liste d'erreurs**.

Pour chacune des erreurs rencontrées, des informations permettant sa localisation sont affichées, ceci afin de permettre une correction plus rapide.

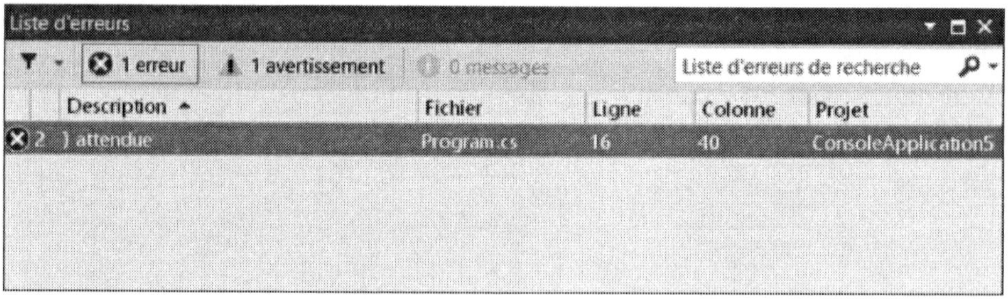

Le double clic sur chacune des erreurs mentionnées dans cette fenêtre positionne l'éditeur de code à l'emplacement concerné.

1.2 Erreurs d'exécution

Ces erreurs sont celles pouvant se produire une fois l'assembly généré et le code exécuté. Ces erreurs sont désignées par le terme **exceptions**.

Ce type d'erreur peut être déclenché par un environnement d'exécution ne correspondant pas aux conditions attendues, ou par une erreur de logique. La cause peut donc être un fichier inexistant, la saturation de la mémoire de la machine ou la recherche du douzième élément d'un tableau n'en contenant que 11.

En phase de débogage de l'application, ces erreurs sont indiquées particulièrement explicitement par Visual Studio. En effet, lorsqu'une exception se produit, le débogueur met en pause l'exécution de l'application et affiche une fenêtre incluant la description de l'erreur.

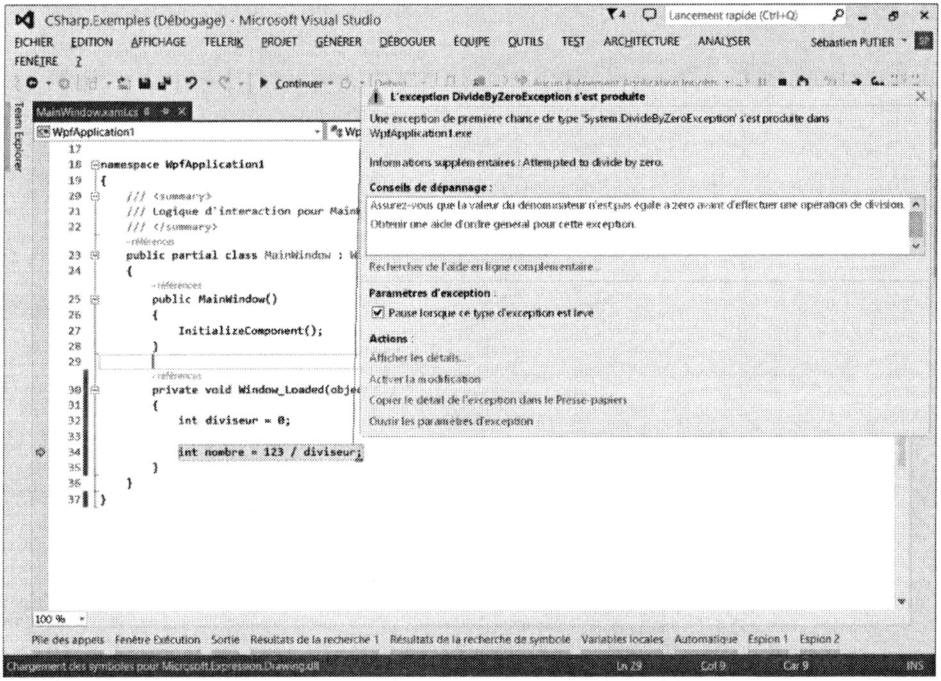

2. Utilisation des exceptions

Le déclenchement d'une exception permet d'interrompre le flux normal d'exécution de l'application tout en fournissant des informations sur l'erreur qu'elle représente. Sans intervention du développeur pour la gérer, elle se propage automatiquement en remontant la pile des appels jusqu'au point d'entrée de l'application où elle peut causer sa fermeture complète.

2.1 Création et déclenchement d'exceptions

Les exceptions sont représentées par des objets héritant de la classe `System.Exception`. Elles peuvent être générées (levées) à tout endroit de l'application.

2.1.1 La classe Exception

La classe `System.Exception` est la classe de base de toutes les exceptions. Ses membres lui permettent de contenir de nombreuses informations relatives à l'erreur en cours de propagation. La plupart de ces membres sont valorisés automatiquement lorsqu'une exception est levée. Parmi ceux-ci, on trouve notamment la propriété `StackTrace` qui contient des informations particulièrement intéressantes pour localiser la source de l'exception.

L'instanciation d'un objet de type `Exception` peut être faite à l'aide de trois constructeurs :

```
public Exception();
public Exception(string message);
public Exception(string message, Exception innerException);
```

Le paramètre `message` correspond à un libellé personnalisé permettant de comprendre l'erreur lorsqu'elle est traitée loin de sa source. On peut par la suite retrouver ce libellé en consultant la propriété `Message` de l'exception.

Le paramètre `innerException` permet quant à lui d'encapsuler une exception que l'on traite dans une nouvelle exception que l'on génère.

2.1.2 Le mot-clé throw

Instancier un objet de type `Exception` ne suffit pas à lever l'exception. Pour ce faire, il est nécessaire d'exécuter une instruction `throw` en fournissant l'objet `Exception` à lever.

```
public void CompterJusqua(int nombre)
{
    if (nombre < 0)
    {
       string message = string.Format("Impossible de compter
de 0 à {0}", nombre);
       Exception erreur = new Exception(message);
       throw erreur;
    }

    //Ce code ne sera exécuté que si aucune exception n'a été levée
    for (int i = 0; i <nombre; i++)
    {
       Console.WriteLine(i);
    }
}
```

Si la valeur du paramètre `nombre` est inférieure à 0, une exception est levée, interrompant le flux d'exécution normal du programme. Elle pourra être gérée dans la méthode appelant la procédure `CompterJusqua`, ou plus loin dans la pile des appels.

2.1.3 Exceptions spécialisées

Dans certains cas, il peut être intéressant de lever des exceptions spécifiques à un type de comportement. Ceci peut permettre d'identifier très rapidement des erreurs simples à corriger mais peu évidentes à identifier, de localiser la zone de l'application à partir de laquelle l'exception a été levée, ou encore de fournir des informations particulières pour traiter l'erreur.

Le framework .NET fournit un certain nombre de types d'exceptions adaptés à des circonstances particulières. Le tableau ci-après liste quelques-uns de ces types.

`NotImplementedException`	Lancée par défaut dans tout squelette de code généré par Visual Studio. Signifie qu'une portion de code n'a pas encore été implémentée.
`StackOverflowException`	Lancée par le CLR lorsque le nombre d'éléments dans la pile d'appels devient trop important. Se produit typiquement lors d'un appel récursif.
`SqlException`	Lancée par les classes d'accès aux bases de données SQL Server, notamment lorsqu'une requête SQL est incorrecte.
`DivideByZeroException`	Lancée lorsqu'un calcul impliquant une division par zéro est effectué.
`OutOfMemoryException`	Lancée lorsque l'application a besoin d'un espace mémoire que le système n'est pas en mesure d'allouer.

2.2 Gérer les exceptions

Le déclenchement d'une exception pouvant causer la fin de l'exécution d'une application, il est nécessaire pour le développeur de savoir les traiter convenablement.

En effet, il est souvent souhaitable que l'exécution d'une application puisse se poursuivre en cas d'erreur, en dégradant éventuellement les fonctionnalités si les circonstances l'exigent.

2.2.1 La structure try ... catch

Le seul moyen d'intercepter une exception en C# est d'utiliser la structure `try ... catch`. Cette structure est constituée de deux parties :

- Un bloc `try` qui permet de définir un jeu d'instructions "à risque".
- Un ou plusieurs blocs `catch` permettant de spécifier le code à exécuter en cas d'exception.

La syntaxe générale d'utilisation de cette structure est la suivante :

```
try
{
    //Jeu d'instructions à risque
}
catch (<type d'exception> <nom de variable>)
{
    //Instructions permettant de traiter les exceptions
}
[ autre(s) bloc(s) catch ... ]
```

Lorsqu'une des instructions placées dans le bloc `try { }` déclenche une exception, le système examine chacun des blocs `catch { }` et exécute le code contenu dans le **premier bloc catch** dont le type d'exception correspond à l'erreur levée.

Dans ce cas, une fois l'erreur traitée dans le bloc `catch { }`, la méthode continue son exécution à partir de la ligne suivant la fin de l'instruction `try ... catch`.

Lorsque plusieurs types d'exceptions doivent être gérés, il est important de réfléchir à l'ordre dans lequel les blocs sont placés. En effet, si l'on a deux blocs gérant les types `Exception` et `FileNotFoundException` placés dans cet ordre, le bloc exécuté dans le cas d'une `FileNotFoundException` sera le bloc... gérant le type `Exception` !

Visual Studio est d'ailleurs tout à fait capable de nous prévenir de ce problème :

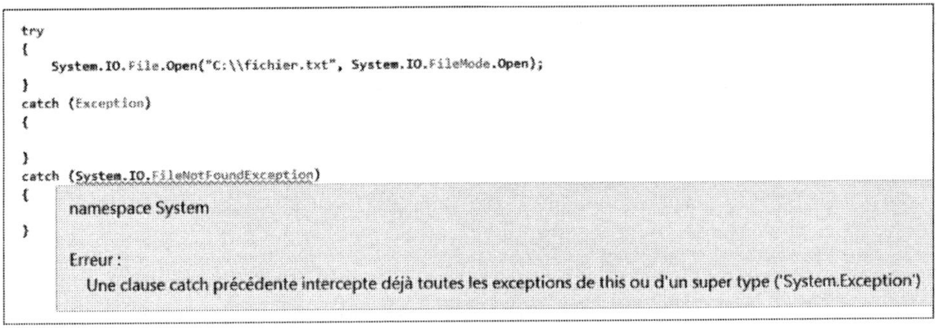

Ceci s'explique aisément par le fait que le type FileNotFoundException hérite du type Exception. L'exception levée est donc bien du type Exception et est donc gérée par le premier bloc.

Pour éviter ce problème, il faut placer les blocs correspondant aux types les plus spécialisés d'abord, et finir par ceux des types les moins spécialisés.

```
try
{
    System.IO.File.Open("C:\\fichier.txt", System.IO.FileMode.Open);
}
catch (System.IO.FileNotFoundException)
{

}
catch (Exception)
{

}
```

2.2.2 Le bloc finally

Certains traitements doivent être effectués après l'exécution correcte d'une portion de code, mais aussi lorsqu'une exception est levée. Ces traitements peuvent correspondre notamment à une libération de ressource, à une notification de l'utilisateur ou à un enregistrement de données.

Pour cela, l'utilisation d'une structure try ... catch peut s'avérer fastidieuse puisqu'une duplication de code est nécessaire : au minimum une instruction identique à la fin des blocs try et catch. Cette situation n'étant pas optimale, l'utilisation d'un bloc finally est préconisée afin de simplifier l'écriture, la lecture et la maintenance du code.

Ce type de bloc est ajouté à la suite d'une structure try ... catch de la manière suivante :

```
try
{
    //...
}
catch (...)
{
```

```
    //...
}
finally
{
    //Traitements à effectuer systématiquement
}
```

Il est également possible d'ajouter un bloc `finally` après un bloc `try` seul. En effet, dans certains cas, il est pertinent de ne pas vouloir intercepter une exception mais de vouloir tout de même exécuter un jeu d'instructions.

La structure `using` fait notamment usage de cette technique : lors de la compilation, elle est transformée en une structure `try ... finally`. Le bloc `finally` contient alors un appel à la méthode `Dispose` de la variable utilisée dans le bloc `using` initial.

Considérons la portion de code suivante :

```
using (FileStream stream = new FileStream(@"C:\monfichier.txt",
FileMode.Open))
{
    //Traitements
}
```

Après compilation, l'assembly généré contient un code intermédiaire équivalent au code suivant :

```
FileStream stream;
try
{
    stream = new FileStream(@"C:\monfichier.txt", FileMode.Open);

    //Traitements
}
finally
{
    if (stream != null)
        stream.Dispose();
}
```

Ainsi, même en cas d'erreur d'exécution dans les traitements, le fichier ouvert est libéré.

3. Les outils fournis par Visual Studio

Les causes des erreurs de logiques peuvent être particulièrement délicates à déceler. Visual Studio fournit pour cela un certain nombre d'outils permettant de contrôler l'état d'exécution de l'application, de placer des points d'arrêt ou de visualiser les données manipulées par l'application.

3.1 Contrôle de l'exécution

Pour pouvoir explorer le code à la recherche de la cause d'une erreur d'exécution ou de logique, il est important de pouvoir contrôler l'exécution d'une application dans des conditions permettant cette exploration. Visual Studio intègre cette possibilité au travers de l'utilisation d'un débogueur.

Dans Visual Studio, un projet peut être dans trois états distincts :

- En mode conception : le développement est en cours.
- En exécution : le code est compilé et l'application est lancée et attachée au débogueur intégré.
- En pause : le débogueur a stoppé l'exécution de l'application entre deux instructions.

3.1.1 Démarrage

Le lancement de l'application en mode débogage (Debug dans Visual Studio) est effectué en cliquant sur le bouton **Démarrer** de la barre d'outils.

Il est aussi possible de lancer le débogage en utilisant la touche [F5] du clavier.

Remarque

La combinaison de touches [Ctrl][F5] lance l'application normalement, sans l'attacher au débogueur de Visual Studio. Le projet reste en mode conception, mais il est impossible de le compiler ou le lancer tant que l'application n'a pas été fermée.

Lorsque la solution contient plusieurs projets, le projet généré et lancé est celui qui a été défini comme projet de démarrage. Il est aussi nécessaire que ce projet génère un fichier exécutable. Dans le cas contraire, une erreur est affichée :

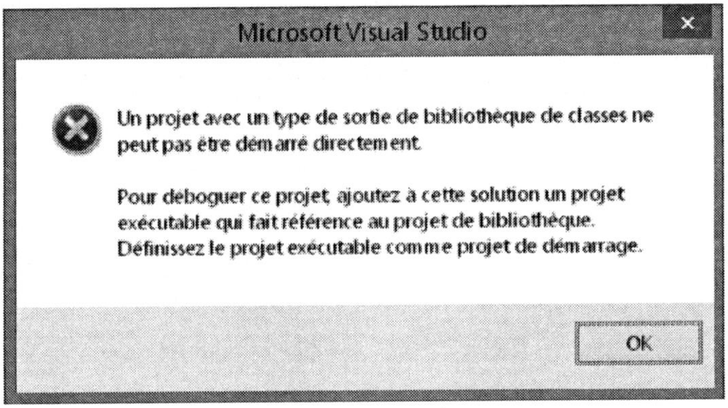

3.1.2 Arrêt

Lorsque le projet est en mode exécution ou pause, il est possible d'arrêter complètement son exécution afin de repasser en mode conception. Cette action est effectuée par un clic sur le bouton d'arrêt qui apparaît dans la barre d'outils en mode exécution ou pause.

L'infobulle placée sur ce bouton indique que la combinaison de touches [Maj][F5] arrête également l'exécution de l'application en mode débogage.

3.1.3 Pause

Visual Studio permet de mettre en pause l'application en cours de débogage afin de permettre l'inspection du code exécuté. Cette action est disponible à l'aide du bouton **Pause** dans la barre d'outils.

Une fois l'application en pause, un repère est placé sur la prochaine ligne qui sera exécutée.

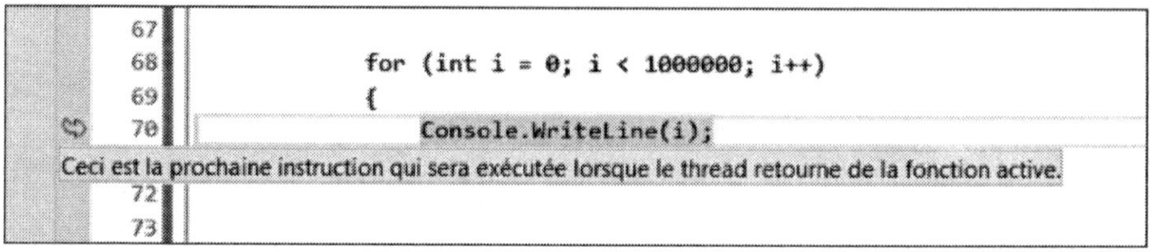

Cette méthode est relativement hasardeuse car il faut beaucoup de chance pour s'arrêter sur une ligne précise. Comme nous le verrons plus loin, l'utilisation de points d'arrêt est beaucoup plus efficace pour explorer le code en cours d'exécution.

3.1.4 Reprise

Une fois l'exécution de l'application interrompue, plusieurs options sont disponibles. Il est tout d'abord possible de reprendre le cours normal de l'exécution en cliquant sur le bouton **Continuer** ou en appuyant sur la touche [F5]. Il est aussi possible de poursuivre en mode pas à pas afin de suivre le cheminement de l'exécution.

Trois modes de pas à pas existent :

- le pas à pas principal ([F10]),
- le pas à pas détaillé ([F11]),
- le pas à pas sortant ([Maj][F11]).

Le pas à pas principal et le pas à pas détaillé sont quasiment identiques. La différence entre ces deux modes est dans la manière de gérer les appels de procédures ou fonctions. Lorsque l'application est arrêtée sur une ligne contenant une exécution de méthode, le pas à pas détaillé va permettre de rentrer dans cet appel et d'explorer son code. Le mode pas à pas principal exécutera quant à lui l'appel de fonction en un seul bloc.

Le pas à pas sortant permet quant à lui l'exécution de la méthode courante en un bloc et repasse le projet en mode pause sur la ligne suivant l'appel de la méthode.

Une dernière solution est d'exécuter le code courant jusqu'à la position définie par le curseur d'édition. Pour cela, il faut cliquer sur une ligne puis utiliser la combinaison de touches [Ctrl][F10]. Ceci peut s'avérer très pratique pour sortir de l'exécution d'une boucle, par exemple.

3.2 Points d'arrêt

Les points d'arrêt sont des outils indispensables pour le débogage d'une application C#. Ils offrent la possibilité au développeur de déterminer l'emplacement d'une ou plusieurs interruptions d'exécution dans le code, ce qui permet des scénarios de débogage complexes, nécessitant un grand nombre de manipulations, mais sans devoir exécuter la totalité du code en mode pas à pas.

Les points d'arrêt peuvent être conditionnels, c'est-à-dire qu'il est possible de spécifier une condition qui doit être respectée afin que le débogueur interrompe l'exécution.

Les TracePoints sont très similaires aux points d'arrêt, mais ils permettent de choisir une action à effectuer lorsqu'ils sont atteints. Cette action peut être le passage en mode pause et/ou l'affichage d'un message permettant de tracer l'exécution.

Points d'arrêt et TracePoints sont représentés dans Visual Studio par des icônes indiquant leur nature et leur état. Le tableau ci-dessous regroupe ces différentes icônes. Pour chacun des quatre premiers éléments, l'icône est déclinée en deux versions, la première correspondant à l'état actif, et la seconde à l'état désactivé.

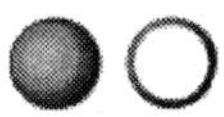
Représente un point d'arrêt normal.

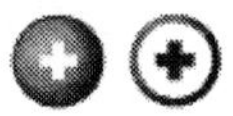
Représente un point d'arrêt conditionnel.

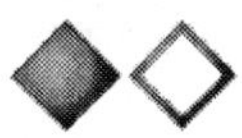
Représente un TracePoint normal.

Représente un TracePoint avancé (avec une condition, un nombre de passages ou un filtre).

Point d'arrêt ou TracePoint désactivé à cause d'une erreur dans une condition.

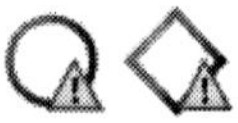
Point d'arrêt ou TracePoint désactivé à cause d'un problème temporaire.

Utilisation d'un point d'arrêt

Pour placer un point d'arrêt, il suffit de placer le curseur d'édition sur une ligne de code et d'appuyer sur la touche [F9]. La ligne correspondante est surlignée en rouge et l'icône correspondant au point d'arrêt est affichée dans la marge de la fenêtre d'édition du code. Il est aussi possible de cliquer directement dans cette même marge pour définir un point d'arrêt.

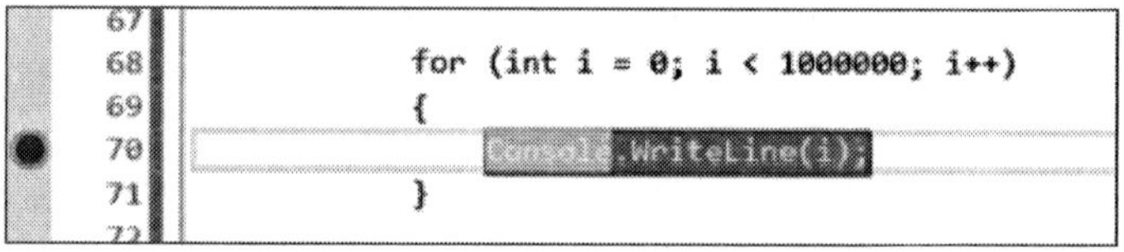

Lorsqu'un point d'arrêt est atteint lors du débogage, Visual Studio repasse au premier plan et la portion de code comprenant le point d'arrêt est affichée dans la fenêtre d'édition de code. La couleur de surlignage de la ligne passe du rouge au jaune. À ce stade, l'instruction n'a pas encore été exécutée, il est donc possible d'utiliser le pas à pas ou le pas à pas détaillé pour visualiser le comportement de cette instruction.

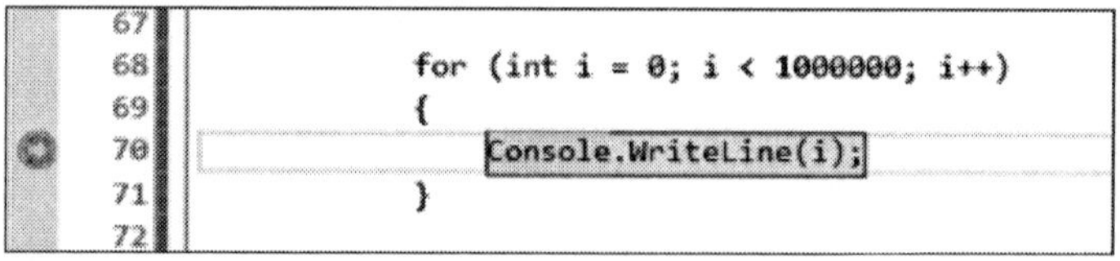

Pour désactiver le point d'arrêt, effectuez un clic droit sur l'icône du point d'arrêt pour ouvrir le menu contextuel puis sélectionnez **Désactiver le point d'arrêt**, ou utilisez la combinaison de touche [Ctrl][F9] lorsque le curseur d'édition est placé sur une ligne sur laquelle un point d'arrêt est défini.

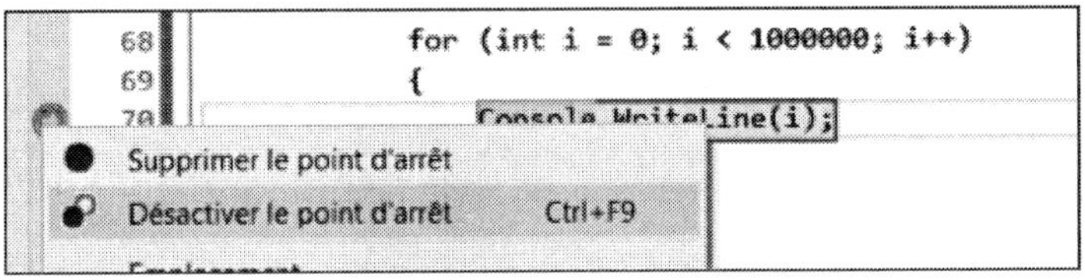

Un point d'arrêt est supprimé lorsque l'on clique sur l'icône qui lui est associée, ou à l'aide de l'option **Supprimer le point d'arrêt** du menu contextuel.

Points d'arrêt conditionnels

Il est possible de placer des conditions sur les points d'arrêt de manière à n'interrompre le flux d'exécution que dans des cas particuliers, lorsqu'un compteur de boucle atteint une valeur particulière par exemple.

Pour ajouter une condition à un point d'arrêt, ouvrez son menu contextuel à l'aide d'un clic droit sur l'icône, puis sélectionnez **Condition**.

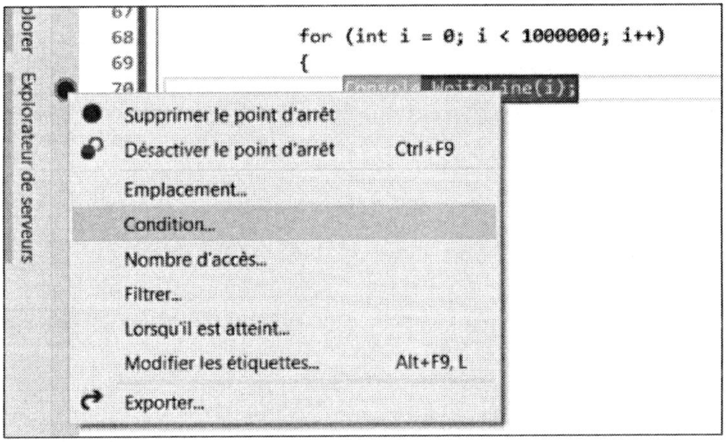

La fenêtre d'édition des conditions s'ouvre alors. Il est alors possible de placer un prédicat C# qui est évalué à chaque exécution de la ligne de code. Lorsque le résultat de cette évaluation est `true`, l'exécution est interrompue.

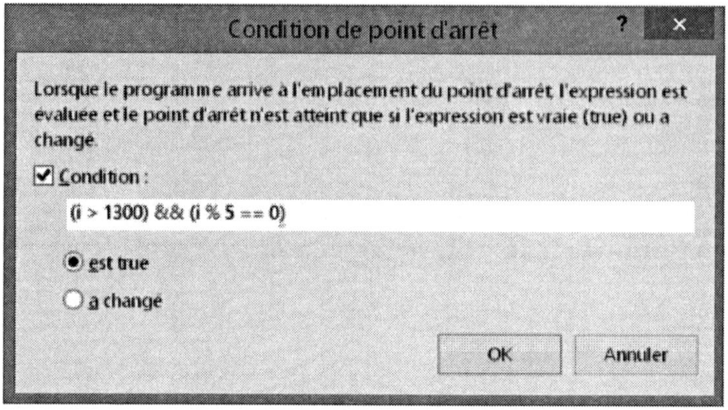

Ici, la condition indique que le code ne doit s'interrompre que lorsque la variable i a une valeur supérieure à 1300 et que cette valeur est un multiple de 5.

L'icône représentant le point d'arrêt change d'aspect, et l'infobulle correspondante présente la condition spécifiée.

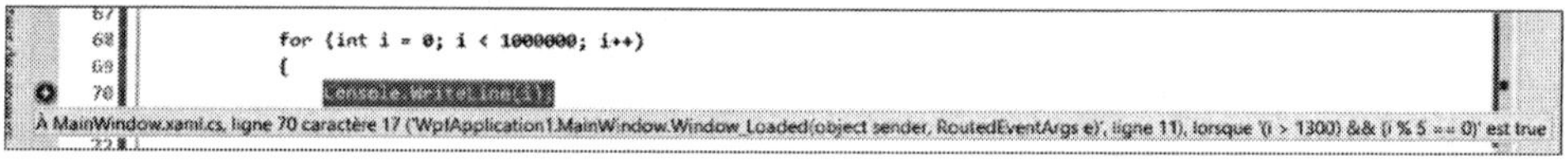

La sélection de l'option **a changé** provoque une modification du comportement : l'exécution n'est interrompue que lorsque la valeur de retour de l'évaluation du prédicat est différente de l'évaluation précédente. Dans le cas décrit ici, l'évaluation renvoie `false` jusqu'à ce que la valeur de `i` soit 1304. Lorsqu'elle passe à 1305, l'évaluation de la condition renvoie `true` : le code est interrompu. Lorsque `i` est égal à 1306, l'évaluation de la condition vaut `false` : l'exécution est de nouveau interrompue. Mais à l'itération suivante, `i` vaut 1307, le prédicat a pour valeur `false` : le point d'arrêt n'est pas atteint.

Le menu contextuel du point d'arrêt présente aussi une option **Nombre d'accès** qui permet au point d'arrêt de s'activer lorsqu'il a été atteint un certain nombre de fois.

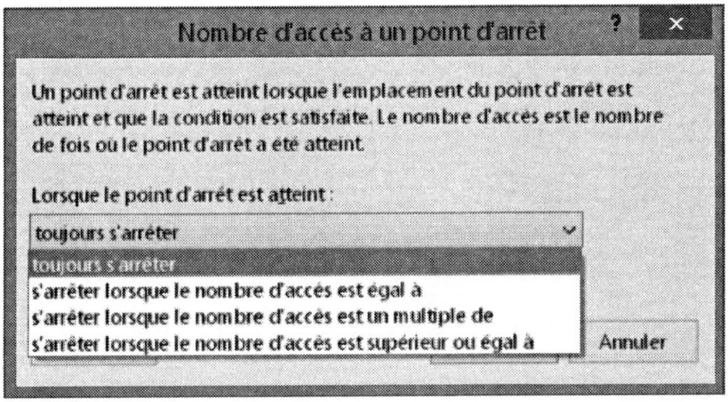

TracePoints

Les TracePoints peuvent être créés à l'aide de l'option **Lorsqu'il est atteint** du menu contextuel d'un point d'arrêt.

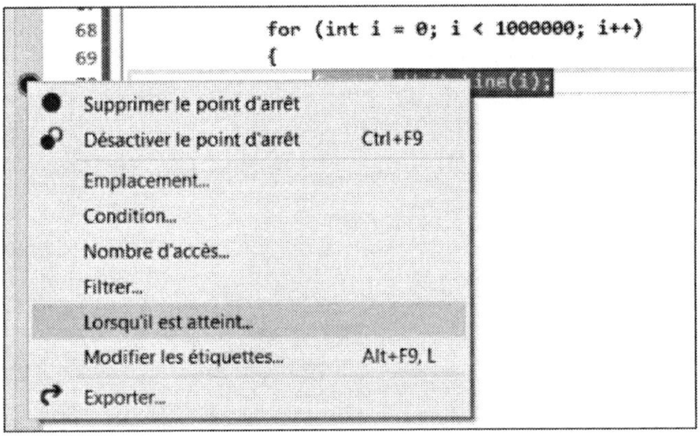

Lorsqu'elle est sélectionnée, cette option ouvre une fenêtre qui permet de définir à l'aide d'une macro un message à afficher dans la fenêtre de sortie de Visual Studio. Pour que le point d'arrêt devienne vraiment un TracePoint, il faut que l'option **Continuer l'exécution** soit cochée.

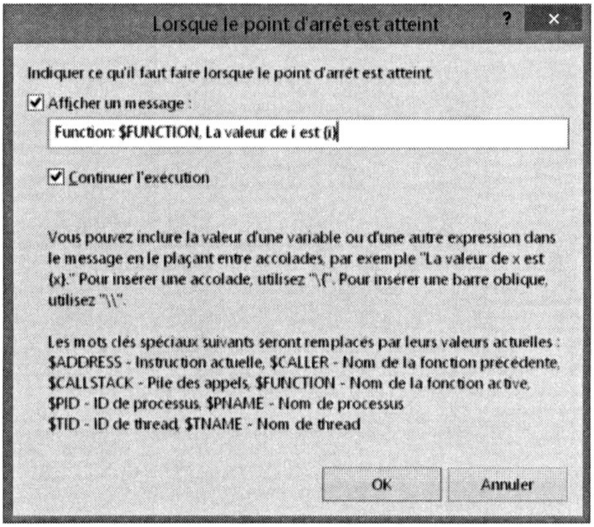

Si une ou plusieurs conditions sont appliquées au TracePoint, celui-ci n'est activé que lorsque les conditions sont vérifiées. En conservant la condition créée plus haut, le début du résultat dans la fenêtre de sortie est le suivant :

```
Function: ConsoleApplication2.Program.Main(string[]), La valeur
de i est 1305
Function: ConsoleApplication2.Program.Main(string[]), La valeur
de i est 1310
Function: ConsoleApplication2.Program.Main(string[]), La valeur
de i est 1315
Function: ConsoleApplication2.Program.Main(string[]), La valeur
de i est 1320
```

3.3 Visualiser le contenu des variables

Le débogueur permet au développeur de suivre le fonctionnement de son application, instruction par instruction si nécessaire. Il est tout aussi important qu'il puisse inspecter le résultat d'une opération ou la valeur des paramètres passés à une méthode afin de comprendre la raison d'un résultat inattendu ou d'une erreur d'exécution.

Visual Studio fournit différents outils utilisables lorsque le projet est en mode pause pour accéder à ces valeurs.

3.3.1 DataTips

Les DataTips constituent le premier moyen d'accès au contenu de variables par leur simplicité et leur accessibilité. Il suffit en effet de placer le curseur de la souris sur un nom de variable accessible par le code sur lequel le débogueur est arrêté pour voir apparaître une petite fenêtre contenant la valeur de la variable.

Si la variable est d'un type complexe, cette fenêtre propose un bouton sous forme de triangle permettant d'inspecter ses propriétés.

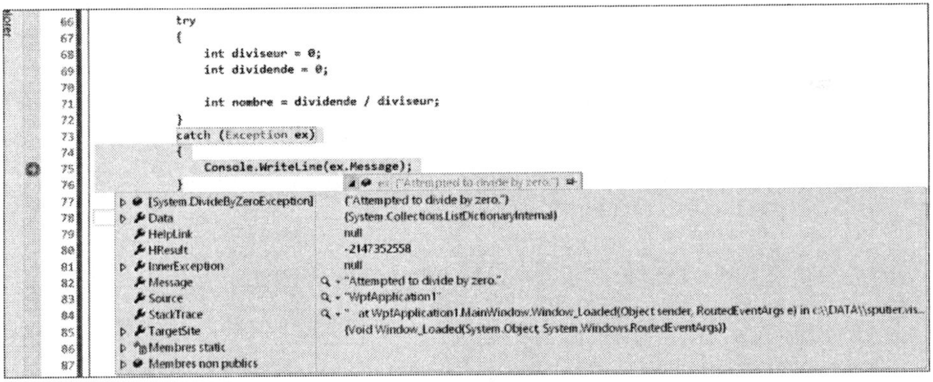

Il est également possible de modifier les valeurs des variables affichées, ce qui peut s'avérer pratique pour valider un comportement.

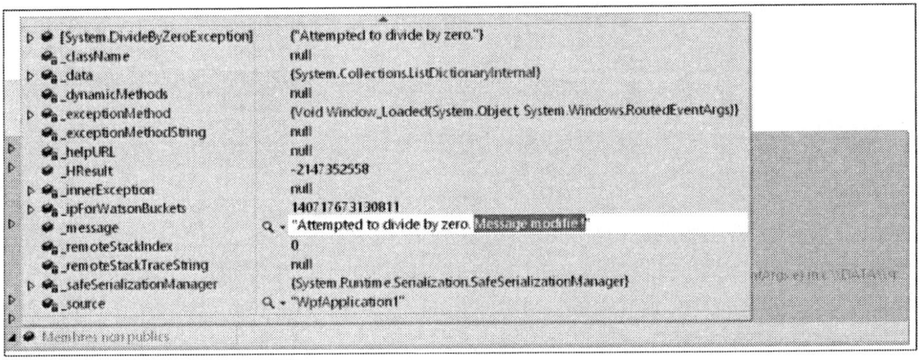

Les DataTips disparaissent automatiquement lorsque le curseur de la souris sort de leur surface.

3.3.2 Fenêtres Espion

Les fenêtres Espion 1 à 4 sont accessibles par le menu **Déboguer - Fenêtres - Espion** de Visual Studio. Ces fenêtres ont pour objectif de permettre la visualisation rapide et simultanée des valeurs de plusieurs variables.

Pour ajouter un Espion pour une variable, il faut effectuer un clic droit sur un nom de variable et sélectionner l'option **Ajouter un espion**. Il est aussi possible d'ajouter une variable ou expression en saisissant son nom dans la colonne **Nom**.

Les valeurs des différentes expressions sont évaluées tout au long du débogage de l'application. Si l'une d'elles ne peut pas être évaluée, l'icône précédant l'exception montre une erreur, et la colonne Valeur affiche un message indiquant que l'expression n'existe pas dans le contexte actuel.

Tout comme dans un DataTip, il est possible de modifier la valeur d'une variable dans une fenêtre Espion.

La suppression d'un espion peut être effectuée en utilisant l'option **Supprimer un espion** avec clic droit sur l'élément à supprimer, ou en utilisant la touche [Suppr].

3.3.3 Fenêtre Espion express

La fenêtre Espion express utilise le même principe de fonctionnement que les fenêtres Espion. Elle ne permet en revanche la visualisation que d'une valeur à la fois, ce qui limite son intérêt en comparaison à la fenêtre Espion. De plus, cette fenêtre est modale, ce qui implique que la fenêtre doit être fermée pour poursuivre le débogage.

Elle est accessible via le menu **Déboguer - Espion express**, le raccourci clavier [Ctrl] D, Q ou par l'utilisation de l'option **Espion express** lors du clic droit sur un nom de variable.

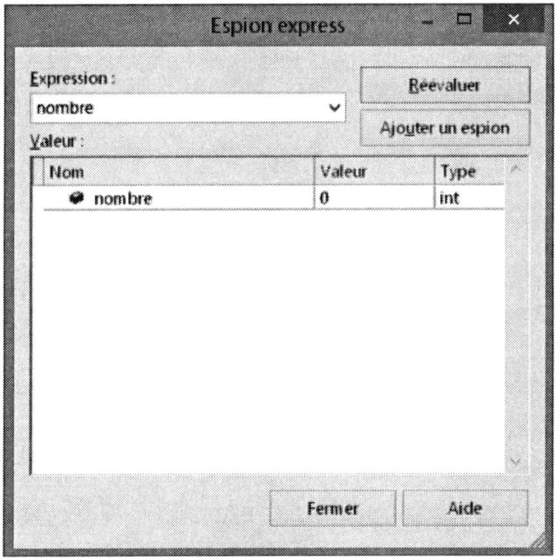

Fenêtre Automatique

La fenêtre Automatique présente une vision rapide des valeurs de variables utilisées dans l'instruction courante et l'instruction précédente. Elle est très similaire à une fenêtre Espion, mais ne permet pas l'ajout de valeurs à visualiser.

Elle est accessible par le menu **Déboguer - Automatique**, ou le raccourci clavier [Ctrl] D, A.

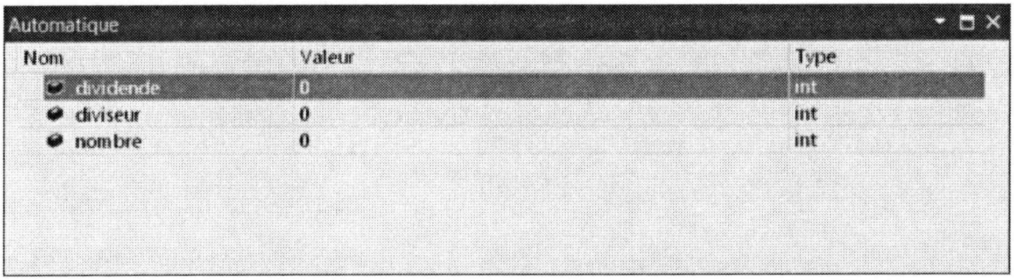

Comme dans une fenêtre Espion, il est possible de modifier la valeur d'une variable en double-cliquant dans la colonne **Valeur**.

3.3.4 Fenêtre Variables locales

Cette dernière fenêtre est identique à la fenêtre Automatique, mais les variables dont la valeur est affichée sont les variables locales de la procédure ou fonction en cours d'exécution.

Elle est accessible par le menu **Déboguer - Fenêtres - Variables locales**, ou par le raccourci [Ctrl] D, L.

3.4 Compilation conditionnelle

Bien qu'elle ne soit pas dédiée exclusivement au débogage, la compilation conditionnelle est un outil très intéressant pour suivre et diagnostiquer les problèmes, notamment en phase de développement.

Le principe de la compilation conditionnelle est simple : on intègre ou non une portion de code à l'assembly généré en fonction d'une condition prédéfinie.

Cette condition porte obligatoirement sur l'existence ou non d'une ou plusieurs constantes de compilation.

Les constantes de compilation n'ont pas de valeur : elles existent ou n'existent pas. Elles peuvent être définies de deux façons différentes : globalement au niveau d'un projet, ou localement, dans le code.

Constantes de compilation au niveau d'un projet

Pour définir de manière visuelle une constante de compilation au niveau du projet, il faut accéder à la fenêtre de propriétés d'un projet.

- Dans l'explorateur de solutions, faites un clic droit sur le projet concerné et sélectionnez le menu **Propriétés**.
- Une fois la fenêtre de propriétés ouvertes, sélectionnez le menu **Générer**.

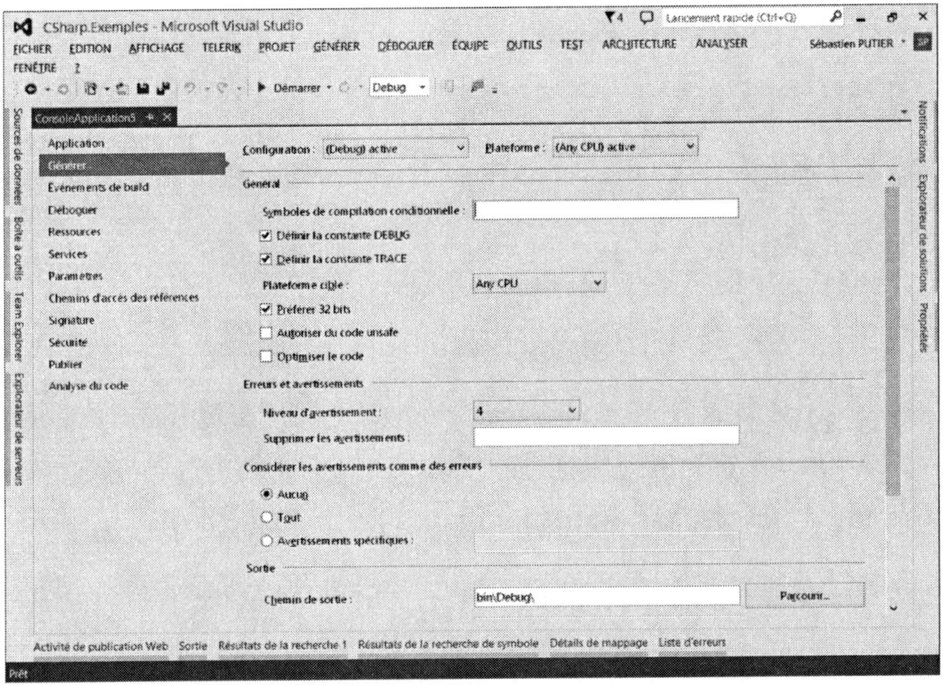

La première partie de la section **Général** permet de définir des constantes personnalisées, ainsi que de définir les constantes DEBUG et TRACE qui sont utilisées par certaines classes du framework .NET.

Lorsque plusieurs constantes de compilation doivent être définies, elles doivent être séparées par le symbole ; (point-virgule).

Définir la constante `SORTIE_CONSOLE` a pour effet d'appliquer le paramètre **/define:SORTIE_CONSOLE** au projet au moment de la compilation.

Constantes de compilation locales

Il est possible de définir une constante de compilation pour un seul fichier, au niveau du code.

Pour cela, il est nécessaire d'utiliser la directive préprocesseur `#define` suivie du nom de la constante à définir. Un fichier peut contenir plusieurs directives `#define`, mais elles doivent toutes se situer en début de fichier, avant les autres instructions.

```
#define SORTIE_CONSOLE
```

Il peut parfois être nécessaire de ne définir une constante de compilation que sur une partie d'un fichier. Dans ce cas, il faut utiliser la directive `#undef` à l'endroit à partir duquel la constante ne doit plus être définie.

Mise en œuvre de la compilation conditionnelle

La compilation conditionnelle permet d'inclure du code en fonction de l'existence d'une constante de compilation. Pour la mettre en œuvre, il est donc nécessaire de pouvoir vérifier cette existence.

Cette vérification se fait à l'aide de la directive de précompilation `#if ... #endif`. Cette instruction est semblable à l'instruction `if` : elle évalue un prédicat et inclut le code qu'elle contient si l'évaluation renvoie `true`.

Pour inclure du code en fonction de l'existence de la constante `SORTIE_CONSOLE` définie plus haut, il faut écrire :

```
#if SORTIE_CONSOLE
   Console.WriteLine("SORTIE_CONSOLE est définie");
#endif
```

Dans le cadre du débogage d'une application, il peut ainsi être intéressant de placer des instructions `#if` à certains endroits pour enregistrer un maximum d'informations pertinentes, notamment à l'intérieur de blocs `catch { }`.

Chapitre 7
Développement d'applications Windows

1. Présentation de WPF

Les applications Windows sont des applications fenêtrées présentant des données d'une manière bien plus graphique et agréable que la fenêtre de ligne de commande. Pour développer ce type d'application, .NET propose depuis ses débuts la technologie **Windows Forms**. La version 3.0 du framework .NET, sortie en 2006, est arrivée avec une nouvelle technologie de présentation : **WPF (Windows Presentation Foundation)**. Celle-ci a apporté plusieurs améliorations notables tant au niveau technique qu'à celui du développement :

- La définition de l'interface est effectuée à l'aide du langage de balisage **XAML** (*eXtensible Application Markup Language*) et non plus avec du code C#.
- Le **découplage** entre l'interface et le code métier peut être effectué plus facilement grâce à la notion de **binding**.
- L'**affichage** ne s'appuie plus sur la brique logicielle GDI mais sur **DirectX**, ce qui implique que certains calculs peuvent être déportés sur le **GPU**.
- Tous les composants WPF utilisent le **dessin vectoriel**.
- Au sein d'un composant, l'aspect graphique et l'aspect fonctionnel sont très peu liés, ce qui permet une modification graphique poussée des composants.

Malgré sa robustesse, la technologie Windows Forms est aujourd'hui fréquemment délaissée au profit de WPF. Les raisons principales de ce choix sont liées d'une à part à l'expérience utilisateur, puisque **WPF** permet de créer simplement des **applications fluides** et à l'**aspect moderne**, et d'autre part à des motifs purement techniques, car les possibilités de découplage offertes par WPF améliorent la **testabilité** et la **maintenabilité** des applications.

Microsoft mise aujourd'hui sur WPF et les technologies utilisant XAML. Une équipe de développeurs du géant du logiciel a d'ailleurs mentionné à la conférence BUILD 2014 que la technologie **Windows Forms** est aujourd'hui en **phase de maintenance**, ce qui signifie qu'elle n'aura plus de mises à jour au niveau des fonctionnalités, bien que les problèmes détectés soient corrigés.

1.1 Structure d'une application WPF

Au moment de sa création, un projet WPF est déjà composé de plusieurs fichiers :

- Les fichiers `App.xaml` et `App.xaml.cs` contiennent la déclaration et l'implémentation de la classe principale de l'application : c'est en effet elle qui contient le point d'entrée du programme. Le fichier `.xaml` contient généralement toutes les ressources nécessaires au bon fonctionnement de l'application, tandis que le fichier de code-behind associé contient les gestionnaires d'événements relatifs au cycle de vie de l'application ou les portions de code nécessaires à son démarrage.
- Les fichiers `MainWindow.xaml` et le fichier de code-behind `MainWindows.xaml.cs` contiennent respectivement la description de la fenêtre principale de l'application et le code C# qui lui est associé.
- Le fichier `app.config` contient les paramètres de configuration de l'application.
- `AssemblyInfo.cs` contient les métadonnées décrivant l'assembly résultant de la compilation du projet : titre, version, informations de copyright... Ces informations sont décrites sous la forme d'attributs.
- Le fichier `Resources.resx` contient généralement des chaînes de caractères utilisables en plusieurs endroits de l'application, mais il peut aussi encapsuler des ressources de type binaire.

- Le fichier `Settings.settings` permet quant à lui de stocker des paramètres liés à l'application ou à un utilisateur de l'application : tailles de polices, couleurs ou emplacement des barres d'outils par exemple.

Ces différents fichiers sont organisés de la manière suivante :

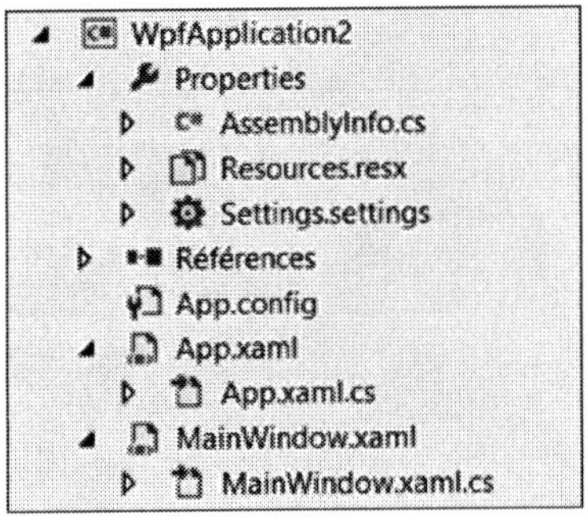

1.2 XAML

La technologie WPF utilise le langage XAML pour la **création d'interfaces** graphiques. Ce langage est un **dialecte XML** qui permet l'instanciation d'objets .NET de manière déclarative, c'est-à-dire par l'utilisation de balises, à la manière de HTML. Les différents objets sont imbriqués à partir d'un élément racine pour former un arbre logique.

La définition d'un bouton à l'aide de XAML ressemble donc au code suivant :

```
<Button Height="30" Width="120">Ceci est un bouton</Button>
```

La balise `<Button>` instancie un objet de type `Button`, tandis que les attributs XML valorisent les propriétés `Height` et `Width` du bouton. Comme tout élément XML, une balise XAML peut contenir d'autres balises ou une valeur textuelle.

Il est important de savoir que tout ce qui peut être codé en XAML peut être codé avec C#. L'équivalent impératif du code XAML ci-dessus est le suivant :

```
Button bouton = new Button();
bouton.Height = 30;
bouton.Width = 120;
bouton.Content = "Ceci est un bouton";
```

On voit ici apparaître une propriété `Content` pour laquelle aucune valeur n'était explicitement fournie en XAML. Cette propriété est en fait la **propriété par défaut** pour le type `Button`, ce qui signifie que toute valeur textuelle ou XAML placée à l'intérieur de la balise `Button` valorise la propriété `Content` de l'objet `Button`.

Remarque

La propriété par défaut d'un type est définie en plaçant sur le type un attribut `ContentPropertyAttribute` *spécifiant le nom de la propriété.*

La **syntaxe élément-propriété** permet d'assigner un contenu XAML complexe à une propriété. Elle autorise l'utilisation d'une propriété en tant qu'élément XML imbriqué. Le nom de l'élément doit faire apparaître le nom du type sur lequel on agit, suivi par un point puis le nom de la propriété concernée. Suivant cette syntaxe, le code XAML de création d'un bouton vu précédemment peut être écrit de la manière suivante :

```
<Button Height="30" Width="120">
    <Button.Content>Ceci est un bouton</Button.Content>
</Button>
```

Tout le code C# n'est en revanche pas transposable en XAML car il est notamment impossible d'appeler une méthode directement de manière déclarative. Bien que XAML soit très puissant grâce aux nombreux objets utilisables, les scénarios avancés nécessitent donc très souvent l'utilisation de code .NET impératif.

Remarque

Bien qu'il ait été initialement introduit avec WPF, le langage de description XAML est aujourd'hui largement utilisé pour le développement d'applications n'utilisant pas la technologie WPF (comme les applications Windows Store ou Windows Phone).

1.2.1 Templates

Les objets sont définis sous la forme d'un graphe composant l'arbre logique d'un écran. Cette arborescence est différente de l'arbre visuel, qui est le résultat de la transformation de l'arbre logique après application de différents *templates* sur chaque contrôle.

La partie visuelle d'un contrôle graphique est définie en XAML par la création d'un objet de type `ControlTemplate`. Celui-ci est un modèle de dessin représentant le résultat souhaité à l'aide d'une arborescence constituée d'objets plus simples. Il est appliqué au contrôle lors de son chargement.

L'arbre logique suivant est extrêmement simple : il consiste en une seule balise.

```
<Button Height="30" Width="120" Content="Ceci est un bouton" />
```

L'arbre visuel correspondant est un peu complexe :

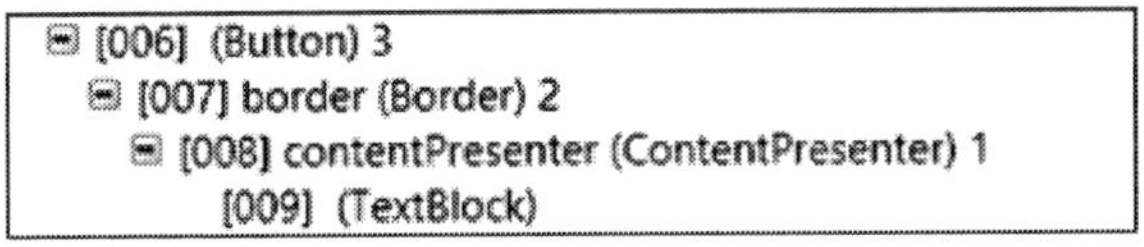

Remarque

Cette représentation de l'arbre visuel d'un bouton a été obtenue à l'aide de l'utilitaire ***Snoop*** *disponible à l'adresse suivante :*
http://snoopwpf.codeplex.com

Deux éléments ont été ajoutés : un objet de type `Border` et un objet de type `ContentPresenter`. Ceux-ci font partie du `ControlTemplate` associé la classe `Button`. L'objet de type `TextBlock`, ajouté par le `ContentPresenter`, a quant à lui encapsulé notre texte dans sa propriété `Text`.

1.2.2 Espaces de noms

Comme pour le code C#, il est nécessaire d'importer des espaces de noms dans le code XAML pour pouvoir utiliser les types qu'ils contiennent. Pour réaliser cette opération, il n'est évidemment pas possible d'utiliser une déclaration `using` de C#, mais les déclarations d'espaces de noms de XML sont tout indiquées pour cela. Ces déclarations prennent la forme d'attributs XML respectant une syntaxe bien particulière :

```
xmlns:<prefix>="clr-namespace:<espace de noms>"
```

Deux espaces de noms sont obligatoires dans chaque fenêtre WPF et doivent être présents au niveau de l'élément racine. Le premier importe le framework WPF et son implémentation de XAML, tandis que le second importe certains éléments globaux de XAML.

Ces deux déclarations permettent donc d'utiliser les bases de WPF dans l'ensemble du document en cours d'édition.

```
xmlns="http://schemas.microsoft.com/winfx/2006/xaml/presentation"
xmlns:x="http://schemas.microsoft.com/winfx/2006/xaml"
```

Lorsqu'une fenêtre est créée à l'aide du modèle présent dans Visual Studio, sa déclaration inclut déjà ces espaces de noms.

Fort heureusement, l'import d'espaces de noms .NET est généralement plus simple. Pour l'espace de noms `Exemple.Controles`, la déclaration sera faite de la manière suivante :

```
xmlns:controlesExemples="clr-namespace:Exemple.Controles"
```

Le contrôle `Calendrier` situé dans cet espace de noms est ensuite utilisé en préfixant son nom de type par l'alias d'espace de noms `controlesExemple` suivi du symbole :, ce qui donne l'instanciation suivante :

```
<controlesExemple:Calendrier />
```

1.3 Contexte de données et Binding

Le concept de **Binding** est peut-être le plus important pour faire une utilisation optimale des capacités de WPF. Il correspond à une **liaison unidirectionnelle ou bidirectionnelle** entre un élément XAML et un **contexte de données** (`DataContext`) et permet la propagation de données du code C# vers le code XAML (et/ou inversement) sans qu'il ne soit nécessaire pour le développeur d'effectuer ce transfert d'informations à l'aide de code C#. Ce mécanisme est la clé du **découplage** entre le code métier et l'interface graphique.

Une liaison de données est définie dans le code XAML par une expression délimitée par des accolades et dont le premier terme est le mot-clé `Binding`. Ce dernier peut être suivi par une liste de paramètres définissant la source de données, le chemin de la propriété avec laquelle la liaison doit être faite ou encore le mode de liaison.

Remarque

Par défaut, un Binding transmet le résultat de l'appel de la méthode `ToString` de l'objet. Pour les objets complexes, le résultat affiché si cette méthode n'a pas été redéfinie est le nom complet de son type.

- Créez un nouveau projet WPF dans Visual Studio à l'aide de la boîte de dialogue **Nouveau projet** (Menu **Fichier - Nouveau - Projet** ou [Ctrl][Maj] N) dans laquelle il faut sélectionner **Application WPF** et nommez-le **EssaisBinding**.

- Éditez le contenu du fichier `MainWindow.xaml` du projet nouvellement créé de manière à ce qu'il contienne le code suivant :

```
<Window x:Class="EssaisBinding.MainWindow"
xmlns="http://schemas.microsoft.com/winfx/2006/xaml/presentation"
        xmlns:x="http://schemas.microsoft.com/winfx/2006/xaml"
        Title="MainWindow" Height="350" Width="525">
    <Grid>
        <TextBox Height="30" Width="120" Text="{Binding Path=Nom,
Mode=TwoWay, UpdateSourceTrigger=PropertyChanged}" />
    </Grid>
</Window>
```

Ce code crée une zone de saisie dans une fenêtre et associe à sa propriété `Text` une liaison bidirectionnelle (`Mode=TwoWay`) vers la propriété `Nom` du contexte de données (`Path=Nom`). Le transfert des informations du contrôle vers le contexte de données sera effectué à chaque fois que la propriété sur laquelle est défini le **Binding** est modifiée (`UpdateSourceTrigger=PropertyChanged`).

- Lancez le projet en utilisant la touche [F5] ou le bouton **Démarrer** de la barre d'outils Visual Studio (en ayant au préalable défini le projet comme projet de démarrage).

En l'état, rien de notable ne se produit. En effet, aucun contexte de données n'est défini et aucune source de données n'est explicitement spécifiée. Pour définir le contexte de données de la fenêtre, il convient de valoriser sa propriété `DataContext`.

- Éditez le constructeur de la fenêtre, dans `MainWindow.xaml.cs`, de manière à définir le contexte de données de la fenêtre comme étant la fenêtre elle-même.

```
public MainWindow()
{
   this.InitializeComponent();
   this.DataContext = this;
}
```

Si vous lancez l'application à ce stade, l'interface se comportera exactement de la même manière. En revanche, la fenêtre Sortie de Visual Studio présente une nouvelle ligne d'information :

```
System.Windows.Data Error: 40 : BindingExpression path
error: 'Nom' property not found on 'object' ''MainWindow'
(Name='')'. BindingExpression:Path=Nom;
DataItem='MainWindow' (Name=''); target element is 'TextBox'
(Name=''); target property is 'Text' (type 'String')
```

Ce message indique qu'une erreur s'est produite dans la création de la liaison de données car la propriété `Nom` n'a pas été trouvée dans l'objet `MainWindow` utilisé comme contexte de données. Il fournit également des informations permettant d'identifier l'objet XAML et la propriété sur lequel la liaison erronée est placée.

- Ajoutez la définition de propriété suivante dans la classe `MainWindow` de manière à corriger l'erreur.

```
private string nom;
public string Nom
{
    get { return nom; }
    set { nom = value; }
}
```

- Pour visualiser le bon fonctionnement de la liaison, ajoutez une affectation de valeur à la propriété `Nom` dans le constructeur de la classe.

```
public MainWindow()
{
    InitializeComponent();
    Nom = "Sébastien";
    this.DataContext = this;
}
```

Dans cette configuration, l'application affiche une zone de saisie dans laquelle la valeur de la propriété `Nom` est bien présente, mais les modifications apportées à cette valeur lors d'un clic sur un bouton, par exemple, ne seront pas répercutées dans le contrôle `TextBox` malgré l'existence d'une liaison de données.

- Pour le vérifier, ajoutez la ligne suivante juste après la déclaration du contrôle `TextBox` dans `MainWindow.xaml` :

```
<Button Height="30" Width="120" VerticalAlignment="Top"
Click="Button_Click" Content="Modifier le contenu de la zone de
saisie" />
```

- Ajoutez également le gestionnaire d'événements suivant à la classe `MainWindow` :

```
private void Button_Click(object sender, RoutedEventArgs e)
{
    Nom = "Nom modifié";
}
```

La non-propagation de la modification est tout à fait normale. La technologie WPF utilise l'événement `PropertyChanged` de l'interface `INotifyPropertyChanged` pour informer les éléments graphiques des modifications de valeur sur les propriétés. Il est donc nécessaire que l'objet utilisé comme source de données (ici, la classe `MainWindow`) implémente cette interface.

Ci-dessous le code complet de la classe `MainWindow` après implémentation de cette interface :

```
public partial class MainWindow : Window, InotifyPropertyChanged
{
    private string nom;
    public string Nom
    {
        get { return nom; }
        set
        {
            nom = value;
            OnPropertyChanged("Nom");
        }
    }

    public MainWindow()
```

```
        {
            InitializeComponent();
            this.DataContext = this;
            Nom = "Sébastien";
        }

        private void Button_Click(object sender, RoutedEventArgs e)
        {
            this.Nom = "Nom modifié";
        }

        private void OnPropertyChanged(string nomPropriete)
        {
            if (PropertyChanged != null)
                PropertyChanged(this, new
    PropertyChangedEventArgs(nomPropriete));
        }

        public event PropertyChangedEventHandler PropertyChanged;
    }
```

2. Utilisation des contrôles

La section précédente vous a rapidement montré la structure d'une application WPF. À cette occasion, vous avez pu remarquer que **l'interface graphique est composée de contrôles** définis par du **code XAML** ou, plus rarement, C#.

Ces contrôles font tous partie d'une hiérarchie leur permettant d'avoir des propriétés communes, la plupart du temps liées au positionnement. Chaque contrôle hérite ainsi d'un contrôle parent auquel il ajoute des fonctionnalités de manière à fournir un nouvel ensemble constitué d'un visuel et d'un comportement qui lui est associé.

Visual Studio intègre nativement un **concepteur visuel** qui permet la manipulation des contrôles d'une manière plus graphique, donc plus simple. Il génère ainsi lui-même le code XAML qui définit l'interface. Contrairement au concepteur visuel Windows Forms, le concepteur de WPF crée un code XAML qu'il est possible de manipuler directement, toute modification du code étant répercutée sur la partie de conception graphique et inversement.

2.1 Ajout de contrôles

À la création d'un nouveau projet d'application WPF, Visual Studio affiche par défaut plusieurs éléments :

- l'**Explorateur de solutions**,
- la fenêtre **Propriétés**,
- une **fenêtre d'édition** scindée en deux parties : le concepteur visuel dans sa partie haute, l'éditeur de code XAML étant quant à lui situé dans la partie basse.

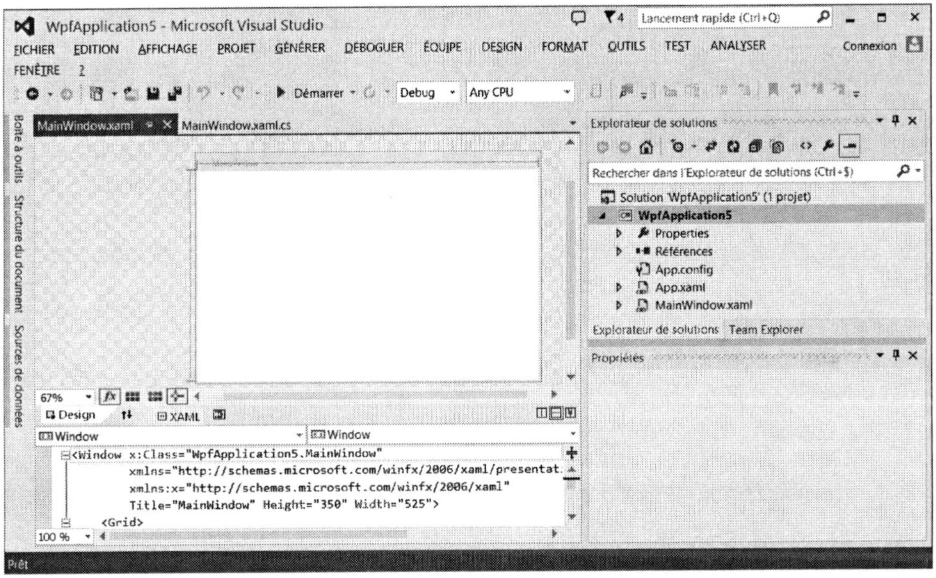

La fenêtre d'édition est destinée à la modification de la fenêtre principale de l'application, nommée `MainWindow`. Le concepteur visuel présente une vue de cette fenêtre, qui n'a pour l'heure aucun contenu.

Plusieurs fenêtres masquées automatiquement sont positionnées sur la gauche de l'environnement. Dans le contexte d'une création ou modification d'interface graphique, la plus importante est la fenêtre **Boîte à outils**.

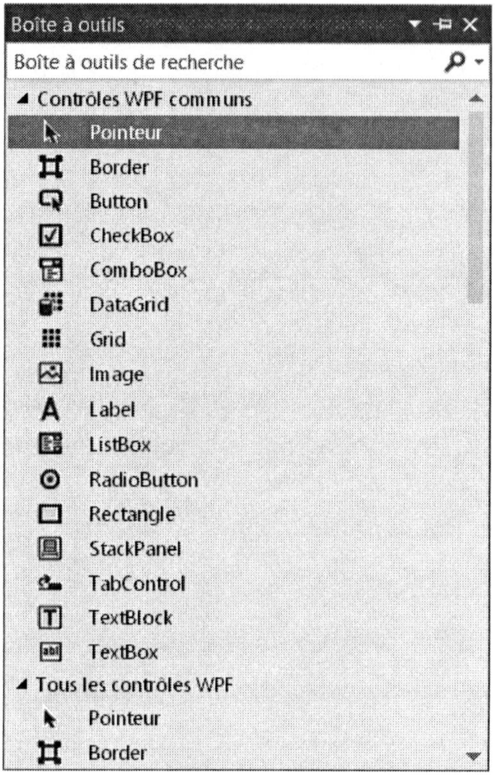

Cette fenêtre liste les différents contrôles utilisables dans une interface WPF. Elle permet également leur sélection et leur placement à l'aide de la souris. Cette approche s'avère beaucoup plus rapide que l'édition du code source XAML.

Trois solutions peuvent être utilisées pour le placement de contrôles dans une fenêtre WPF :

- Un **double clic** sur un contrôle dans la boîte à outils place un exemplaire du contrôle dans la fenêtre. Le contrôle est positionné par défaut dans le coin supérieur gauche de la fenêtre. Ses propriétés de dimensionnement sont spécifiées par défaut.
- L'utilisation du **glisser-déposer** sur un élément de la boîte à outils vers le concepteur visuel permet le positionnement du contrôle à l'endroit souhaité. Ses dimensions sont toutefois définies par défaut par le concepteur visuel.

– La sélection d'un élément dans la boîte à outils donne la capacité de **dessiner une zone rectangulaire** dont la position et la taille sont définies par l'utilisateur. Le contrôle sera positionné dans cette zone.

La fenêtre **Structure du document** offre une visualisation rapide de l'arborescence de la fenêtre en cours d'édition. Elle permet également d'ajouter un contrôle à un emplacement précis de cette arborescence. Vous pouvez utiliser le glisser-déposer d'un élément de la boîte à outils vers cette fenêtre. Certaines indications apparaissent lors du survol de cette fenêtre pour vous aider à insérer le contrôle à l'emplacement logique souhaité.

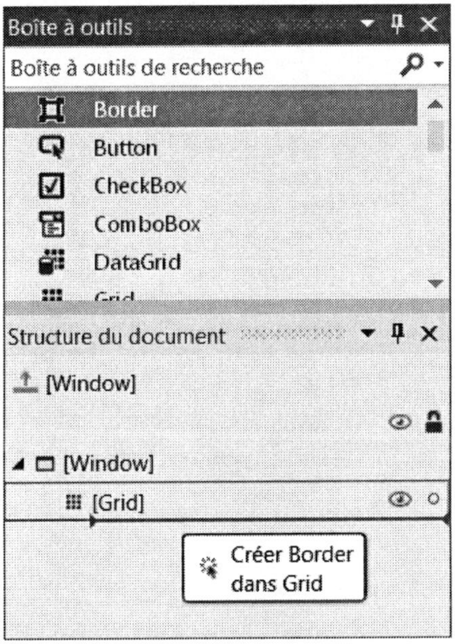

Le contrôle créé dans l'arborescence est positionné par défaut dans son contrôle conteneur, et ses propriétés de dimensionnement sont elles aussi valorisées par défaut par le concepteur visuel. Ce mode de création de contrôle est particulièrement pratique lorsque l'interface est complexe.

2.2 Positionnement et dimensionnement des contrôles

Les contrôles sont positionnés par défaut aux coordonnées 0;0 de leur conteneur (lorsque celui-ci le permet). Celles-ci correspondent au coin supérieur gauche du contrôle parent. WPF utilise en effet un système de coordonnées cartésiennes dans lequel l'axe des ordonnées est orienté vers le bas. La figure suivante fournit une représentation visuelle de ce repère.

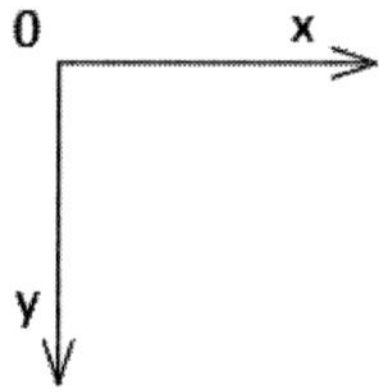

Le positionnement par défaut est évidemment rarement celui qui est souhaité. Les contrôles WPF possèdent un grand nombre de propriétés permettant de modifier ce comportement ainsi que leur dimensionnement.

Height et Width

Les propriétés `Height` et `Width` permettent de définir de manière absolue ou relative la hauteur et la largeur d'un contrôle. Elles peuvent être valorisées avec trois types de valeur afin de remplir cet objectif :

- Une **valeur numérique absolue** en pixels.
- Une **valeur numérique** absolue suivie d'une **unité de mesure**. Cette unité peut être `px` (pixels), `in` (pouces), `cm` (centimètres), `pt` (point - unité utilisée en typographie).
- La valeur `Auto` indique que le contrôle doit être **dimensionné selon ses besoins et dans les limites de son contrôle conteneur**. Certains contrôles prendront par défaut tout l'espace disponible, tandis que d'autres adapteront leur taille à leur contenu.

HorizontalAlignment et VerticalAlignment

Le positionnement d'un contrôle dans son parent peut être géré de manière automatique en fonction d'un alignement. Les propriétés `HorizontalAlignment` et `VerticalAlignment` permettent de mettre en œuvre ce type de positionnement en leur fournissant une valeur d'énumération indiquant l'alignement à utiliser : `Left`, `Center`, `Right` ou `Stretch`.

Les trois premières valeurs sont relativement explicites. Elles permettent d'aligner le contrôle sur le bord gauche, le centre ou le bord droit de son parent. La valeur `Stretch` permet quant à elle d'imposer au contrôle d'utiliser tout l'espace disponible horizontalement ou verticalement.

Margin

La propriété `Margin` d'un contrôle définit une zone vide autour du contrôle permettant de le **décaler par rapport à sa position normale**. Quatre valeurs sont associées à cette propriété, elles sont associées aux quatre bords du contrôle. La figure ci-dessous montre la définition de ces valeurs dans la fenêtre **Propriétés** de Visual Studio.

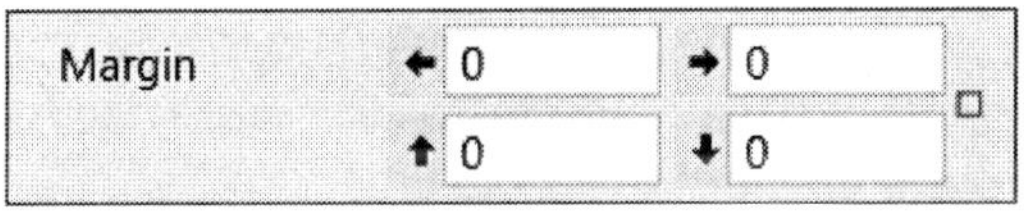

Lorsque ces valeurs sont éditées directement dans le code XAML, elles doivent être fournies dans l'ordre suivant : **gauche**, **haut**, **droite**, **bas**.

```
<Button Margin="0 10 0 0" />
```

Ici, le contrôle `Button` est décalé de 10 pixels vers le bas par rapport à son positionnement normal dans le conteneur.

Les valeurs données à cette propriété peuvent, comme les propriétés `Width` et `Height`, spécifier une unité de mesure particulière. Visual Studio ne supporte pas ces unités de mesure dans la fenêtre de propriétés, il est donc impératif, si vous souhaitez les utiliser, de les fournir dans l'éditeur de code source XAML.

```
<Button Margin="1cm 2px 3in 4pt"/>
```

C'est la propriété `Margin` qui est utilisée par le concepteur visuel de Visual Studio pour le positionnement d'un contrôle dans un conteneur de type `Grid`, par exemple. Il est donc intéressant d'étudier ce positionnement à travers le placement d'un contrôle et de voir comment les valeurs peuvent varier en fonction de la structure de l'objet `Grid` (lignes, colonnes et positionnement du contrôle dans celles-ci).

Padding

La propriété `Padding` permet de définir une zone, située à l'intérieur du contrôle, dans laquelle le contenu ne doit pas être affiché. Pour le contrôle `Button`, par exemple, cette propriété peut être utilisée afin que le contenu n'atteigne jamais les bords du contrôle. Sa valeur est définie de la même manière que la valeur de la propriété `Margin`.

Le positionnement dans un Canvas

Lorsqu'un conteneur est de type `Canvas`, le positionnement peut être effectué en valorisant les propriétés `Canvas.Top`, `Canvas.Left`, `Canvas.Right` et `Canvas.Bottom` sur chacun des contrôles qu'il contient. Celles-ci permettent de spécifier la distance entre un bord du `Canvas` et le bord associé du contrôle. Elles acceptent des valeurs numériques, avec ou sans unité de mesure associée.

Remarque

*Ces propriétés de positionnement sont un peu particulières puisqu'elles appartiennent au contrôle `Canvas` mais opèrent sur les contrôles qu'il contient. On les appelle **propriétés attachées**. Vous pourrez être amenés à en créer, notamment pour étendre les fonctionnalités d'un contrôle sans en hériter.*

Le concepteur visuel permet d'agir sur le positionnement des contrôles très simplement. En effet, un glisser-déposer sur un contrôle déjà placé permet de le déplacer et ainsi de modifier la valeur de sa propriété `Margin` ou des propriétés attachées issues du contrôle `Canvas`, en fonction du conteneur utilisé.

Il est également possible de redimensionner un contrôle en mode de conception. Pour cela, il suffit de sélectionner un contrôle, puis de positionner le curseur de la souris sur une des ancres situées sur les bordures et enfin de l'étirer en maintenant le bouton gauche de la souris appuyé tout en déplaçant le curseur. Le concepteur ne vous empêche pas de déplacer le bord droit au-delà du bord gauche du contrôle. Il considère en effet que ce comportement est assimilable à un retournement du contrôle et génère une transformation permettant de visualiser un contrôle "à l'envers" !

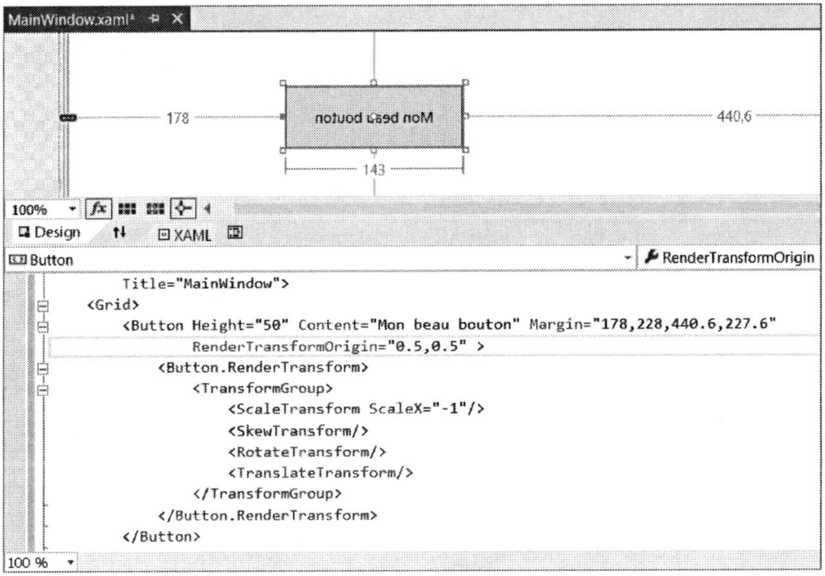

2.3 Ajout d'un gestionnaire d'événements à un contrôle

Les contrôles visuels peuvent tous déclencher de nombreux événements pour lesquels il est possible de s'abonner dans le code source C# associé à la fenêtre. Il est également possible de s'abonner à ces événements à partir du code source XAML.

Pour cela, il suffit d'ajouter à la déclaration XAML d'un contrôle un attribut ayant la forme suivante :

```
<nom d'événement>="<nom du gestionnaire>"
```

```
<Grid>
    <Button Height="50" Width="120" Content="Mon beau bouton"
            Click="Button_Click">
    </Button>
</Grid>
```

Le gestionnaire d'événements correspondant doit se trouver dans le fichier de code-behind de la fenêtre en cours d'édition. Ici, la gestion du clic sur le bouton est effectuée par la méthode `Button_Click` dont la définition est la suivante.

```
private void Button_Click(object sender, RoutedEventArgs e)
{

}
```

IntelliSense fournit une aide précieuse pour effectuer cette opération. Il permet en effet de générer automatiquement un gestionnaire correspondant au type de délégué associé à l'événement. Il propose également, quand cela est possible, d'associer l'événement à un gestionnaire d'événements existant.

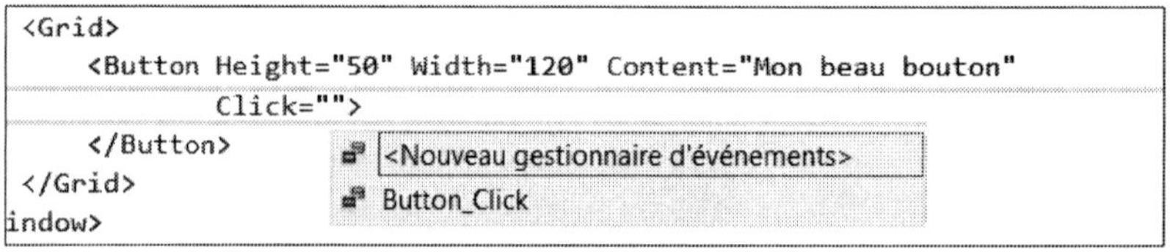

Un double clic sur un contrôle génère également un gestionnaire pour l'événement par défaut du contrôle. Le gestionnaire et l'événement sont associés automatiquement dans le code XAML.

Lorsqu'un gestionnaire n'existant pas dans le code C# est lié à un événement dans le code XAML, une erreur de compilation est levée.

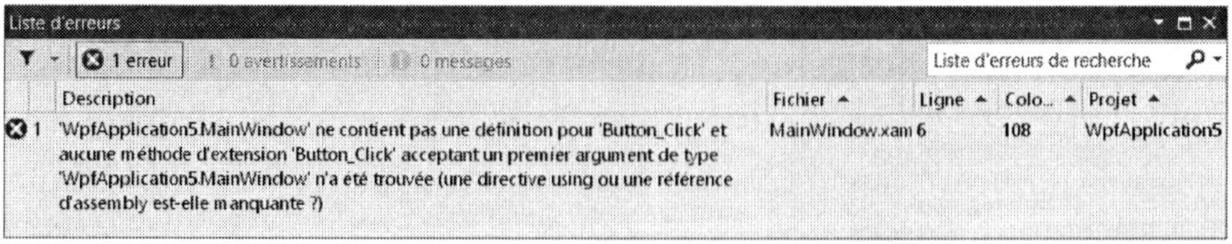

3. Les principaux contrôles

Le framework .NET fournit en standard de nombreux contrôles WPF couvrant la majorité des besoins relatifs à la création d'une interface graphique moderne. Ils sont définis dans la librairie `PresentationFramework.dll`, dans l'espace de noms `System.Windows.Controls`.

La majorité de ces contrôles possède un jeu de propriétés communes permettant de gérer leur comportement dans la mise en page de l'application ainsi que leur aspect. Les principales sont listées ci-dessous :

`Height` et `Width`	Définit la hauteur et la largeur du contrôle.
`HorizontalAlignment` et `VerticalAlignment`	Définit comment le contrôle doit se placer dans l'espace qui est disponible horizontalement et verticalement. Les valeurs peuvent être `Left` (alignement à gauche), `Center` (centré), `Right` (alignement à droite) et `Stretch` (occupation de tout l'espace disponible).
`Margin`	Définit l'espace qui doit rester libre autour des limites du contrôle.
`Padding`	Définit l'espace qui doit rester libre entre le bord du contrôle et son contenu.
`BorderBrush`	Définit la couleur de la bordure du contrôle.
`BorderThickness`	Définit l'épaisseur de trait de la bordure du contrôle.
`Visibility`	Définit l'état de visibilité du contrôle. Trois valeurs sont disponibles : `Visible`, `Hidden` (le contrôle est masqué mais la zone qu'il devrait occuper est indisponible), `Collapsed` (le contrôle est masqué mais la zone qu'il devrait occuper est libérée).

Les contrôles WPF peuvent être regroupés en plusieurs catégories définies par leur objectif.

3.1 Contrôles de fenêtrage

Les contrôles de fenêtrage sont essentiels dans une application WPF. Ce sont eux qui sont les conteneurs de l'interface graphique que vous allez créer.

Deux contrôles standards appartiennent à cette catégorie. Ils correspondent à des modes de navigation distincts.

3.1.1 Window

Le contrôle `Window` permet, comme son nom l'indique, de définir une fenêtre d'application. C'est le contrôle de fenêtrage le plus fréquemment utilisé.

Il peut être créé à l'aide de la boîte de dialogue **Ajouter un nouvel élément** (clic droit sur le projet puis **Ajouter - Nouvel élément** ou [Ctrl][Maj] A) :

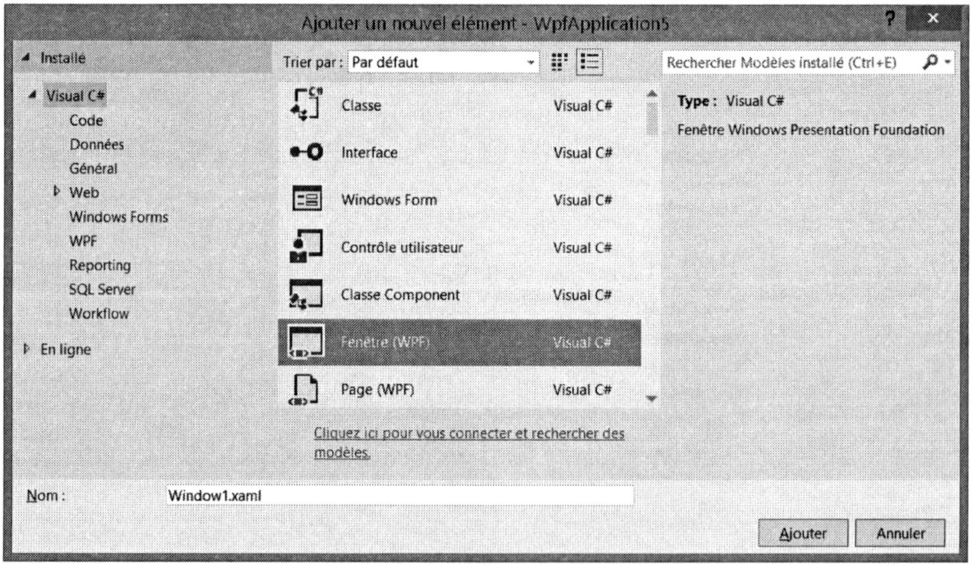

La validation du choix **Fenêtre (WPF)** à l'aide du bouton **Ajouter** crée un fichier `.xaml` et un fichier `.xaml.cs` et les intègre au projet en cours.

Le contenu du fichier .xaml tout juste créé est le suivant :

```
<Window x:Class="WpfApplication1.Window1"

xmlns="http://schemas.microsoft.com/winfx/2006/xaml/presentation"
        xmlns:x="http://schemas.microsoft.com/winfx/2006/xaml"
        Title="Window1" Height="300" Width="300">
    <Grid>

    </Grid>
</Window>
```

Comme vu précédemment, le code de ce fichier est formé de balises. L'objet Window est la racine de l'arbre XAML.

L'attribut x:Class de cet objet correspond à la classe C# associée à la fenêtre. Cette classe se charge de lancer l'initialisation des contrôles graphiques dans son constructeur. C'est aussi dans cette classe que sont placés les gestionnaires d'événements associés aux contrôles de la fenêtre.

Le contrôle possède de nombreuses propriétés permettant de définir son aspect, son comportement ou son emplacement. Le tableau ci-dessous recense et détaille les plus importantes.

Title	Définit le titre de la fenêtre.
ResizeMode	Définit les modes de redimensionnement disponibles pour la fenêtre.
ShowInTaskbar	Définit si la fenêtre doit être visible dans la barre des tâches de Windows.
WindowState	Définit si la fenêtre doit être maximisée, minimisée ou dimensionnée normalement.
WindowStartupLocation	Définit si la fenêtre doit être centrée par rapport à sa fenêtre parente ou à l'écran.
Topmost	Définit si la fenêtre doit rester en avant-plan même si l'application n'a pas le focus.

Pour ouvrir une nouvelle fenêtre, il faut l'instancier puis utiliser sa méthode Show, ou sa méthode ShowDialog si la fenêtre doit être modale.

```
Window1 window = new Window1();
window.Show();
```

Ce contrôle définit aussi plusieurs événements, dont `Loaded` qui permet d'exécuter une portion de code lorsque le contenu de la fenêtre a été chargé mais pas encore affiché. Les événements `Closing` et `Closed` sont déclenchés respectivement avant et après la fermeture de la fenêtre. Le premier permet d'empêcher la fermeture de la fenêtre dans son gestionnaire de la manière suivante :

```
private void Window_Closing(object sender,
System.ComponentModel.CancelEventArgs e)
{
    e.Cancel = true;
}
```

La fenêtre de démarrage d'une application est définie dans le fichier `App.xaml`. Une des propriétés de l'objet `Application` décrit dans ce fichier est `StartupUri`. Celle-ci accepte comme valeur le chemin relatif menant à la fenêtre qui doit être ouverte au démarrage du programme.

```
<Application x:Class="WpfApplication2.App"
xmlns="http://schemas.microsoft.com/winfx/2006/xaml/presentation"
xmlns:x="http://schemas.microsoft.com/winfx/2006/xaml"
             StartupUri="MainWindow.xaml">
    <Application.Resources>

    </Application.Resources>
</Application>
```

3.1.2 NavigationWindow

WPF propose, en plus du mode multifenêtré traditionnel, un mode de navigation similaire à celui d'un navigateur Web. Dans ce mode, l'utilisateur n'a plus plusieurs fenêtres à sa disposition mais une seule, dans laquelle il peut naviguer entre plusieurs pages.

La fenêtre principale est de type `NavigationWindow` et les différents contenus sont placés dans des objets `Page`. Comme un navigateur Web, un objet `NavigationWindow` dispose de deux boutons **Précédent** et **Suivant** et gère donc un historique de navigation entre chaque objet `Page`.

`NavigationWindow` est une classe dérivée de la classe `Window`, elle a donc accès à toutes les propriétés vues précédemment. Elle possède aussi des propriétés propres à son mode de navigation.

`Source`	Définit l'URI de la page en cours d'affichage.
`BackStack`	Contient l'historique des pages précédentes.
`ForwardStack`	Contient la liste des pages suivantes.
`CanGoBack`	Définit s'il est possible pour la fenêtre de naviguer vers une page précédente.
`CanGoForward`	Définit s'il est possible pour la fenêtre de naviguer vers une page suivante.

La création d'une `NavigationWindow` nécessite quelques manipulations car il n'existe pas de modèle pour ce type d'objet dans Visual Studio :

- Ouvrez la fenêtre **Ajouter un nouvel élément** (clic droit sur le projet puis **Ajouter - Nouvel élément** ou [Ctrl][Maj] A) et créez une **Fenêtre (WPF)**.
- Dans le fichier `.xaml` créé, il faut modifier la déclaration de l'objet racine : `Window` devient `NavigationWindow`. Supprimez également les balises `<Grid>` et `</Grid>` contenues dans l'objet `NavigationWindow`. En effet, ce composant ne supporte pas le contenu direct.
- Dans le fichier `.xaml.cs` associé, il faut modifier le nom de la classe mère de la même manière :

```
public partial class Window1 : Window
```

devient :

```
public partial class Window1 : NavigationWindow
```

À ce stade, la fenêtre est utilisable. Il est donc possible de valoriser la propriété `StartupUri` de l'objet `Application` défini dans `App.xaml` avec le chemin relatif menant à la fenêtre nouvellement créée.

```
StartupUri="Window1.xaml"
```

La création d'un objet `Page` peut en revanche être effectuée à l'aide d'un modèle. Dans la fenêtre **Ajouter un nouvel élément**, ce modèle est nommé **Page (WPF)**. Celui-ci ajoute un fichier `Page1.xaml` au projet ainsi qu'un fichier de code-behind associé.

Le code XAML de cette page est relativement semblable à celui d'une nouvelle fenêtre :

```
<Page x:Class="WpfApplication2.Page1"

xmlns="http://schemas.microsoft.com/winfx/2006/xaml/presentation"
      xmlns:x="http://schemas.microsoft.com/winfx/2006/xaml"
      xmlns:mc="http://schemas.openxmlformats.org/markup-
compatibility/2006"

xmlns:d="http://schemas.microsoft.com/expression/blend/2008"
      mc:Ignorable="d"
      d:DesignHeight="300" d:DesignWidth="300"
    Title="Page1">
    <Grid>

    </Grid>
</Page>
```

Le contenu de cette page sera affiché dans la `NavigationWindow` lorsque la propriété `Source` de la fenêtre aura pour valeur "Page1.xaml". Cette valeur peut être modifiée par affectation d'un chemin de fichier ou par l'utilisation de la méthode `Navigate` de la fenêtre. Cette méthode accepte comme paramètre le chemin relatif du fichier `.xaml` définissant une page.

```
NavigationWindow fenetre = new NavigationWindow();
fenetre.Navigate("Page1.xaml");
```

3.2 Contrôles de disposition

Les contrôles de disposition sont des conteneurs permettant de définir le positionnement de chacun des contrôles graphiques qu'ils contiennent. Plusieurs types de contrôles de disposition sont définis dans le framework .NET. Ils répondent à la grande majorité des besoins en matière de définition d'interface graphique.

3.2.1 Grid

Le contrôle `Grid` représente une **grille** pour laquelle on définit des **lignes** et des **colonnes**. Chacun des composants graphiques est positionné dans cette grille à l'aide d'un index de ligne et de colonne et peut s'étendre sur plusieurs lignes et/ou colonnes.

Remarque

Le contrôle Grid est le conteneur principal par défaut défini dans le modèle de fenêtre WPF de Visual Studio.

Pour définir une grille avec trois lignes et trois colonnes, on écrit le code suivant :

```
<Grid>
    <Grid.RowDefinitions>
        <RowDefinition />
        <RowDefinition />
        <RowDefinition />
    </Grid.RowDefinitions>
    <Grid.ColumnDefinitions>
        <ColumnDefinition />
        <ColumnDefinition />
        <ColumnDefinition />
    </Grid.ColumnDefinitions>
</Grid>
```

Les propriétés `RowDefinitions` et `ColumnDefinitions` du contrôle `Grid` sont des collections pouvant contenir respectivement autant d'objets `RowDefinition` ou `ColumnDefinition` que nécessaire.

À l'exécution, la fenêtre contenant cette définition de grille peut sembler bien vide... En effet, par défaut, notre grille est transparente et vide. Pour visualiser la grille, il est possible de valoriser sa propriété `ShowGridLines` à `True`.

```
<Grid ShowGridLines="True">
    ...
</Grid>
```

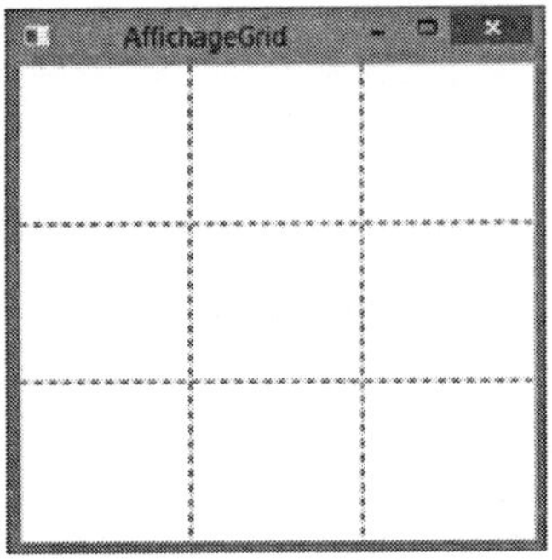

Il est évidemment possible de définir la hauteur de chacune des lignes au travers de la propriété `Height` de chaque objet `RowDefinition` et la largeur de chaque colonne grâce à la propriété `Width` des objets de type `ColumnDefinition`.

Il existe trois moyens de spécifier ces tailles qui sont, par ordre de priorité :

– Une valeur en nombre de pixels.

– `Auto` : la ligne (ou colonne) s'adapte à son contenu. Si elle n'a pas de contenu, elle ne sera pas visible.

– * (Star) : l'utilisation de ce mode de mesure est un peu plus complexe. Un coefficient est affecté à chaque mesure "Star". Ce coefficient vaut 1 s'il n'est pas spécifié explicitement. La taille effective est calculée par la formule suivante :

$$\text{Taille} = \text{Taille libre restante} \times \frac{\text{Coeff. pour la ligne / colonne}}{\text{Somme des coeff. des lignes / colonnes}}$$

Ci-dessous, un exemple annoté montrant l'application des différents types de mesures.

```
<Grid ShowGridLines="True">
    <Grid.RowDefinitions>
        <RowDefinition Height="123" />
        <RowDefinition Height="Auto"/>
        <RowDefinition Height="30"/>
        <RowDefinition Height="2*"/>
        <RowDefinition Height="*"/>
    </Grid.RowDefinitions>
</Grid>
```

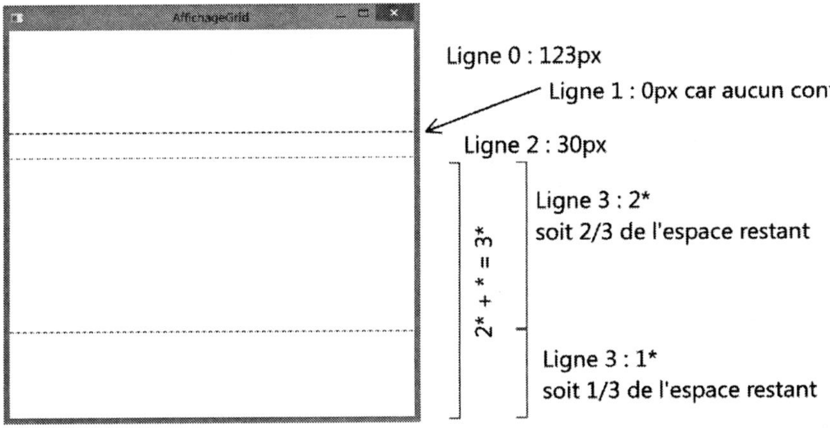

Pour positionner des contrôles dans la grille, il est nécessaire de les déclarer et de valoriser pour chacun d'eux les propriétés attachées `Grid.Row` et `Grid.Column`. La valeur par défaut de ces propriétés est 0, ce qui veut dire que si elles ne sont pas utilisées explicitement sur un contrôle, celui-ci sera positionné dans la première ligne et la première colonne de la grille.

```
<Grid ShowGridLines="True">
    <Grid.RowDefinitions>
        <RowDefinition Height="123" />
        <RowDefinition Height="Auto"/>
        <RowDefinition Height="30"/>
        <RowDefinition Height="2*"/>
        <RowDefinition Height="*"/>
    </Grid.RowDefinitions>

    <!-- Insertion d'un contrôle Grid dans la deuxième ligne
(index 1) -->
    <Grid Background="Red" Grid.Row="1" Height="50" />
</Grid>
```

3.2.2 StackPanel

Le contrôle `StackPanel` permet d'accoler verticalement ou horizontalement plusieurs composants visuels. Sa propriété `Orientation` contrôle le sens dans lequel les éléments sont empilés, et sa valeur par défaut est `Vertical`.

```
<StackPanel Orientation="Vertical">
    <TextBlock Text="Première ligne" />
    <TextBlock Text="Seconde ligne" />
    <TextBlock Text="Troisième ligne" />
</StackPanel>
```

Le rendu de cette portion de code est le suivant :

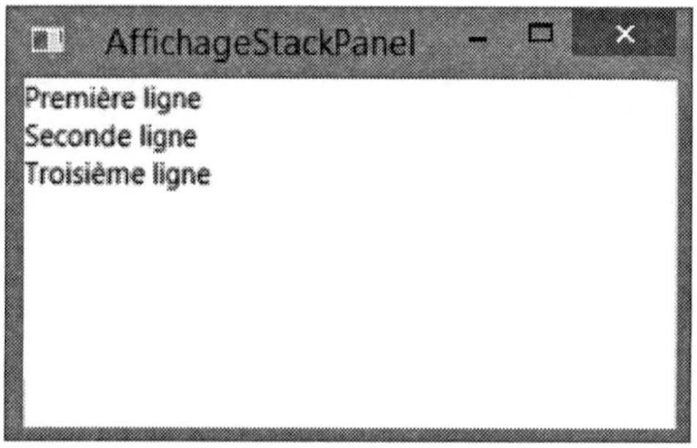

3.2.3 DockPanel

Le contrôle `DockPanel` donne la possibilité d'ancrer ses contrôles enfants sur chacun de ses quatre côtés. Pour cela, il faut utiliser la propriété attachée `DockPanel.Dock` sur les contrôles à ancrer.

```
<DockPanel>
    <Grid DockPanel.Dock="Right" Background="Green" Width="50" />
    <Grid DockPanel.Dock="Bottom" Background="Yellow" Height="50" />
    <Grid DockPanel.Dock="Left" Background="Blue" Width="50" />
    <TextBlock Text="dernier élément !" />
</DockPanel>
```

Ce code produit l'affichage suivant :

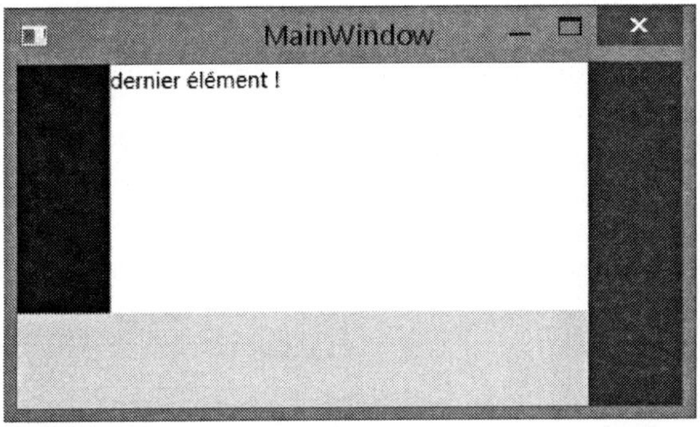

Il est important de noter que les contrôles sont ancrés dans l'ordre de leur instanciation. Ceci implique que le code précédent et l'exemple suivant n'aboutissent pas au même résultat.

```
<DockPanel>
    <Grid DockPanel.Dock="Bottom" Background="Yellow" Height="50" />
    <Grid DockPanel.Dock="Right" Background="Green" Width="50" />
    <Grid DockPanel.Dock="Left" Background="Blue" Width="50" />
    <TextBlock Text="dernier élément !" />
</DockPanel>
```

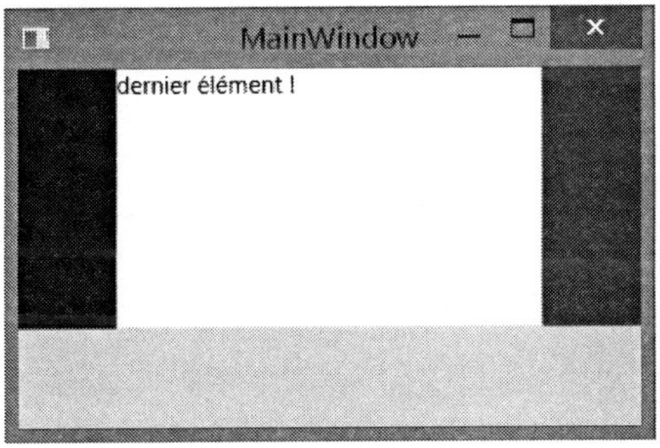

Plusieurs contrôles peuvent être ancrés au même bord : ceux-ci sont alors "empilés" relativement à ce bord, et dans l'ordre de leur instanciation.

```
<DockPanel>
    <Grid DockPanel.Dock="Right" Background="Yellow" Width="50" />
    <Grid DockPanel.Dock="Right" Background="Green" Width="50" />
    <Grid DockPanel.Dock="Left" Background="Blue" Width="50" />
```

```
    <TextBlock Text="dernier élément !" />
</DockPanel>
```

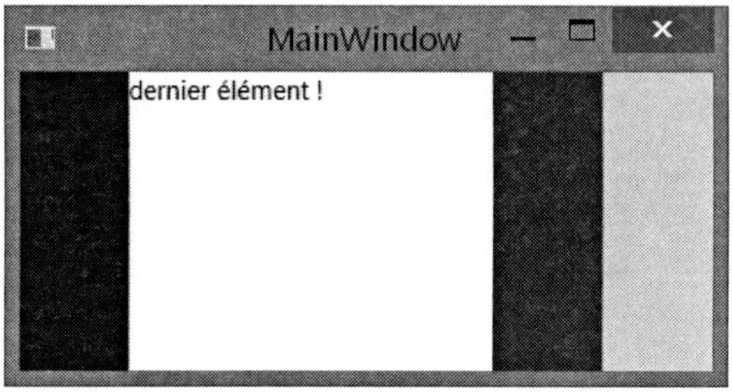

La class DockPanel a une propriété LastChildFill qui permet d'indiquer quel doit être le comportement de son dernier contrôle enfant. Si cette propriété a pour valeur True, alors l'élément recouvre la totalité de l'espace restant dans le DockPanel.

3.2.4 WrapPanel

Le contrôle WrapPanel peut être décrit comme un StackPanel amélioré (bien que la classe WrapPanel n'hérite pas de StackPanel). En effet, de la même manière que le contrôle StackPanel, il permet d'accoler plusieurs composants graphiques.

La véritable différence entre ces deux contrôles réside dans le fait que le WrapPanel renvoie le contenu sur une nouvelle ligne (ou colonne) quand l'espace disponible est insuffisant sur l'alignement en cours de remplissage.

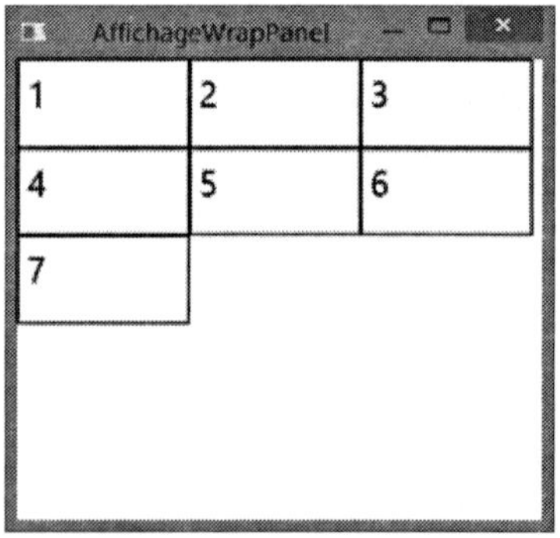

Cet écran est le résultat du XAML suivant :

```
<WrapPanel>
    <Label Content="1" FontSize="20" Height="50" Width="100"
BorderThickness="1" BorderBrush="Black" />
    <Label Content="2" FontSize="20" Height="50" Width="100"
BorderThickness="1" BorderBrush="Black" />
    <Label Content="3" FontSize="20" Height="50" Width="100"
BorderThickness="1" BorderBrush="Black" />
    <Label Content="4" FontSize="20" Height="50" Width="100"
BorderThickness="1" BorderBrush="Black" />
    <Label Content="5" FontSize="20" Height="50" Width="100"
BorderThickness="1" BorderBrush="Black" />
    <Label Content="6" FontSize="20" Height="50" Width="100"
BorderThickness="1" BorderBrush="Black" />
    <Label Content="7" FontSize="20" Height="50" Width="100"
BorderThickness="1" BorderBrush="Black" />
</WrapPanel>
```

Par défaut, la propriété `Orientation` du `WrapPanel` est `Horizontal`. En passant cette valeur à `Vertical`, on obtient le rendu suivant :

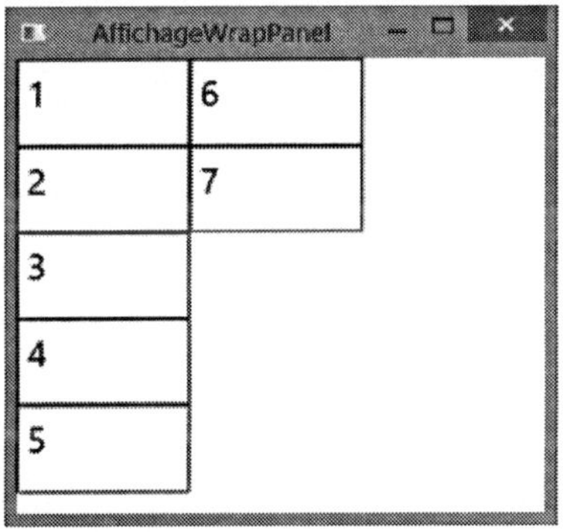

Le contrôle `WrapPanel` occupe par défaut tout l'espace disponible dans son contrôle parent, ce qui permet d'avoir un comportement dynamique : si on redimensionne le parent à l'exécution, le `WrapPanel` est redimensionné aussi, et ses éléments enfants peuvent être repositionnés en fonction de ses nouvelles dimensions.

3.2.5 Canvas

Le contrôle Canvas est destiné à contenir des contrôles graphiques positionnés de manière absolue.

Le positionnement des éléments est mis en œuvre à l'aide des propriétés attachées Canvas.Top, Canvas.Left, Canvas.Right et Canvas.Bottom. Celles-ci permettent respectivement de spécifier la distance entre le contrôle positionné et le bord du contrôle Canvas. Le code suivant positionne deux rectangles, l'un à 15 pixels du bord gauche et du haut, l'autre à 15 pixels du bord droit et du bas.

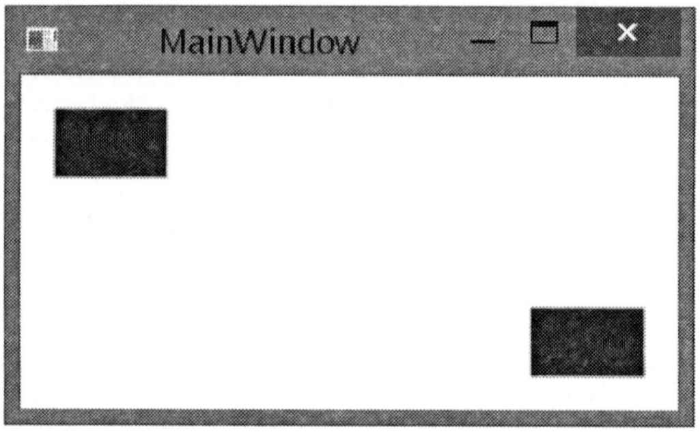


```
<Canvas>
    <Rectangle Width="50" Height="30" Fill="Green"
Canvas.Top="15" Canvas.Left="15" />
    <Rectangle Width="50" Height="30" Fill="Green"
Canvas.Right="15" Canvas.Bottom="15" />
</Canvas>
```

3.3 Contrôles d'affichage de données

Toute application graphique a le besoin d'afficher des informations, qu'elles soient de type texte ou image, temporaires ou permanentes. Différents contrôles sont disponibles dans WPF pour gérer ces cas.

3.3.1 TextBlock

Le contrôle `TextBlock` est le contrôle le plus adapté pour l'affichage de texte. Son contenu est spécifié au travers de sa propriété `Text`.

```
<TextBlock Text="Développer avec VS2013 et C#" />
```

Plusieurs autres propriétés permettent de contrôler la manière dont le texte est affiché : couleur, police ou encore gestion des retours à la ligne.

Les principales sont listées dans le tableau suivant :

`Text`	Définit le texte affiché par le contrôle.
`FontFamily`	Définit la police de caractères utilisée par le contrôle.
`FontSize`	Définit la taille de police utilisée pour afficher le contenu.
`FontStyle`	Définit le style de la police : Italique, Normal ou Oblique (italique simulé par transformation si la police n'a pas de version Italique).
`FontWeight`	Définit la graisse de typographie (épaisseur du texte) utilisée pour le contenu.
`Foreground`	Définit la couleur du texte.
`TextAlignment`	Définit l'alignement du texte (gauche, droite, centré, justifié).

```
<TextBlock Text="Développer avec VS2013 et C#" FontSize="30"
FontFamily="Segoe Print"/>
```

3.3.2 Label

Le contrôle `Label`, dans son utilisation la plus simple, ressemble beaucoup à un contrôle `TextBlock`. Il n'a pourtant pas de propriété `Text` mais une propriété `Content`. La raison de cette différence est le fait que le contrôle `Label` peut contenir tout type de contrôle.

Ce contrôle implémente également une fonctionnalité bien plus intéressante. Il permet en effet de donner le focus à un contrôle qui lui est associé par le biais des Access Keys.

Les Access Keys sont des combinaisons de touches permettant d'accéder à un contrôle. Sous Windows, cette combinaison implique généralement la touche [Alt] et un caractère alphabétique. Pour utiliser cette fonctionnalité, il faut :

- Définir un `Label` et valoriser sa propriété `Content` avec une chaîne de caractères dont une lettre est précédée par le symbole _. Cette lettre sera par la suite utilisée dans la combinaison de touches [Alt] + [lettre].
- Définir un objet qui sera associé au `Label`. C'est celui-ci qui prendra le focus lors de l'utilisation de l'Access Key.
- Lier le `Label` et l'objet associé à l'aide de la propriété `Target` du `Label` en utilisant le binding suivant :
  `Target="{Binding ElementName=<nom de l'objet associé>}"`

```
<Grid>
    <Grid.RowDefinitions>
        <RowDefinition Height="*" />
        <RowDefinition Height="*" />
    </Grid.RowDefinitions>

    <StackPanel Grid.Row="0" Orientation="Horizontal" Height="25">
        <Label Content="_Nom" Target="{Binding ElementName=tbNom}" />
        <TextBox x:Name="tbNom" Width="150" />
    </StackPanel>

    <StackPanel Grid.Row="1" Orientation="Horizontal" Height="25">
        <Label Content="_Prenom" Target="{Binding
ElementName=tbPrenom}" />
        <TextBox x:Name="tbPrenom" Width="150" />
    </StackPanel>
</Grid>
```

À l'exécution, un appui sur la touche [Alt] provoque la mise en évidence des Access Keys utilisables.

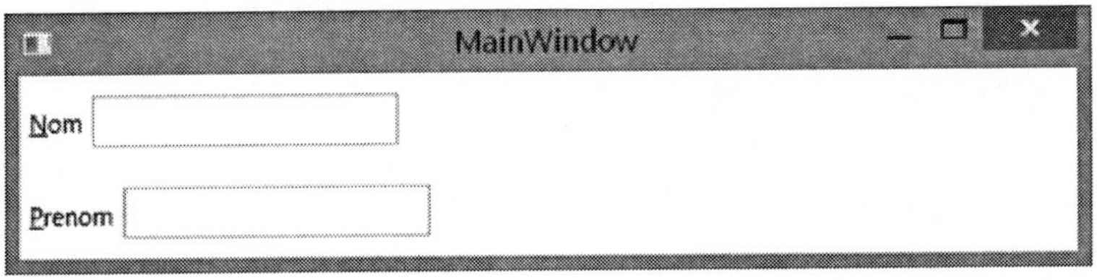

Ici, la combinaison de touches [Alt] N met le focus sur le champ d'édition Nom, tandis que l'appui simultané sur [Alt] et P donnera le focus au champ d'édition Prénom.

3.3.3 Image

Le contrôle `Image` permet de visualiser entre autres le contenu de fichiers bmp, jpeg ou png.

Sa propriété `Source` permet de définir l'emplacement de l'image à afficher. Cet emplacement peut être un chemin absolu ou relatif, une URI pointant sur les ressources de l'application ou même une URL. Dans ce dernier cas, le téléchargement de l'image est effectué automatiquement avant l'étape d'affichage.

La propriété `Stretch` de ce contrôle définit le mode d'étirement de l'image en fonction de l'espace disponible.

```
<Image Source="
http://upload.wikimedia.org/wikipedia/commons/a/af/Jimi_Hendrix_
1967_uncropped.jpg" Stretch="Uniform" />
```

Ce code affiche le résultat suivant :

3.3.4 ScrollViewer

Certains contrôles ont besoin de plus d'espace que celui qui leur est alloué. Habituellement, ce type de cas est géré par l'utilisation de barres de défilement horizontales ou verticales, mais certains contrôles WPF ne disposent pas nativement de ces barres. Le contrôle `ScrollViewer` est une implémentation externalisée de ces barres qui peut être placée autour de n'importe quel contrôle afin de permettre le défilement.

```
<ScrollViewer Height="120" >
    <TextBlock TextWrapping="Wrap" Text="Placez ici un texte très
très long..." />
</ScrollViewer>
```

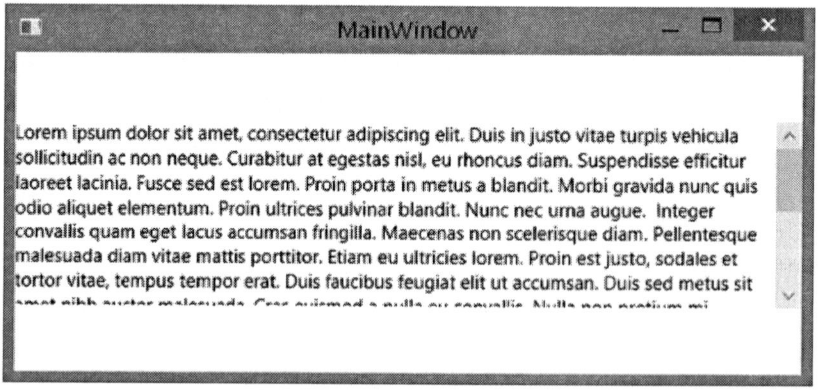

3.3.5 ItemsControl

L'affichage d'une liste d'éléments peut être réalisé par l'utilisation d'un objet de type `ItemsControl`. Celui-ci peut contenir une collection d'objets de n'importe quel type. Ces objets sont présentés par défaut sous la forme d'une liste verticale, sans barre de défilement. Lorsque le rendu de la liste est plus grand que le contrôle, la liste est tronquée. Pour gérer ce cas d'utilisation, il convient de placer le contrôle de liste dans un objet de type `ScrollViewer`.

Les valeurs à afficher sont fournies au contrôle par l'intermédiaire de sa propriété `Items`.

```
<ItemsControl Height="30">
    <ItemsControl.Items>
        <system:String>Choix n°1</system:String>
        <system:String>Choix n°2</system:String>
        <system:String>Choix n°3</system:String>
        <system:String>Choix n°4</system:String>
    </ItemsControl.Items>
</ItemsControl>
```

Remarque

Pour ajouter des objets de type `string` au contrôle, l'espace de noms XML `system` a été ajouté à la fenêtre à l'aide de la déclaration suivante :

`xmlns:system="clr-namespace:System;assembly=mscorlib"`

La propriété `Items` étant la propriété par défaut du contrôle, il est possible de condenser le code en omettant les déclarations ouvrantes et fermantes qui concernent cette propriété :

```
<ItemsControl Height="30">
    <system:String>Choix n°1</system:String>
    <system:String>Choix n°2</system:String>
    <system:String>Choix n°3</system:String>
    <system:String>Choix n°4</system:String>
</ItemsControl >
```

Il arrive très souvent que les éléments contenus par le contrôle doivent être définis de manière dynamique. Pour cela, il est préférable d'utiliser la propriété `ItemsSource` en la valorisant avec la déclaration d'un Binding.

```
<ItemsControl Height="30" ItemsSource="{Binding ListeDeChoix}" />
```

Dans les deux cas, chaque élément de la collection `ListeDeChoix` génère un élément dans la liste visuelle. Les deux sont liés : le contexte de données de l'élément visuel est l'élément correspondant de la liste `ListeDeChoix`.

Cette relation est importante lorsque les données fournies sont de type complexe. La représentation visuelle par défaut de chaque élément étant déterminée par l'utilisation de sa méthode `ToString`, le rendu visuel n'est souvent pas celui qui est souhaité.

L'exemple suivant est basé sur le type de données défini ci-dessous.

```
public class Client
{
    public string Nom { get; set; }
    public string Prenom { get; set; }
    public decimal MontantTotalAchats { get; set; }
}
```

```
<ItemsControl VerticalAlignment="Top" BorderBrush="Black"
BorderThickness="1" Margin="10" Height="150">
    <local:Client Nom="DUPOND" Prenom="Jean"
MontantTotalAchats="127.42" />
    <local:Client Nom="MARTIN" Prenom="Eric"
MontantTotalAchats="98.02" />
    <local:Client Nom="TUCQUE" Prenom="Sophie"
MontantTotalAchats="241.95" />
</ItemsControl>
```

Remarque

L'espace de noms `local` est préalablement défini au niveau de l'élément racine du fichier.

Le rendu du contrôle en l'état est le suivant :

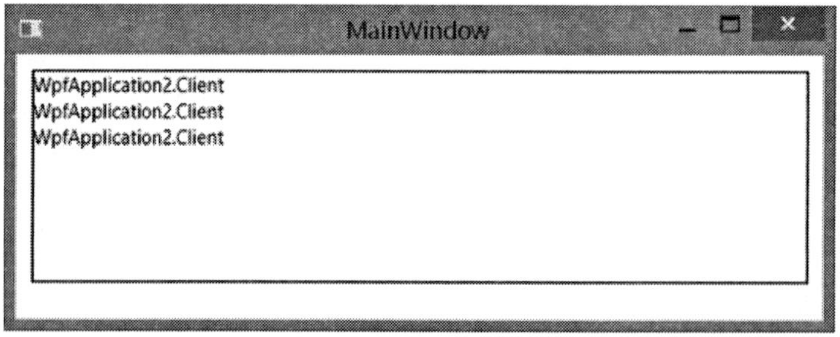

Pour améliorer la visualisation des données, il faut utiliser la propriété `ItemTemplate` du contrôle. Celle-ci accepte comme valeur un objet de type `DataTemplate` qui définit un modèle visuel pour le contexte de données.

Le code XAML suivant définit une grille contenant deux lignes et deux colonnes dans lesquelles les trois propriétés de la classe `Client` sont placées à l'aide d'expressions de **Binding**.

```
<ItemsControl VerticalAlignment="Top" BorderBrush="Black"
BorderThickness="1" Margin="10" Height="150">
    <local:Client Nom="DUPOND" Prenom="Jean"
MontantTotalAchats="127.42" />
    <local:Client Nom="MARTIN" Prenom="Eric"
MontantTotalAchats="98.02" />
    <local:Client Nom="TUCQUE" Prenom="Sophie"
MontantTotalAchats="241.95" />

    <ItemsControl.ItemTemplate>
        <DataTemplate>
            <Grid>
                <Grid.ColumnDefinitions>
                    <ColumnDefinition />
                    <ColumnDefinition />
                </Grid.ColumnDefinitions>
                <Grid.RowDefinitions>
                    <RowDefinition />
                    <RowDefinition />
                </Grid.RowDefinitions>

                <TextBlock Grid.Row="0" Grid.Column="0"
FontSize="18" Text="{Binding Nom}" />
                <TextBlock Grid.Row="1" Grid.Column="0"
FontSize="14" Text="{Binding Prenom}" />
                <TextBlock Grid.Row="0" Grid.Column="1"
Grid.RowSpan="2" FontSize="20" Text="{Binding
MontantTotalAchats, StringFormat='{}{0:N2} €'}" />
            </Grid>
        </DataTemplate>
    </ItemsControl.ItemTemplate>
</ItemsControl>
```

Le rendu de l'interface tient compte du `DataTemplate` fourni et adapte l'affichage en conséquence, ce qui donne le résultat suivant :

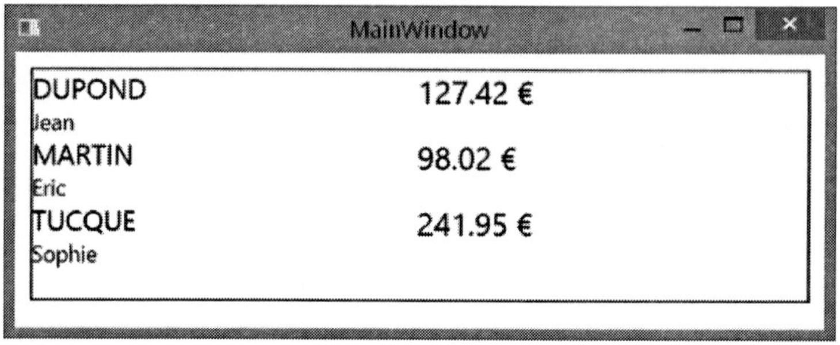

3.3.6 StatusBar

Le contrôle `StatusBar` représente une barre de statut habituellement placée en bas d'une fenêtre d'application. Cette barre contient des informations sur le travail actuellement en cours : numéro de page, état de la sauvegarde d'un fichier, etc.

Ce contrôle peut contenir des objets de type `StatusBarItem`, chacun contenant les contrôles nécessaires à l'affichage d'une information. Il est possible de marquer une séparation entre ces objets à l'aide du contrôle `Separator`.

```
<DockPanel LastChildFill="False">
    <StatusBar DockPanel.Dock="Bottom" Height="30">
        <StatusBarItem>Aucun fichier ouvert</StatusBarItem>
        <Separator />
        <StatusBarItem>Chargement du concepteur en
cours...</StatusBarItem>
    </StatusBar>
</DockPanel>
```

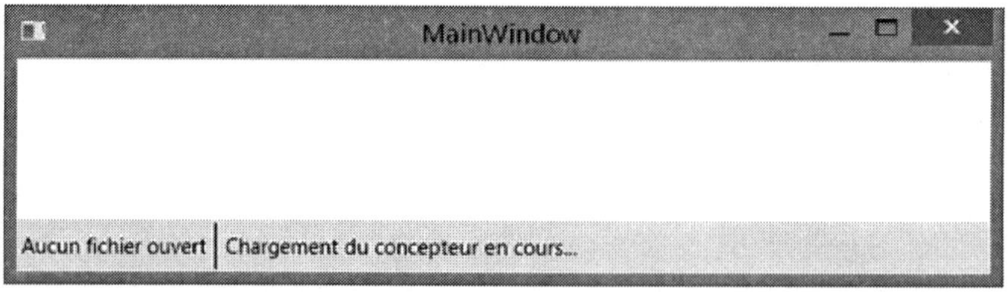

3.3.7 ToolTip

Le contrôle `ToolTip` (**infobulle**) permet d'afficher un message d'information lorsque le curseur de la souris est arrêté sur un contrôle. Un cas d'utilisation fréquent est l'affichage d'un message explicatif lorsqu'une saisie est erronée (format d'e-mail incorrect, par exemple).

Les composants graphiques possèdent une propriété `ToolTip` qui correspond au contenu à afficher. Ce contenu, dans la forme la plus simple, est une chaîne de caractères, mais il peut être plus complexe pour afficher une image avec du texte, par exemple.

```
<TextBlock Text="Ce TextBlock a un Tooltip">
    <TextBlock.ToolTip>
        <ToolTip>
            <TextBlock Text="Ceci est une infobulle" />
        </ToolTip>
    </TextBlock.ToolTip>
</TextBlock>
```

Cette portion de code donne le résultat suivant :

3.4 Contrôles d'édition de texte

Les contrôles de saisie sont des points d'entrée privilégiés pour l'enregistrement d'informations par les utilisateurs. Ils permettent en effet une certaine liberté au niveau du contenu et constituent donc de véritables points de création de données.

3.4.1 TextBox

Le contrôle `TextBox` est le contrôle le plus simple et le plus utilisé pour l'édition de texte. Son contenu est défini par sa propriété `Text`. Par défaut, il est impossible de revenir à la ligne dans ce contrôle.

La propriété `AcceptsReturn`, lorsqu'elle est définie à `true`, autorise le retour à la ligne à l'aide de la touche [Entrée]. Une seconde propriété permet le retour à la ligne automatique lorsque le texte est plus long que le contrôle : `TextWrapping`. Il suffit alors de définir sa valeur à `Wrap` pour obtenir le résultat souhaité.

Le code suivant permet d'obtenir le résultat ci-dessous :

```
<TextBox AcceptsReturn="True" TextWrapping="Wrap" />
```

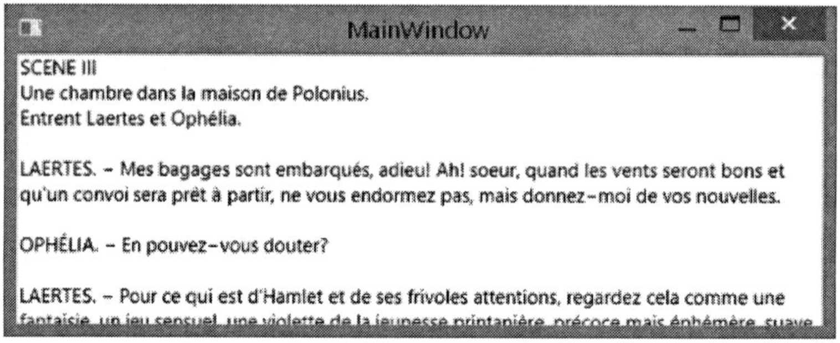

3.4.2 RichTextBox

Le texte présenté ci-dessus peut paraître difficile à lire, tous les éléments de texte étant formatés de la même manière. Le contrôle `RichTextBox` permet de s'affranchir de cette limitation en affichant du texte au format RTF (comme l'application WordPad de Windows). En éditant ce texte dans WordPad et en effectuant un copier/coller vers un composant `RichTextBox`, on peut obtenir ceci :

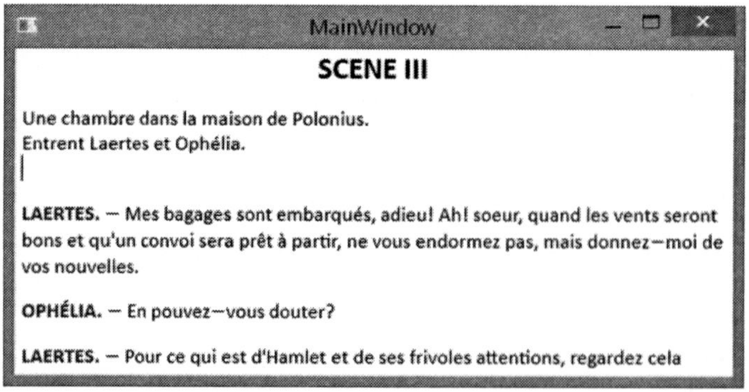

En l'état, il n'est pas possible de modifier le format de ce texte. En effet, WPF ne fournit pas la barre d'outils nécessaire à une utilisation avancée du contrôle `RichTextBox`. Mais le contrôle fournit les propriétés et méthodes nécessaires à son extension. La propriété `Selection` permet de récupérer la zone de texte sélectionnée au travers d'un objet de type `TextSelection`. Ce type implémente notamment la méthode `ApplyPropertyValue(DependencyProperty formattingProperty, object value)` qui permet de modifier une propriété du texte sélectionné.

Ici, nous ajoutons un bouton permettant de modifier la graisse du texte sélectionné. Le fichier `MainWindow.xaml.cs` définit un gestionnaire pour l'événement `Click` du bouton placé au-dessus du contrôle `RichTextBox`.

– MainWindow.xaml :

```
<Grid>
    <Grid.RowDefinitions>
        <RowDefinition Height="Auto" />
        <RowDefinition />
    </Grid.RowDefinitions>

    <Button Grid.Row="0" Content="Mettre en gras le texte
sélectionné" Click="Button_Click" />
    <RichTextBox Grid.Row="1" AcceptsReturn="True"
x:Name="zoneSaisie" />
</Grid>
```

– MainWindow.xaml.cs :

```
private void Button_Click(object sender, RoutedEventArgs e)
{
    zoneSaisie.Selection.ApplyPropertyValue(FontWeightProperty,
FontWeights.Bold);
}
```

Le résultat est celui-ci :

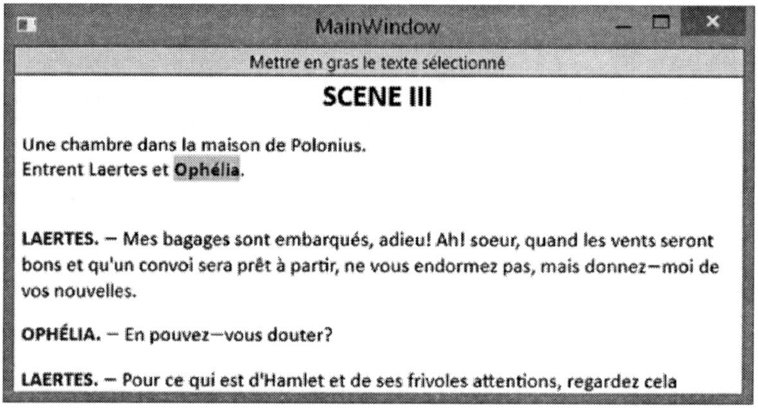

Remarque

Le fonctionnement du contrôle `Button` *est détaillé plus loin dans ce chapitre.*

3.4.3 PasswordBox

Les règles de sécurité informatique incluent toutes le non-partage des mots de passe afin d'éviter toute utilisation non désirée d'un compte applicatif. Le premier moyen d'éviter qu'un mot de passe ne tombe entre de mauvaises mains est son masquage. Cette solution est d'ailleurs utilisée par la quasi-totalité des éditeurs.

Avec WPF, l'implémentation de ce masquage peut être effectuée à l'aide du contrôle `PasswordBox`. Celui-ci remplace automatiquement les caractères saisis par le caractère spécifié dans sa propriété `PasswordChar`, tout en conservant précieusement ce qui a été saisi dans sa propriété `Password`.

3.5 Contrôles de sélection

Les contrôles de sélection sont nettement moins permissifs que les contrôles de saisie, puisqu'ils permettent de choisir une ou plusieurs options parmi une liste finie d'éléments. Mais ce comportement leur permet en contrepartie d'être une aide précieuse pour les utilisateurs puisqu'il permet d'accélérer le remplissage de formulaires tout en réduisant les possibilités d'erreurs lors d'opérations de catégorisation ou de saisie répétitive.

3.5.1 RadioButton

Le contrôle `RadioButton` représente une option de sélection exclusive qui peut être cochée ou non cochée. Cet état peut être récupéré à l'aide de la propriété `IsChecked`. Lorsque le contrôle est coché, il est impossible de le décocher en cliquant à nouveau dessus. Il faut pour cela cocher un autre contrôle `RadioButton` appartenant au même groupe. Le groupe auquel appartient le contrôle est défini par la propriété `GroupName`.

```
<StackPanel Orientation="Horizontal">
    <RadioButton GroupName="Choix" Content="Choix n°1" />
    <RadioButton GroupName="Choix" Content="Choix n°2" />
</StackPanel>
```

Ce code produit le résultat affiché ci-dessous.

Ce contrôle est rarement utilisé lorsque plus de cinq choix sont proposés. Dans ce type de cas, le contrôle `ComboBox` est souvent préféré car il est moins encombrant qu'un empilement de `RadioButton` et est au moins aussi lisible.

3.5.2 CheckBox

Le contrôle CheckBox permet, comme le RadioButton, de sélectionner ou non une valeur, mais son mode de sélection n'est pas exclusif : plusieurs CheckBox peuvent être cochées. L'état de chaque CheckBox est défini par la valeur de sa propriété IsChecked.

L'utilisation du code suivant permet d'afficher deux contrôles CheckBox :

```
<StackPanel Orientation="Horizontal">
    <CheckBox Content="Choix n°1" />
    <CheckBox Content="Choix n°2" />
</StackPanel>
```

3.5.3 ComboBox

Ce contrôle propose une liste déroulante d'éléments dont un seul au maximum peut être sélectionné. Ce contrôle est souvent apprécié pour les sélections uniques en raison de sa simplicité d'utilisation et de son encombrement minimal.

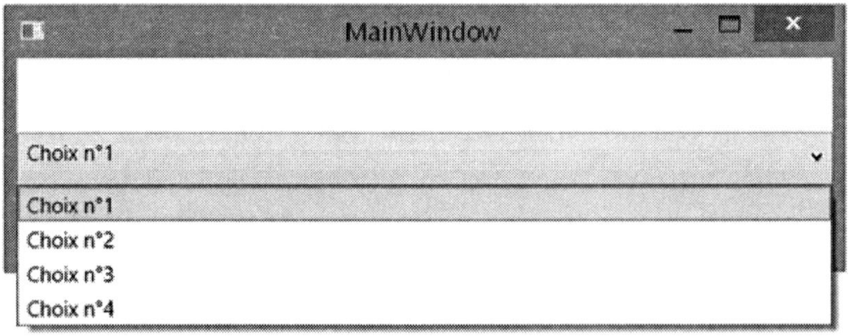

Ce contrôle est dérivé du type ItemsControl, ce qui implique que leur utilisation est similaire. Les données à afficher sont fournies par l'intermédiaire des propriétés Items ou ItemsSource. Cette seconde propriété est destinée à être valorisée à l'aide d'une expression de Binding.

De la même manière que pour le type `ItemsControl`, il est possible de personnaliser la présentation des éléments affichés en valorisant la propriété `ItemTemplate` du contrôle avec un objet de type `DataTemplate`.

Remarque

L'utilisation des `DataTemplate` pour la personnalisation de l'affichage est détaillée en même temps que le type `ItemsControl` (cf. section ItemsControl).

Lorsqu'un objet est sélectionné, sa valeur est enregistrée dans la propriété `SelectedItem` du contrôle.

3.5.4 ListBox

Le contrôle `ListBox` affiche une liste d'éléments dont un ou plusieurs sont sélectionnables. Le mode de sélection est défini par la valeur de la propriété `SelectionMode` du contrôle : `Single` signifie qu'une seule valeur est sélectionnable, tandis que `Multiple` et `Extended` permettent la sélection multiple. La différence entre ces deux derniers modes est la suivante :

- `Multiple` : la sélection ou désélection d'un élément est faite par un simple clic.
- `Extended` : il est nécessaire de maintenir la touche [Ctrl] appuyée pendant les opérations de sélection/désélection.

La liste de données contenues par le contrôle est fournie par l'intermédiaire de ses propriétés `Items` ou `ItemsSource`, de la même manière que pour le type `ItemsControl`. Comme pour les autres contrôles permettant l'affichage de collections, il est possible de personnaliser le rendu en valorisant la propriété `ItemTemplate` avec un objet de type `DataTemplate`.

Remarque

L'utilisation des `DataTemplate` pour la personnalisation de l'affichage est détaillée en même temps que le type `ItemsControl` (cf. section ItemsControl).

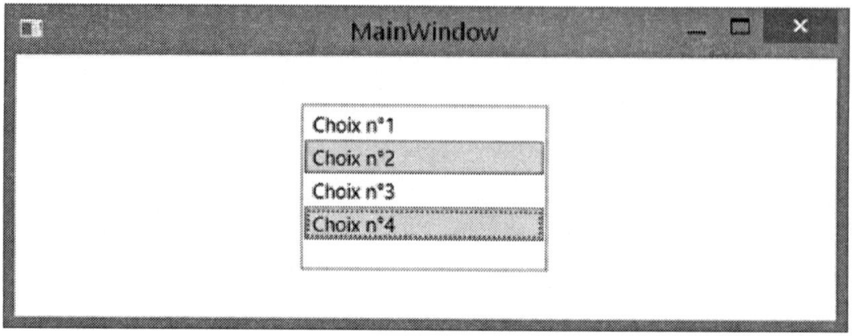

Ce résultat est obtenu en utilisant l'extrait de code ci-dessous.

```
<ListBox SelectionMode="Multiple" Height="100" Width="150">
    <ListBox.Items>
        <system:String>Choix n°1</system:String>
        <system:String>Choix n°2</system:String>
        <system:String>Choix n°3</system:String>
        <system:String>Choix n°4</system:String>
    </ListBox.Items>
</ListBox>
```

Lorsqu'un seul élément est sélectionné, sa valeur est stockée dans la propriété `SelectedItem` du contrôle. Si plusieurs valeurs sont sélectionnées, il est possible de les récupérer dans la propriété `SelectedItems`.

3.5.5 ListView

Le contrôle `ListView`, dérivé du type `ItemsControl`, permet d'afficher une liste d'éléments sous la forme d'une grille. Celle-ci est définie à l'aide de la propriété `View` qui est de type `ViewBase`. La seule classe du framework .NET qui hérite de ce type est la classe `GridView`, c'est donc un objet de ce type que nous passerons à la propriété `View`.

Remarque

Il est tout à fait possible de définir un autre format de présentation en développant un contrôle héritant de `ViewBase`.

Les éléments affichés par le contrôle sont, comme pour le type `ItemsControl`, passés au travers des propriétés `Items` ou `ItemsSource`.

Le type de donnée utilisé dans cet exemple est défini comme suit :

```
public class Client
{
    public string Nom { get; set; }
    public string Prenom { get; set; }
    public decimal MontantTotalAchats { get; set; }
}
```

Une fois ce type déclaré, il faut ajouter des éléments à la propriété `Items` du contrôle `ListView`.

```
<ListView>
    <ListView.Items>
        <local:Client Nom="DUPOND" Prenom="Jean"
MontantTotalAchats="127.42" />
        <local:Client Nom="MARTIN" Prenom="Eric"
MontantTotalAchats="98.02" />
        <local:Client Nom="TUCQUE" Prenom="Sophie"
MontantTotalAchats="241.95" />
    </ListView.Items>
</ListView>
```

Remarque

L'espace de noms `local` est défini dans la déclaration du contrôle `Window` parent. L'utilisation des espaces de noms est détaillée dans la première partie de ce chapitre (section XAML).

En l'état, ce contrôle a le même aspect qu'un contrôle `ListBox` : il affiche chacun de ses éléments en exécutant leur méthode `ToString` sous la forme d'une liste verticale.

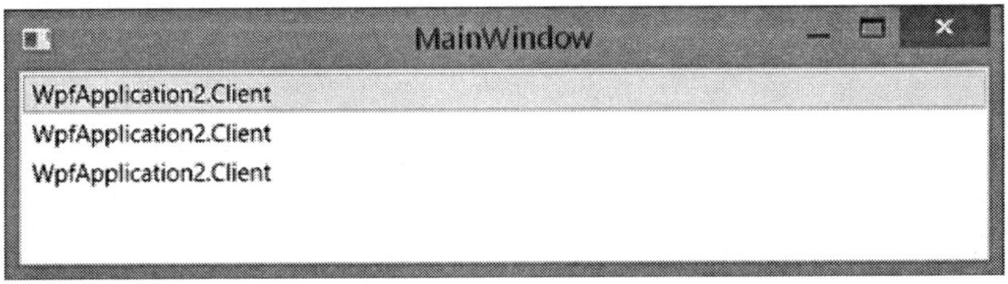

La mise en place du format de la grille est effectuée en valorisant la propriété `View` avec un objet de type `GridView`. Cette grille doit contenir une ou plusieurs colonnes. Pour chacune, il faut définir la valeur à afficher en valorisant sa propriété `DisplayMemberBinding` avec une expression de binding.

```
<ListView>
    <ListView.Items>
        <local:Client Nom="DUPOND" Prenom="Jean"
MontantTotalAchats="127.42" />
        <local:Client Nom="MARTIN" Prenom="Eric"
MontantTotalAchats="98.02" />
        <local:Client Nom="TUCQUE" Prenom="Sophie"
MontantTotalAchats="241.95" />
    </ListView.Items>
    <ListView.View>
        <GridView>
            <GridViewColumn Header="Nom" Width="120"
DisplayMemberBinding="{Binding Nom}" />
            <GridViewColumn Header="Prenom" Width="120"
DisplayMemberBinding="{Binding Prenom}" />
            <GridViewColumn Header="Montant achats" Width="120"
DisplayMemberBinding="{Binding MontantTotalAchats,
StringFormat={}{0} €}" />
        </GridView>
    </ListView.View>
</ListView>
```

Le résultat obtenu est présenté ci-dessous :

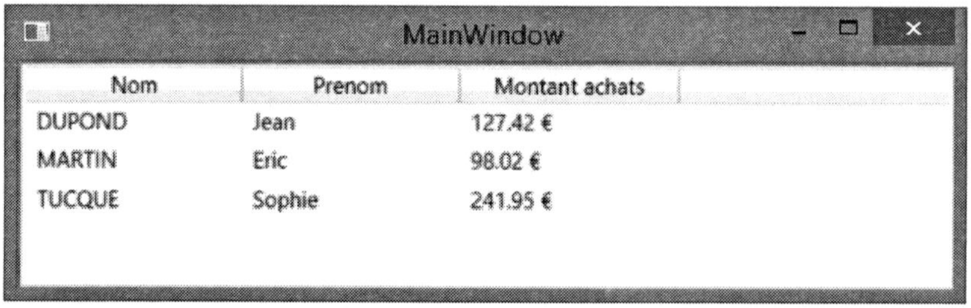

3.5.6 TreeView

Le contrôle `TreeView` offre la possibilité de visualiser des données sous une forme hiérarchique. Chacun des objets peut en effet avoir un ou plusieurs enfants, qui peuvent eux-mêmes être les parents d'autres nœuds, et ainsi de suite.

WPF permet de décrire cette hiérarchie simplement et clairement. Il suffit en effet de considérer que chaque nœud de notre arbre est un objet de type `TreeViewItem` qui peut contenir un ou plusieurs autres objets du même type.

Le texte correspondant à chacun des nœuds est valorisé par l'utilisation de la propriété `Header` de chaque objet `TreeViewItem`. Cette propriété est de type `object`, ce qui signifie indirectement qu'il n'est pas obligatoire de la valoriser avec une chaîne de caractères, et qu'elle peut donc contenir des images, du texte, une case à cocher, etc.

Le `TreeView` présenté ci-dessus est codé de la manière suivante :

```
<TreeView>
    <TreeViewItem Header="Amérique">
        <TreeViewItem Header="Amérique du Nord">
            <TreeViewItem Header="Canada" />
            <TreeViewItem Header="Etats-Unis" />
        </TreeViewItem>
        <TreeViewItem Header="Amérique centrale">
            <TreeViewItem Header="Mexique" />
            <TreeViewItem Header="Panama" />
            <TreeViewItem Header="Honduras" />
        </TreeViewItem>
        <TreeViewItem Header="Amérique du Sud">
            <TreeViewItem Header="Brésil" />
            <TreeViewItem Header="Argentine" />
            <TreeViewItem Header="Chili" />
            <TreeViewItem Header="Pérou" />
            <TreeViewItem Header="Colombie" />
        </TreeViewItem>
    </TreeViewItem>
    <TreeViewItem Header="Europe">
        <TreeViewItem Header="Union européenne">
            <TreeViewItem Header="Zone Euro">
                <TreeViewItem Header="Portugal" />
                <TreeViewItem Header="France" />
                <TreeViewItem Header="Luxembourg" />
                <TreeViewItem Header="Irlande" />
                <TreeViewItem Header="Finlande" />
                <TreeViewItem Header="Italie" />
                <TreeViewItem Header="Autriche" />
            </TreeViewItem>
            <TreeViewItem Header="Royaume-Uni" />
            <TreeViewItem Header="Danemark" />
            <TreeViewItem Header="Suède" />
        </TreeViewItem>
        <TreeViewItem Header="Suisse" />
    </TreeViewItem>
</TreeView>
```

La classe `TreeViewItem` dérive de la classe `HeaderedItemsControl` qui représente une liste possédant un en-tête. Cet en-tête est l'élément visualisé comme étant le nœud, tandis que la partie affichant les éléments de la collection est en fait représentée visuellement par les nœuds enfants. L'écriture complète de la déclaration d'un `TreeViewItem` et ses enfants est en fait la suivante :

```
<TreeViewItem Header="Amérique du Nord">
    <TreeViewItem.Items>
        <TreeViewItem Header="Canada" />
        <TreeViewItem Header="Etats-Unis" />
    </<TreeViewItem.Items>
</TreeViewItem>
```

L'utilisation de la propriété `ItemsSource` de la classe `TreeViewItem` peut s'avérer un peu plus délicate. Celle-ci impose l'utilisation d'un `ItemTemplate` afin de gérer la hiérarchie.
Le type d'objet à fournir est ici `HierarchicalDataTemplate`, qui est un type d'objet dérivé de la classe `DataTemplate`. La mise en œuvre de son utilisation est ici détaillée pas à pas.

Tout d'abord, il faut créer le `TreeView` ainsi que la structure de données à partir de laquelle sera peuplé le `TreeView`.

– MainWindow.xaml.cs :

```
public class RegionDuMonde
{
    public string NomRegion { get; set; }
    public List<Pays> ListePays { get; set; }
}

public class Pays
{
    public string Nom { get; set; }
}

public partial class MainWindow : Window
{
    public List<RegionDuMonde> Regions { get; set; }

    public MainWindow()
    {
```

```
            InitializeComponent();

            Regions = new List<RegionDuMonde>
            {
                new RegionDuMonde
                {
                    NomRegion = "Europe",
                    ListePays = new List<Pays>
                    {
                        new Pays { Nom = "Royaume-Uni" },
                        new Pays { Nom = "Danemark" },
                        new Pays { Nom = "Suède" }
                    }
                }
            };


            this.DataContext = this;
        }
}
```

– Définition du `TreeView` dans MainWindow.xaml :

```
<TreeView ItemsSource="{Binding Regions}">
</TreeView>
```

Ce qui donne à ce stade le résultat suivant :

La classe `HierarchicalDataTemplate` héritant de `DataTemplate`, il est possible de spécifier l'`ItemTemplate` du `TreeView` comme étant de ce type.

```
<TreeView ItemsSource="{Binding Regions}">
    <TreeView.ItemTemplate>
        <HierarchicalDataTemplate>
            <TextBlock Text="{Binding NomRegion}" />
        </HierarchicalDataTemplate>
    </TreeView.ItemTemplate>
</TreeView>
```

Le `TreeView` a maintenant l'aspect suivant :

La classe `HierarchicalDataTemplate` possède une propriété `ItemsSource` qu'il faut ici lier à la liste de pays :

```
...
<HierarchicalDataTemplate ItemsSource="{Binding ListePays}">
...
```

Comme pour tous les `ItemsControl`, pour obtenir le résultat obtenu, il est nécessaire de fournir un `DataTemplate` pour les objets de type `Pays`. La classe `HierarchicalDataTemplate` a une propriété `ItemTemplate` permettant de spécifier le modèle de données à appliquer pour ces objets.

```
<TreeView ItemsSource="{Binding Regions}">
    <TreeView.ItemTemplate>
        <HierarchicalDataTemplate ItemsSource="{Binding ListePays}">
            <TextBlock Text="{Binding NomRegion}" />
            <HierarchicalDataTemplate.ItemTemplate>
                <DataTemplate>
                    <TextBlock Text="{Binding NomPays}" />
                </DataTemplate>
            </HierarchicalDataTemplate.ItemTemplate>
        </HierarchicalDataTemplate>
    </TreeView.ItemTemplate>
</TreeView>
```

Le résultat correspond à ce qui était attendu :

3.5.7 Slider

Ce contrôle permet la sélection d'une valeur numérique comprise entre deux bornes. L'utilisateur effectue son choix en faisant glisser un curseur le long d'une piste. Ce type de contrôle est souvent utilisé dans les applications multimédias pour gérer le volume sonore ou l'emplacement de lecture actuel d'un fichier audio ou vidéo.

Les bornes minimales et maximales sont définies par la valorisation des propriétés `Minimum` et `Maximum`, tandis que l'intervalle entre les valeurs sélectionnables est défini par la valeur de la propriété `SmallChange`. Si cette dernière propriété n'est pas valorisée, il est possible de sélectionner n'importe quelle valeur décimale supportée par le type `double`. La propriété `LargeChange` permet quant à elle de définir le nombre d'unités que le curseur doit parcourir vers l'avant ou l'arrière lorsque l'utilisateur clique sur la piste mais ne fait pas glisser le curseur.

3.5.8 Calendar

Ce contrôle permet de naviguer visuellement dans un calendrier afin de sélectionner une date, à la manière du calendrier intégré à la barre des tâches de Windows.

La date sélectionnée est représentée par la propriété `SelectedDate`.

3.5.9 DatePicker

Les saisies de date peuvent s'avérer particulièrement compliquées à implémenter, c'est pourquoi le framework .NET fournit le contrôle `DatePicker`. Celui-ci est composé de trois parties : un champ de saisie, un calendrier pouvant être affiché ou masqué, et enfin un bouton permettant d'afficher le calendrier. Il permet donc la saisie directe et valide que les données qu'il reçoit correspondent à des dates. La sélection de la date à partir du calendrier permet d'éviter tout problème concernant le format des données et est donc souvent privilégiée.

La propriété `SelectedDate` donne accès en lecture et en écriture à la valeur sélectionnée ou saisie dans le contrôle.

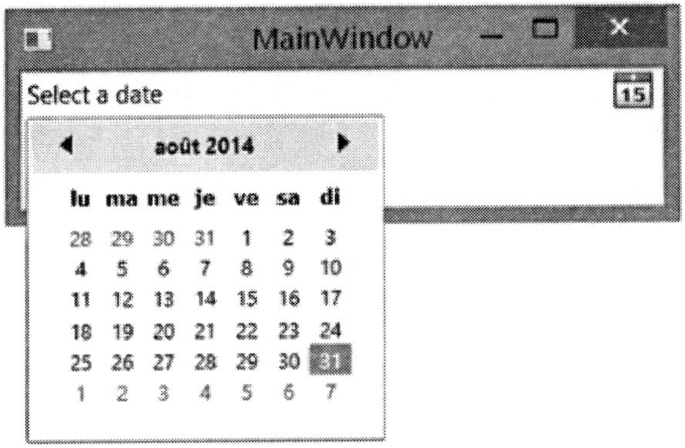

3.6 Contrôles d'action

À la différence des applications consoles dont le cycle de vie est très simple puisqu'elles utilisent un mode d'exécution séquentiel, les applications graphiques sont souvent composées d'une multitude de modules exécutant des tâches spécifiques lorsque l'utilisateur le souhaite. Pour exécuter ces tâches spécifiques, un des moyens existants est l'utilisation de contrôles d'action.

3.6.1 Button

Le contrôle Button est sans doute le plus utilisé des contrôles d'action. Son mode de fonctionnement est simple et intuitif : il s'agit d'un contrôle dont l'apparence est celle d'un bouton sur lequel un texte est écrit, ce qui indique son utilité.

Avec WPF, ce contrôle ne permet pas seulement d'afficher du texte. En effet, sa propriété Content est de type Object, il est donc possible de lui assigner tout contrôle WPF : Image, Grid ou StackPanel avec du contenu, du texte ou même un contrôle personnalisé.

Ce contrôle dispose également d'un événement Click permettant d'exécuter une portion de code en réaction au clic d'un utilisateur sur le contrôle.

```
<Button Content="Cliquez !" Click="Button_Click" />
```

3.6.2 Menu

Le contrôle Menu est principalement utilisé pour présenter des actions communes à toute l'application. Il est représenté visuellement par une barre située généralement en haut de la fenêtre principale d'une application. Il est évidemment possible de placer différents contrôles Menu sur les différentes fenêtres composant un programme.

Chacun des éléments composant cette barre peut à son tour contenir d'autres éléments. Cette structure est similaire à celle d'un TreeView, et le code permettant sa création est par conséquent très similaire à celui permettant de définir un TreeView et son contenu. Le contrôle Menu contient des éléments MenuItem pouvant eux-mêmes contenir d'autres éléments de type MenuItem. Le texte indiquant l'utilité de chacun des boutons est valorisé par l'intermédiaire de la propriété Header de chaque objet de type MenuItem. Une image peut être accolée au texte en passant un objet Image à la propriété Icon, tandis qu'un texte indiquant le raccourci clavier associé au MenuItem est spécifié à l'aide de la propriété InputGestureText.

Remarque

Attention, InputGestureText est uniquement une propriété d'affichage. Le fait de la valoriser n'associe pas la combinaison de touches et l'exécution de l'action relative au MenuItem.

Pour associer une action à un `MenuItem`, il convient d'associer un gestionnaire d'événements à sa propriété `Click` de la même manière que pour un contrôle `Button`.

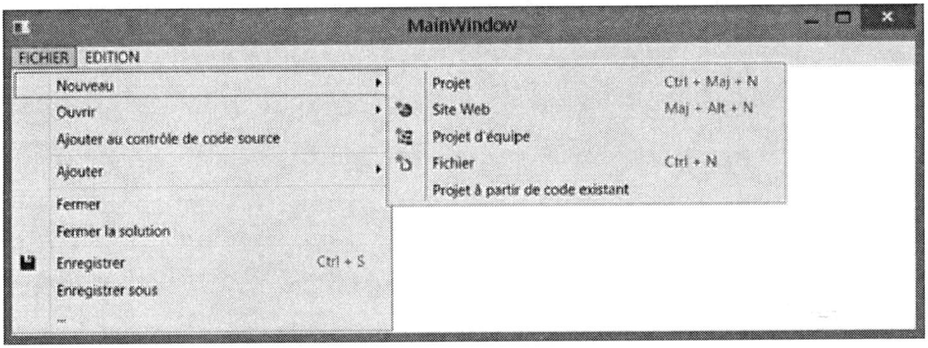

Le menu ci-dessus est généré à partir du code suivant :

```
<Menu Height="20" VerticalAlignment="Top">
    <MenuItem Header="FICHIER">
        <MenuItem Header="Nouveau">
            <MenuItem Header="Projet" InputGestureText="Ctrl + Maj + N" />
            <MenuItem Header="Site Web" InputGestureText="Maj + Alt + N">
                <MenuItem.Icon>
                    <Image Source="NewWebSite_6288.png" />
                </MenuItem.Icon>
            </MenuItem>
            <MenuItem Header="Projet d'équipe" >
                <MenuItem.Icon>
                    <Image Source="NewTeamProject_7437.png" />
                </MenuItem.Icon>
            </MenuItem>
            <MenuItem Header="Fichier" InputGestureText="Ctrl + N">
                <MenuItem.Icon>
                    <Image Source="NewFile_6276.png" />
                </MenuItem.Icon>
            </MenuItem>
            <MenuItem Header="Projet à partir de code existant" />
        </MenuItem>
        <MenuItem Header="Ouvrir">
            <MenuItem Header="Projet/Solution"
InputGestureText="Ctrl + Maj + O" />
            <MenuItem Header="Site Web" InputGestureText="Maj + Alt + O" />
            <Separator />
            <MenuItem Header="Ouvrir depuis le contrôle de code
source" InputGestureText="Maj + Alt + N" />
            <MenuItem Header="Projet d'équipe"  />
```

```
            <Separator />
            <MenuItem Header="Fichier" InputGestureText="Ctrl + O" />
            <MenuItem Header="Convertir" />
        </MenuItem>
        <MenuItem Header="Ajouter au contrôle de code source" />
        <Separator />
        <MenuItem Header="Ajouter">
            <MenuItem Header="Nouveau projet" />
            <MenuItem Header="Nouveau site Web" /
            <Separator />
            <MenuItem Header="Projet existant" />
            <MenuItem Header="Site Web existant" />
        </MenuItem>
        <Separator />
        <MenuItem Header="Fermer" />
        <MenuItem Header="Fermer la solution" />
        <Separator />
        <MenuItem Header="Enregistrer" InputGestureText="Ctrl + S">
            <MenuItem.Icon>
                <Image Source="Save_6530.png" />
            </MenuItem.Icon>
        </MenuItem>
        <MenuItem Header="Enregistrer sous" />

        <MenuItem Header="..." />
    </MenuItem>
    <MenuItem Header="EDITION">
        <MenuItem Header="Annuler" InputGestureText="Ctrl + Z" />
        <MenuItem Header="Rétablir" InputGestureText="Ctrl + Y" />
        <MenuItem Header="Annuler la dernière action globale" />
        <MenuItem Header="Rétablir la dernière action globale" />

        <MenuItem Header="..." />
    </MenuItem>
</Menu>
```

Remarque

Les images utilisées pour la réalisation de ce menu proviennent de la ***Bibliothèque d'images Visual Studio 2013****, disponible à l'adresse suivante : http://msdn.microsoft.com/fr-fr/library/ms246582.aspx*

Comme l'objet `TreeView`, il est possible de construire un `Menu` en valorisant sa propriété `ItemsSource` et en fournissant un `ItemTemplate` de type `HierarchicalDataTemplate`.

3.6.3 ContextMenu

La création d'un menu contextuel est réalisée en WPF avec l'aide du contrôle ContextMenu. Celui-ci est conçu sur la même base que le contrôle Menu : ils héritent tous deux de la classe MenuBase. La conception et l'utilisation de ces deux contrôles sont donc très similaires. L'objet ContextMenu contient lui aussi des éléments de type MenuItem qu'il est possible d'imbriquer. Les différences principales entre ces contrôles sont que le menu contextuel est lié à un contrôle par la propriété ContextMenu du contrôle et qu'il apparaît à la demande lorsque l'utilisateur effectue un clic droit.

Le code suivant crée un contrôle TextBox et lui assigne un menu contextuel.

```
<TextBox Height="25" VerticalAlignment="Top" Margin="10">
    <TextBox.ContextMenu>
        <ContextMenu>
            <MenuItem Header="Copier" InputGestureText="Ctrl + C" />
            <MenuItem Header="Coller" InputGestureText="Ctrl + V" />
            <MenuItem Header="Supprimer" InputGestureText="Suppr" />
        </ContextMenu>
    </TextBox.ContextMenu>
</TextBox>
```

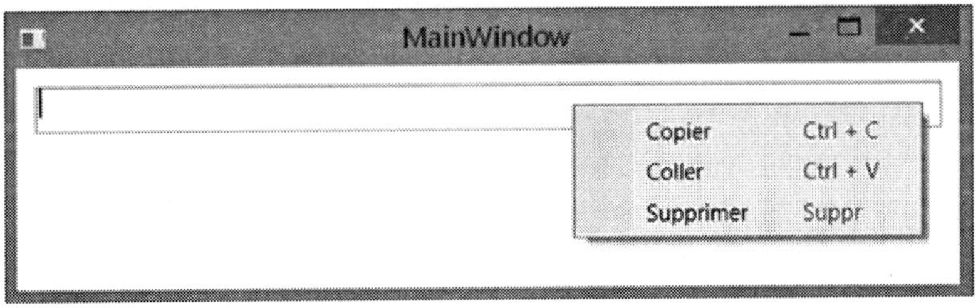

3.6.4 ToolBar

Les contrôles ToolBar et ToolBarTray permettent de créer une barre d'outils complète pour une fenêtre.

Chaque contrôle ToolBar constitue un groupement de contrôles fournissant des fonctionnalités similaires ou liées entre elles. Le conteneur dédié aux contrôles de type ToolBar est représenté par le type ToolBarTray. Celui-ci gère les opérations de placement, de redimensionnement et de glisser-déposer des éléments ToolBar.

Les différentes `Toolbar` sont positionnées dans leur conteneur à l'aide des propriétés `Band` et `BandIndex`, représentant respectivement l'index de la bande dans laquelle le contrôle doit être placé et l'emplacement dans la bande par rapport aux autres `Toolbar`.

Un contrôle `ToolBar` peut contenir tout type de contrôles : boutons, listes déroulantes, cases à cocher, etc.

Le code suivant permet de générer une barre d'outils complète répartie sur deux bandes.

```
<ToolBarTray VerticalAlignment="Top">
    <ToolBar Band="1" BandIndex="1">
        <Button>
            <Image Source="Cut_6523.png" />
        </Button>
        <Button>
            <Image Source="Copy_6524.png" />
        </Button>
        <Button>
            <Image Source="Paste_6520.png" />
        </Button>
        <Separator />
        <Button>
            <Image Source="Undo_16x.png" />
        </Button>
        <Button>
            <Image Source="Redo_16x.png" />
        </Button>
    </ToolBar>
    <ToolBar Band="2" BandIndex="1">
        <Button>
            <Image Source="Save_6530.png" />
        </Button>
    </ToolBar>
</ToolBarTray>
```

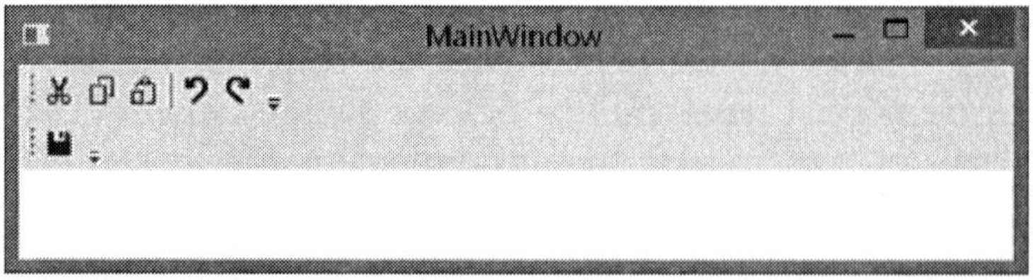

4. Interactions clavier et souris

Dans un environnement graphique tel que celui fourni par les applications WPF, il est essentiel d'être capable de réagir aux interactions entre l'utilisateur et le logiciel afin de fournir une expérience fluide et cohérente. Ces interactions sont aujourd'hui presque uniquement réalisées à l'aide de deux périphériques : le clavier et la souris. WPF fournit différents événements déclenchés lorsque l'utilisateur effectue une action sur l'un de ces périphériques. Ces événements sont générés par le type `System.Windows.UIElement`, qui est un ancêtre commun de la quasi-totalité des contrôles WPF.

4.1 Événements clavier

Avec WPF, deux événements principaux sont déclenchés lorsque l'utilisateur appuie sur une touche de son clavier : `KeyDown` et `KeyUp`. Ils correspondent respectivement à l'appui et au relâchement de la touche et sont déclenchés dans ce même ordre.

Le délégué associé à ces deux événements possède la définition suivante :

```
public delegate void KeyEventHandler(object sender, KeyEventArgs e);
```

Les données transmises dans le paramètre de type `KeyEventArgs` permettent de connaître la touche physique du clavier impliquée dans l'événement déclenché, ainsi que son état. L'exemple de code suivant affiche dans la fenêtre **Sortie** de Visual Studio le nom de la touche manipulée ainsi que son état au travers des propriétés `IsUp`, `IsDown` et `KeyStates` de l'objet `KeyEventArgs`.

```
public partial class MainWindow : Window
{
    public MainWindow()
    {
        InitializeComponent();

        KeyDown += Window_ManipulationToucheClavier;
    }

    private void Window_ManipulationToucheClavier(object sender,
KeyEventArgs e)
    {
```

```
        Console.WriteLine("{0} \t IsUp = {1} \t IsDown = {2} \t
KeyStates = {3}", e.Key, e.IsUp, e.IsDown, e.KeyStates);
    }
}
```

Ainsi, lorsque la fenêtre de l'application est active, la saisie du texte `Bonjour !` affiche le résultat suivant dans la fenêtre de Sortie.

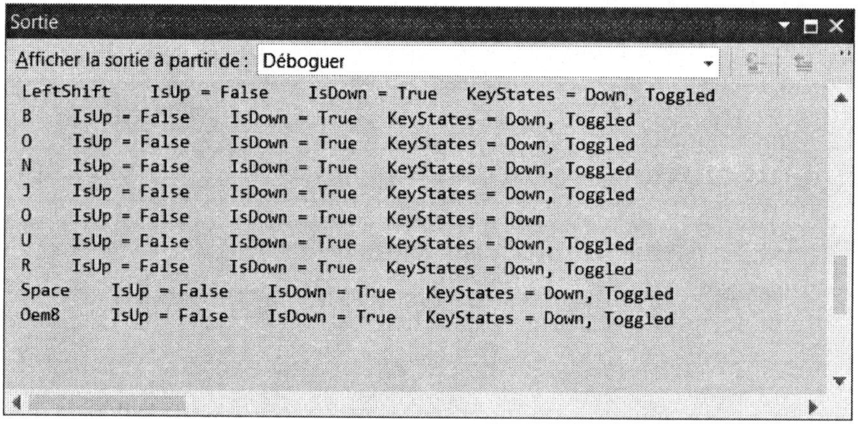

La touche `LeftShift` est utilisée pour écrire la première lettre en majuscule. La touche `Oem8` que l'on trouve en dernière position correspond au point d'exclamation.

Il est possible d'obtenir le texte saisi caractère par caractère en utilisant l'événement `TextInput`. Le délégué qui lui est associé est le suivant :

```
public delegate void TextCompositionEventHandler(object sender,
TextCompositionEventArgs e);
```

Le paramètre de type `TextCompositionEventArgs` possède une propriété `Text` qui contient le texte associé à un appui sur une touche, si celle-ci génère du texte.

```
public partial class MainWindow : Window
{
    public MainWindow()
    {
        InitializeComponent();

        TextInput += MainWindow_TextInput;
```

```
    }

    void MainWindow_TextInput(object sender,
TextCompositionEventArgs e)
    {
        Console.WriteLine(e.Text);
    }
}
```

4.2 Événements souris

La souris génère beaucoup plus d'événements différents que le clavier. Il est en effet possible d'appuyer sur ses boutons, de faire rouler la molette ou de la déplacer. Une dizaine d'événements dédiés à la gestion des interactions par la souris sont ainsi disponibles sur chaque contrôle. Leur nom commence systématiquement par `Mouse`.

MouseDown et MouseUp

Ces deux événements sont déclenchés lorsqu'un bouton de la souris est appuyé ou relâché. Le bouton concerné peut être le gauche, le droit, un bouton placé au centre qui est généralement la molette, ou encore un bouton étendu, c'est-à-dire qu'il ne correspond pas fonctionnellement à une souris classique. Les boutons étendus, lorsqu'ils sont présents, sont généralement placés sur le côté.

Le paramètre MouseButtonEventArgs passé aux gestionnaires de ces événements possède une propriété ChangedButton indiquant le bouton qui a été manipulé. Il fournit également une propriété ButtonState qui indique si le bouton est pressé ou non, et une propriété ClickCount qui permet quant à elle de savoir si plusieurs clics ont été effectués. Si vous souhaitez implémenter une fonctionnalité de gestion du triple clic, c'est vers cette dernière propriété que vous devez vous diriger.

MouseLeftButtonDown et MouseLeftButtonUp

Ces événements sont déclenchés spécifiquement lorsque le bouton gauche de la souris est manipulé. Leur fonctionnement est parfaitement identique à celui de MouseDown et MouseUp.

MouseRightButtonDown et MouseRightButtonUp

Ces événements sont déclenchés spécifiquement lorsque le bouton droit de la souris est manipulé. Leur fonctionnement est parfaitement identique à celui de MouseDown et MouseUp.

MouseMove

Cet événement est déclenché à chaque mouvement du curseur de la souris au-dessus du contrôle pour lequel l'événement est géré. Les données fournies aux gestionnaires d'événements ne concernent pas la position de la souris. Pour connaître les coordonnées du curseur, il convient d'utiliser la méthode GetPosition de la classe statique Mouse. Cette méthode accepte en paramètre un objet implémentant l'interface IInputElement : n'importe quel contrôle WPF peut être fourni à cette méthode.

Dans le fichier .xaml :

```
<TextBox x:Name="txtNom" />
```

Dans le fichier .xaml.cs :

```
double positionHorizontale = Mouse.GetPosition(txtNom).X
double positionVerticale = Mouse.GetPosition(txtNom).Y
```

MouseEnter et MouseLeave

Ces événements sont déclenchés lorsque le curseur entre ou sort d'un contrôle. Pour ces deux événements, le gestionnaire accepte un paramètre de type `MouseEventArgs`. Celui-ci permet d'analyser l'état courant de la souris grâce à ses propriétés `LeftButton`, `RightButton`, `MiddleButton`, `X1Button` et `X2Button`. Ces propriétés fournissent le statut des différents boutons du périphérique. Ces événements peuvent notamment être particulièrement intéressants si vous souhaitez implémenter vous-même la totalité du code nécessaire à la mise en place du glisser-déposer.

4.3 Glisser-déposer

Lorsque l'on utilise WPF, la gestion du glisser-déposer est simplifiée par différents éléments :

- Chaque contrôle peut être une source ou une cible de glisser-déposer.
- La méthode statique `DoDragDrop` de la classe `DragDrop` implémente le stockage temporaire des données déplacées et s'occupe également de la gestion des effets visuels associée à l'opération.
- Plusieurs événements permettent de fournir des traitements et des retours visuels à l'utilisateur en fonction de l'évolution de l'opération.

La mise en œuvre de cette action sera effectuée au travers d'un exemple simple : le déplacement d'un disque rouge sur un rectangle vert colore le rectangle en rouge.

▶ Pour commencer, créez un nouveau projet d'application WPF nommé `GlisserDeposer`.

▶ Modifiez le code du fichier `MainWindow.xaml` de manière à positionner un contrôle Ellipse et un contrôle Rectangle.

```
<Window x:Class=" GlisserDeposer.MainWindow"

xmlns="http://schemas.microsoft.com/winfx/2006/xaml/presentation"
        xmlns:x="http://schemas.microsoft.com/winfx/2006/xaml"
        Title="MainWindow" Height="468.4" Width="553.8">
    <Canvas>
        <Ellipse Canvas.Left="50" Canvas.Top="50" Height="100"
```

```
                  Width="100" Fill="#FF0000" />

         <Rectangle Height="100" Width="100" Canvas.Left="400"
                    Canvas.Top="280" Stroke="#000000"
                    Fill="#00FF00" StrokeThickness="3"
    </Canvas>
</Window>
```

La structure visuelle est en place. À partir de là, trois éléments doivent être pris en compte :

- Le contrôle `Ellipse` est la source du glisser-déposer.
- Le `Rectangle` est la cible de cette action.
- Une donnée est transmise de l'`Ellipse` vers le `Rectangle` : sa couleur.

Commençons par autoriser le `Rectangle` à être la cible d'une opération de glisser-déposer.

▶ Ajoutez l'attribut `AllowDrop` au `Rectangle` et valorisez-le à `True`.

```
<Rectangle .... AllowDrop="True" />
```

Il est maintenant nécessaire de gérer le déclenchement de l'action. Pour cela, il nous faut repérer un mouvement de souris sur le contrôle `Ellipse` pendant lequel le bouton gauche de la souris est appuyé. L'événement `MouseMove` est idéal pour gérer tout cela.

Abonnez-vous à l'événement `MouseMove` du contrôle `Ellipse` et fournissez-lui le gestionnaire suivant :

```
private void Ellipse_MouseMove(object sender, MouseEventArgs e)
{
    if (e.LeftButton == MouseButtonState.Pressed)
    {
        var ellipse = (Ellipse)sender;
        DragDrop.DoDragDrop(ellipse, ellipse.Fill.ToString(),
DragDropEffects.Copy);
    }
}
```

Ce gestionnaire déclenche l'opération de glisser sur le contrôle `Ellipse`, stocke la valeur de la couleur de remplissage de ce contrôle de manière à pouvoir la réutiliser plus tard, et enfin applique l'effet visuel "Copie". Cet effet modifie le curseur lorsque l'on atteint une cible telle que le contrôle `Rectangle`.

Puisque nous sommes en mesure de faire glisser notre `Ellipse`, il reste maintenant à gérer la partie "déposer" de l'opération.

Pour cela, abonnez-vous à l'événement `Drop` du `Rectangle` et créez son gestionnaire d'événement.

```
private void Rectangle_Drop(object sender, DragEventArgs e)
{
    Rectangle rectangle = sender as Rectangle;
    if (rectangle != null)
    {

        //On vérifie l'existence d'une donnée stockée
        //pour le glisser-déposer

        if (e.Data.GetDataPresent(DataFormats.StringFormat))
        {

            //On récupère la donnée. C'est ici une chaîne de
            //caractères ayant pour valeur "#FFFF0000"

            string dataString =
(string)e.Data.GetData(DataFormats.StringFormat);

            //On utilise un objet BrushConverter pour transformer
            //cette chaîne de caractères en Brush applicable
            //à la propriété Fill du rectangle

            BrushConverter converter = new BrushConverter();
            if (converter.IsValid(dataString))
            {
                Brush newFill =
(Brush)converter.ConvertFromString(dataString);
                rectangle.Fill = newFill;
            }
        }
    }
}
```

Lors de l'événement `Drop`, on récupère la donnée stockée précédemment par la méthode `DoDragDrop`. On transforme cette donnée de manière à pouvoir l'utiliser : ici, on utilise un `BrushConverter` dont le but est la conversion d'une chaîne de caractères en objet `Brush` (pinceau) utilisable pour colorer un élément. On applique enfin la valeur obtenue à la propriété `Fill` du contrôle `Rectangle`.

Lancez l'application et effectuez l'opération de glisser-déposer du cercle vers le rectangle : le rectangle change de couleur !

Les événements `DragEnter` et `DragLeave` permettent de rajouter du code entre le démarrage de l'opération et sa fin. `DragEnter` est déclenché lorsqu'un contrôle est glissé au-dessus d'un contrôle autorisant cette opération, sans le lâcher. `DragLeave` est exécuté lorsque le contrôle est glissé à l'extérieur des limites d'un autre contrôle. Ces deux événements offrent ainsi la capacité de générer, entre autres, une prévisualisation de l'effet d'un glisser-déposer.

5. Aller plus loin avec WPF

WPF est une technologie dont la structure permet de pousser très loin la personnalisation d'une interface graphique. Visual Studio est fourni avec de nombreux outils, dont **Blend**, qui se révèle être une aide précieuse pour l'élaboration des interfaces graphiques.

WPF permet aussi, grâce aux **Binding** notamment, un **découplage** presque parfait entre la partie visuelle d'une application et le code métier qui lui est associé. La mise en œuvre de cette séparation est le plus souvent effectuée à l'aide du patron de conception **MVVM** (*Model - View - ViewModel*).

5.1 Introduction à l'utilisation de Blend

Blend pour Visual Studio est un outil apparu initialement sous le nom d'**Expression Blend** dans la suite Expression de Microsoft en 2007. Il est depuis ses débuts destiné à produire du code XAML pour les applications **WPF**, puis son champ d'action a été élargi pour inclure **Silverlight** et **Windows Phone 7**. Après sa version 4, il a été introduit dans la gamme d'outils livrés avec Visual Studio, et l'ensemble de technologies qu'il supporte a évolué de manière à inclure les applications **Windows Phone 8** et **Windows 8**. Aujourd'hui, Blend peut même être utilisé pour créer des interfaces d'application Windows Phone ou Windows Store en **HTML5** !

Blend peut être décrit comme étant une version orientée design de Visual Studio. En effet, Visual Studio possède un concepteur visuel basique et des dizaines d'outils destinés à aider le développeur dans sa tâche d'écriture de code. À l'inverse, Blend est constitué de nombreux outils visuels complétant son concepteur d'interfaces, tandis qu'il permet d'éditer le code XAML ou C# d'une manière extrêmement simple, sans même le support d'IntelliSense. Ces deux applications présentent par ailleurs une interface structurellement très similaire, ce qui favorise une courbe d'apprentissage rapide.

5.1.1 L'interface

Au lancement de Blend, l'écran principal est affiché, et une fenêtre modale bleue permettant la création d'un nouveau projet ou l'ouverture d'un projet existant est placée au premier plan.

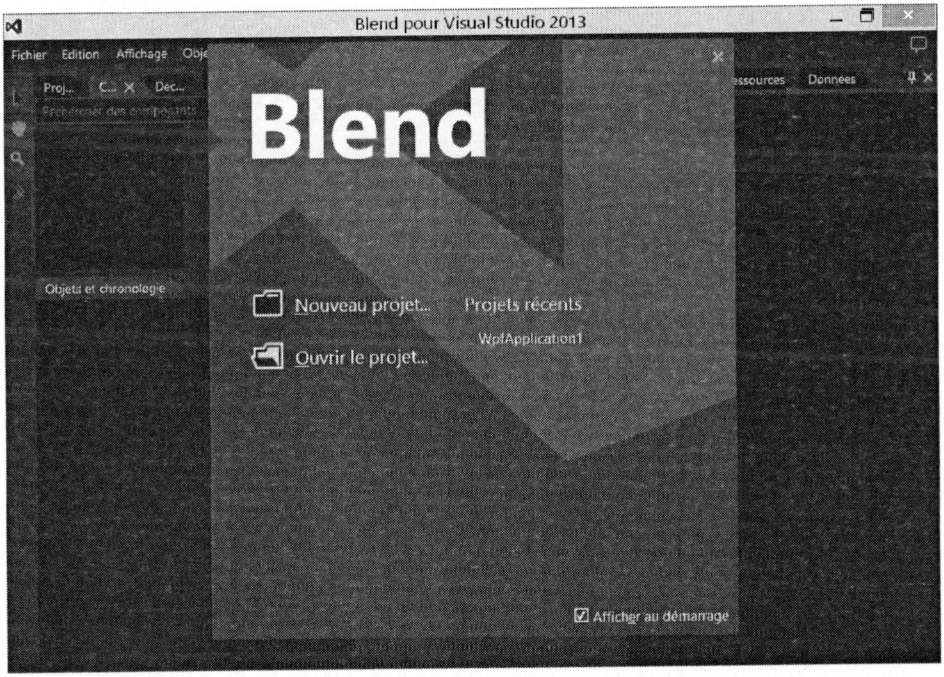

Le choix de l'option **Nouveau projet...** ouvre la fenêtre suivante. Celle-ci permet de choisir le type de projet sur lequel travailler. De nombreuses possibilités sont proposées, parmi lesquelles des applications WPF, Windows Store, Silverlight ou Windows Phone.

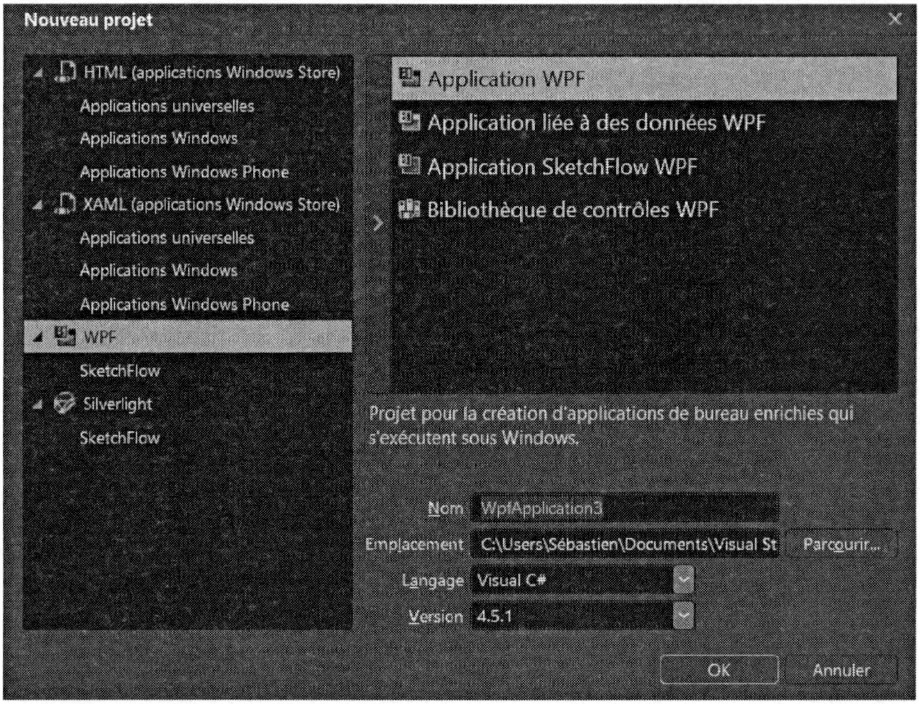

Le choix de l'option **Application WPF** amène à l'écran suivant, dont la mise en page présente par défaut trois zones réparties sur la gauche, au centre et à droite.

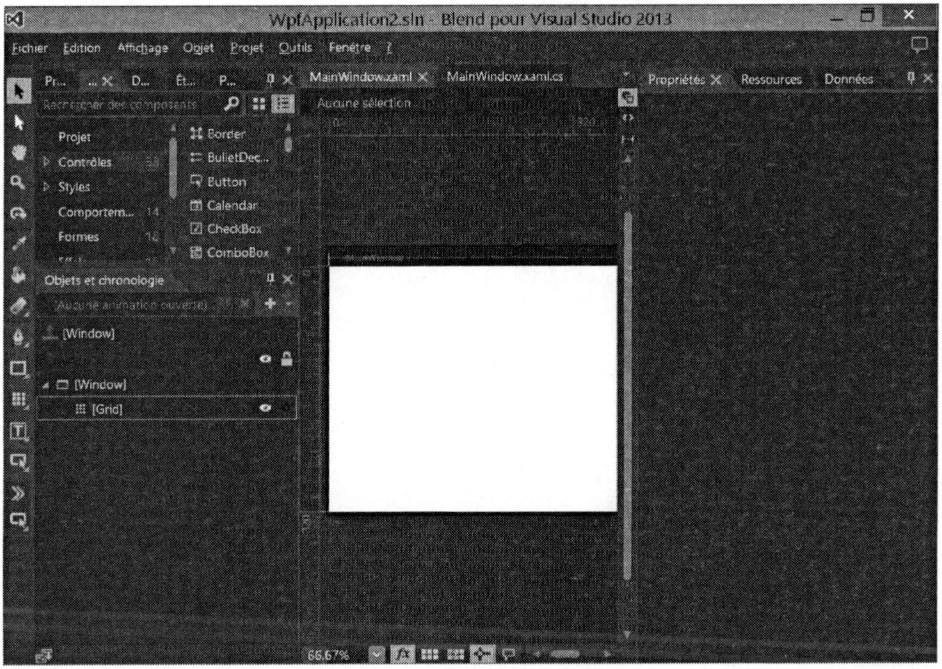

Au centre, on trouve une surface de travail représentant la fenêtre en cours de développement. Il est possible de zoomer aisément à l'aide de la molette de la souris afin de mieux visualiser les éléments qui seront placés dans cette zone.

Différents onglets placés sur la gauche et la droite contiennent des outils permettant de visualiser ou modifier certains éléments de l'application.

Projets

Cet onglet contient un arbre représentant la structure du projet en cours d'édition. Il est très semblable à l'**explorateur de solutions de Visual Studio**.

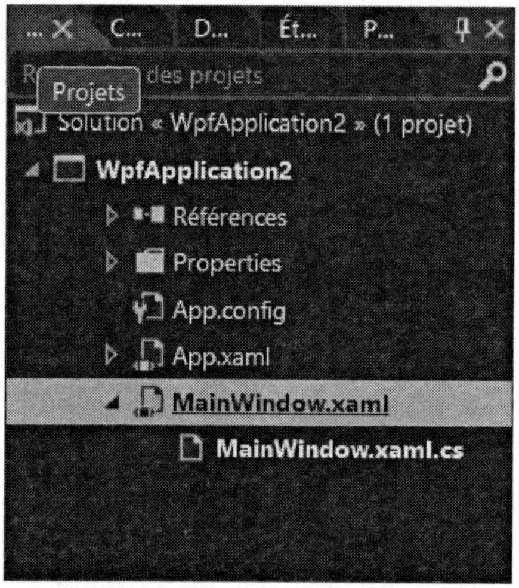

Composants

Les différents éléments listés dans cet onglet sont les contrôles (majoritairement graphiques) utilisables dans l'application WPF. Ils sont regroupés selon différentes catégories représentant des emplacements physiques ou des groupements logiques.

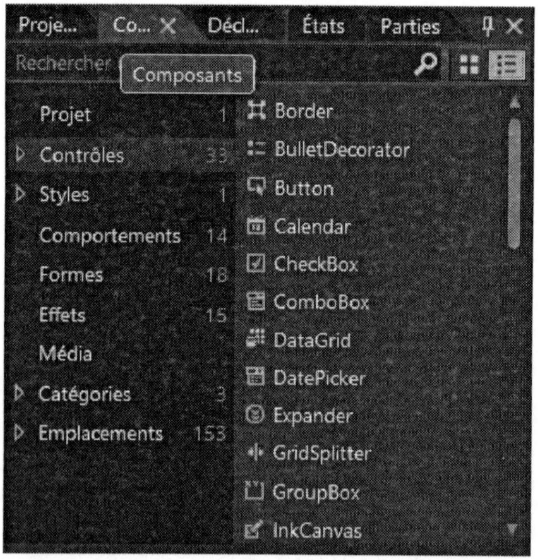

Déclencheurs

Il est possible de déclarer avec XAML des modifications devant être appliquées lorsqu'une ou plusieurs conditions sont réunies. Ces modifications sont regroupées dans des déclencheurs (ou Triggers). L'onglet **Déclencheurs** permet de créer et gérer ces objets sans utiliser directement XAML.

États

Les contrôles graphiques peuvent avoir différents états visuels définis en XAML. Chacun regroupe un ensemble de valeurs de propriétés à appliquer lorsque l'état visuel du contrôle est modifié.

Objets et chronologie

Cet onglet a deux objectifs : la visualisation de l'arbre logique formé par les contrôles d'une fenêtre et la génération de scénarios pour des animations (appelés communément *Storyboards*). Les animations pouvant modifier des propriétés de plusieurs contrôles, cet onglet permet de visualiser ces changements sous la forme d'un chronogramme (diagramme suivant une ligne temporelle).

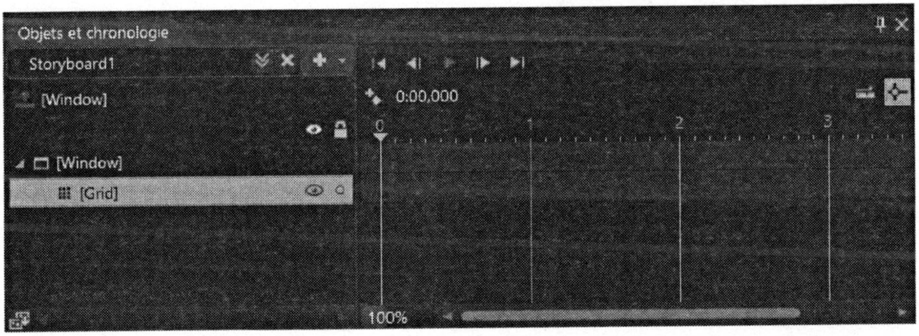

Propriétés

Cet onglet permet la modification directe des propriétés du contrôle sélectionné dans l'onglet **Objets et chronologie**. Il est similaire à l'onglet **Propriétés** disponible dans Visual Studio, mais contient des fonctionnalités supplémentaires, comme la sélection d'une ressource dans une liste de toutes les ressources accessibles.

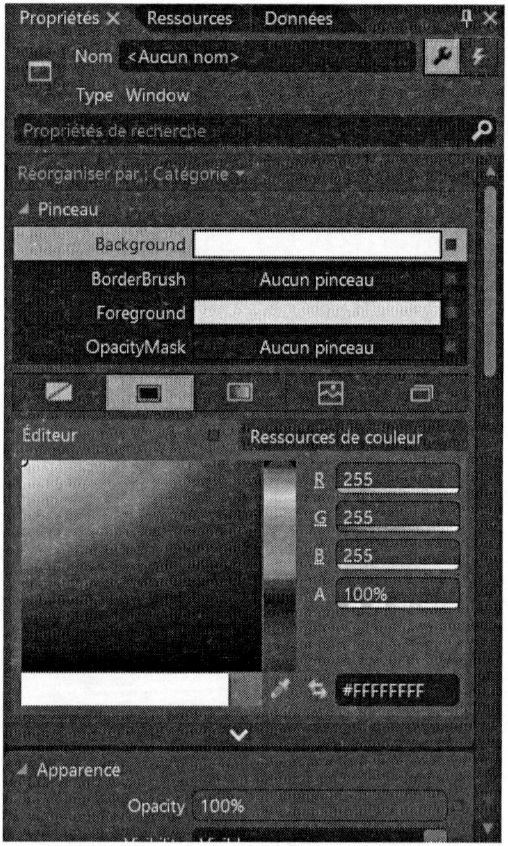

Ressources

Toutes les ressources accessibles, qu'elles soient graphiques, textuelles, numériques ou de n'importe quel autre type, sont listées dans cet onglet. Il est possible, si leur type est supporté par Blend, de les éditer directement.

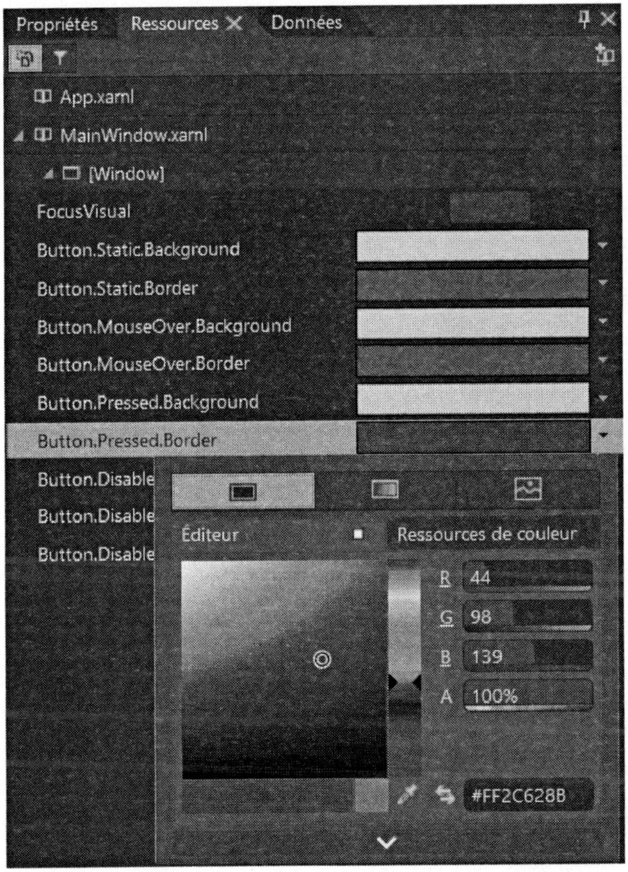

Données

Ce dernier onglet permet de créer des échantillons de données utilisables pendant la conception visuelle de l'application. Les contrôles peuvent être remplis avec ces données afin qu'il ne soit pas nécessaire de lancer l'application pour vérifier l'effet d'une modification.

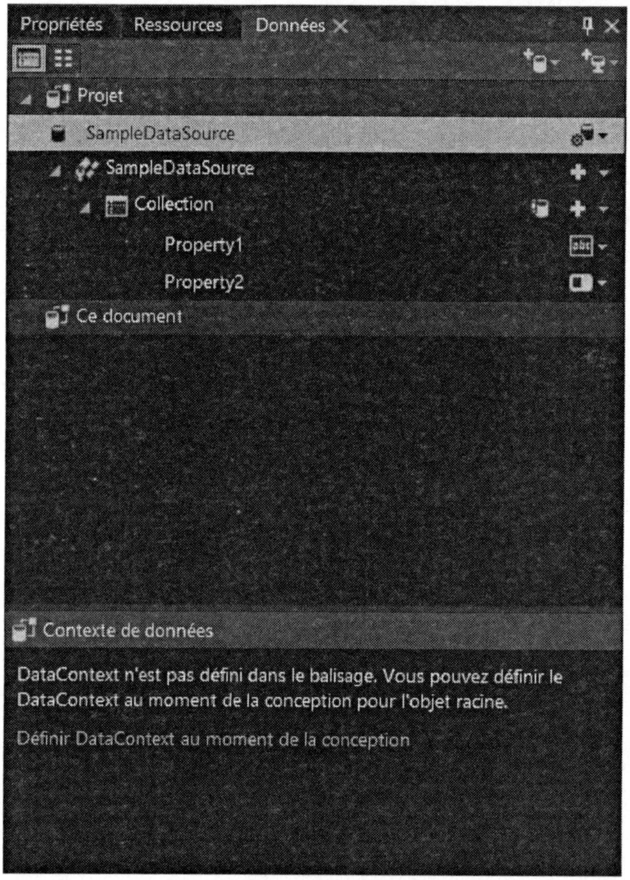

5.1.2 Ajout et modification de contrôles visuels

L'ajout de contrôles sur la surface de dessin est effectué par un glisser-déposer de l'onglet **Composants** vers l'emplacement de destination. Une fois créé, le contrôle apparaît dans l'onglet **Objets et chronologie** et peut être sélectionné.

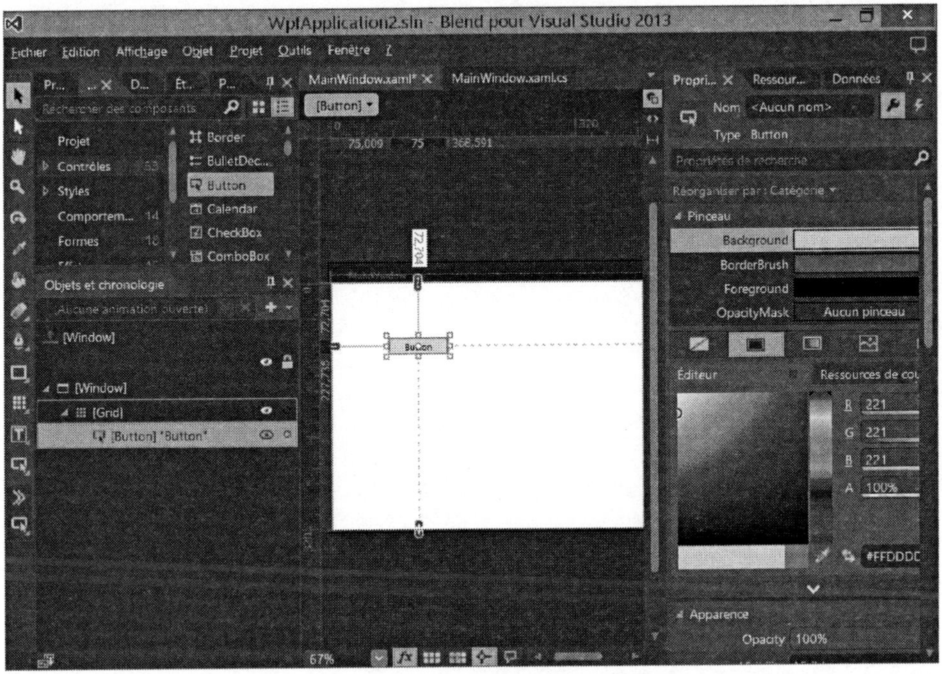

Lorsqu'il est sélectionné, l'onglet **Propriétés** liste les propriétés du contrôle et permet leur édition. De la même manière, les onglets **États** et **Déclencheurs** sont mis à jour pour refléter les états existants du contrôle et les déclencheurs qui lui sont associés.

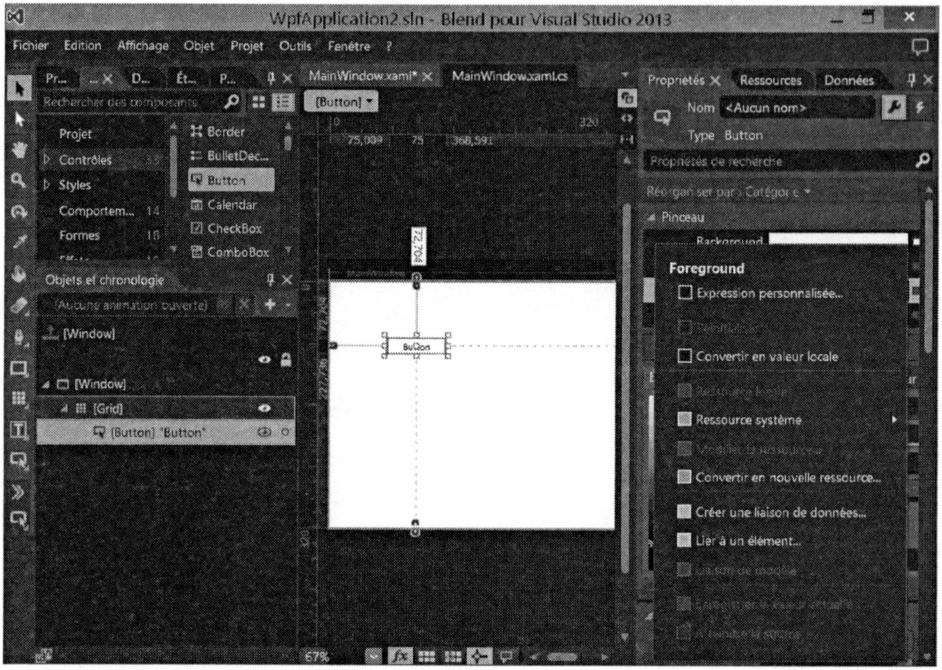

Lorsque le contrôle sélectionné possède un template, il est possible de l'éditer à l'aide du menu situé au-dessus de la surface de dessin.

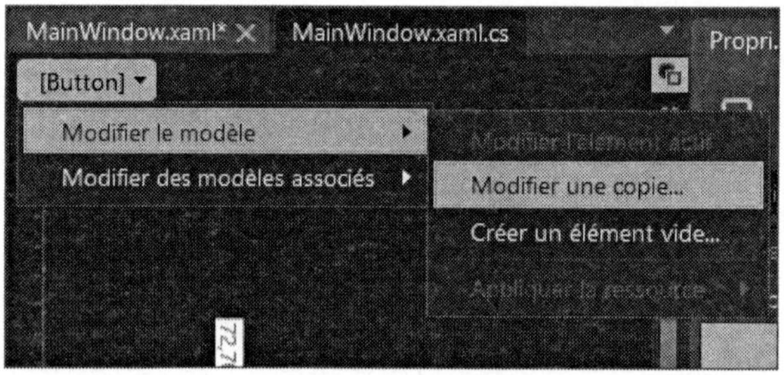

Sélectionner l'option **Modifier le modèle - Modifier une copie** modifie l'arbre logique de l'onglet **Objets et chronologie** : Blend est placé en mode "édition d'un template", et les différents onglets composant l'interface sont actualisés pour refléter les données du template du contrôle.

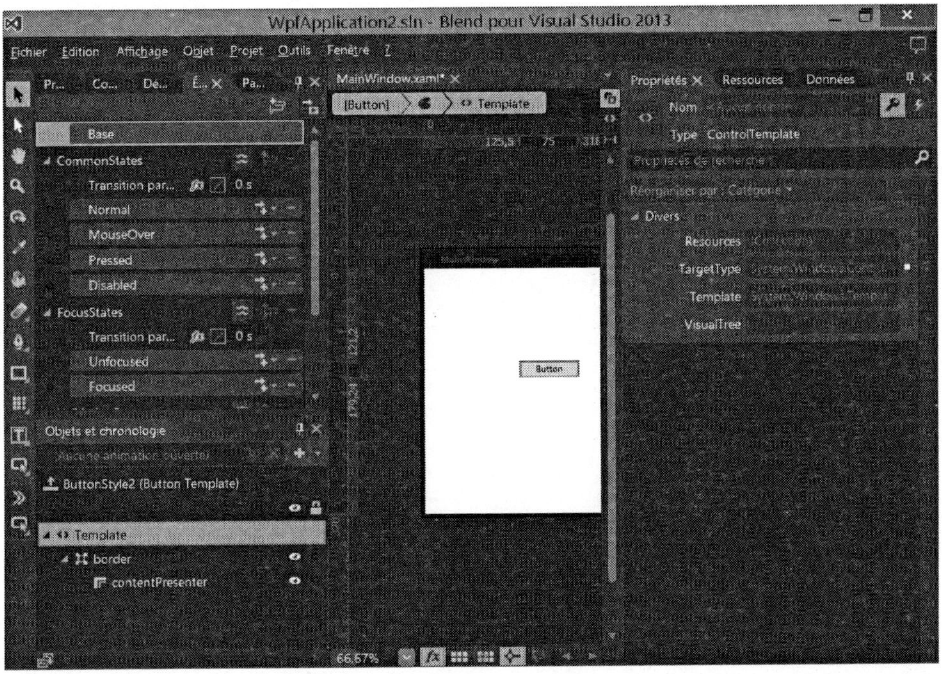

L'utilisation de Blend comme outil d'édition graphique peut permettre un gain de temps considérable lorsqu'elle est maîtrisée. Je ne peux que vous conseiller de passer du temps à apprendre comment éditer les différents éléments composant une interface WPF à l'aide de Blend. Cet outil est véritablement un ami du développeur, et bien que son utilisation ait ici seulement été survolée, vous pouvez déjà probablement imaginer toute sa puissance.

5.2 Introduction à MVVM

MVVM (*Model - View - ViewModel*) est un patron de conception facilitant la séparation de l'interface graphique et du code contenant la logique de l'application. Il est apparu avec l'avènement de WPF et est aujourd'hui indissociable de la notion de **Binding**. C'est en effet grâce à l'existence de ces liaisons de données que la séparation peut être aussi efficace entre les vues et les données qu'elles affichent.

5.2.1 Présentation

Ce modèle de développement définit une structure applicative découpée en trois couches distinctes : `View`, `Model` et `ViewModel`.

View

Cette couche contient le code relatif à l'interface graphique. Elle est composée des fichiers de code XAML et des fichiers de code-behind C# associés. Aucune donnée autre que spécifique à l'interface ne devrait être manipulée dans cette couche de l'application. Elle est liée à la logique de l'application à travers les bindings.

Model

On trouve dans cette couche la définition et la manipulation des données de l'application. Les traitements purement définis par le métier de l'application se trouvent tous dans cette couche.

ViewModel

Un `ViewModel` (modèle de vue) est une adaptation de données issues de la couche `Model` dans l'objectif de leur présentation par la couche `View`. On peut aussi trouver ici la définition des commandes utilisées par l'interface graphique.

5.2.2 Les interfaces INotifyPropertyChanged et INotifyCollectionChanged

WPF permet de lier une ou plusieurs propriétés d'un contrôle à des données d'un `ViewModel` à l'aide des expressions de binding.

Celles-ci sont évaluées initialement à la fin du chargement de la fenêtre. Ainsi, si une propriété du `ViewModel` est valorisée durant ce chargement, sa valeur sera bien passée aux objets qui lui sont liés. Mais si cette valeur est modifiée par l'intermédiaire de code C# après la première évaluation de l'expression de binding, la modification ne sera pas répercutée.

Pour que le comportement des bindings soit constant, il est nécessaire que le `ViewModel` implémente l'interface `INotifyPropertyChanged`. En effet, WPF utilise l'événement `PropertyChanged` des objets implémentant cette interface afin de savoir qu'une modification a eu lieu et, si nécessaire, la répercuter. L'événement `PropertyChanged` doit bien évidemment être déclenché à partir du `ViewModel` lorsqu'une valeur de propriété est modifiée.

Le cas des collections est légèrement différent. Les éléments contenus dans une collection peuvent être modifiés sans que la valeur intrinsèque de la collection ne change. Dans ce cas, l'utilisation de l'interface `INotifyPropertyChanged` ne résout donc pas le problème : c'est l'interface `INotifyCollectionChanged` qui prend le relais pour indiquer une modification d'élément "enfant". Les collections implémentant cette interface déclenchent un événement `CollectionChanged` lorsqu'un changement se produit sur l'un de leurs éléments. Le moteur de WPF intercepte cet événement et propage l'information jusqu'aux contrôles liés à la collection.

Remarque

Une seule collection implémentant cette interface est disponible nativement dans le framework .NET : `ObservableCollection<T>`.

5.2.3 Commandes

Une commande représente une action qui peut être fournie à certains contrôles à l'aide d'une expression de binding. Il s'agit d'une encapsulation d'un ou deux délégués. Le premier définit le traitement à effectuer au déclenchement de l'action. Le second, optionnel, définit une fonction qui renvoie une valeur booléenne. Celle-ci indique s'il est possible d'exécuter l'action dans le contexte courant.

Les contrôles `Button` et `MenuItem` permettent notamment l'utilisation de commandes à travers leur propriété `Command`. Dans ces deux cas, la commande est exécutée lorsque l'utilisateur clique sur le contrôle.

Les commandes sont très utilisées dans un contexte impliquant MVVM, car elles permettent de déplacer aisément des traitements non liés à l'interface hors de la couche `View`.

5.2.4 Mise en œuvre

Pour étudier la mise en œuvre des concepts liés au patron de conception MVVM, nous allons développer une application de type "carnet d'adresses". Cette étude de cas vous permettra de voir l'utilisation des Binding, la mise en place d'un `ViewModel` et enfin la logique à adopter pour maintenir la séparation entre l'interface graphique et la logique de l'application. Le stockage des informations sera effectué dans un fichier texte utilisant la tabulation comme séparateur entre deux données d'un enregistrement. Après l'étude des chapitres portant sur ADO.NET et LINQ, vous serez en mesure de créer votre propre couche de persistance pour le stockage des informations en base de données.

L'application que nous allons développer ensemble aura l'aspect suivant :

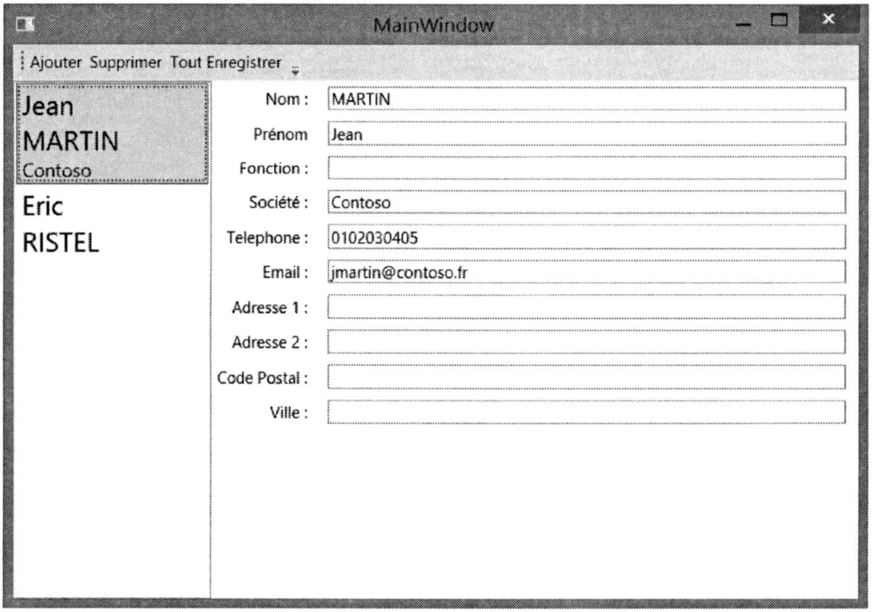

Structure de l'application

La première étape du développement correspond à la création et la structuration du projet.

- Commencez par créer un nouveau projet d'**Application WPF** nommé **CarnetAdressesMVVM**.

L'architecture MVVM propose comme convention de structurer l'application en créant trois dossiers permettant d'isoler chacune de ses couches.

- Créez trois dossiers dans le projet et nommez-les **View**, **Model** et **ViewModel**.
- Déplacez le fichier `MainWindow.xaml` dans le dossier `View` avec une opération de glisser-déposer.

Afin de respecter les conventions de développement de C#, il faut modifier l'espace de noms associé à la classe `MainWindow`.

- Dans `MainWindow.xaml.cs`, remplacez la ligne :

```
namespace CarnetAdressesMVVM
```

par :

```
namespace CarnetAdressesMVVM.View
```

- Dans `MainWindow.xaml`, reportez la modification de l'espace de noms en modifiant le nom de classe associé au code XAML.

```
<Window x:Class="CarnetAdressesMVVM.MainWindow"
```

devient :

```
<Window x:Class="CarnetAdressesMVVM.View.MainWindow"
```

- Dans le fichier `App.xaml`, modifiez l'attribut `StartupUri` de la balise `Application` de manière à refléter le nouveau chemin de la page dans l'arborescence de l'application.

```
StartupUri="View/MainWindow.xaml"
```

À ce stade, la structure de l'application dans l'**explorateur de solutions** est la suivante :

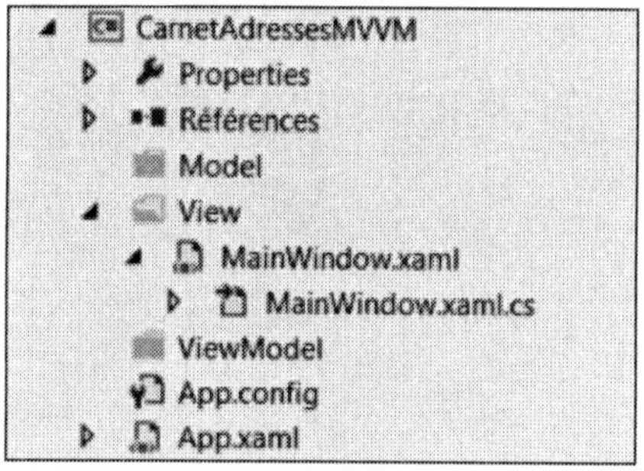

La couche Model

Cette couche a pour responsabilité la structuration et l'enregistrement des données dans une base de données, dans un fichier ou, dans le cas présent, en mémoire.

Il convient tout d'abord de créer un type de données permettant de stocker les informations relatives à un contact : nom, prénom, adresse, etc.

▶ Ajoutez une classe nommée `ContactModel` dans le dossier `Model` du projet.

```
internal class ContactModel
{
    public string Prenom { get; set; }
    public string Nom { get; set; }
    public string Telephone { get; set; }
    public string Email { get; set; }
    public string Adresse { get; set; }
    public string Fonction { get; set; }
    public string Societe { get; set; }
}
```

Il est également nécessaire, pour une séparation maximale des responsabilités, de créer une classe dont l'objectif est le stockage et la récupération des différents contacts enregistrés.

- Ajoutez une classe nommée `GestionnaireDonnees` dans le dossier Model du projet.

Cette classe lit et enregistre les données dans le fichier *contacts.txt* enregistré dans le même dossier que l'exécutable.

```
using System;
using System.Collections.Generic;
using System.IO;
using System.Text;

namespace CarnetAdressesMVVM.Model
{
    internal class GestionnaireDonnees
    {
        private const string fichierDonnees = "contacts.txt";

        public Contact[] LireTousLesEnregistrements()
        {
            if (!File.Exists(fichierDonnees))
                return new Contact[0];

            string[] enregistrements =
File.ReadAllLines(fichierDonnees);

            Contact[] resultat = new
Contact[enregistrements.Length];

            for (int i = 0; i < enregistrements.Length; i++)
            {
                string[] champs = enregistrements[i].Split('\t');

                Contact contact = new Contact
                {
                    Prenom = champs[0],
                    Nom = champs[1],
                    Fonction = champs[2],
                    Societe = champs[3],
                    Telephone = champs[4],
                    Email = champs[5],
                    Adresse1 = champs[6],
                    Adresse2 = champs[7],
                    CodePostal = champs[8],
                    Ville = champs[9],
                };
```

```
                resultat[i] = contact;
            }

            return resultat;
        }

        public void Enregistrer(IEnumerable<Contact> contacts)
        {
            StringBuilder builder = new StringBuilder();

            foreach (Contact c in contacts)
            {
                string enregistrement =
string.Format("{0}\t{1}\t{2}\t{3}\t{4}\t{5}\t{6}\t{7}\t{8}\t{9}",
c.Prenom, c.Nom, c.Fonction, c.Societe, c.Telephone, c.Email,
c.Adresse1, c.Adresse2, c.CodePostal, c.Ville);

                builder.AppendLine(enregistrement);
            }


            File.WriteAllText(fichierDonnees, builder.ToString());
        }
    }
}
```

Passons à présent à la création de l'interface graphique.

▶ Modifiez le fichier MainWindow.xaml de manière à avoir une barre d'outils pour les trois boutons d'action, une ListBox, et enfin une Grid contenant tous les champs éditables.

```
<Window x:Class="CarnetAdressesMVVM.View.MainWindow"
xmlns="http://schemas.microsoft.com/winfx/2006/xaml/presentation"
        xmlns:x="http://schemas.microsoft.com/winfx/2006/xaml"
        Title="MainWindow" Height="450" Width="650" >

    <Grid>
        <Grid.RowDefinitions>
            <RowDefinition Height="Auto" />
            <RowDefinition Height="*" />
        </Grid.RowDefinitions>
        <Grid.ColumnDefinitions>
            <ColumnDefinition Width="150" />
            <ColumnDefinition />
```

```
        </Grid.ColumnDefinitions>

        <!-- Boutons d'actions (Ajouter, Supprimer, Tout
enregistrer) -->
        <ToolBarTray Grid.Row="0" Grid.Column="0"
Grid.ColumnSpan="2">
            <ToolBar>
                <Button Content="Ajouter" />
                <Button Content="Supprimer" />
                <Button Content="Tout enregistrer" />
            </ToolBar>
        </ToolBarTray>

        <!-- Liste des contacts -->
        <ListBox x:Name="listBoxContacts" Grid.Row="1"
Grid.Column="0" />

        <!-- Détail du contact sélectionné -->
        <Grid Margin="0" Grid.Row="1" Grid.Column="1">
            <Grid.Resources>
                <Style TargetType="Label">
                    <Setter Property="Margin" Value="0,0,10,0" />
                    <Setter Property="VerticalAlignment"
Value="Center" />
                    <Setter Property="HorizontalAlignment"
Value="Right" />
                </Style>
                <Style TargetType="TextBox">
                    <Setter Property="Margin" Value="0,0,10,0" />
                    <Setter Property="VerticalAlignment"
Value="Center" />
                </Style>
            </Grid.Resources>
            <Grid.RowDefinitions>
                <RowDefinition Height="Auto" />
                <RowDefinition Height="Auto"/>
                <RowDefinition Height="Auto"/>
                <RowDefinition Height="Auto"/>
                <RowDefinition Height="Auto"/>
                <RowDefinition Height="Auto"/>
                <RowDefinition Height="Auto"/>
                <RowDefinition Height="Auto"/>
                <RowDefinition Height="Auto" />
                <RowDefinition Height="Auto" />
                <RowDefinition Height="Auto"/>
```

```
                <RowDefinition/>
            </Grid.RowDefinitions>
            <Grid.ColumnDefinitions>
                <ColumnDefinition Width="Auto" />
                <ColumnDefinition Width="*" />
            </Grid.ColumnDefinitions>

            <Label Content="Nom :" Grid.Row="1" />
            <TextBox Grid.Column="1" Grid.Row="1" />
            <Label Content="Prénom" Grid.Row="2" />
            <TextBox Grid.Column="1" Grid.Row="2" />
            <Label Content="Fonction :" Grid.Row="3"/>
            <TextBox Grid.Column="1" Grid.Row="3" />
            <Label Content="Société :" Grid.Row="4"/>
            <TextBox Grid.Column="1" Grid.Row="4" />
            <Label Content="Telephone :" Grid.Row="5" />
            <TextBox Grid.Column="1" Grid.Row="5" />
            <Label Content="Email :" Grid.Row="6" />
            <TextBox Grid.Column="1" Grid.Row="6" />
            <Label Content="Adresse 1 :" Grid.Row="7" />
            <TextBox Grid.Column="1" Grid.Row="7" />
            <Label Content="Adresse 2 :" Grid.Row="8" />
            <TextBox Grid.Column="1" Grid.Row="8" />
            <Label Content="Code Postal :" Grid.Row="9" />
            <TextBox Grid.Column="1" Grid.Row="9" />
            <Label Content="Ville :" Grid.Row="10" />
            <TextBox Grid.Column="1" Grid.Row="10" />
        </Grid>
    </Grid>
</Window>
```

Les balises `Style` permettent de grouper certaines propriétés relatives à un type de contrôle. Les styles peuvent être utilisés nommément. Ils peuvent aussi être appliqués automatiquement à tous les éléments correspondant à leur propriété `TargetType`, et qui sont situés plus bas que ce style dans la branche de l'arborescence. Cette dernière solution est celle utilisée ici. Un style permet de spécifier certaines propriétés communes à tous les objets `Label`, tandis qu'un autre style définit des valeurs de propriétés pour les contrôles `TextBox`.

À partir d'ici, nous allons travailler simultanément sur les couches `View` et `ViewModel` afin de montrer les mécanismes utilisés pour mettre en place une architecture MVVM.

- Créez une classe nommée `MainViewModel` dans le dossier `ViewModel` de l'application.

C'est cette classe qui portera les données à afficher dans l'interface graphique. Elle comportera aussi d'autres éléments nécessaires à la gestion des actions exécutées par les boutons de la barre d'outils, ainsi que des propriétés qui seront utiles à d'autres traitements.

Le premier point à aborder est la récupération des données enregistrées à l'aide de la classe `GestionnaireDonnees`. Cette opération est effectuée dans le constructeur de la classe `MainViewModel` et valorise une propriété nommée `ListeContacts`.
Celle-ci est de type `ObservableCollection<Contact>` car, comme étudié un peu plus tôt, ceci permet des mises à jour automatiques de l'interface graphique. Pour la même raison, nous allons également implémenter l'interface `INotifyPropertyChanged` sur cette classe.

```
public class MainViewModel : InotifyPropertyChanged
{
    private GestionnaireDonnees gestionnaireDonnees;

    private ObservableCollection<Contact> listeContacts;

    public ObservableCollection<Contact> ListeContacts
    {
        get { return listeContacts; }
        set
        {
            listeContacts = value;
            OnPropertyChanged("ListeContacts");
        }
    }

    public MainViewModel()
    {
        gestionnaireDonnees = new GestionnaireDonnees();

        Contact[] contacts =
```

```
gestionnaireDonnees.LireTousLesEnregistrements();
            ListeContacts = new
ObservableCollection<Contact>(contacts);
        }

        public event PropertyChangedEventHandler PropertyChanged;

        private void OnPropertyChanged(string propertyName)
        {
            if (PropertyChanged != null)
            {
                PropertyChanged(this, new
PropertyChangedEventArgs(propertyName));
            }
        }
}
```

Pour obtenir l'affichage des contacts dans l'application, il convient de définir un objet `MainViewModel` comme étant le contexte de données de la fenêtre.

▶ Dans le fichier `MainWindow.xaml.cs`, modifiez le constructeur de la classe de la manière suivante :

```
public MainWindow()
{
    InitializeComponent();
    DataContext = new CarnetAdressesMVVM.ViewModel.MainViewModel();
}
```

La ligne ajoutée est la seule qui liera la partie `View` à la couche `ViewModel`.

Remarque

Il existe des techniques avancées permettant de ne pas les lier directement, mais elles ne font pas l'objet de cet ouvrage.

Une fois le contexte de données valorisé, il faut mettre en place le `Binding` et le `DataTemplate` permettant d'afficher les contacts dans la `ListBox`.

Modifiez la définition du contrôle `ListBox` comme décrit ci-dessous.

```
<ListBox x:Name="listBoxContacts" Grid.Row="1" Grid.Column="0"
ItemsSource="{Binding ListeContacts}">
    <ListBox.ItemTemplate>
        <DataTemplate>
            <StackPanel Orientation="Vertical">
                <TextBlock Text="{Binding Prenom}" FontSize="20" />
                <TextBlock Text="{Binding Nom}" FontSize="20" />
                <TextBlock Text="{Binding Societe}" FontSize="14" />
            </StackPanel>
        </DataTemplate>
    </ListBox.ItemTemplate>
</ListBox>
```

L'ajout, la suppression et l'enregistrement des contacts doivent être effectués à partir de la barre d'outils. Pour chacun de ces boutons, il serait possible de créer un gestionnaire pour l'événement `Click`, mais l'architecture MVVM préconise l'utilisation de **commandes**. Ces traitements qui ne sont pas liés à l'interface graphique sont ainsi déportés dans le `ViewModel`.

Le contrôle `Button` possède une propriété `Command` qu'il convient de valoriser à l'aide d'un `Binding`. Cette propriété accepte une valeur de type `ICommand`, c'est-à-dire un objet qui implémente cette interface. Le framework .NET ne fournit malheureusement pas d'implémentation convenant à notre besoin, c'est pourquoi il est nécessaire de la créer dans le projet. L'implémentation proposée ci-dessous est très simple mais conviendra parfaitement à notre application.

Créez une classe `Command` dans le dossier `ViewModel` du projet.

```
using System;
using System.Windows.Input;

namespace CarnetAdressesMVVM.ViewModel
{
    public class Command : Icommand
    {
        readonly Action<object> actionAExecuter;

        public Command(Action<object> execute)
            : this(execute, null)
        {
        }
```

```
        public Command(Action<object> execute, Predicate<object>
canExecute)
        {
            actionAExecuter = execute;
        }
        public bool CanExecute(object parameter)
        {
            return true;
        }

        public event EventHandler CanExecuteChanged;
        public void Execute(object parameter)
        {
            actionAExecuter(parameter);
        }
    }
}
```

Remarque

De nombreuses autres implémentations plus ou moins riches ont vu le jour depuis la création de WPF. Une des plus utilisées est la classe `RelayCommand` *fournie dans le* ***MVVM Light Toolkit****, édité par Galasoft.*

▶ Dans la définition de la classe `MainViewModel`, ajoutez trois propriétés publiques de type `ICommand` (ou `Command`) qui correspondront aux trois boutons de la barre d'outils.

```
public ICommand CommandeNouveauContact { get; set; }
public ICommand CommandeSupprimerContact { get; set; }
public ICommand CommandeToutEnregistrer { get; set; }
```

Chacune de ces commandes nécessite la création d'une méthode qui contient les instructions à exécuter.

```
private void ActionNouveauContact(object parametre)
{
    Contact contact = new Contact { Nom = "Nom", Prenom =
"Prénom" };
    ListeContacts.Add(contact);
}

private void ActionToutEnregistrer(object parametre)
{
    gestionnaireDonnees.Enregistrer(ListeContacts);
```

```
}

private void ActionSupprimerContact(object parametre)
{

}
```

La procédure de suppression d'un contact ne peut pas être implémentée en l'état. En effet, l'objet à supprimer, qui est l'objet sélectionné dans la ListBox, ne nous est pas connu. La création d'une propriété dans le ViewModel et l'ajout d'un Binding dans la définition de la ListBox permettent de régler ce problème.

```
private Contact contactSelectionne;
public Contact ContactSelectionne
{
    get { return contactSelectionne; }
    set
    {
          contactSelectionne = value;
          OnPropertyChanged("ContactSelectionne");
    }
}
```

```
<ListBox ... SelectedItem="{Binding ContactSelectionne,
Mode=TwoWay}">
```

Enfin, nous pouvons finir l'implémentation de la méthode ActionSupprimerContact et lier les commandes aux boutons à l'aide de Bindings.

```
private void ActionSupprimerContact(object parametre)
{
    if (ContactSelectionne != null)
          ListeContacts.Remove(ContactSelectionne);
}
```

```
<ToolBar>
    <Button Content="Ajouter" Command="{Binding
CommandeNouveauContact}" />
    <Button Content="Supprimer" Command="{Binding
CommandeSupprimerContact}" />
    <Button Content="Tout enregistrer" Command="{Binding
CommandeToutEnregistrer}" />
</ToolBar>
```

À ce stade, il est possible de créer et supprimer des enregistrements, mais impossible de les éditer. Les champs de saisie ne sont en effet liés à aucun contact. Pour remédier à cette situation, il faut définir le contexte de ces éléments comme étant le contact sélectionné dans la ListBox. La valorisation de la propriété DataContext de la Grid contenant les champs de saisie semble être une bonne solution. La valeur passée est un Binding pointant sur la propriété SelectedItem de la ListBox.

```
<Grid Margin="0" Grid.Row="1" Grid.Column="1"
      DataContext="{Binding ElementName=listBoxContacts,
Path=SelectedItem}">
```

Vous pouvez ensuite associer un Binding à chaque contrôle TextBox, en mode TwoWay pour vous assurer que les modifications effectuées seront remontées jusqu'aux propriétés correspondantes de l'objet Contact.

```
<Label Content="Nom :" Grid.Row="1" />
<TextBox Grid.Column="1" Grid.Row="1" Text="{Binding Nom,
Mode=TwoWay}" />
<Label Content="Prénom" Grid.Row="2" />
<TextBox Grid.Column="1" Grid.Row="2" Text="{Binding Prenom,
Mode=TwoWay}" />
<Label Content="Fonction :" Grid.Row="3"/>
<TextBox Grid.Column="1" Grid.Row="3" Text="{Binding Fonction,
Mode=TwoWay}" />
<Label Content="Société :" Grid.Row="4"/>
<TextBox Grid.Column="1" Grid.Row="4" Text="{Binding Societe,
Mode=TwoWay}" />
<Label Content="Telephone :" Grid.Row="5"/>
<TextBox Grid.Column="1" Grid.Row="5" Text="{Binding Telephone,
Mode=TwoWay}" />
<Label Content="Email :" Grid.Row="6"/>
<TextBox Grid.Column="1" Grid.Row="6" Text="{Binding Email,
Mode=TwoWay}" />
<Label Content="Adresse 1 :" Grid.Row="7" />
<TextBox Grid.Column="1" Grid.Row="7" Text="{Binding Adresse1,
Mode=TwoWay}" />
<Label Content="Adresse 2 :" Grid.Row="8" />
<TextBox Grid.Column="1" Grid.Row="8" Text="{Binding Adresse2,
Mode=TwoWay}" />
<Label Content="Code Postal :" Grid.Row="9" />
<TextBox Grid.Column="1" Grid.Row="9" Text="{Binding CodePostal,
Mode=TwoWay}" />
<Label Content="Ville :" Grid.Row="10" />
<TextBox Grid.Column="1" Grid.Row="10" Text="{Binding Ville,
Mode=TwoWay}" />
```

L'application est maintenant fonctionnelle. Quelques détails peuvent être néanmoins gênants :

– Il est possible de cliquer sur le bouton `Supprimer` lorsqu'aucun contact n'est sélectionné.
– Il est également possible de placer du texte dans les champs de saisie lorsqu'aucun contact n'est sélectionné.

Une solution à ce problème est de valoriser la propriété `IsEnabled` de ces contrôles à l'aide d'un `Binding` pointant sur une propriété booléenne du `ViewModel`.

▶ Ajoutez la propriété `ActiverSuppressionEtEdition` au `ViewModel` et modifiez la définition de la propriété `ContactSelectionne` de manière à ce que sa modification valorise `ActiverSuppressionEtEdition`.

```
private bool activerSuppressionEtEdition;

public bool ActiverSuppressionEtEdition
{
    get { return activerSuppressionEtEdition; }
    set
    {
          activerSuppressionEtEdition = value;
          OnPropertyChanged("ActiverSuppressionEtEdition");
    }
}

public Contact ContactSelectionne
{
    get { return contactSelectionne; }
    set
    {
          contactSelectionne = value;
          OnPropertyChanged("ContactSelectionne");

          if (contactSelectionne == null)
                ActiverSuppressionEtEdition = false;
          else
                ActiverSuppressionEtEdition = true;
    }
}
```

▶ Modifiez la définition du bouton de suppression pour prendre en compte cette désactivation.

```
<Button Content="Supprimer" Command="{Binding
CommandeSupprimerContact}" IsEnabled="{Binding
ActiverSuppressionEtEdition}" />
```

Pour les champs de saisie, la situation est légèrement différente : leur contexte de données n'est pas le `ViewModel` mais un objet `Contact`. Pour modifier localement le contexte de données, il est nécessaire de passer par un élément dont le contexte de données est le `ViewModel`. L'objet `Window` racine est ainsi tout indiqué pour réaliser cette opération.

Nommez l'objet `Window` à l'aide d'un attribut `x:Name` puis créez la liaison entre la propriété `IsEnabled` et la propriété `ActiverSuppressionEtEdition` dans le style ciblant les contrôles `TextBox`, afin d'éviter de dupliquer le code pour chaque `TextBox`.

```
<Window ... x:Name="fenetre">
<Style TargetType="TextBox">
    <Setter Property="Margin" Value="0,0,10,0" />
    <Setter Property="VerticalAlignment" Value="Center" />
    <Setter Property="IsEnabled" Value="{Binding
ElementName=fenetre,
Path=DataContext.ActiverSuppressionEtEdition}" />
</Style>
```

Vous avez réalisé une application de gestion de contacts de A à Z en utilisant l'architecture MVVM.

Bien que nécessitant un peu plus de travail, ainsi qu'un changement dans le mode de pensée, l'utilisation de ce patron de conception cloisonne nettement mieux les différentes couches de l'application et facilite grandement la maintenance du code.

Remarque

Le code source de l'exemple détaillé ici est disponible en téléchargement sur le site des Éditions ENI.

Chapitre 8
Accès aux données

1. Principes d'une base de données

Les bases de données constituent de nos jours un élément incontournable pour la quasi-totalité des applications. Elles se substituent à l'utilisation de fichiers, trop lourde et trop contraignante pour le développeur. Elles permettent aussi de partager l'information plus simplement, tout en offrant une excellente performance.

L'utilisation de bases de données nécessite la connaissance de deux prérequis : certains éléments de terminologie fréquemment utilisés ainsi que quelques notions de manipulation des données à l'aide du langage SQL.

1.1 Terminologie

La connaissance des termes décrits ci-dessous est indispensable pour la bonne compréhension de ce chapitre.

Table

Une table est une unité logique de stockage correspondant à un type de donnée. Sa structure est définie par des champs (colonnes), et elle contient des enregistrements (lignes). L'équivalent logique d'une table en C# est une classe.

Enregistrement

Un enregistrement est un élément d'une table possédant une valeur pour chaque colonne de la table. L'équivalent C# d'un enregistrement serait un objet, donc une instance de classe.

Champ

Un enregistrement contient plusieurs champs. Chacun de ces champs représente une donnée composant l'enregistrement. L'équivalent C# d'un champ est une propriété.

Ces trois éléments sont souvent représentés sous la forme d'un tableau, ce qui permet de mieux s'approprier et manipuler ces concepts.

Identifiant	Nom	Prenom	DateNaissance
1	MARTIN	Henry	1954-01-25 00:00:00.000
2	MARTINEZ	Eric	1982-05-04 00:00:00.000
3	MARTIN	Michel	2004-05-28 00:00:00.000

Clé primaire

Une clé primaire est un **identifiant unique** pour chaque enregistrement d'une table. Elle est reconnue par la base de données comme pouvant être utilisée dans une autre table pour faire référence à un enregistrement.

Elle doit être définie explicitement, en général à la création de la table.

1.2 Le langage SQL

Les développeurs peuvent manipuler les données stockées dans une base de données relationnelle au travers du langage **SQL (Structured Query Language)**.

Ce langage est fondé sur quatre types d'instructions qui correspondent aux opérations de lecture, d'ajout, de modification et de suppression de données.

Il définit aussi certaines instructions permettant de manipuler la structure de données : création de tables, manipulation d'index ou gestion des relations entre les tables.

Remarque

L'objet de cet ouvrage n'étant pas la description exhaustive du langage SQL, les instructions de manipulation de la structure de données ne seront pas traitées.

1.2.1 Recherche d'enregistrements

La lecture des données est effectuée à l'aide du mot-clé `SELECT`. Celui-ci, couplé au mot-clé `WHERE`, permet de filtrer et récupérer des jeux de données issus d'une ou de plusieurs tables de la base.

La requête suivante permet de récupérer l'ensemble des noms et prénoms dans la liste des enregistrements de la table Client :

```
SELECT Nom, Prenom FROM Client
```

Il est aussi possible d'utiliser le symbole * comme raccourci syntaxique pour désigner l'ensemble des champs de la table :

```
SELECT * FROM Client
```

Dans la majorité des cas, il n'est pas pertinent de récupérer l'ensemble des données. Il est alors nécessaire d'utiliser le mot-clé `WHERE` pour restreindre le nombre d'enregistrements récupérés en fonction d'un ou de plusieurs prédicats.

Clause WHERE

La clause `WHERE` permet de spécifier une ou plusieurs conditions que les enregistrements doivent respecter pour pouvoir être retournés par la requête SQL.

La requête suivante récupère la liste des clients dont le nom est Dupond.

```
SELECT * FROM Client WHERE Nom = 'Dupond'
```

Pour filtrer à la fois sur le nom et sur le prénom, il faut combiner deux conditions à l'aide des mots-clés AND ou OR.

```
SELECT * FROM Client WHERE Nom = 'Dupond' AND Prenom = 'Michel'
```

Différents autres types de prédicats peuvent être utilisés dans les clauses WHERE pour vérifier notamment qu'une valeur fait partie d'un ensemble ou comparer partiellement des chaînes de caractères.

WHERE ... IN

L'utilisation de la clause WHERE ... IN permet de valider qu'une valeur fait partie d'un ensemble de valeurs spécifiques. Cet ensemble peut être prédéfini ou être le résultat d'une autre requête SELECT.

La liste des clients habitant les villes de Lyon, Toulouse et Nantes peut être récupérée de la manière suivante :

```
SELECT * FROM Client WHERE Ville IN ('Lyon', 'Toulouse, 'Nantes')
```

WHERE ... BETWEEN ... AND

Il est également possible de filtrer les enregistrements en comparant une valeur avec un ensemble spécifié par ses bornes.

La recherche des clients habitant le département du Rhône (69) peut être effectuée à l'aide de la requête suivante :

```
SELECT * FROM Client WHERE CodePostal BETWEEN 69000 AND 69999;
```

WHERE ... LIKE

Dans certains cas, il peut être intéressant de filtrer sur une valeur alphanumérique partielle, notamment pour l'implémentation de scénarios d'autocomplétion. Pour cela, il faut utiliser la clause WHERE ... LIKE.

```
SELECT * FROM Client WHERE Nom LIKE 'A%';
```

Ici, la requête recherche la liste des clients dont le nom commence par un A majuscule. Le caractère **%** dans ce contexte symbolise un ensemble quelconque de caractères.

1.2.2 Ajout d'enregistrements

L'ajout d'un enregistrement dans une base de données se fait à l'aide de la commande INSERT INTO. Pour l'exécuter, il faut spécifier la table dans laquelle ajouter les données, lister les champs impactés, et enfin fournir les valeurs à insérer dans ces champs.

La ligne suivante ajoute un enregistrement dans la table Client :

```
INSERT INTO Client (Nom, Prenom) VALUES ('DUPOND', 'Marc');
```

Ne pas spécifier la liste des champs à renseigner équivaut à lister la totalité des champs de la table. Dans ce cas, il faut donc passer une liste de valeurs correspondant à l'ensemble de ces champs. Il est possible de passer la valeur spéciale NULL pour les champs que l'on ne souhaite pas renseigner, à condition que la définition de ces champs autorise cette valeur.

En considérant que la table Client compte trois champs : Nom, Prenom et Adresse, on pourrait réécrire l'exemple précédent de la manière suivante :

```
INSERT INTO Client VALUES ('DUPOND', 'Marc', NULL);
```

1.2.3 Mise à jour d'informations

La modification d'informations dans la base de données se fait à travers l'utilisation d'une instruction UPDATE. Cette commande peut mettre à jour un ou plusieurs champs d'un ou de plusieurs enregistrements.

Pour cela, il faut indiquer le nom de la table qui doit être mise à jour, suivi du mot-clé SET et de la liste des affectations de valeurs à exécuter.

```
UPDATE Client SET Nom = 'DUPONT';
```

En l'état, cette requête modifiera le champ Nom pour tous les enregistrements de la table Client, ce qui n'est généralement pas le comportement voulu. Afin de limiter le nombre d'enregistrements sur lesquels doit porter la mise à jour, il est possible d'utiliser une clause WHERE :

```
UPDATE Client SET Nom = 'DUPONT' WHERE Nom = 'DUPOND';
```

1.2.4 Suppression d'informations

Pour supprimer un ou plusieurs enregistrements d'une table, il est nécessaire d'utiliser la commande DELETE. On l'utilise d'une manière similaire à l'instruction SELECT.

La suppression des clients dont le nom est Dupond est effectuée de la manière suivante :

```
DELETE FROM CLIENT WHERE Nom = 'Dupond'
```

2. ADO.NET

ADO.NET est un ensemble de types fournis par le framework .NET dont l'objectif commun est la manipulation de bases de données. Cette brique, fournie depuis les débuts de .NET, est la fondation de l'accès aux données avec C#.

2.1 Présentation

Les types qui composent ADO.NET sont répartis en deux catégories, définies de telle sorte qu'il est très simple de séparer le requêtage de la base de données et la manipulation des données dans l'application.

Les traitements qui doivent être effectués en lien direct avec une base de données sont implémentés par des types spécifiques à un fournisseur de données. Il est possible, en utilisant ces types, de récupérer des jeux de données ou de supprimer des enregistrements par exemple.

Les jeux de données récupérés peuvent aussi être stockés localement et manipulés totalement indépendamment de leur source grâce à certains types dédiés. Ce mode de fonctionnement est appelé **mode déconnecté**. Il permet notamment de produire des portions de code communes à tous les types de bases de données, ce qui améliore la fiabilité et la maintenabilité des applications en réduisant le nombre de lignes de code et, par conséquent, le nombre de sources potentielles d'erreurs.

2.2 Les fournisseurs de données

Les fournisseurs de données sont les éléments permettant le dialogue avec les différents types de bases de données. Chacun de ces fournisseurs est conçu pour autoriser le fonctionnement avec un type de base de données.

Quatre fournisseurs sont livrés avec le framework .NET. Ils permettent d'interagir avec les sources de données suivantes :

- SQL Server
- Oracle
- OLE DB
- ODBC

Les fonctionnalités présentées par chacun des fournisseurs sont comparables. En effet, les classes qu'ils contiennent héritent de types communs permettant notamment l'établissement de connexions, l'exécution de requêtes ou la lecture de données. Les principaux types de base implémentés par ces fournisseurs sont les suivants :

- La classe `Connection` permet d'établir une connexion à une base de données.
- La classe `DbCommand` permet d'exécuter une ou plusieurs requêtes SQL.
- La classe `DbParameter` représente un paramètre de commande.
- La classe `DbDataReader` fournit un accès séquentiel (en avant uniquement) et en lecture seule à des jeux de données.
- La classe `DbDataAdapter` est la passerelle entre le mode connecté et déconnecté. Elle assure la mise en cache local des données provenant de l'exécution de requêtes SQL et met à jour les données de la base en fonction de l'état des données locales de travail.
- La classe `DbTransaction` encapsule la gestion des transactions pour l'exécution de requêtes SQL multiples.

Ce mode de structuration offre la possibilité d'étendre les sources de données supportées par une application en développant des fournisseurs pour d'autres systèmes de bases de données. À ce jour, il existe des fournisseurs pour MySQL, SQLite, PostgreSQL, Firebird et bien d'autres encore.

2.2.1 SQL Server

Le fournisseur de données pour SQL Server utilise son propre protocole pour communiquer avec le serveur de base de données. Il est par conséquent **peu consommateur** de ressources et **performant** puisqu'il n'utilise pas de couche logicielle supplémentaire comme le font OLE DB et ODBC. Il est compatible avec les versions 7.0 (sortie en 1998) et supérieures de SQL Server.

Les classes spécifiques à ce fournisseur se trouvent dans l'espace de noms `System.Data.SqlClient`. Leur nom est systématiquement préfixé par *Sql* : `SqlConnection`, `SqlDataReader`, etc.

Remarque

C'est ce fournisseur de données qui est utilisé dans les explications et exemples de cet ouvrage. Il est possible de les transposer aux autres fournisseurs en utilisant les classes appropriées.

2.2.2 Oracle

Le fournisseur de données pour Oracle permet la communication avec les bases de données Oracle 8.1.7 et supérieures à travers la couche logicielle cliente Oracle. Il est donc nécessaire d'installer les **composants Oracle** appropriés pour utiliser ce fournisseur.

Les types proposés par ce fournisseur se situent dans l'espace de noms `System.Data.OracleClient`, lui-même déclaré dans l'assembly *System.Data.OracleClient.dll*. Ceci implique d'ajouter une référence à cet assembly pour utiliser ce fournisseur. Le nom de chacun de ces types est préfixé par Oracle.

Remarque

Le fournisseur Oracle est livré avec le framework .NET de la version 2.0 à la version 4.5. Dans cette dernière version, il est considéré comme ***déprécié****, ce qui signifie qu'il est supporté mais qu'il est susceptible d'être supprimé du framework dès la prochaine version. Microsoft conseille de s'appuyer sur des fournisseurs de données tiers pour communiquer avec les bases de données Oracle.*

2.2.3 OLE DB

Ce fournisseur utilise la couche logicielle OLE DB pour communiquer avec les serveurs de bases de données. Il est intéressant lorsqu'aucun fournisseur spécifique à une base de données n'existe mais qu'un pilote natif compatible OLE DB est disponible. Dans ce cas, le fournisseur OLE DB va agir comme un **intermédiaire entre l'application et le pilote**, et ce dernier s'occupera de la communication avec la base de données.

Les classes spécifiques à ce fournisseur de base de données se trouvent dans l'espace de noms `System.Data.OleDb` et leur nom est préfixé par *OleDb*.

Remarque

Pour pouvoir fonctionner, ce fournisseur nécessite la présence sur la machine des composants MDAC (Microsoft Data Access Components) en version 2.6 ou supérieure.

2.2.4 ODBC

Le fournisseur ODBC utilise le même principe de fonctionnement que le fournisseur OLE DB. Il nécessite donc qu'un pilote natif compatible ODBC existe pour la source de données visée afin de dialoguer avec celui-ci. C'est ensuite le pilote natif qui communiquera avec la base de données.

Ce fournisseur de données est implémenté dans l'espace de noms `System.Data.Odbc`, et chacun de ses types a pour préfixe de noms *Odbc*.

Remarque

Pour pouvoir fonctionner, ce fournisseur nécessite la présence sur la machine des composants MDAC (Microsoft Data Access Components) en version 2.6 ou supérieure.

3. Utiliser ADO.NET en mode connecté

Le mode connecté est le mode originel d'utilisation des bases de données. Il permet de rester connecté en permanence à la source de données, ce qui présente certains avantages :

- Il est très simple d'utilisation. En effet, dans ce mode, la connexion à la source de données est créée au démarrage de l'application et détruite lorsque l'utilisateur la quitte.
- Il permet d'avoir en permanence des données à jour.
- Il permet de gérer plus simplement les accès concurrentiels. Les utilisateurs étant connectés en permanence, il est plus simple de déterminer lequel utilise les données.

Le mode connecté pose tout de même quelques problèmes non négligeables :

- Il impose le maintien d'une connexion réseau permanente entre le client et le serveur de base de données. À l'heure de la mobilité, il est particulièrement délicat d'imposer cela à un utilisateur.
- Le serveur de bases de données doit gérer de multiples connexions permanentes simultanément, ce qui peut induire une utilisation excessive de ressources.

3.1 Connexion à une base de données

Avant toute exécution de requête, il est nécessaire d'ouvrir une connexion vers le serveur de base de données. Cette connexion est créée à l'aide de la classe `SqlConnection`. Lors de l'instanciation d'une connexion, il est nécessaire d'initialiser certaines valeurs relatives à la base de données. Celles-ci sont spécifiées au travers d'une chaîne de connexion.

3.1.1 Chaînes de connexion

Une chaîne de connexion est une chaîne de caractères contenant les informations nécessaires à l'établissement d'une connexion avec une base de données. Ces informations sont spécifiées sous la forme de couples mot-clé/valeur séparés par des points-virgules, dans lesquels le mot-clé est un nom de paramètre reconnu par le fournisseur de données.

Une analyse de la chaîne est effectuée lors de son affectation à la propriété `ConnectionString` d'un objet `SqlConnection`. Au cours de cette analyse, les différentes valeurs contenues sont extraites et affectées aux différentes propriétés de la connexion. En cas d'erreur pendant cette étape d'analyse, une exception est levée et les propriétés de la connexion restent inchangées.

Les mots-clés suivants sont disponibles pour une chaîne de connexion :

Data Source

Nom ou adresse réseau du serveur vers lequel la connexion doit être établie. Il est possible de spécifier un numéro de port à sa suite en séparant ces valeurs par une virgule. La valeur par défaut du numéro de port est 1433.

```
Data Source=SRVSQL
```

Initial Catalog

Nom de la base de données sur laquelle doit s'effectuer la connexion.

```
Initial Catalog=Northwind
```

User Id

Nom d'utilisateur SQL Server à utiliser pour la connexion. Toute requête exécutée au travers de la connexion sera soumise aux droits d'accès de ce compte utilisateur.

```
User Id=sqluser
```

Password

Mot de passe associé au compte utilisateur SQL Server utilisé.

```
Password=utilisateur7
```

Integrated Security

Valeur booléenne donnant la possibilité d'utiliser l'authentification Windows courante pour la connexion.

```
Integrated Security=True
```

Connect Timeout

Durée (en secondes) pendant laquelle l'application attend l'établissement de la connexion. En cas de dépassement de cette durée, une exception est levée. Par défaut, cette durée est de 15 secondes.

```
Connect Timeout=30
```

Min Pool Size

Nombre minimum de connexions à conserver dans le pool de connexions.

```
Min Pool Size=20
```

Max Pool Size

Nombre maximum de connexions à conserver dans le pool de connexions.

```
Max Pool Size=70
```

Remarque

La notion de pool de connexions est traitée en détail un peu plus loin dans ce chapitre.

Ainsi, pour établir une connexion au serveur **SRVSQL**, sur la base **Northwind** avec le nom d'utilisateur **sqluser** et le mot de passe **utilisateur7**, on utilisera la chaîne de connexion suivante :

```
string chaine = "Data Source=SRVSQL;Initial
Catalog=Northwind;User Id=sqluser;Pwd=utilisateur7";
```

Il peut être délicat de maîtriser la totalité des paramètres utilisables dans une chaîne de connexion. La classe `SqlConnectionStringBuilder` a pour but de simplifier la création d'une chaîne de connexion. Ce type possède plusieurs propriétés qui correspondent chacune à un paramètre utilisable dans une chaîne de connexion. Ces propriétés sont documentées de manière à comprendre aisément leur intérêt. Ainsi, il n'est pas nécessaire de connaître parfaitement chaque mot-clé utilisable pour obtenir une chaîne de connexion fonctionnelle.

```
SqlConnectionStringBuilder builder = new
SqlConnectionStringBuilder();
builder.DataSource = "SRVSQL";
builder.InitialCatalog = "Northwind";
builder.UserID = "sqluser";
builder.Password = "utilisateur7";

Console.WriteLine("Chaîne de connexion : {0}",
builder.ConnectionString);
```

Le résultat de l'exécution de ce code est le suivant :

```
Chaîne de connexion : Data Source=SRVSQL;Initial
Catalog=Northwind;User ID=sqluser;Password=utilisateur7
```

3.1.2 Pools de connexions

Les pools de connexions permettent d'améliorer les performances d'une application en évitant la création de connexions lorsque ceci est possible.

L'établissement d'une connexion est coûteux en termes de ressources, tant du côté client que du côté serveur. Le principe du pool de connexions est la mise en cache de connexions pour une réutilisation maximale. Dans ce but, un pool permet de conserver une certaine quantité de connexions utilisant la même chaîne de connexion. Lorsque l'application initie une connexion à une base de données, la première connexion disponible dans le pool associé à la chaîne de connexion spécifiée est automatiquement utilisée.

Les pools ainsi créés existent tant que l'application est en cours d'exécution.

Pour chacun des pools, il est possible de spécifier, par l'intermédiaire des propriétés `Min Pool Size` et `Max Pool Size` de la chaîne de connexion, les nombres minimum et maximum de connexions qu'il doit contenir.

Si le nombre maximal de connexions dans le pool est atteint, et qu'aucune connexion n'est disponible dans le pool, la demande sera mise en attente jusqu'à ce qu'une connexion soit disponible. Une connexion est remise à la disposition du pool lorsqu'elle est fermée explicitement dans le code à l'aide de la méthode `Close`, ou lorsque la méthode `Dispose` de la connexion est appelée. Pour assurer le recyclage des connexions, il est donc important de les fermer lorsqu'elles ne sont plus utilisées.

Ci-dessous une représentation schématique de l'utilisation d'un pool de connexions.

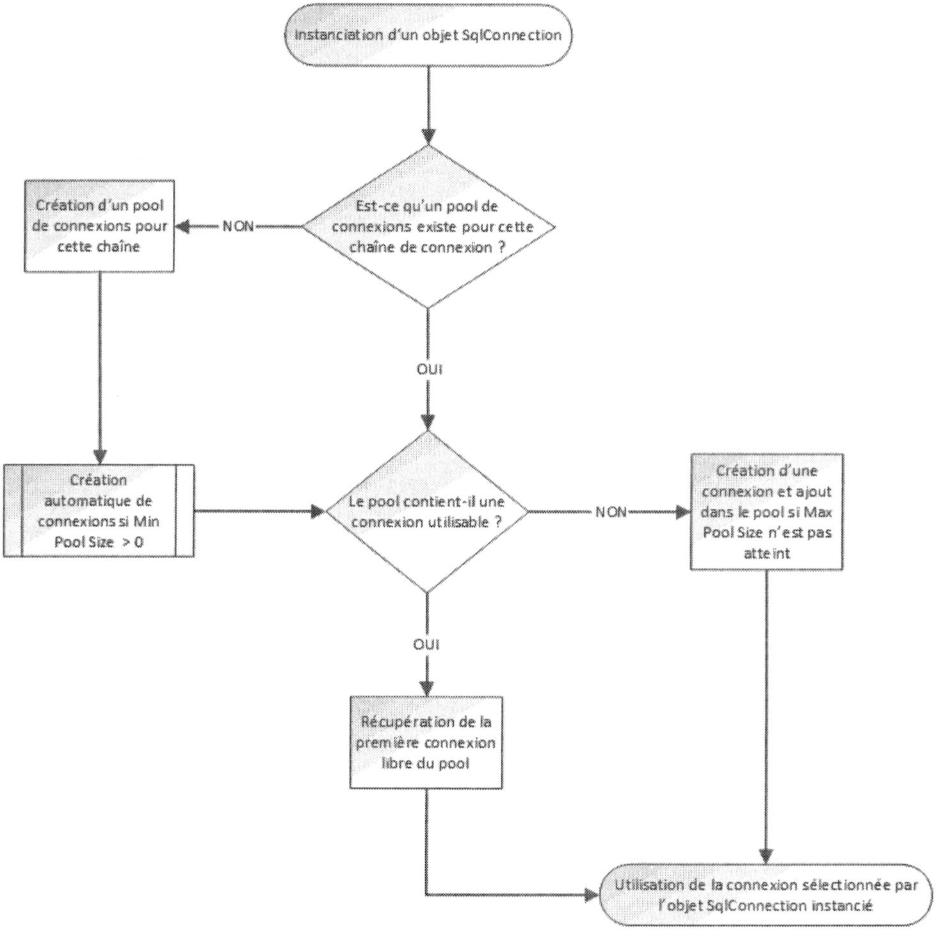

3.1.3 Gestion de la connexion

Établissement de la connexion

Pour créer une connexion à une base de données, il est nécessaire d'instancier un objet SqlConnection et d'initialiser sa chaîne de connexion, ce qui peut être fait de deux façons :

- Via le paramètre connectionString du constructeur de la classe SqlConnection.
- Via l'affectation d'une valeur à la propriété ConnectionString de l'objet SqlConnection. Cette affectation ne peut se faire que lorsque la connexion est fermée.

```
string chaineDeConnexion = "Data Source=SRVSQL;Initial
Catalog=Northwind;User ID=sqluser;Password=utilisateur7";

SqlConnection connexion;

//Initialisation à partir du constructeur
connexion = new SqlConnection(chaineDeConnexion);

//Ou initialisation à partir de la propriété
connexion = new SqlConnection();
connexion.ConnectionString = chaineDeConnexion;
```

Une fois la destination de la connexion définie, il faut appeler la méthode Open de l'objet connexion pour ouvrir la connexion entre l'application et le serveur de base de données.

```
connexion.Open();
```

Fermeture de la connexion

La fermeture d'une connexion est une étape très importante. En effet, une connexion non fermée est une connexion potentiellement perdue mais qui doit néanmoins être gérée par le serveur de base de données.

Cette fermeture doit être effectuée à l'aide de la méthode Close :

```
connexion.Close();
```

Remarque

La classe `SqlConnection` implémente l'interface `IDisposable`. Il est donc pertinent d'utiliser la structure `using` (cf. chapitre Les bases du langage, section Autres structures) afin d'éviter tout blocage de la connexion en cas d'exception ou d'oubli de fermeture.

Événements

La classe `SqlConnection` possède deux événements permettant d'obtenir des informations sur la connexion.

L'événement `StateChanged` est déclenché lorsque l'état de la connexion est modifié, que cette modification soit initiée par l'utilisateur ou forcée par le serveur de base de données. Le gestionnaire pour cet événement a la signature suivante :

```
void ChangementEtat(object sender, StateChangeEventArgs e)
```

Le paramètre de type `StateChangeEventArgs` a deux propriétés : `OriginalState` et `CurrentState`. Elles permettent de connaître respectivement l'état original de la connexion et son nouvel état. Ces propriétés contiennent des valeurs de l'énumération `ConnectionState`, il est donc possible de tester facilement la valeur de ces éléments pour agir en conséquence.

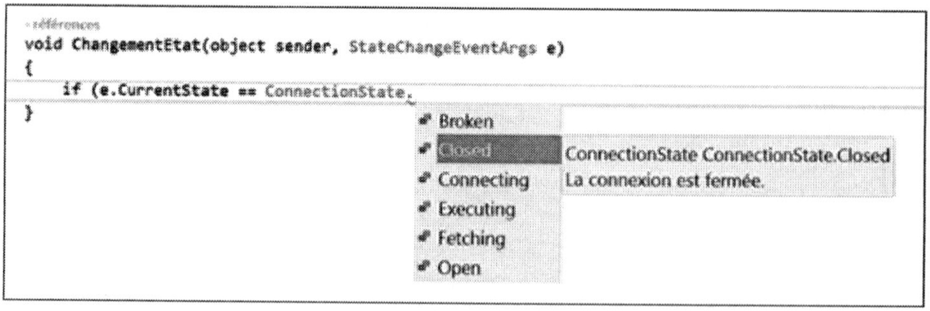

L'événement `InfoMessage` permet quant à lui d'obtenir des informations concernant des situations anormales mais non critiques (sévérité inférieure à 10) qui se produisent sur la connexion. La signature du gestionnaire d'événements associé est la suivante :

```
void InfoMessage(object sender, SqlInfoMessageEventArgs e)
```

Le paramètre de type `SqlInfoMessageEventArgs` contient une collection d'objets `SqlErrors` correspondant à chacune des erreurs renvoyées par le serveur de base de données. Ces objets ont plusieurs propriétés permettant de diagnostiquer et de corriger le problème.

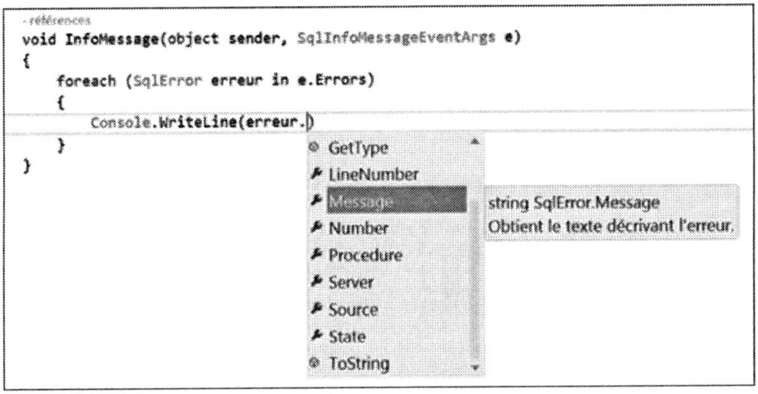

3.2 Création et exécution de commandes

Une fois la connexion au serveur de base de données établie, il est possible d'exécuter des commandes SQL au travers d'objets de type `SqlCommand`.

Ces commandes peuvent correspondre à tout type de requêtes SQL (`SELECT`, `INSERT`, `UPDATE`, `DELETE`, `CREATE TABLE`, `ALTER TABLE`, etc.) mais elles peuvent aussi correspondre à une demande d'exécution d'une procédure stockée.

3.2.1 Définition et création d'une commande

La création d'un objet `SqlCommand` est effectuée de deux manières :

– En utilisant un des constructeurs de la classe `SqlCommand`. Ici, nous utiliserons le constructeur sans paramètre, mais il est bien évidemment possible d'utiliser un des trois autres, sous réserve de pouvoir spécifier les paramètres nécessaires à leur utilisation.

```
SqlCommand commande = new SqlCommand();
```

Pour associer cette commande à une connexion, il faut affecter un objet `SqlConnection` à la propriété `Connection` de la commande.

```
commande.Connection = connexion;
```

– En utilisant la méthode `CreateCommand` de l'objet `SqlConnection`.

```
SqlCommand commande = connexion.CreateCommand();
```

Remarque

Attention : pour pouvoir exécuter la commande, il est nécessaire que la connexion soit ouverte ! Assurez-vous de son état avant la création des commandes dont vous avez besoin, ceci vous évitera des déconvenues.

3.2.2 Sélection de données

La sélection de données est l'opération effectuée le plus fréquemment sur une base de données. Celle-ci est très simple à mettre en place à l'aide des objets `SqlConnection` et `SqlCommand`.

Après la création et l'association d'un objet `SqlCommand` à une connexion, il suffit de valoriser la propriété `CommandText` de la commande avec une requête SQL pour avoir une commande de sélection prête à être exécutée.

```
commande.CommandText = "SELECT * FROM Eleve";
```

L'exécution de requêtes de sélection de données est effectuée à l'aide de la méthode `ExecuteReader` de l'objet `SqlCommand`. Cette méthode renvoie un objet de type `SqlDataReader` grâce auquel il est possible de récupérer chacun des enregistrements du résultat de la requête, un par un, et uniquement en avançant dans la collection d'enregistrements.

```
SqlDataReader reader = commande.ExecuteReader();
```

La lecture d'un enregistrement se fait au travers de l'appel de la méthode `Read` de l'objet `SqlDataReader`. Cette méthode renvoie un booléen indiquant si un enregistrement a pu être lu. Si tel est le cas, alors l'objet `SqlDataReader` contient les données de l'enregistrement, qui sont alors manipulables à l'aide de l'opérateur `[]`.

```
reader.Read();
//Lecture de la valeur de la colonne "Nom" de l'enregistrement
string nom = (string)reader["Nom"];
```

Il est nécessaire de transtyper les valeurs récupérées de cette manière car elles sont exposées par l'objet `SqlDataReader` sous la forme d'un `object`.

Il est également possible de récupérer la valeur souhaitée sous une forme fortement typée à l'aide d'une des méthodes spécialisées de la classe `SqlDataReader` : la méthode `GetString` pour obtenir une chaîne de caractères, `GetInt32` pour un entier, `GetDateTime` pour une date, etc. Ces méthodes prennent comme paramètre un entier représentant l'index de la colonne dans l'enregistrement.

```
reader.Read();
//Lecture de la valeur de la colonne placée en première position
//de l'enregistrement
string nom = reader.GetString(0)
```

La lecture de la totalité des données retournées est effectuée à l'aide d'une boucle `while` pour laquelle la condition entrante est la valeur retournée par l'appel de la méthode `Read`.

```
while (reader.Read())
{
    Console.WriteLine("Nom = {0}", reader.GetString(0));
}
```

Lorsqu'une requête ne renvoie qu'une valeur, la lecture du résultat peut être simplifiée en utilisant la méthode `ExecuteScalar` de la commande. Celle-ci renvoie une valeur de type `object` qu'il faut donc transtyper au besoin.

```
SqlCommand commande = connexion.CreateCommand();
commande.CommandText = "SELECT COUNT(*) FROM Eleve";

int nbEleves = (int)commande.ExecuteScalar();
Console.WriteLine("Il y a {0} élèves", nbEleves);
```

3.2.3 Actions sur les données

L'exécution d'une requête d'ajout, de suppression ou de mise à jour de données est effectuée d'une manière très similaire à la sélection de données. Une commande contenant une requête `UPDATE`, `INSERT` ou `DELETE` est créée et associée à une connexion.

```
SqlCommand commande = connexion.CreateCommand();
commande.CommandText = "INSERT INTO Eleve (Nom, Prenom) VALUES
('MARTIN', 'Michel')";
```

Une fois cette commande définie, l'appel de la méthode `ExecuteNonQuery` de l'objet `SqlCommand` envoie la requête au serveur de base de données. Sa valeur de retour est un entier représentant le nombre d'enregistrements affectés par la requête.

```
int nombreEnregistrementsAffectes = commande.ExecuteNonQuery();
```

Remarque

Les commandes modifiant des éléments de structure de la base de données (`ALTER TABLE`, par exemple) sont également exécutées à l'aide de cette méthode.

3.2.4 Paramétrage d'une commande

La méthode la plus simple pour la construction de requêtes SQL est la **concaténation de chaînes de caractères**. Cette méthode a l'avantage d'être aisément compréhensible par tous, mais elle est délicate à mettre en place. En effet, elle mène souvent à des **erreurs de syntaxe** (oublis d'espaces ou de virgules, par exemple) et peut poser des **problèmes de sécurité** (injection SQL).

L'utilisation de **paramètres** permet de réduire le nombre de problèmes engendrés par la création d'une requête SQL :

- Une requête paramétrée peut être **définie sans concaténation**, ce qui réduit les risques d'erreurs de syntaxes.
- **Les valeurs de paramètres sont validées** au niveau de leur type et de leur longueur avant exécution de la requête. De plus, les chaînes de caractères sont échappées de manière à ne pas être interprétées comme des instructions SQL.

Ces deux points réduisent considérablement la surface d'attaque pour les injections SQL.

Ci-dessous un exemple de construction d'une commande SQL à partir de concaténation de chaînes :

```
string nom = "MARTIN";
string prenom = "Michel";
DateTime datenaissance = new DateTime(2004, 05, 28);

SqlCommand commande = connexion.CreateCommand();
```

```
commande.CommandText = "INSERT INTO Eleve (Nom, Prenom,
DateNaissance) VALUES ('" + nom + "', '" + prenom + "', '" +
datenaissance.ToString("dd/MM/yyyy") + "'";
```

Les concaténations rendent la lecture difficile, et selon la culture utilisée par le serveur de base de données, il est possible d'obtenir un comportement inattendu (voire une exception) à cause du format de la date.

Il est possible de réécrire cette construction de commande en utilisant des paramètres de manière à rendre celle-ci plus maintenable et plus sécurisée.

Tout d'abord, il faut écrire la requête en définissant le nom et l'emplacement de ses paramètres : `@nom`, `@prenom`, `@datenaissance`.

```
SqlCommand commande = connexion.CreateCommand();
commande.CommandText = "INSERT INTO Eleve (Nom, Prenom,
DateNaissance) VALUES (@nom, @prenom, @datenaissance)";
```

Si la commande était exécutée en l'état, une exception serait levée car les valeurs de paramètres ne sont pas spécifiées.

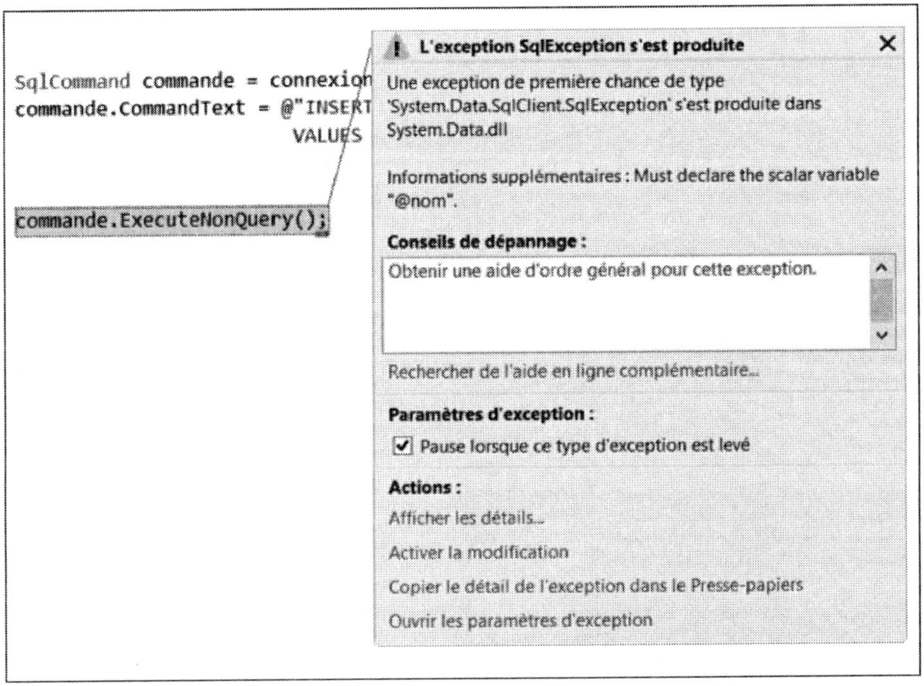

La création de paramètres correspond à l'instanciation d'objets de type `SqlParameter` et à leur configuration. Il est notamment possible de spécifier le type attendu en base de données à l'aide de la propriété `DbType` ou la taille maximale du paramètre quand il s'agit d'une chaîne de caractères.

Le paramètre peut être défini comme étant en lecture seule (`ParameterDirection.Input`), en écriture seule (`ParameterDirection.Ouput`) ou en lecture et écriture (`ParameterDirection.InputOutput`) à l'aide de la propriété `Direction`. Ceci peut être très utile dans le cas de l'exécution d'une fonction ou procédure stockée.

```
string nom = "MARTIN";
string prenom = "Michel";
DateTime datenaissance = new DateTime(2004, 05, 28);

//Création du paramètre @nom
SqlParameter paramNom = new SqlParameter("@nom", nom);
paramNom.Direction = ParameterDirection.Input;
paramNom.DbType = DbType.String;
paramNom.Size = 30;

//Création du paramètre @prenom
SqlParameter paramPrenom = new SqlParameter("@prenom", prenom);
paramPrenom.Direction = ParameterDirection.Input;
paramPrenom.DbType = DbType.String;
paramPrenom.Size = 30;

//Création du paramètre @datenaissance
SqlParameter paramDate = new SqlParameter("@datenaissance",
datenaissance);
paramPrenom.Direction = ParameterDirection.Input;
paramPrenom.DbType = DbType.DateTime;
```

Pour terminer, il convient d'ajouter les paramètres créés à la collection de paramètres de la commande.

```
commande.Parameters.Add(paramNom);
commande.Parameters.Add(paramPrenom);
commande.Parameters.Add(paramDate);
```

3.2.5 Exécution de procédures stockées

Les procédures stockées sont des éléments comparables aux procédures C#, mais **exécutés entièrement par le serveur de base de données**. Elles sont composées d'instructions SQL (ou de leur variante spécifique au serveur de base de données) et peuvent accepter des paramètres, renvoyer des valeurs et effectuer des traitements complexes.

Leur utilisation a plusieurs avantages, notamment la **centralisation du code SQL**, ce qui peut simplifier la maintenance lorsqu'une base de données évolue sans impact sur le code des applications qui l'utilisent. De plus, les procédures stockées bénéficient d'un traitement particulier : elles sont **compilées** à leur première exécution par le moteur de base de données et mises en cache, ce qui peut apporter une amélioration conséquente de performances dans le cas de traitements complexes.

L'appel d'une procédure stockée à partir de C# est similaire à l'exécution de requêtes SQL. Après avoir créé un objet `SqlCommand`, il faut assigner à sa propriété `CommandText` le nom de la procédure stockée à exécuter et modifier la propriété `CommandType` avec la valeur `CommandType.StoredProcedure` pour indiquer que `CommandText` contient le nom de la procédure stockée.

Il convient ensuite de spécifier les paramètres attendus par la procédure stockée de la même manière que pour une requête SQL. Lorsqu'une procédure stockée renvoie une valeur (à l'aide de l'instruction `RETURN`), il convient d'ajouter un paramètre supplémentaire nommé `RETURN_VALUE` en assignant à sa propriété `Direction` la valeur `ParameterDirection.ReturnValue`. Après l'exécution de la procédure, il sera ainsi possible de récupérer la valeur de retour, comme pour les propriétés en écriture, au travers de la propriété `Value` du paramètre.

Pour tester ces différentes notions, nous allons utiliser une procédure stockée calculant l'âge moyen des élèves nés après une année donnée.

```
CREATE PROCEDURE CalculAgeMoyenElevesNeApresAnnee @annee int AS
    -- Déclaration de la variable qui contiendra l'âge moyen
    DECLARE @moyenne decimal

    -- Calcul de la moyenne
    SELECT @moyenne = AVG((Year(GetDate()) -
Year(DateNaissance)))
```

```
        FROM Eleve
        WHERE YEAR(DateNaissance) > @annee

    --Renvoi de la variable @moyenne
    RETURN @moyenne
```

Le code C# permettant l'appel de cette procédure stockée est le suivant.

```
int annee = 2000;

SqlCommand commande = connexion.CreateCommand();
commande.CommandText = "CalculAgeMoyenElevesNeApresAnnee";
commande.CommandType = CommandType.StoredProcedure;

SqlParameter parametreAnnee = new SqlParameter("@annee", annee);
parametreAnnee.Direction = ParameterDirection.Input;
parametreAnnee.DbType = DbType.Int32;

SqlParameter parametreValeurRetour = new
SqlParameter("RETURN_VALUE", SqlDbType.Decimal);
parametreValeurRetour.Direction = ParameterDirection.ReturnValue;

commande.Parameters.Add(parametreAnnee);
commande.Parameters.Add(parametreValeurRetour);

commande.ExecuteNonQuery();

Console.WriteLine("L'âge moyen des élèves nés après {0} est {1}
ans", annee, parametreValeurRetour.Value);
```

4. Utiliser ADO.NET en mode déconnecté

Dans un mode déconnecté, la connexion au serveur de base de données n'est pas permanente. Ceci permet de libérer des ressources qui pourraient être utilisées par une autre application ou par un autre client de la base de données.

Ce mode de fonctionnement implique qu'il faut conserver une copie locale des données sur lesquelles on souhaite travailler. Pour ceci, il est possible de recréer localement une structure similaire à celle d'une base de données.

4.1 DataSet et DataTable

Les classes principales permettant de travailler en mode déconnecté sont `DataSet`, `DataTable`, `DataRow` et `DataColumn`.

4.1.1 Description

Les différentes classes utilisées pour le mode déconnecté sont les contreparties .NET des éléments de la structure d'une base de données.

DataSet

Un objet `DataSet` est un conteneur, semblable logiquement à une base de données. C'est lui qui contiendra la totalité des données de l'ensemble sur lequel on souhaite travailler.

DataTable

Le type `DataTable` représente, comme son nom l'indique, une table. Un objet `DataTable`, bien que pouvant exister indépendamment, est logiquement contenu dans un `DataSet`.

DataColumn

La classe `DataColumn` est le pendant .NET des colonnes SQL. Les `DataTable` possèdent plusieurs `DataColumn` tout comme les tables en base de données possèdent plusieurs colonnes.

DataRow

Les objets `DataRow` sont les véritables conteneurs de données. Chaque `DataRow` correspond à un enregistrement dans une `DataTable`.

Ces quatre classes ne sont pas les seuls types représentant des éléments de la structure d'une base de données. On peut aussi trouver les types `UniqueConstraint`, `ForeignKeyConstraint` ou `DataRelation` représentant respectivement les contraintes d'unicité, les clés étrangères et les relations entre objets `DataTable`.

4.1.2 Remplissage d'un DataSet à partir d'une base de données

Pour travailler avec les données localement, il est nécessaire de rapatrier les données du serveur vers un `DataSet`. Pour cela, chaque fournisseur de données propose un `DbDataAdapter` permettant des échanges bidirectionnels entre la base de données et le `DataSet`. L'implémentation de la classe `DbDataAdapter` du fournisseur de données SQL Server est `SqlDataAdapter`.

Utilisation d'un DbDataAdapter

En premier lieu, il faut instancier un objet d'un type dérivé de la classe `DbDataAdapter`.

```
SqlDataAdapter adapteur = new SqlDataAdapter();
```

Cet objet possède une propriété `SelectCommand` à laquelle il faut affecter une commande de sélection de données. C'est à partir des données renvoyées par cette commande que l'objet `SqlDataAdapter` pourra remplir un `DataSet`.

```
SqlCommand commande = connexion.CreateCommand();
commande.CommandText = "SELECT * FROM Eleve";
adapteur.SelectCommand = commande;
```

À ce stade, il ne reste plus qu'à remplir un `DataSet` à l'aide de la méthode `Fill` du `SqlDataAdapter`. Cette méthode prend en paramètre (dans ses versions les plus simples) un `DataSet` ou une `DataTable`. Il faut donc instancier un `DataSet` et le passer à notre méthode.

```
DataSet ds = new DataSet();
adapteur.Fill(ds);
```

Il est possible de connaître le nombre de lignes ajoutées ou actualisées dans le `DataSet` en récupérant la valeur de retour de l'appel à la méthode `Fill`.

```
int nbLignes = adapteur.Fill(ds);
```

Le premier appel à la méthode `Fill` crée un élément dans la collection `ds.Tables`. Cet élément est de type `DataTable` et contient tous les enregistrements retournés par la commande de sélection. Le nom de cet objet `DataTable` (propriété `TableName`) est "Table", ce qui n'est pas particulièrement explicite. Chaque nouvelle table créée de cette manière par la méthode `Fill` aura pour nom *Table*, *Table1*, *Table2*, etc. Pour éviter ces nommages peu clairs, on utilise la méthode `Fill` en lui passant le nom de la `DataTable` à remplir :

```
adapteur.Fill(ds, "Eleve");
```

La connexion à partir de laquelle on crée la commande peut être ouverte ou fermée, dans les deux cas, tout se passera bien. La différence est dans le comportement vis-à-vis de cette connexion :

- Si la connexion n'est pas ouverte au moment de l'exécution, la méthode l'ouvrira, remplira le `DataSet` puis la refermera.
- Si la connexion est préalablement ouverte, l'exécution de la méthode peuplera uniquement le `DataSet`, sans modifier l'état de la connexion.

Lorsque le `SqlDataAdapter` construit une `DataTable`, il utilise les noms des champs retournés pour nommer chacune de ses `DataColumn`. Pour redéfinir les noms de ces champs, il est possible de créer des objets de type `DataTableMapping` puis de les ajouter à la collection `TableMappings` du `SqlDataAdapter`.

La classe `DataTableMapping` fournit les propriétés `SourceTable` et `DataSetTable` qui permettent de mapper un nom de table en base de données à un nom de `DataTable`. Ce type contient également une collection `ColumnMappings` qu'il convient de remplir avec des objets de type `DataColumnMapping` dont les propriétés `SourceColumn` et `DataSetColumn` permettent respectivement de spécifier le nom du champ en base de données et le nom du champ associé dans la `DataTable`.

Pour appliquer ces informations de mappage, il faut appeler la méthode `Fill` en passant comme second paramètre le nom de la table en base de données.

Le code suivant crée un mappage pour les colonnes *Identifiant* et *DateNaissance* et remplit un objet `DataTable` nommé *DataTableEleve* avec les données de la table *Eleve*. Il affiche ensuite à l'écran le nom des colonnes de la `DataTable`.

```
var connexion = new
SqlConnection("Server=(LocalDb)\\v11.0;Initial
Catalog=Test;Integrated Security=True");
SqlCommand commande = connexion.CreateCommand();
commande.CommandText = "SELECT * From Eleve;";

SqlDataAdapter adapteur = new SqlDataAdapter();
adapteur.SelectCommand = commande;

DataTableMapping mappageTable = new DataTableMapping("Eleve",
"DataTableEleve");
mappageTable.ColumnMappings.Add(new
DataColumnMapping("Identifiant", "Id"));
mappageTable.ColumnMappings.Add(new
DataColumnMapping("DateNaissance", "Date"));
adapteur.TableMappings.Add(mappageTable);

DataSet ds = new DataSet();
adapteur.Fill(ds, "Eleve");

foreach (DataColumn column in
ds.Tables["DataTableEleve"].Columns)
{
    Console.WriteLine(column.ColumnName);
}
```

Retrouver les contraintes de la base de données dans un DataSet

L'utilisation de la méthode `Fill` récupère des données dans une source de données et les utilise pour remplir un `DataSet`. Mais le comportement par défaut de cette méthode n'inclut aucun transfert des informations de schéma, comme les clés primaires.

Il est intéressant de récupérer les contraintes de clés primaires lorsque les données contenues dans le `DataSet` doivent être mises à jour à partir de la base de données. Sans ces contraintes, chaque exécution de la méthode `Fill` ajoutera de nouvelles lignes au `DataSet`, ce qui peut entraîner la présence de doublons. Dans le cas contraire, si la valeur de la clé primaire d'un enregistrement de base de données est trouvée dans le `DataSet`, l'enregistrement n'est pas ajouté à ce `DataSet` : la ligne correspondante est mise à jour avec les données fraîches.

Ce mécanisme de transfert de la structure d'une table est implémenté dans la méthode `FillSchema` de la classe `SqlDataAdapter`. Celle-ci doit être appelée avant le premier appel à la méthode `Fill`.

```
adapteur.FillSchema(ds, SchemaType.Mapped);
adapteur.Fill(ds, "Eleve");
```

4.1.3 Remplissage d'un DataSet sans base de données

Si une grande partie des applications utilisent une base de données pour la persistance des informations qu'elles traitent, d'autres utilisent des informations provenant du Web, de fichiers texte, ou génèrent même leurs propres données. Ces applications aussi peuvent utiliser les classes `DataSet` et `DataTable`. En revanche, elles ne peuvent pas utiliser le type `SqlDataAdapter`, ce qui implique que la création de la structure de données est entièrement à la charge du développeur.

Pour créer une table en mémoire, la première opération à réaliser est la création d'un objet `DataTable`. Son constructeur accepte en paramètre le nom de la table.

```
DataTable table = new DataTable("Eleve");
```

Il faut ensuite créer les différentes colonnes de la table en fournissant des objets de type `DataColumn` à la propriété `Columns` du `DataTable`. Le constructeur de la classe `DataColumn` qui nous intéresse ici accepte deux paramètres : le nom de la colonne et le type de donnée qu'elle doit stocker.

Pour spécifier ce type, il est intéressant d'utiliser l'opérateur `typeof`. Celui-ci prend en paramètre un nom de type .NET et renvoie un objet dont le type est `System.Type`.

```
DataColumn colonneIdentifiant = new DataColumn("Identifiant",
typeof(int));
DataColumn colonneNom = new DataColumn("Nom", typeof(string));
DataColumn colonnePrenom = new DataColumn("Prenom", typeof(string));
DataColumn colonneDateNaissance = new DataColumn("DateNaissance",
typeof(DateTime));

table.Columns.Add(colonneIdentifiant);
table.Columns.Add(colonneNom);
table.Columns.Add(colonnePrenom);
table.Columns.Add(colonneDateNaissance);
```

Il peut être utile de préciser que chaque enregistrement doit avoir une valeur différente pour la colonne *Identifiant*. Pour cela, deux solutions sont à disposition du développeur.

Il est possible de valoriser la propriété `Unique` de l'objet `DataColumn` à `true`. Ainsi, à chaque ajout de donnée, une vérification sera effectuée sur la valeur de l'identifiant fourni. S'il existe déjà, une exception est levée.

Cette solution nécessite que le développeur calcule lui-même la valeur d'identifiant pour chaque enregistrement, ce qui apporte plus de souplesse mais aussi plus de complexité.

Une autre solution est de valoriser la propriété `AutoIncrement` de l'objet `DataColumn` à `true`. Ainsi, à chaque ajout de donnée, c'est l'objet `DataTable` qui est responsable du calcul de l'identifiant. Deux informations peuvent être éditées afin de modifier le calcul : la propriété `AutoIncrementSeed`, qui indique la valeur à utiliser pour le premier enregistrement, et la propriété `AutoIncrementValue` qui définit la valeur de l'incrément à utiliser pour le calcul.

Un identifiant devant, par définition, être toujours renseigné, il est également possible d'utiliser la propriété `AllowDBNull` pour indiquer qu'une valeur de cette colonne peut ou ne doit jamais être égale à `DBNull.Value` (l'équivalent .NET de la valeur `NULL` de SQL).

La création de la variable `colonneIdentifiant` ressemble maintenant à ceci :

```
DataColumn colonneIdentifiant = new DataColumn("Identifiant",
typeof(int));
colonneIdentifiant.Unique = true;
colonneIdentifiant.AutoIncrement = true;
//AutoIncrementSeed vaut par défaut 0 et AutoIncrementValue
//vaut par défaut 1
colonneIdentifiant.AllowDBNull = false;
```

D'un point de vue structurel, il semble logique d'utiliser la colonne *Identifiant* comme clé primaire pour la `DataTable`. La propriété `PrimaryKey` de la classe `DataTable` accepte une valeur de type `DataColumn[]` définissant la liste des colonnes qui composent la clé primaire.

```
table.PrimaryKey = new DataColumn[] { colonneIdentifiant };
```

Certaines propriétés des colonnes concernées sont automatiquement modifiées par cette affectation. Leur propriété `AllowDBNull` est valorisée à `true`, et la propriété `Unique` est également valorisée à `true` dans le cas où un seul champ compose la clé primaire. Dans le cas contraire, la valeur de la propriété n'est pas modifiée.

Une fois cette structure de table créée, il ne reste qu'à insérer des données. Cet ajout est effectué par l'intermédiaire d'objets de type `DataRow`, créés à l'aide de la méthode `NewRow` de la `DataTable`. Cette méthode renvoie une `DataRow` respectant le schéma défini pour la table. Les données de chaque `DataRow` sont stockées dans sa propriété `ItemArray`, de type `object[]`. Il convient d'affecter chacune des données à stocker à l'élément correspondant de ce tableau. Deux possibilités sont offertes pour l'accès à chacun des éléments :

- Accéder à l'index souhaité à travers l'indexeur de la classe `DataRow` :

  ```
  ligne[0] = <valeur>;
  ```

- Accéder à l'élément à travers l'indexeur de la classe `DataRow` acceptant un nom de colonne :

  ```
  ligne["<Nom de colonne>"] = <valeur>;
  ```

Chaque enregistrement doit ensuite être ajouté à la collection `Rows` de l'objet `DataTable`.

Le code ci-dessous utilise les deux types d'accès décrits ci-dessus pour l'assignation des données et ajoute les enregistrements créés dans la table.

```
DataRow row1 = table.NewRow();
row1[1] = "MARTIN";
row1[2] = "Henry";
row1[3] = new DateTime(1954, 01, 25);
table.Rows.Add(row1);

DataRow row2 = table.NewRow();
```

```
row2[1] = "DUPOND";
row2[2] = "Eric";
row2[3] = new DateTime(1982, 05, 04);
table.Rows.Add(row2);

DataRow row3 = table.NewRow();
row3["Nom"] = "MARTIN";
row3["Prenom"] = "Michel";
row3["DateNaissance"] = new DateTime(2004, 05, 28);
table.Rows.Add(row3);
```

4.2 Manipulation des données hors connexion

Qu'un DataSet ait été rempli à partir d'enregistrements issus de la base de données ou manuellement à partir de données générées par l'application, il est essentiel pour le développeur de pouvoir manipuler son contenu. Pour cela, les classes DataSet et associées disposent de nombreuses propriétés et méthodes facilitant la lecture, l'édition ou le tri de données.

4.2.1 Lecture des données

La classe DataTable fournit différentes manières d'accéder aux données qu'elle contient. La plus simple est d'utiliser sa collection Rows. Il est possible de traiter chacun des éléments stockés dans cette collection en utilisant un bloc foreach.

```
foreach (DataRow row in table.Rows)
{
    Console.WriteLine("L'identifiant de l'enregistrement est
{0}", row.ItemArray[0]);
}
```

La lecture de chaque élément de l'enregistrement à partir d'un index peut être une opération délicate, notamment si l'ordre des colonnes de la table est modifié. L'utilisation de la méthode d'accès basée sur le nom de la colonne est donc souvent privilégiée.

```
foreach (DataRow row in table.Rows)
{
    Console.WriteLine("L'identifiant de l'enregistrement est
{0}", row["Identifiant"]);
}
```

Un dernier moyen de lire les données d'un objet `DataTable` est de créer un `DataTableReader`, qui est un type dérivé de `DbDataReader` et fournit plusieurs méthodes spécialisées pour la lecture de données avec la gestion d'un typage fort. La classe `DataTableReader` est utilisée de la même manière que le type `SqlDataReader` (cf. section Sélection de données).

```
DataTableReader dataTableReader = table.CreateDataReader();
while (dataTableReader.Read())
{
    Console.WriteLine("L'identifiant de l'enregistrement est
{0}", dataTableReader[0]);
}
```

4.2.2 Création de contraintes

Les contraintes sont une part importante de la gestion de données. Il est en effet souvent nécessaire d'appliquer certaines restrictions sur des jeux de données pour maintenir leur cohérence.

Le framework .NET dispose de deux types de contraintes applicables sur des objets `DataTable : UniqueConstraint` et `ForeignKeyConstraint`.

UniqueConstraint

Cette contrainte force l'unicité des valeurs d'un groupe de `DataColumn` : si la contrainte regroupe trois colonnes, la combinaison de ces trois valeurs sera toujours unique. Le non-respect de cette contrainte entraîne le déclenchement d'une exception de type `System.Data.ConstraintException`.

La création de cette contrainte s'effectue en instanciant un objet de type `UniqueConstraint` et en lui passant en paramètre une `DataColumn` ou un tableau d'objets `DataColumn`. Il est ensuite nécessaire de l'ajouter à la collection `Constraints` de la `DataTable`.

```
UniqueConstraint contrainte = new UniqueConstraint();new
DataColumn[] { colonneNom, colonnePrenom }));

table.Constraints.Add(contrainte);
```

Remarque

Lorsque la contrainte doit être définie sur une seule `DataColumn`, il peut être plus simple de valoriser sa propriété Unique à `true` pour obtenir le même résultat.

ForeignKeyConstraint

Les `ForeignKeyConstraint` (ou contraintes de clés étrangères) définissent le comportement des tables liées en cas de modification ou de suppression d'une donnée dans la `DataTable` principale. Les propriétés `UpdateRule` et `DeleteRule` de ce type permettent de définir le type d'action à effectuer à l'aide d'une valeur d'énumération du type `System.Data.Rule` :

- `None` : les lignes associées à la donnée éditée ou supprimée ne sont pas affectées.
- `Cascade` : toutes les lignes connexes sont modifiées ou supprimées.
- `SetDefault` : pour chacune des lignes associées, la donnée est remplacée par la valeur par défaut de la colonne (propriété `DefaultValue` de la `DataColumn`).
- `SetNull` : après application de ce comportement, la valeur des données de la colonne impliquée est `NULL` pour chacune des lignes.

La création d'une contrainte de ce type nécessite l'existence de deux tables. Le premier paramètre du constructeur de la classe `ForeignKeyConstraint` correspond au nom de la colonne dans la table principale, tandis que le second est le nom de la colonne associée dans une table liée. Les données stockées dans ces deux colonnes doivent être du même type.

Le code utilisé pour les exemples précédents a été adapté. Il crée maintenant une `DataTable` supplémentaire nommée *CoursMusique* et ajoute une colonne *FK_Cours* à la table *Eleve* avec les données correspondantes. Une contrainte de clé est ajoutée à cette dernière table afin de référencer correctement l'identifiant d'un cours de musique pour chaque enregistrement de la table. Ici, la table principale est donc *CoursMusique* et la table liée est *Eleve*.

```
//Création de la table CoursMusique
DataTable tableCours = new DataTable("CoursMusique");

DataColumn colonneIdentifiantCours = new
DataColumn("IdentifiantCours", typeof(int));
colonneIdentifiantCours.AutoIncrement = true;
DataColumn colonneIntitule = new DataColumn("Intitule",
typeof(string));
tableCours.Columns.Add(colonneIdentifiantCours);
tableCours.Columns.Add(colonneIntitule);

tableCours.PrimaryKey = new DataColumn[] {
colonneIdentifiantCours };

DataRow rowCours1 = tableCours.NewRow();
rowCours1["Intitule"] = "Piano - Débutant";
tableCours.Rows.Add(rowCours1);

DataRow rowCours2 = tableCours.NewRow();
rowCours2 ["Intitule"] = "Guitare - Débutant";
tableCours.Rows.Add(rowCours2);

DataRow rowCours3 = tableCours.NewRow();
rowCours3 ["Intitule"] = "Solfege";
tableCours.Rows.Add(rowCours3);
```

```
//Création de la table Eleve
DataTable table = new DataTable("Eleve");

DataColumn colonneIdentifiant = new DataColumn("Identifiant",
typeof(int));
colonneIdentifiant.AutoIncrement = true;
DataColumn colonneNom = new DataColumn("Nom", typeof(string));
DataColumn colonnePrenom = new DataColumn("Prenom",
typeof(string));
DataColumn colonneDateNaissance = new DataColumn("DateNaissance",
typeof(DateTime));
DataColumn colonneFKCours = new DataColumn("FK_Cours",
typeof(int));

table.Columns.Add(colonneIdentifiant);
table.Columns.Add(colonneNom);
table.Columns.Add(colonnePrenom);
```

```
table.Columns.Add(colonneDateNaissance);
table.Columns.Add(colonneFKCours);
table.PrimaryKey = new DataColumn[] { colonneIdentifiant };

//Création de la contrainte ForeignKeyConstraint
ForeignKeyConstraint contrainteFK = new
ForeignKeyConstraint(colonneIdentifiantCours, colonneFKCours);
contrainteFK.UpdateRule = Rule.Cascade;
contrainteFK.DeleteRule = Rule.SetNull;
table.Constraints.Add(contrainteFK);

DataRow row1 = table.NewRow();
row1[1] = "MARTIN";
row1[2] = "Henry";
row1[3] = new DateTime(1954, 01, 25);
row1[4] = tableCours.Rows[2]["IdentifiantCours"];
table.Rows.Add(row1);

DataRow row2 = table.NewRow();
row2[1] = "DUPOND";
row2[2] = "Eric";
row2[3] = new DateTime(1982, 05, 04);
row2[4] = tableCours.Rows[2]["IdentifiantCours"];
table.Rows.Add(row2);

DataRow row3 = table.NewRow();
row3["Nom"] = "MARTIN";
row3["Prenom"] = "Michel";
row3["DateNaissance"] = new DateTime(2004, 05, 28);
row3[4] = tableCours.Rows[1]["IdentifiantCours"];
table.Rows.Add(row3);
```

4.2.3 Relations entre DataTables

Les relations entre les tables sont un élément important des `DataSet`. Comme les relations de clés étrangères en base de données, elles permettent de naviguer entre les différents objets `DataTable` constituant un stockage de données local. Elles sont très souvent utilisées conjointement avec les contraintes car complémentaires au niveau de l'utilisation.

Créer une relation

Les relations sont représentées par des objets de la classe DataRelation. La création d'une relation est effectuée en passant les objets DataColumn parent et enfant au constructeur du type. Il est aussi possible de spécifier le nom de la relation afin d'y faire référence plus aisément. Les différentes relations créées pour un DataSet doivent être ajoutées à la collection Relations de ce conteneur.

Le code suivant ajoute les DataTable *Eleve* et *CoursMusique* à un DataSet, puis crée une relation nommée *Relation_Cours_Eleve* entre le champ *Identifiant-Cours* de la table *CoursMusique* et le champ *FK_Cours* de la table *Eleve*.

```
DataSet ds = new DataSet();
ds.Tables.Add(table);
ds.Tables.Add(tableCours);

ds.Relations.Add("Relation_Cours_Eleve", colonneIdentifiantCours,
colonneFKCours);
```

Parcourir les relations

L'utilisation des relations dans un DataSet permet d'obtenir tous les enregistrements d'une DataTable liés à une DataRow d'un autre objet DataTable. La méthode GetChildRows de la classe DataRow effectue cette opération et renvoie les enregistrements dans un tableau de DataRow. Elle prend en paramètre le nom de la relation à utiliser pour suivre le lien qu'elle représente.

Le code présenté ci-dessous liste les différents cours de musique existants avec les noms des élèves de chacun.

```
foreach (DataRow ligneCours in ds.Tables["CoursMusique"].Rows)
{
    Console.WriteLine("Les élèves suivants ont choisi le cours
{0}", ligneCours["Intitule"]);

    DataRow[] lignesEleves =
ligneCours.GetChildRows("Relation_Cours_Eleve");

    if (lignesEleves.Length > 0)
    {
        foreach (DataRow ligneEleve in lignesEleves)
```

```
            {
                Console.WriteLine("\t{0} {1}", ligneEleve["Prenom"],
ligneEleve["Nom"]);
            }
        }
        else
        {
            Console.WriteLine("------------------ Aucun ------------------");
        }
}
```

Le résultat de son exécution est le suivant :

```
Les élèves suivants ont choisi le cours Piano - Débutant
------------------ Aucun ------------------
Les élèves suivants ont choisi le cours Guitare - Débutant
        Michel MARTIN
Les élèves suivants ont choisi le cours Solfege
        Henry MARTIN
        Eric DUPOND
```

4.2.4 État et versions d'une DataRow

Le type `DataRow` est capable de suivre les modifications apportées à son contenu. Son état est stocké dans sa propriété `RowState`, qui contient une valeur de l'énumération `System.Data.DataRowState`. Les différents états possibles pour une `DataRow` sont au nombre de cinq :

- `Detached` : la ligne n'est pas associée à une `DataTable`.
- `Unchanged` : la ligne n'a pas été modifiée depuis l'appel de la méthode `Fill` ou depuis le dernier appel à sa méthode `AcceptChanges`.
- `Added` : la ligne a été ajoutée à la collection d'enregistrements d'une `DataTable` mais aucun appel à sa méthode `AcceptChanges` n'a encore été effectué.
- `Deleted` : l'objet `DataRow` a été supprimé de la table à laquelle il était associé à l'aide de sa méthode `Delete`.
- `Modified` : au moins une donnée de l'enregistrement a été modifiée et sa méthode `AcceptChanges` n'a pas encore été appelée.

Il est aussi possible d'accéder aux différentes versions d'une ligne à l'aide des quatre valeurs de l'énumération `DataRowVersion`.

- `Original` : version originale de la ligne. Lorsque des modifications sont validées à l'aide de la méthode `AcceptChanges`, la version `Original` est modifiée pour refléter l'état après l'appel de cette méthode. Cette version n'existe pas quand l'état de l'enregistrement est `Added`.
- `Current` : état actuel de la ligne. Lorsque l'enregistrement est à l'état `Deleted`, cette version n'existe plus.
- `Proposed` : lorsque la ligne est en cours de modification, cette version contient les données modifiées mais non validées. À la fin de l'édition, la valeur de cette version est affectée à la version `Current`. Les enregistrements qui ne sont pas attachés à une `DataTable` (état `Detached`) possèdent aussi une version `Proposed`.
- `Default` : l'état par défaut d'une ligne. Lorsque l'état de l'enregistrement est `Added`, `Modified` ou `Deleted`, cette version est équivalente à la version `Current`. Si l'état est `Detached`, elle équivaut à la version `Proposed`.

L'accès à une donnée d'une version spécifique est effectué à partir de l'indexeur implémenté dans la classe `DataRow`. En plus de l'index ou du nom de la colonne, il est possible de spécifier la version de la donnée à manipuler.

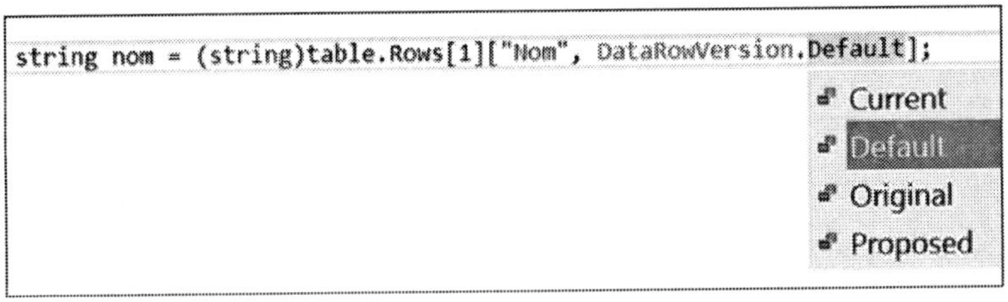

La méthode `HasVersion` de la classe `DataRow` permet de savoir si un enregistrement possède un type de version précis. Elle accepte comme paramètre la valeur d'énumération identifiant la version à rechercher et renvoie un booléen. Son utilisation permet d'éviter l'accès à une version de l'enregistrement qui n'existe pas.

```
if (table.Rows[1].HasVersion(DataRowVersion.Original))
{
    string nomEleve = (string)table.Rows[1]["Nom",
DataRowVersion.Original];
    //Suite du traitement
}
```

4.2.5 Modification de données

La modification des données d'un enregistrement est effectuée en affectant des valeurs à ses différents champs. Chaque modification est enregistrée dans la version `Current` de la ligne, et son état est passé à `Modified`. Lorsque plusieurs modifications doivent être apportées, des problèmes de cohérence peuvent apparaître. L'édition d'une colonne faisant partie d'une contrainte d'unicité peut entraîner un doublon temporaire, et une exception est déclenchée alors même que la modification est maîtrisée. Ce type de problème peut être évité en passant la ligne en cours de modification en mode édition.

Cette action est effectuée en appelant la méthode `BeginEdit` de l'objet `DataRow`, ce qui désactive temporairement les vérifications de contraintes sur les valeurs qu'elle contient. Toutes les modifications effectuées dans ce mode sont stockées dans la version `Proposed` de la `DataRow`. Une fois la manipulation des données de l'enregistrement terminée, la validation des modifications est faite avec un appel à `EndEdit`. Il est aussi tout à fait possible d'annuler les changements effectués en utilisant la méthode `CancelEdit`.

Ci-dessous, un exemple de code remplaçant l'identifiant d'une ligne par l'identifiant d'une autre ligne. L'exception n'est pas levée à l'affectation mais à l'appel de la méthode `EndEdit` : la contrainte d'unicité de la clé primaire est désactivée pendant l'édition.

```
DataRow ligneAEditer = table.Rows[1];
ligneAEditer.BeginEdit();
//Sans le mode édition, la ligne suivante déclenche une exception
ligneAEditer["Identifiant"] = table.Rows[2]["Identifiant"];
//mais en mode édition, l'exception est déclenchée
//à l'appel de EndEdit()
ligneAEditer.EndEdit();
```

Le code suivant modifie un nom et valide la modification.

```
DataRow ligneAEditer = table.Rows[2];
Console.WriteLine("Le nom de l'élève est {0}",
ligneAEditer["Nom"]);

ligneAEditer.BeginEdit();
ligneAEditer["Nom"] = "MARTINS";
ligneAEditer.EndEdit();

Console.WriteLine("Le nom de l'élève est maintenant {0}",
ligneAEditer["Nom"]);
```

L'exécution de ce dernier exemple produit le résultat suivant :

```
Le nom de l'élève est MARTIN
Le nom de l'élève est maintenant MARTINS
```

4.2.6 Suppression de données

Il existe deux solutions pour qu'une ligne n'existe plus dans une DataTable. Elles ont un comportement légèrement différent l'une de l'autre.

La suppression pure et simple d'un enregistrement est effectuée à l'aide de la méthode Remove de la classe DataRowCollection. Elle prend en paramètre la DataRow à supprimer.

Le code suivant montre comment supprimer la première ligne d'une DataTable en utilisant cette méthode.

```
table.Rows.Remove(table.Rows[0]);
```

La seconde solution est moins radicale : elle marque un enregistrement comme supprimé mais ne l'efface pas tant que les modifications ne sont pas validées au niveau de l'objet DataTable. Si les modifications sont annulées, la ligne reste dans la DataTable et reprend son état précédent. Pour exécuter cette action, il faut utiliser la méthode Delete de l'objet DataRow que l'on souhaite éliminer.

```
table.Rows[0].Delete();
```

Remarque

L'utilisation de la méthode `Delete` *sur un enregistrement dans l'état* `Added` *supprime définitivement l'enregistrement, puisqu'il n'a pas de version d'origine.*

4.2.7 Valider ou annuler des modifications

La validation de modifications avec la méthode `EndEdit` des `DataRow` effectue une validation réversible : il est toujours possible de revenir à la version précédente à l'aide des différentes versions de chacune des lignes.

La méthode `AcceptChanges` permet de valider définitivement les modifications **locales** d'une `DataRow`, d'une `DataTable` ou d'un `DataSet`. Cette méthode est effectivement implémentée par chacun de ces types, ce qui permet une certaine flexibilité.

Son fonctionnement est le suivant :

- Elle appelle la méthode `EndEdit` de chacune des lignes en mode édition dans sa portée.
- Pour chaque ligne dans l'état `Added` ou `Modified`, elle recopie les valeurs de la version `Current` vers la version `Original`. L'état de ces lignes devient alors `Unchanged`.
- Chaque enregistrement dont l'état est `Deleted` est supprimé définitivement.

La méthode `RejectChanges`, quant à elle, annule définitivement chacune des modifications locales effectuées. Comme la méthode `AcceptChanges`, elle est implémentée au niveau des objets `DataRow`, `DataTable` et `DataSet`. Elle traite les enregistrements d'une manière exactement opposée à la méthode `AcceptChanges` :

- Elle exécute la méthode `CancelEdit` de chacune des lignes dans sa portée.
- Elle modifie chacune des lignes à l'état `Deleted` ou `Modified` de telle sorte qu'elles reviennent à l'état `Unchanged` et que les données de leurs version `Original` et `Current` soient identiques.
- Les enregistrements à l'état `Added` sont supprimés définitivement.

Remarque

Il est à noter que les `ForeignKeyConstraint` possèdent une propriété `AcceptRejectRule` permettant de répercuter les modifications à leurs lignes enfants lorsque les méthodes `AcceptChanges` ou `RejectChanges` sont appelées.

4.2.8 Filtrage et tri à l'aide d'une DataView

Il est possible de modifier la manière dont les informations d'une `DataTable` sont vues sans pour autant modifier les enregistrements sous-jacents. Pour cela, d'un point de vue orienté base de données, on utilise des vues. Celles-ci ont aussi un équivalent .NET : les `DataView`. Elles permettent de filtrer ou trier les éléments d'une `DataTable` sans avoir besoin de recourir à l'envoi de requêtes SQL contenant des clauses `WHERE` ou `ORDER BY` vers la base de données. Le traitement permettant de créer ces vues est en effet entièrement local et se base sur un objet `DataTable` contenant des données. Plusieurs `DataView` peuvent exister pour le même `DataTable`, chacune correspondant à un point de vue différent sur les données.

La source de données locale de type `DataTable` peut être passée en paramètre au constructeur de la classe `DataView` ou affectée à sa propriété `Table`. Les propriétés `RowFilter` et `RowStateFilter` de la vue filtrent les enregistrements en fonction de prédicats ou de leur état. La propriété `Sort` permet quant à elle de préciser les champs selon lesquels les enregistrements doivent être ordonnés.

Remarque

Les enregistrements présents dans une `DataView` sont présentés sous la forme d'objets de type `DataRowView`.

RowFilter

Le filtre est défini par une chaîne de caractères indiquant le prédicat qui doit être respecté pour que les lignes soient disponibles dans la `DataView`. La syntaxe générale de cette chaîne de caractères est similaire à celui de la clause `WHERE` d'une requête SQL et elle peut être la combinaison de plusieurs conditions à l'aide des mots-clés `AND` et `OR`.

Pour obtenir la liste des élèves dont le nom est Martin, on peut utiliser le code ci-dessous.

```
DataView vueFiltree = new DataView(table);
vueFiltree.RowFilter = "Nom = 'MARTIN'";

foreach (DataRowView ligne in vueFiltree)
{
    Console.WriteLine("{0} {1}", ligne["Nom"], ligne["Prenom"]);
}
```

RowStateFilter

Par l'intermédiaire de cette propriété, il est possible de préciser l'état attendu des enregistrements filtrés ainsi que la version qui doit être visible dans la `DataView`.

Cette propriété est une valeur du type d'énumération `DataViewRowState`. Les valeurs que ce type expose sont décrites ci-dessous :

- `None` : aucune ligne.
- `Unchanged` : lignes non modifiées.
- `Added` : lignes ajoutées.
- `Deleted` : lignes marquées comme supprimées.
- `ModifiedCurrent` : lignes modifiées, versions actuelles des données.
- `CurrentRows` : lignes de la version actuelle (non modifiées, nouvelles et modifiées). C'est l'équivalent de la combinaison des valeurs `Unchanged`, `Added` et `ModifiedCurrent`.
- `ModifiedOriginal` : version d'origine des lignes qui ont été modifiées.
- `OriginalRows` : version d'origine des lignes qui n'ont pas été ajoutées. C'est l'équivalent de la combinaison des valeurs `ModifiedOriginal`, `Deleted` et `Unchanged`.

```
DataView vueFiltreeParEtat = new DataView(table);
vueFiltreeParEtat.RowStateFilter = DataViewRowState.Deleted;

Console.WriteLine("Les élèves supprimés sont :");
foreach (DataRowView ligne in vueFiltreeParEtat)
{
```

```
    Console.WriteLine("\t{0} {1}", ligne["Nom"],
ligne["Prenom"]);
}
```

L'énumération DataViewRowState possède l'attribut Flags, ce qui signifie qu'il est possible de combiner plusieurs de ses valeurs pour en former une nouvelle. La valeur qui résulte de cette combinaison permet ainsi d'élargir les critères de recherche et ainsi d'obtenir plus de résultats.

On effectue cette opération en utilisant l'opérateur **OU logique** représenté par le symbole |.

```
vueFiltreeParEtat.RowStateFilter = DataViewRowState.Deleted |
DataViewRowState.Added;
```

La combinaison ci-dessus permet de visualiser dans la DataView les lignes dont l'état est Deleted ou Added.

Sort

Comme pour le filtrage, le tri requiert la valorisation d'une propriété (Sort) avec une chaîne de caractères. Cette dernière est similaire à la clause ORDER BY d'une requête SQL. Il est ainsi possible de trier les différents élèves par ordre alphabétique de la manière suivante :

```
DataView vueTriee = new DataView(table);
vueTriee.Sort = "Nom ASC, Prenom ASC";

foreach (DataRowView ligne in vueTriee)
{
    Console.WriteLine("{0} {1}", ligne["Nom"], ligne["Prenom"]);
}
```

4.2.9 Recherche de données

La recherche dans un jeu de données est facilitée par plusieurs méthodes implémentées dans les classes DataTable et DataView. Ces méthodes correspondent à deux modes de recherche distinctes : par prédicat ou par clés.

Recherche par prédicat

Ce type de recherche correspond à l'exécution d'une requête `SELECT` dans une base de données. La méthode dans laquelle il est implémenté est d'ailleurs nommée `Select` et est définie dans le type `DataTable`. Elle peut prendre comme paramètres jusqu'à deux chaînes de caractères et une valeur d'énumération `DataViewRowState` représentant respectivement un filtre sur les enregistrements, une clause de tri et l'état des lignes attendues. Ces différents paramètres reprennent la même forme que pour les propriétés `RowFilter`, `RowStateFilter` et `Sort` du type `DataView`.

Cette opération de recherche renvoie un tableau d'objets `DataRow` contenant tous les enregistrements correspondants aux critères définis par l'appel.

```
DataRow[] lesMartin = table.Select("Nom = 'Martin'", "Prenom
ASC");
Console.WriteLine("Les élèves dont le nom est MARTIN sont :");
foreach (DataRow ligne in lesMartin)
{
    Console.WriteLine("\t{0} {1}", ligne["Nom"],
ligne["Prenom"]);
}
```

Recherche par clé

Ce type de recherche permet de récupérer un ou plusieurs éléments dans une `DataView` triée à l'aide des méthodes `Find` et `FindRows`. Il est nécessaire que les enregistrements soient ordonnés car la recherche est effectuée sur la totalité des champs spécifiés dans la propriété `Sort` de la `DataView`. Chacun des critères fournis à l'appel de méthode correspond à la colonne triée positionnée au même index.

Pour éclaircir ce dernier point, considérons que le tri est le suivant : "*Nom ASC, Prenom ASC*". L'appel aux méthodes de recherche doit fournir une valeur pour le nom et une seconde pour le prénom, dans cet ordre.

La méthode `Find` renvoie une valeur numérique qui est l'index de la première ligne correspondant aux critères de recherche. Si aucun enregistrement n'est trouvé, la valeur de retour est *-1*.

```
DataView vueTrieeParNom = new DataView(table);
vueTrieeParNom.Sort = "Nom ASC";

int index = vueTrieeParNom.Find(new[] { "DURAND" });
if (index == -1)
{
    Console.WriteLine("Aucun élève n'a comme nom DURAND");
}
else
{
    DataRowView ligne = vueTrieeParNom[index];
    Console.WriteLine("Le premier élève donc le nom est DURAND
est {0} {1}", ligne["Prenom"], ligne["Nom"]);
}
```

La méthode `FindRows` renvoie quant à elle un tableau d'objets `DataRow-View`.

```
DataView vueTrieeParNomPrenom = new DataView(table);
vueTrieeParNomPrenom.Sort = "Nom ASC, Prenom ASC";

DataRowView[] lignes = vueTrieeParNomPrenom.FindRows(new[] {
"MARTIN", "Michel" });
if (lignes.Length == 0)
{
    Console.WriteLine("Aucun élève ne s'appelle Michel MARTIN");
}
else
{
    Console.WriteLine("Il y a {0} élève(s) dont le nom est Michel
MARTIN", lignes.Length);
}
```

4.3 Valider les modifications au niveau de la base de données

Jusqu'à présent, toutes les modifications validées ne l'étaient que de manière locale, au niveau des `DataRow`, `DataTable` ou `DataSet`. Mais lorsque les données de ces éléments proviennent d'une base de données, il est possible de transférer les modifications effectuées localement vers la base de données de manière automatique.

Pour cela, il faut faire appel à l'objet SqlDataAdapter qui a été utilisé pour remplir le DataSet avec les enregistrements en provenance de la base de données.

La méthode Update de ce SqlDataAdapter a pour mission de valider les données qui lui sont soumises en exécutant des requêtes SQL d'ajout, de mise à jour ou de suppression définies respectivement par les propriétés InsertCommand, UpdateCommand et DeleteCommand. Ces commandes sont exécutées en fonction de l'état des enregistrements à valider. Si la méthode Update a besoin d'une de ces commandes alors que celle-ci n'a pas été valorisée, une exception est déclenchée.

La validation des modifications apportées sur un jeu d'enregistrements peut être effectuée sur l'ensemble d'un DataSet, sur une DataTable ou sur un nombre restreint de lignes.

Le code suivant crée un DataSet et le remplit à partir d'une base de données. Après les modifications de données, il exécute la méthode Update du SqlDataAdapter afin de valider en base l'ensemble des modifications.

```
var connexion = new
SqlConnection("Server=(LocalDb)\\v11.0;Initial
Catalog=Test;Integrated Security=True");
SqlCommand commande = connexion.CreateCommand();
commande.CommandText = "SELECT * From Eleve;";

SqlDataAdapter adapteur = new SqlDataAdapter();
adapteur.SelectCommand = commande;

DataSet ds = new DataSet();
adapteur.Fill(ds);

//Placez ici toutes les modifications d'enregistrements

adapteur.Update(ds);
```

En l'état, ce code est parfaitement valide mais génère une exception car les propriétés InsertCommand, UpdateCommand et DeleteCommand ne sont pas valorisées.

4.3.1 Générer des commandes de mise à jour automatiquement

La classe `SqlCommandBuilder` est conçue pour générer les requêtes `INSERT`, `UPDATE` et `DELETE` d'un `SqlDataAdapter` à partir de la valorisation de sa propriété `SelectCommand`. Il est donc nécessaire que cette propriété soit valorisée. Pour que le `SqlCommandBuilder` puisse générer des commandes, deux autres restrictions doivent être suivies : les objets `DataTable` concernés par la mise à jour doivent **tous avoir une clé primaire**, et leurs données ne doivent pas être issues d'une jointure entre plusieurs tables de base de données. Si ces conditions ne sont pas respectées, une exception est levée lors de la génération des commandes.

Lors de l'exécution de la méthode `Update`, les valeurs présentes en base de données doivent correspondre à la version `Original` stockée dans le `DataSet`. Si ce n'est pas le cas, une exception de type `DBConcurrencyException` est levée.

Remarque

Nous verrons comment éviter ce type d'exceptions à la section Gestion des accès concurrentiels de ce même chapitre.

Pour utiliser le type `SqlCommandBuilder`, il suffit de l'instancier en passant comme paramètre un `SqlDataAdapter` à partir duquel les commandes seront générées. Pour visualiser la requête encapsulée dans une de ces commandes, il faut utiliser les méthodes `GetInsertCommand`, `GetUpdateCommand` ou `GetDeleteCommand`. Celles-ci renvoient toutes un objet `DbCommand` dont la propriété `CommandText` représente la requête SQL associée.

Cet exemple reprend le code précédent et ajoute les instructions nécessaires à la génération et à l'affichage de commandes pour la variable `adapteur`.

```
var connexion = new
SqlConnection("Server=(LocalDb)\\v11.0;Initial
Catalog=Test;Integrated Security=True");
SqlCommand commande = connexion.CreateCommand();
commande.CommandText = "SELECT * From Eleve;";

SqlDataAdapter adapteur = new SqlDataAdapter();
adapteur.SelectCommand = commande;
```

```
DataSet ds = new DataSet();
adapteur.Fill(ds);

//Placez ici toutes les modifications d'enregistrements

//Création du SqlCommandBuilder et association au SqlDataAdapter
SqlCommandBuilder commandBuilder = new
SqlCommandBuilder(adapteur);

string requeteInsert =
commandBuilder.GetInsertCommand().CommandText;
string requeteUpdate =
commandBuilder.GetUpdateCommand().CommandText;
string requeteDelete =
commandBuilder.GetDeleteCommand().CommandText;

Console.WriteLine("Requête INSERT :");
Console.WriteLine(requeteInsert);
Console.WriteLine();
Console.WriteLine("Requête UPDATE :");
Console.WriteLine(requeteUpdate);
Console.WriteLine();
Console.WriteLine("Requête DELETE :");
Console.WriteLine(requeteDelete);

adapteur.Update(ds);
```

Cet exemple produit l'affichage suivant :

```
Requête INSERT :
INSERT INTO [Eleve] ([Nom], [Prenom], [DateNaissance]) VALUES
(@p1, @p2, @p3)

Requête UPDATE :
UPDATE [Eleve] SET [Nom] = @p1, [Prenom] = @p2, [DateNaissance] =
@p3 WHERE (([Identifiant] = @p4) AND ([Nom] = @p5) AND ([Prenom] =
@p6) AND ((@p7 = 1 AND [DateNaissance] IS NULL) OR ([DateNaissance] =
@p8)))

Requête DELETE :
DELETE FROM [Eleve] WHERE (([Identifiant] = @p1) AND ([Nom] =
@p2) AND ([Prenom] = @p3) AND ((@p4 = 1 AND [DateNaissance] IS
NULL) OR ([DateNaissance] = @p5)))
```

L'objet `SqlCommandBuilder` ne génère une commande que si sa valeur est `null`. En d'autres termes, si une commande d'insertion, de mise à jour ou de suppression est valorisée manuellement, elle ne sera pas écrasée par une commande générée.

4.3.2 Commandes de mise à jour personnalisées

La génération de commande ne convient pas à tous les cas d'utilisation. Il est en effet très courant, notamment dans les applications d'entreprises, de marquer certains enregistrements comme supprimés au lieu de les supprimer définitivement ou d'enregistrer certaines informations dans une table d'historisation à chaque modification de base de données. Une solution pour cela est de définir des commandes personnalisées permettant ainsi d'exécuter des requêtes SQL adaptés aux besoins.

Pour effectuer cette action, il suffit de créer une commande et de l'affecter à la propriété correspondante de l'objet `SqlDataAdapter`.

4.3.3 Gestion des accès concurrentiels

Les applications sont de plus en plus souvent multi-utilisateurs, ce qui implique de plus en plus d'accès concurrentiels. Deux optiques peuvent être utilisées pour gérer les conflits qui en découlent : le verrouillage pessimiste et le verrouillage optimiste.

Le verrouillage pessimiste est le plus contraignant pour les utilisateurs. Son mode de fonctionnement est simple : lorsqu'un enregistrement est manipulé par un utilisateur, il est verrouillé et ne peut alors pas être modifié par un autre utilisateur. Ce verrou n'est débloqué que lorsque l'utilisateur travaillant sur les données a validé ses modifications. Ce mode de fonctionnement a donc pour objectif d'empêcher tout conflit.

Quant au verrouillage optimiste, ce n'est en fait pas vraiment un verrouillage. Il correspond à une approche visant à la résolution des conflits plutôt qu'à leur évitement. Les utilisateurs sont donc libres d'éditer les données simultanément. À la validation effective des mises à jour, une comparaison est effectuée avec les données correspondantes en base de données. Si la version `Original` des données locales est différente des données en base, alors un autre utilisateur a pu modifier ces données et on est donc dans un cas de conflit.

Cette approche est utilisée dans les commandes de mise à jour et de suppression générées automatiquement par le `SqlCommandBuilder`.

Trois solutions sont disponibles pour gérer les mises à jour conflictuelles :

– Abandonner la mise à jour.

– Écraser les données en base avec les données plus récentes.

– Demander l'avis de l'utilisateur.

La première solution est celle qui est utilisée par l'objet `SqlDataAdapter`. L'exécution de la requête de mise à jour renvoie un entier indiquant le nombre d'enregistrements modifiés. Si cette valeur est à 0 lorsqu'une ligne modifiée est en cours de validation, l'objet `SqlDataAdapter` sait qu'aucune ligne correspondant aux critères définis par la requête n'a été trouvée. Par défaut, une exception est levée dans ce cas. Ce comportement peut être modifié en affectant la valeur `true` à la propriété `ContinueUpdateOnError` du `SqlDataAdapter`.

Il est possible de contrôler plus finement le comportement de l'application en cas de conflit en utilisant l'événement `RowUpdated` de la classe `SqlDataAdapter`. Cet événement, déclenché juste après chaque exécution d'une requête de mise à jour, fournit les éléments nécessaires à l'analyse du résultat de la mise à jour et au contrôle de l'exécution des mises à jour suivantes.

Le délégué définissant la signature du gestionnaire de l'événement `RowUpdated` est le suivant :

```
public delegate void SqlRowUpdatedEventHandler(object sender,
SqlRowUpdatedEventArgs e);
```

L'objet de type `SqlRowUpdatedEventArgs` passé en paramètre au gestionnaire d'événements possède une propriété `Row` permettant de connaître la ligne qui vient d'être traitée ainsi que les deux propriétés `Command` et `StatementType` contenant respectivement la commande SQL exécutée et une valeur d'énumération représentant le type de requête envoyée vers la base de données.

D'autres propriétés de cet objet fournissent une représentation du résultat de l'exécution de la commande. C'est le cas des propriétés `RowCount` et `RecordsAffected` qui contiennent respectivement le nombre de lignes devant être mises à jour et le nombre d'enregistrements réellement affectés. La propriété `Errors` contient l'exception potentiellement déclenchée lors de l'exécution de la commande.

Enfin, la propriété `UpdateStatus` permet de connaître le comportement qui va être adopté par l'application après le traitement de l'enregistrement en cours, mais elle donne aussi la possibilité au développeur de modifier ce chemin d'exécution, notamment en cas d'erreur. Les valeurs disponibles pour cette propriété sont les suivantes :

– `Continue` : l'exécution continue en l'état.
– `ErrorsOccured` : des erreurs se sont produites, il est nécessaire de les traiter.
– `SkipCurrentRow` : la mise à jour de la ligne en cours est abandonnée, mais l'exécution peut être poursuivie pour les autres enregistrements.
– `SkipAllRemainingRows` : la ligne en cours de traitement et tous les enregistrements qui la suivent ne doivent pas être mis à jour.

Le code ci-dessous définit un gestionnaire d'événements affichant l'identifiant des enregistrements dont la mise à jour n'a pas pu être exécutée.

```
void adapteur_RowUpdated(object sender, SqlRowUpdatedEventArgs
args)
{
    if (args.RecordsAffected == 0)
    {
        Console.WriteLine("La ligne dont l'identifiant est {0}
n'a pas été mise à jour.", args.Row["Identifiant"]);
        args.Status = UpdateStatus.SkipCurrentRow;
    }
}
```

5. Utiliser les transactions

Une transaction est un élément utilisé dans une base de données afin de définir qu'un ensemble d'opérations doit être exécuté de manière atomique. Le groupe de requêtes est considéré comme indivisible, de telle sorte que si l'une d'elles échoue, la totalité est annulée et la base retrouve l'état qu'elle avait avant le début de la transaction. Cette **opération d'annulation** est souvent nommée **Rollback**, tandis que l'opération de **validation finale** résultant de l'exécution correcte de chacune des requêtes est appelée **Commit**.

Les transactions sont donc très souvent utilisées lorsque plusieurs requêtes de modification de données doivent être effectuées mais que l'échec de l'une d'elles entraîne une incohérence des données. Un exemple pourrait être la gestion des réservations dans un avion ou un train. Lorsque toutes les places sont réservées, les compagnies aériennes maintiennent une liste d'attente pour pouvoir revendre aisément une place pour laquelle un passager annule sa réservation. Au moment de l'annulation, on se retrouve donc avec deux actions à effectuer :

- Annulation de la réservation du passager A sur le vol 1234, siège 45.
- Création de la réservation pour le client B, premier sur la liste d'attente, sur le vol 1234, siège 45.

Si la première opération échoue mais que la seconde se passe correctement, l'état des réservations sur ce vol devient incohérent. En effet, deux passagers auront une réservation valide pour le même vol et le même siège, tandis que tous les autres sièges seront occupés, ce qui posera probablement quelques soucis aux passagers et à la compagnie aérienne.

Avec ADO.NET, une transaction est utilisée au niveau de la connexion par laquelle transitent les commandes que l'on souhaite grouper. L'appel de la méthode `BeginTransaction` d'un objet `SqlConnection` renvoie un objet de type `SqlTransaction` qui encapsule l'utilisation des transactions en base de données. Cette transaction peut ensuite être fournie aux commandes par l'intermédiaire de leur propriété `Transaction`. En cas d'erreur lors de l'exécution d'une des requêtes, il faut appeler la méthode `Rollback` de l'objet `SqlTransaction`. Lorsque toutes les requêtes ont été exécutées avec succès, la méthode `Commit` de l'objet `SqlTransaction` valide définitivement les modifications apportées à la base de données.

```
private void UtilisationTransaction()
{
    SqlConnection connexion = new
SqlConnection("Server=(LocalDb)\\v11.0;Initial
Catalog=ReservationsAvion;Integrated Security=True");

    SqlTransaction transaction = connexion.BeginTransaction();

    try
    {
        SqlCommand commandeAnnulation =
connexion.CreateCommand();
        commandeAnnulation.CommandText = "DELETE FROM RESERVATION
WHERE NumeroVol=1234 AND NumeroSiege=45";
        commandeAnnulation.Transaction = transaction;

        SqlCommand commandeReservation =
connexion.CreateCommand();
        commandeAnnulation.CommandText = "INSERT INTO RESERVATION
(NumeroVol, NumeroSiege, IdentifiantClient) VALUES (1234, 45,
4765169";
        commandeReservation.Transaction = transaction;

        commandeAnnulation.ExecuteNonQuery();
        commandeReservation.ExecuteNonQuery();

        transaction.Commit();
    }
    catch (Exception ex)
    {
        transaction.Rollback();
    }

    connexion.Close();
}
```

Ce code peut également être réécrit de la manière suivante en utilisant des structures `using`.

```
private static void UtilisationTransaction()
{
    using (SqlConnection connexion = new
SqlConnection("Server=(LocalDb)\\v11.0;Initial
Catalog=ReservationsAvion;Integrated Security=True"))
    using (SqlTransaction transaction =
```

```
connexion.BeginTransaction())
    {
        SqlCommand commandeAnnulation =
connexion.CreateCommand();
        commandeAnnulation.CommandText = "DELETE FROM RESERVATION
WHERE NumeroVol=1234 AND NumeroSiege=45";
        commandeAnnulation.Transaction = transaction;

        SqlCommand commandeReservation =
connexion.CreateCommand();
        commandeAnnulation.CommandText = "INSERT INTO RESERVATION
(NumeroVol, NumeroSiege, IdentifiantClient) VALUES (1234, 45,
4765169";
        commandeReservation.Transaction = transaction;

        commandeAnnulation.ExecuteNonQuery();
        commandeReservation.ExecuteNonQuery();

        transaction.Commit();
    }
}
```

En cas d'erreur, l'instruction `Rollback` est appelée par la méthode `Dispose` de l'objet `SqlTransaction`. Celle-ci est appelée implicitement par la structure `using`.

Chapitre 9
LINQ

1. Présentation de LINQ

LINQ (*Language Integrated Query*) est constitué d'un ensemble de fonctionnalités introduit dans le framework .NET à partir de sa version 3.5. Cette brique est constituée, d'une part, d'une bibliothèque de classes fournissant des **capacités de requêtage** et, d'autre part, d'un jeu d'**extensions pour le langage C#** permettant l'utilisation de mots-clés spécifiques pour l'écriture de requêtes avec une syntaxe proche de celle de **SQL**. Cette intégration entraîne un effet appréciable : la validité d'une requête est vérifiée pendant l'étape de compilation.

L'extension du langage est en fait un sucre syntaxique qui vise à simplifier l'écriture des requêtes, mais les expressions utilisant la syntaxe LINQ sont traduites par le compilateur en appels de méthodes conventionnels. On peut en déduire que toute requête LINQ peut être réécrite avec des appels de méthodes. L'inverse n'est pas vrai, certaines méthodes n'ayant pas d'équivalent dans la syntaxe LINQ. Il n'existe notamment aucun mot-clé traduisant la méthode `FirstOrDefault` dans l'extension LINQ de C#.

L'existence de ces deux types de syntaxe a pour avantage de laisser au développeur le choix d'utiliser celle avec laquelle il se sent le plus à l'aise. Certains préfèrent en effet écrire des requêtes de **manière fluide** en n'utilisant que des **mots-clés du langage**, d'autres, dont votre serviteur, ont plus d'affinités avec l'utilisation de fonctions et de procédures.

LINQ est capable de travailler sur **différentes sources de données** allant de la **collection d'objets** locale jusqu'aux **bases de données SQL Server** en passant par les **fichiers XML** ou n'importe quelle autre source pour laquelle existe un **fournisseur LINQ**. L'intégralité de ces sources de données peut être interrogée à l'aide des **mêmes requêtes LINQ** grâce au travail effectué par les fournisseurs de données. Un fournisseur LINQ transforme les données de la source qui lui correspond en objets .NET et inversement. Ainsi, les requêtes LINQ ne travaillent que sur des **objets .NET fortement typés**, la communication avec les sources de données étant sous la responsabilité des fournisseurs.

La structure de LINQ permettant de l'étendre, différentes implémentations tierces de fournisseurs existent aujourd'hui pour de nombreuses sources de données : **fichiers CSV**, **annuaires LDAP** ou encore les bases de données **Firebird** ou **SQLite**.

2. Syntaxe

Avant de détailler les différents éléments de LINQ qui peuvent être utilisés pour écrire des requêtes, nous allons étudier un premier exemple qui vous permettra de mieux comprendre ce qu'est LINQ et comment l'utiliser.

Les données sur lesquelles nous travaillerons tout au long de cette étude syntaxique de LINQ sont issues de la base de données Northwind de Microsoft. Une partie de son contenu a été extrait dans trois fichiers au format texte qui seront chargés en mémoire afin de former trois collections d'objets. Cette étape de chargement est effectuée par le code ci-dessous, que vous adapterez de manière à pointer sur le répertoire contenant les fichiers. Les fichiers de données sont disponibles en téléchargement sur le site de l'éditeur.

```
class Client
{
    public string Identifiant { get; set; }
    public string Nom { get; set; }
    public string Adresse { get; set; }
    public string Ville { get; set; }
    public string Pays { get; set; }

    public List<ProduitCommande> ProduitsCommandes { get; set; }
```

```
}

class ProduitCommande
{
    public int NumeroCommande { get; set; }

    //Référence du Client associé à la commande
    public string IdentifiantClient { get; set; }
    //Référence du Commercial associé à la commande
    public int IdentifiantCommercial { get; set; }

    public DateTime DateCommande { get; set; }
    public string NomProduit { get; set; }
    public decimal PrixUnitaire { get; set; }
    public int Quantite { get; set; }
}

class Commercial
{
    public int Identifiant { get; set; }
    public string Nom { get; set; }
    public string Prenom { get; set; }
}

class Program
{
    //Cette variable doit être modifiée pour pointer
    // sur le répertoire contenant les fichiers de données
    private const string dossierDonnees = @"C:\DATA\Exemples\";

    static void Main(string[] args)
    {
        Console.WriteLine("Chargement des clients en mémoire");

        List<Client> clients = new List<Client>();
        List<ProduitCommande> produitsCommandes = new
List<ProduitCommande>();
        List<Commercial> commerciaux = new List<Commercial>();

        //Lecture des enregistrements de ProduitsCommandes.txt
        string[] lignesProduitsCommandes =
File.ReadAllLines(dossierDonnees + "ProduitsCommandes.txt");
        foreach (string ligne in lignesProduitsCommandes)
        {
            ProduitCommande produitCommande =
```

```
new ProduitCommande();
            var valeurs = ligne.Split('\t');

            produitCommande.NumeroCommande =
Convert.ToInt32(valeurs[0]);
            produitCommande.IdentifiantClient = valeurs[1];
            produitCommande.IdentifiantCommercial =
Convert.ToInt32(valeurs[2]);
            produitCommande.DateCommande =
Convert.ToDateTime(valeurs[3]);
            produitCommande.NomProduit = valeurs[4];
            produitCommande.PrixUnitaire =
Convert.ToDecimal(valeurs[5]);
            produitCommande.Quantite =
Convert.ToInt32(valeurs[6]);

            produitsCommandes.Add(produitCommande);
        }

        //Lecture des enregistrements de Clients.txt
        string[] lignesClients =
File.ReadAllLines(destinationFolder + "Clients.txt");
        foreach (string ligne in lignesClients)
        {
            Client client = new Client();
            var valeurs = ligne.Split('\t');

            client.Identifiant = valeurs[0];
            client.Nom = valeurs[1];
            client.Adresse = valeurs[2];
            client.Ville = valeurs[3];
            client.Pays = valeurs[4];

            client.ProduitsCommandes = new
List<ProduitCommande>();
            foreach (ProduitCommande produit in
produitsCommandes)
            {
                if (produit.IdentifiantClient ==
client.Identifiant)
                {
                    client.ProduitsCommandes.Add(produit);
                }
            }
```

```
                clients.Add(client);
            }

            //Lecture des enregistrements de Commerciaux.txt
            string[] lignesCommerciaux =
File.ReadAllLines(dossierDonnees + "Commerciaux.txt");
            foreach (string ligne in lignesCommerciaux)
            {
                Commercial commercial = new Commercial();
                var valeurs = ligne.Split('\t');

                commercial.Identifiant = Convert.ToInt32(valeurs[0]);
                commercial.Nom = valeurs[1];
                commercial.Prenom = valeurs[2];

                commerciaux.Add(commercial);
            }

            Console.WriteLine("Chargement terminé.");
            Console.ReadLine();
        }
    }
```

2.1 Une première requête LINQ

Pour écrire une requête LINQ, il faut tout d'abord identifier une source à partir de laquelle des données pourront être extraites. Les sources de données compatibles avec LINQ sont les collections qui implémentent l'interface `IEnumerable<T>`. Les listes d'objets chargées précédemment en mémoire sont stockées dans des collections du type `List<T>`, qui implémente entre autres cette interface.

La requête elle-même contient différents éléments qui définissent la source de données à utiliser, les données à récupérer et les différents filtres et traitement. Seuls les deux premiers sont indispensables dans toute requête LINQ. Ils sont représentés par deux clauses, respectivement placées au début et à la fin de la structure de la requête. La clause `from` permet de définir la source de données. La clause `select` permet quant à elle de définir un objet à retourner pour chaque enregistrement. Cet objet peut être un élément complet de la source de données ou uniquement un sous-ensemble des données.

Notre première requête récupère la liste des clients dont l'adresse est située en France.

```
var requete = from cli in clients
              where cli.Pays == "France"
              select cli;
```

Le type de retour de cette requête est `IEnumerable<Client>`, mais il est courant d'utiliser l'inférence de type avec les requêtes LINQ notamment car la clause `select` peut créer des objets de types anonymes.

Remarque

Les types anonymes sont décrits dans le chapitre La programmation orientée objet avec C#, section Les types anonymes.

À ce stade, malgré les apparences, la variable `requete` ne contient aucun objet de type `Client`. Elle ne contient qu'une définition de la requête qui sera en réalité exécutée de manière paresseuse, c'est-à-dire uniquement lorsque ses données de retour devront être lues. Ce mécanisme permet notamment d'exécuter plusieurs fois la même requête LINQ sans avoir besoin de la redéfinir.

Ici, l'exécution de l'opération de recherche est déclenchée par l'utilisation d'une boucle `foreach`, mais elle peut également être lancée par le calcul d'une valeur d'agrégat (`Count` ou `Max`, notamment) ou par l'utilisation de certaines méthodes récupérant un ou plusieurs éléments sous une forme spécifique (`First` et `ToList`, par exemple).

```
//Affichage du nom et de l'adresse de chaque client
//On affiche également le pays pour vérification
foreach (var resultat in query)
{
    Console.WriteLine(resultat.Nom);
    Console.WriteLine("\t" + resultat.Adresse);
    Console.WriteLine("\t" + resultat.Ville);
    Console.WriteLine("\t" + resultat.Pays);
}
```

Le résultat de l'exécution de ce code est présenté ci-après. On constate que chacun de ces clients est bien localisé en France.

```
Frédérique Citeaux
        24, place Kléber
        Strasbourg
        France
Laurence Lebihan
        12, rue des Bouchers
        Marseille
        France
Janine Labrune
        67, rue des Cinquante Otages
        Nantes
        France
Martine Rancé
        184, chaussée de Tournai
        Lille
        France
Carine Schmitt
        54, rue Royale
        Nantes
        France
Daniel Tonini
        67, avenue de l'Europe
        Versailles
        France
Annette Roulet
        1 rue Alsace-Lorraine
        Toulouse
        France
Marie Bertrand
        265, boulevard Charonne
        Paris
        France
Dominique Perrier
        25, rue Lauriston
        Paris
        France
Mary Saveley
        2, rue du Commerce
        Lyon
        France
Paul Henriot
        59 rue de l'Abbaye
        Reims
        France
```

2.2 Les opérateurs de requête

LINQ fournit de nombreux opérateurs qu'il est important de bien connaître pour l'écriture de requête efficaces. Ces opérateurs couvrent un large spectre fonctionnel qu'il est possible de scinder en six catégories :

- Projection
- Filtrage
- Triage
- Partitionnement
- Jointure et regroupement
- Agrégation

Chaque opérateur existe toujours sous la forme d'une méthode applicable aux objets de type `IEnumerable<T>`. Certains opérateurs sont également intégrés au langage C# et ont donc un ou plusieurs mots-clés qui leur sont associés. Lorsqu'il est possible de le faire, les deux modes d'écriture seront détaillés.

Remarque

Les méthodes LINQ sont généralement utilisées avec des expressions lambda. Elles peuvent également être utilisées avec des fonctions et délégués, mais par souci de lisibilité et d'écriture de code "standard", ce sont les expressions lambda qui seront utilisées ici.

2.2.1 Projection

Une projection est un processus de transformation d'un objet vers une autre forme qui consiste souvent en un sous-ensemble de propriétés de l'objet initial. Le type de destination ne doit pas nécessairement être déclaré : comme tout objet instancié en C#, il peut être d'un type anonyme.

LINQ propose deux implémentations pour la projection de données. Celles-ci se trouvent dans les méthodes `Select` et `SelectMany`.

Select<TResult> (alias C# : select)

La méthode `Select` effectue la transformation d'un élément en un nouvel élément par l'utilisation d'une fonction associant un objet fourni en entrée à un objet qui est retourné.

Les noms et prénoms des différents commerciaux sont récupérés en fournissant une expression qui crée un objet de type anonyme pour chacun des objets de la collection.

```
Console.WriteLine("Noms des commerciaux :");

var nomsCommerciaux = commerciaux.Select(c => new { Nom = c.Nom,
Prenom = c.Prenom });
foreach (var comm in nomsCommerciaux)
{
    Console.WriteLine("{0} {1}", comm.Prenom, comm.Nom);
}
```

La requête peut être réécrite pour utiliser l'extension LINQ du langage C#. Le mot-clé associé est `select`.

```
var nomsCommerciaux2 = from c in commerciaux
                       select new { Nom = c.Nom, Prenom =
c.Prenom };
```

Dans tous les cas, le résultat de l'exécution est le suivant.

```
Nom des commerciaux :
Nancy Davolio
Andrew Fuller
Janet Leverling
Margaret Peacock
Steven Buchanan
Michael Suyama
Robert King
Laura Callahan
Anne Dodsworth
```

SelectMany<TResult>

Dans certains cas, il est nécessaire que la projection retourne plusieurs objets qui seront intégrés dans la collection retournée par l'exécution de la requête. Pour cela, la méthode `Select` n'est pas adaptée car elle retournerait une collection contenant plusieurs collections :

```
var produits = clients.Select(c => c.ProduitsCommandes);
interface System.Collections.Generic.IEnumerable<out T>
Expose l'énumérateur, qui prend en charge une itération simple sur une collection d'un type spécifié.

T is System.Collections.Generic.List<ProduitCommande>
```

Pour éviter cette problématique, il convient d'utiliser la méthode `SelectMany`. Celle-ci effectue le même traitement que la méthode `Select` mais l'expression qui lui est passée doit renvoyer une collection.

```
var produits = clients.SelectMany(c => c.ProduitsCommandes);
interface System.Collections.Generic.IEnumerable<out T>
Expose l'énumérateur, qui prend en charge une itération simple sur une collection d'un type spécifié.

T is ProduitCommande
```

Remarque

Il est à noter que la fonction passée à la méthode `SelectMany` peut renvoyer une chaîne de caractères car celle-ci est considérée comme une collection d'objets de type `char`. Attention, ce comportement est rarement désirable !

2.2.2 Filtrage

Le filtrage est une fonctionnalité essentielle dans le traitement de données. Il est en effet souvent souhaitable de limiter le nombre d'enregistrements retournés en fournissant un ou plusieurs critères. Dans le cadre de l'écriture de notre première requête LINQ, cet opérateur a été utilisé sous sa forme intégrée pour ne retourner que les clients français.

```
var clientFrance = from cli in clients
            where cli.Pays == "France"
            select cli;
```

La comparaison de la propriété `Pays` et de la chaîne `"France"` est effectuée à l'aide d'un opérateur standard de C#. Ceux-ci peuvent en effet tous être utilisés dans une requête LINQ. Toutefois, ici la comparaison n'est pas optimale. Il peut en effet arriver que la propriété contienne la valeur `"france"`, et non `"France"`. Or pour C#, ces deux valeurs sont différentes, ce qui peut entraîner le retour d'une collection qui paraît incomplète. Dans ce cas, il convient d'utiliser la méthode `Equals` de la classe `string`. Elle accepte en effet un paramètre qui permet de rendre la comparaison insensible à la casse.

```
var clientsFrance = from cli in clients
                    where cli.Pays.Equals("France",
StringComparison.OrdinalIgnoreCase)
                    select cli;
```

La méthode `Where` nécessite le passage en paramètre d'une expression renvoyant une valeur booléenne et renvoie une collection dont les éléments sont du même type que ceux de la collection source.

```
var clientsFrance = clients.Where(cli =>
cli.Pays.Equals("France", StringComparison.OrdinalIgnoreCase));
```

Lorsque plusieurs conditions doivent être vérifiées, celles-ci peuvent naturellement être combinées pour ne former qu'une expression complexe.

```
var clientsNantes = from cli in clients
                    where cli.Pays.Equals("France",
StringComparison.OrdinalIgnoreCase)
                    && cli.Ville.Equals("Nantes",
StringComparison.OrdinalIgnoreCase)
                    select cli;
```

Il est également possible de créer plusieurs expressions `where`, ce qui peut simplifier la lecture de la requête.

```
var clientsNantes = from cli in clients
                    where cli.Pays.Equals("France",
StringComparison.OrdinalIgnoreCase)
                    where cli.Ville.Equals("Nantes",
StringComparison.OrdinalIgnoreCase)
                    select cli;
```

2.2.3 Triage

Il est très simple de récupérer une liste d'éléments triés en fonction d'un ou de plusieurs critères.

Lors de l'écriture d'une requête avec la syntaxe intégrée à C#, il suffit d'ajouter une clause `orderby` suivie d'une ou plusieurs propriétés séparées par des virgules. Le tri est effectué sur la première propriété, puis, si certaines valeurs sont identiques, sur la seconde propriété, et ainsi de suite.

```
//La clause where permet de limiter les résultats
var clientsOrdonnes = from c in clients
                      where c.ProduitsCommandes.Count < 10
                      orderby c.ProduitsCommandes.Count
                      select c;

foreach (var resultat in clientsOrdonnes)
{
    Console.WriteLine(resultat.ProduitsCommandes.Count +" : " +
resultat.Nom);
}
```

L'exécution de ce code produit l'affichage suivant :

```
0 : Diego Roel
0 : Marie Bertrand
2 : Francisco Chang
2 : John Steel
4 : Manuel Pereira
6 : Martín Sommer
6 : Carine Schmitt
6 : Simon Crowther
6 : Dominique Perrier
7 : Elizabeth Brown
7 : Liz Nixon
8 : Eduardo Saavedra
8 : Yoshi Tannamuri
8 : Liu Wong
9 : Janine Labrune
9 : Yoshi Latimer
9 : Helvetius Nagy
```

Le tri peut être effectué dans le sens ascendant ou descendant en ajoutant les mots-clés `ascending` ou `descending` après le nom du champ sur lequel vous voulez spécifier l'ordre du tri. Par défaut, le tri est ascendant sur tous les champs.

Le code suivant ajoute une contrainte de tri descendant sur la propriété `Nom`.

```
//La clause where permet de limiter les résultats
var clientsOrdonnes = from c in clients
                      where c.ProduitsCommandes.Count < 10
                      orderby c.ProduitsCommandes.Count, c.Nom
descending
                      select c;
```

Les mots-clés `orderby`, `ascending` et `descending` correspondent à quatre méthodes fournies par LINQ :

- `OrderBy`
- `OrderByDescending`
- `ThenBy`
- `ThenByDescending`

Les deux premières méthodes permettent de spécifier le premier critère de tri ainsi que le type de tri associé. `ThenBy` et `ThenByDescending` ont le même rôle mais sont applicables pour les critères de tri suivants. Les appels à ces méthodes peuvent donc être chaînés. La dernière requête LINQ réécrite à l'aide de ces méthodes a l'aspect suivant :

```
//La méthode Where permet de limiter les résultats
var clientsOrdonnes =
    clients.Where(c => c.ProduitsCommandes.Count < 10)
           .OrderBy(c => c.ProduitsCommandes.Count)
           .ThenByDescending(c => c.Nom);
```

2.2.4 Partitionnement

Le partitionnement correspond au découpage en deux parties d'un ensemble de données dans l'objectif de n'en retourner qu'une seule. La limite entre ces deux parties peut être définie de manière absolue ou par une condition.

Le premier cas est mis en œuvre par l'utilisation des méthodes `Skip` et `Take`. `Skip` offre la possibilité de scinder une collection après un certain nombre d'éléments et de ne retourner que la seconde partie. `Take` effectue l'inverse en ne renvoyant que le nombre d'éléments indiqué en tête de collection.

Le code suivant crée une collection contenant les dix premiers clients et une autre collection contenant tous les autres éléments.

```
var premiersClients = clients.Take(10);
var autresClients = clients.Skip(10);
```

Ces méthodes sont souvent utilisées pour la construction de systèmes de pagination. Elles sont alors appliquées à des ensembles ayant préalablement été triés à l'aide de la méthode `OrderBy`, ceci afin de s'assurer que chaque élément correspond à une seule page et ne sera pas réaffiché ou, au contraire, omis.

Le partitionnement conditionnel est quant à lui appliqué par l'utilisation des méthodes `SkipWhile` et `TakeWhile`. Celles-ci acceptent toutes deux comme paramètre une fonction dont la valeur de retour est de type booléen. La première renvoie les éléments d'une collection à partir du moment où la condition n'est plus respectée. La seconde retourne les éléments en tête de collection tant que la fonction passée en paramètre renvoie `true`.

L'exemple suivant crée une variable `clientsPlusDe30Produits` contenant la liste des clients ayant commandé plus de 30 produits.

```
var clientsPlusDe30Produits = clients.OrderBy(c =>
c.ProduitsCommandes.Count()).SkipWhile(c =>
c.ProduitsCommandes.Count() <= 30);
```

2.2.5 Jointure et regroupement

La jointure de deux sources de données correspond à l'association automatique de ces sources par le biais d'une propriété commune aux objets des deux collections. Sans l'utilisation de jointures, il serait nécessaire de parcourir manuellement une des deux sources de données à la recherche d'un élément correspondant à chacun des objets de l'autre collection.

Avec LINQ, cette opération est effectuée à l'aide de l'opérateur `join`. Les collections et les champs concernés sont fournis à la suite de ce mot-clé.

La requête suivante montre comment utiliser cet opérateur pour récupérer et afficher le nom et le prénom de chaque commercial ainsi que les informations relatives aux produits commandés qui leur sont associés.

```
var produitsEtCommerciaux =
    from c in commerciaux
    join c in produitsCommandes on c.Identifiant equals
p.IdentifiantCommercial
    select new
    {
        NomProduit = p.NomProduit,
        Quantite = p.Quantite,
        PrixUnitaire = p.PrixUnitaire,
        Commercial = string.Format("{0} {1}", c.Prenom, c.Nom)
    };

foreach (var produitCommercial in produitsEtCommerciaux)
{
    Console.WriteLine(produitCommercial.NomProduit);
    Console.WriteLine("\tPrixUnitaire : {0}",
produitCommercial.PrixUnitaire);
    Console.WriteLine("\tQuantite : {0}",
produitCommercial.Quantite);
    Console.WriteLine("\tCommercial : {0}",
produitCommercial.Commercial);
}
```

La méthode `Join` associée à ce mot-clé accepte quatre paramètres :

- La collection impliquée dans la jointure.
- Une fonction qui retourne la valeur à utiliser pour la jointure dans la collection courante.
- Une fonction qui retourne la valeur à utiliser pour la jointure dans la seconde collection.
- Une fonction qui retourne les objets qui forment le résultat de la jointure.

Les fonctions sont généralement passées sous la forme d'expressions lambda, plus simples à lire et très rapides à écrire.

La requête ci-dessus peut être réécrite avec la méthode `Join` de la manière suivante :

```
var produitsEtCommerciaux =
    commerciaux.Join(
        produitsCommandes,
        c => c.Identifiant,
        p => p.IdentifiantCommercial,
        (p, c) => new
        {
            NomProduit = p.NomProduit,
            Quantite = p.Quantite,
            PrixUnitaire = p.PrixUnitaire,
            Commercial = string.Format("{0} {1}", c.Prenom, c.Nom)
        });
```

La propriété `Commercial` est définie pour chacun des objets renvoyés par la requête, et plusieurs de ces enregistrements peuvent avoir la même valeur pour cette propriété. Une manière de rendre ce code plus efficace est de grouper les enregistrements par commercial afin de ne pas avoir de valeur dupliquée. Le mot-clé `into` placé après une jointure et associé à un identifiant permet justement ce groupement.

```
var produitsEtCommerciauxGroups =
    from c in commerciaux
    join p in produitsCommandes on c.Identifiant equals
p.IdentifiantCommercial into prod
    select new
    {
        Produits = prod,
        Commercial = string.Format("{0} {1}", c.Prenom, c.Nom)
    };

foreach (var produitCommercial in produitsEtCommerciauxGroups)
{
    foreach (var produit in produitCommercial.Produits)
    {
        Console.WriteLine(produit.NomProduit);
        Console.WriteLine("\tPrixUnitaire : {0}",
produit.PrixUnitaire);
        Console.WriteLine("\tQuantite : {0}", produit.Quantite);
        Console.WriteLine("\tCommercial : {0}",
produitCommercial.Commercial)
    }
}
```

La méthode associée aux mots-clés `join ... into ...` n'est plus `Join` mais `GroupJoin`. Elle accepte presque les mêmes paramètres que la méthode `Join`, la différence entre les deux réside dans la fonction générant les objets constituant le résultat de la jointure : le second paramètre de cette fonction n'est plus de type `ProduitCommande` mais de type `IEnumerable<ProduitCommande>`.

```
var produitsEtCommerciaux4 =
    commerciaux.GroupJoin(
        produitsCommandes,
        c => c.Identifiant,
        p => p.IdentifiantCommercial,
        (c, prod) => new
        {
            Produits = prod,
            Commercial = string.Format("{0} {1}", c.Prenom, c.Nom)
        }
    );
```

2.2.6 Agrégation

Les opérations d'agrégation sont définies dans LINQ par un jeu de méthodes renvoyant une valeur unique, généralement de type numérique (mais pas obligatoirement). L'utilisation de ces méthodes est appropriée pour :

- calculer un nombre d'éléments,
- calculer une moyenne,
- renvoyer une valeur minimale ou maximale,
- calculer une somme.

Calcul d'un nombre d'éléments : Count

La méthode `Count` possède deux définitions. La première, sans paramètre, renvoie le nombre d'éléments contenus dans la collection sur laquelle elle est appliquée.

```
int nombreElements = commerciaux.Count();
```

La seconde définition accepte quant à elle un paramètre qui permet de lui passer un prédicat. La valeur retournée par la méthode correspond au nombre d'éléments respectant ce prédicat.

```
int nombreProduitsPasCher = produitsCommandes.Count(p =>
p.PrixUnitaire < 10);
```

Calcul d'une moyenne : Average

La méthode Average requiert en paramètre une fonction renvoyant une valeur numérique pour chaque objet de la collection. Elle effectue sur ces valeurs un calcul de moyenne et renvoie le résultat.

```
double montantMoyenCommande = produitsCommandes.Average(p =>
p.PrixUnitaire * p.Quantite);
```

Recherche d'une valeur minimale : Min

La fonction Min a deux définitions permettant de rechercher la valeur minimale dans :

- Une collection d'objets numériques ou de type chaîne,
- Un ensemble de valeurs numériques (ou de type chaîne) renvoyées par la fonction passée en paramètre.

```
double prixLeMoinsEleve = produitCommandes.Min(p =>
p.PrixUnitaire);
```

Recherche d'une valeur maximale : Max

La méthode Max est utilisée exactement de la même manière que Min, mais fournit une valeur maximale pour un ensemble d'éléments.

```
double prixLePlusEleve = produitCommandes.Max(p =>
p.PrixUnitaire);
```

Calcul d'une somme : Sum

La méthode Sum calcule la somme des valeurs retournées par la fonction qui lui est passée en paramètre.

```
double totalCommandes = produitCommandes.Sum(p => p.PrixUnitaire
* p.Quantite);
```

3. LINQ to SQL

Nous avons vu que LINQ sait parfaitement manipuler les objets et leurs propriétés, et est en cela un outil idéal pour la manipulation de données. Pourtant, ces collections de données ont un inconvénient majeur : la fin de l'exécution de l'application implique leur perte complète. La solution la plus courante pour conserver ces données entre plusieurs lancements de l'application consiste à utiliser une base de données à laquelle est confiée la tâche de sauvegarde de ces informations.

Malgré leurs similitudes syntaxiques, les requêtes LINQ et SQL ne sont pas compatibles. LINQ to SQL contient une implémentation de fournisseur de données pour la base de données SQL Server. Ce fournisseur permet la traduction des requêtes LINQ en langage SQL. Un autre problème est que LINQ n'est capable de manipuler que des collections d'objets. Or les bases de données ne manipulent jamais d'objets. Pour résoudre ce problème, la solution est de créer des classes représentant les données de la base de données. Cette technique est nommée **mappage objet-relationnel**.

Remarque

La base de données utilisée par tous les exemples de cette section est la base Northwind de Microsoft. Le script SQL permettant sa création est disponible en téléchargement sur le site de l'éditeur.

3.1 Le mappage objet-relationnel

LINQ to SQL propose trois solutions pour créer les classes C# représentant les données contenues dans la base de données.

La première de ces solutions est la création manuelle. Cette solution est la plus accessible, mais également la plus fastidieuse. L'écriture manuelle de code C# pour refléter la base de données est ainsi très souvent réservée aux modifications minimes. Il est également possible de générer ce code à l'aide de l'outil en ligne de commande **SQLMetal**, ou même d'utiliser le **concepteur visuel objet-relationnel** intégré à Visual Studio.

3.1.1 Utilisation de SQLMetal

L'outil SQLMetal est une application en ligne de commande livrée avec Visual Studio. Trois types de génération peuvent être effectués avec cet outil :

- La génération des classes et des attributs de mappage à partir d'une base de données existante.
- La génération d'un fichier intermédiaire de mappage (`.dbml`).
- La génération du code source et des attributs de mappage associés à partir d'un fichier intermédiaire de mappage (`.dbml`).

SQLMetal propose un grand nombre d'options pour exécuter ces différentes actions. Les principales sont détaillées ci-dessous.

Options de connexion

/server:<nom>

Nom ou l'adresse IP du serveur de base de données.

/database:<name>

Spécifie le nom de la base de données.

/user:<name>

Nom d'utilisateur SQL Server avec lequel la connexion doit être faite. Si aucune valeur n'est donnée, c'est le mode d'authentification Windows qui est utilisé.

/password:<password>

Mot de passe associé au nom d'utilisateur SQL Server.

/conn:<chaîne de connexion>

Chaîne de connexion complète à utiliser pour la connexion à la base de données. Cette option peut être utilisée à la place des quatre options précédentes.

/timeout:<durée en secondes>

Indique la durée maximum d'attente de la connexion au serveur. Une valeur à zéro indique une durée illimitée.

Options de sortie

/dbml:<nom du fichier>

Génère un fichier intermédiaire de mappage au format DBML.

/code:<nom du fichier>

Génère le code source dans le fichier indiqué.

Options de génération

/language:<identifiant de langage>

Indique le langage à utiliser pour la génération du code source. Les valeurs acceptées sont `vb` et `csharp`.

/namespace:<espace de noms>

Définit l'espace de noms dans lequel doit être placé le code généré.

/context:<nom de type>

Définit le nom de la classe de contexte générée. Par défaut, ce nom est déduit du nom de la base de données.

/entitybase:<nom de type>

Définit une classe de base pour toutes les classes d'entités. Par défaut, elles n'ont aucune classe de base.

La dernière option disponible correspond au nom du fichier de mappage à utiliser pour la génération des classes. Cette option n'est pas utilisée lorsque la génération est effectuée à partir de la base de données.

Remarque

Ces options peuvent être retrouvées en exécutant la commande `SQLMetal /?`.

Les exemples suivants montrent la mise en œuvre de chacun des trois modes de génération.

Génération de classes à partir de la base de données

La ligne de commande suivante génère le code source C# associé à la base de données locale Northwind en utilisant l'authentification Windows.

```
Sqlmetal /server:localhost\SQLEXPRESS /database:Northwind
/language:csharp /code:Northwind.cs
```

Le fichier `Northwind.cs` généré compte environ 3700 lignes. Le diagramme de classes associé au code de ce fichier est le suivant.

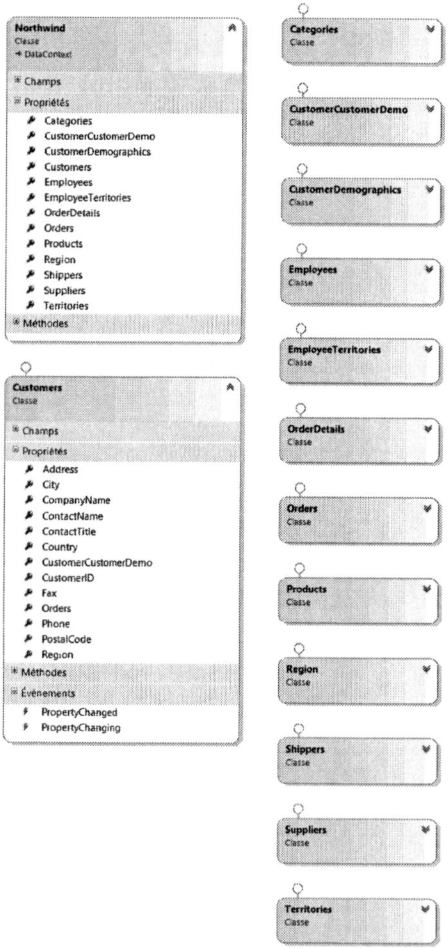

La base de données compte treize tables et le fichier généré compte quatorze classes. Cette différence est due au fait que le code généré inclue une classe de contexte qui fournit l'accès à chacune des autres classes. Ce type, nommé `Northwind` par défaut, hérite de la classe `System.Data.Linq.DataContext`.

Génération d'un fichier .dbml à partir de la base de données

La génération d'un fichier `.dbml` crée un fichier au format XML qui décrit la relation entre la base de données et les classes associées qui seront générées.

La commande suivante génère ce fichier pour la base de données Northwind :

```
Sqlmetal /server:localhost\SQLEXPRESS /database:Northwind
/dbml:Northwind.dbml
```

L'extrait ci-dessous présente la description de la table `Customers` dans ce fichier.

```
<Table Name="dbo.Customers" Member="Customers">
    <Type Name="Customers">
        <Column Name="CustomerID" Type="System.String"
DbType="NChar(5) NOT NULL" IsPrimaryKey="true" CanBeNull="false" />
        <Column Name="CompanyName" Type="System.String"
DbType="NVarChar(40) NOT NULL" CanBeNull="false" />
        <Column Name="ContactName" Type="System.String"
DbType="NVarChar(30)" CanBeNull="true" />
        <Column Name="ContactTitle" Type="System.String"
DbType="NVarChar(30)" CanBeNull="true" />
        <Column Name="Address" Type="System.String"
DbType="NVarChar(60)" CanBeNull="true" />
        <Column Name="City" Type="System.String"
DbType="NVarChar(15)" CanBeNull="true" />
        <Column Name="Region" Type="System.String"
DbType="NVarChar(15)" CanBeNull="true" />
        <Column Name="PostalCode" Type="System.String"
DbType="NVarChar(10)" CanBeNull="true" />
        <Column Name="Country" Type="System.String"
DbType="NVarChar(15)" CanBeNull="true" />
        <Column Name="Phone" Type="System.String"
DbType="NVarChar(24)" CanBeNull="true" />
        <Column Name="Fax" Type="System.String"
DbType="NVarChar(24)" CanBeNull="true" />
        <Association Name="FK_CustomerCustomerDemo_Customers"
```

```
Member="CustomerCustomerDemo" ThisKey="CustomerID"
OtherKey="CustomerID" Type="CustomerCustomerDemo" DeleteRule="NO
ACTION" />
        <Association Name="FK_Orders_Customers" Member="Orders"
ThisKey="CustomerID" OtherKey="CustomerID" Type="Orders"
DeleteRule="NO ACTION" />
    </Type>
</Table>
```

Par défaut, le nom d'une propriété C# est le même que celui de la colonne à laquelle il est associé. Le fichier de mappage peut être modifié pour que le code C# corresponde à des normes de codage particulières, ou pour que les noms de propriétés soient francisés, par exemple. Le code XML résultant de la mise en œuvre de ce dernier cas est le suivant :

```
<Table Name="dbo.Customers" Member="Clients">
    <Type Name="Clients">
        <Column Name="CustomerID" Member="IdClient"
Storage="_CustomerID" Type="System.String" DbType="NChar(5) NOT
NULL" IsPrimaryKey="true" CanBeNull="false" />
        <Column Name="CompanyName" Member="Societe"
Storage="_CompanyName" Type="System.String" DbType="NVarChar(40)
NOT NULL" CanBeNull="false" />
        <Column Name="ContactName" Member="NomContact"
Storage="_ContactName" Type="System.String" DbType="NVarChar(30)"
CanBeNull="true" />
        <Column Name="ContactTitle" Member="TitreContact"
Storage="_ContactTitle" Type="System.String"
DbType="NVarChar(30)" CanBeNull="true" />
        <Column Name="Address" Member="Adresse"
Storage="_Address" Type="System.String" DbType="NVarChar(60)"
CanBeNull="true" />
        <Column Name="City" Member="Ville" Storage="_City"
Type="System.String" DbType="NVarChar(15)" CanBeNull="true" />
        <Column Name="Region" Type="System.String"
DbType="NVarChar(15)" CanBeNull="true" />
        <Column Name="PostalCode" Member="CodePostal"
Storage="_PostalCode" Type="System.String" DbType="NVarChar(10)"
CanBeNull="true" />
        <Column Name="Country" Member="Pays" Storage="_Country"
Type="System.String" DbType="NVarChar(15)" CanBeNull="true" />
        <Column Name="Phone" Member="Telephone" Storage="_Phone"
Type="System.String" DbType="NVarChar(24)" CanBeNull="true" />
        <Column Name="Fax" Type="System.String"
```

```
DbType="NVarChar(24)" CanBeNull="true" />
        <Association Name="Customers_CustomerCustomerDemo"
Member="CustomerCustomerDemo" ThisKey="IdClient"
OtherKey="CustomerID" Type="CustomerCustomerDemo" />
        <Association Name="Customers_Orders" Member="Orders"
ThisKey="IdClient" OtherKey="CustomerID" Type="Orders" />
    </Type>
</Table>
```

Pour chaque colonne dont le nom devrait être francisé, un attribut `Member` a été ajouté de manière à modifier le nom de la propriété associée. L'attribut `Storage` ajouté sur ces colonnes précise quant à lui le nom de la variable interne contenant une valeur associée à la colonne. Par défaut, le nom de cette variable et de la propriété correspondante ont un nom associé au nom de la colonne. Lorsque le nom de la propriété est modifié, il est nécessaire d'ajouter un mappage explicite pour le nom de la variable interne.

Génération de classes à partir d'un fichier .dbml

La génération des classes C# à partir du fichier `.dbml` modifié dans le fichier `Northwind_fr.cs` est effectuée en exécutant la commande suivante :

```
Sqlmetal Northwind.dbml /language:csharp
/code:Northwind_fr.cs
```

Le code généré contient maintenant une classe `Clients` correspondant à la table `Customers`.

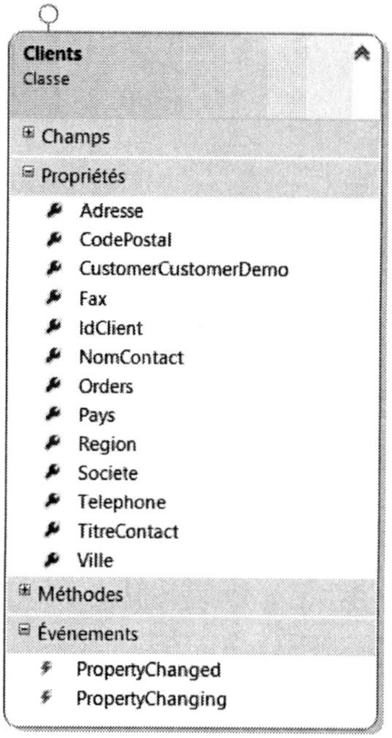

Cet outil a l'inconvénient de ne pouvoir générer des classes que pour une base de données complète. De plus, la modification manuelle de ces classes ou du fichier intermédiaire de mappage est fastidieuse et peut être source d'erreurs. Pour ces raisons, Visual Studio intègre un concepteur visuel pour le mappage objet/relationnel qu'il est très souvent préférable d'utiliser.

3.1.2 Utilisation du concepteur objet/relationnel

Le concepteur visuel objet/relationnel offre une approche plus simple à prendre en main pour la génération du modèle objet associé à une base de données. Il offre la possibilité de générer un modèle partiel, ainsi que la création de méthodes permettant l'utilisation de fonctions et procédures stockées dans la base de données.

Il a néanmoins l'inconvénient de ne fonctionner qu'avec le moteur SQL Server à partir de sa version 2000. Il n'autorise également le mappage qu'entre une table (ou une vue) et une classe C#. Il n'est pas possible de créer une classe liée au résultat d'une jointure entre tables.

Le concepteur fonctionne également dans un mode unidirectionnel. Les modifications effectuées dans le code C# généré ne sont en effet pas répercutées dans le concepteur. Elles seront d'ailleurs complètement perdues lors la génération suivante des classes de mappage. La solution apportée par Microsoft à ce dernier problème est l'utilisation de classes et de méthodes partielles.

L'outil de conception visuelle fournit une représentation graphique des données de mappage enregistrée dans un fichier au format DBML. Ce type de fichier peut être ajouté à un projet en sélectionnant le modèle **Classes LINQ to SQL** dans la boîte de dialogue d'ajout de fichier.

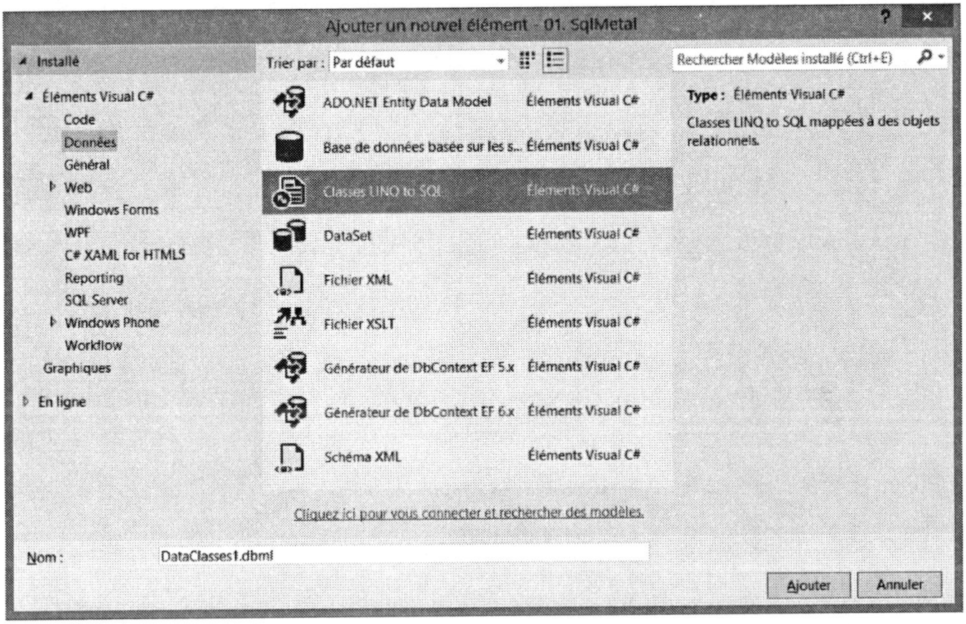

L'outil de conception visuel est ouvert automatiquement lors de l'ajout d'un fichier de type **Classes LINQ to SQL** à un projet. Sa surface est composée de deux parties. La zone située à gauche contient la représentation des classes incluses dans le mappage, tandis que la zone de droite affiche la liste des méthodes associées à des fonctions et procédures stockées.

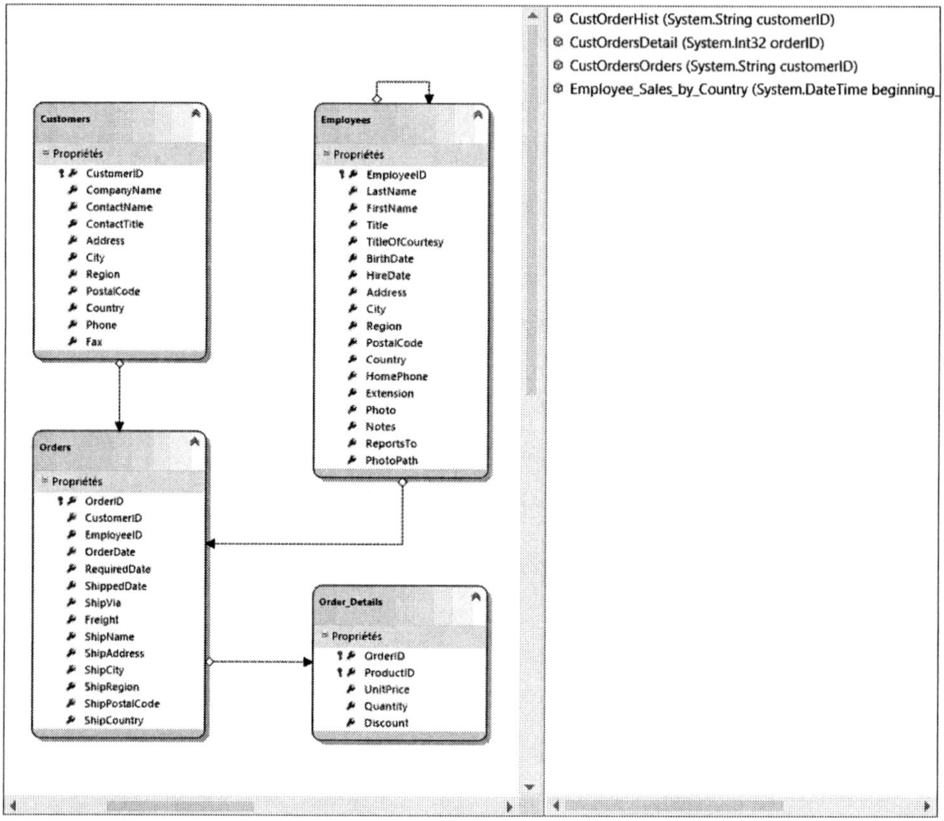

Ajout de classe

L'ajout d'une classe représentant une table de la base de données est effectué par un glisser-déposer d'une ou plusieurs tables à partir de l'**explorateur de serveurs** vers la partie gauche de l'outil de conception visuelle. L'ajout du premier élément configure une connexion associée à l'objet `DataContext`. L'ajout d'une classe provoque la génération du code de la classe. Il déclenche également la génération du code permettant l'association de la classe et de la table dans le `DataContext`.

Le code généré inclut l'initialisation d'un objet à partir d'un enregistrement de la base de données, ainsi que la répercussion des modifications qui lui sont apportées dans la base de données. Par défaut, LINQ to SQL se base sur la structure de la table ainsi que sur sa clé primaire pour effectuer la lecture et la mise à jour des données. Les actions de lecture, de modification et de suppression peuvent néanmoins être configurées pour utiliser des procédures stockées mappées dans le `DataContext`. Ceci permet d'isoler une partie de la logique qui concerne uniquement la base de données.

Le menu contextuel de chaque classe en cours d'édition dans le concepteur visuel permet d'ouvrir la fenêtre **Configurer le comportement**.

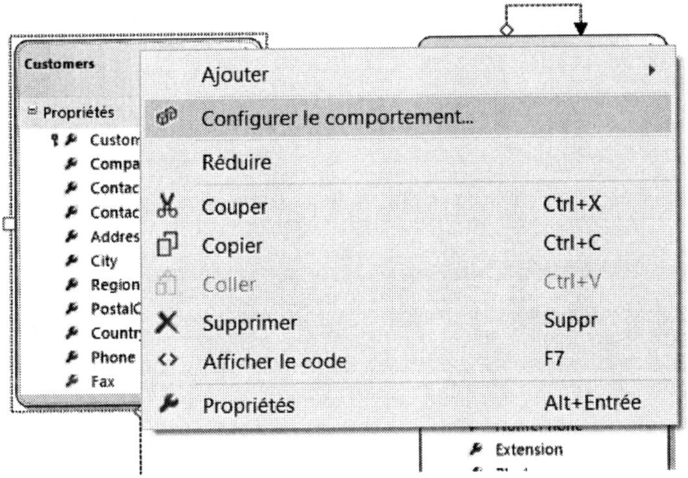

Cette fenêtre de configuration offre la possibilité de choisir le comportement par défaut ou un comportement personnalisé pour chaque couple classe/action.

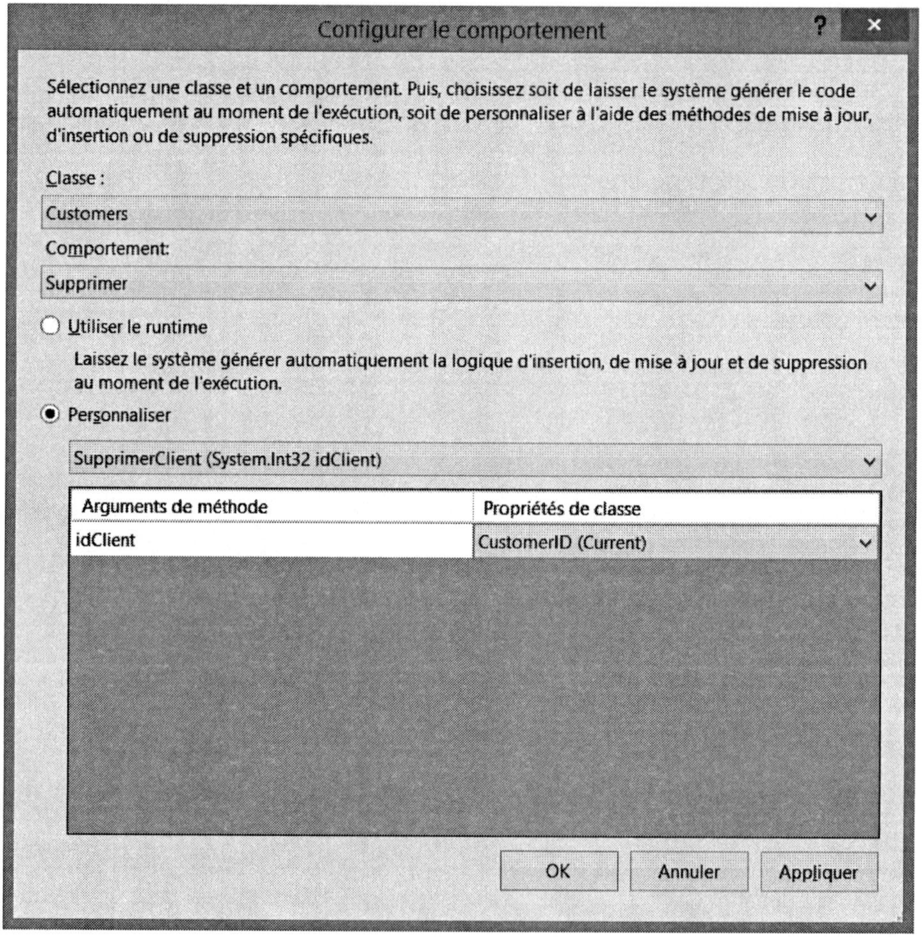

Après avoir sélectionné une procédure stockée, il est nécessaire d'indiquer comment doivent être renseignés ses paramètres. Les valeurs disponibles correspondent aux propriétés de la classe, dans leur version originale ou actuelle.

Ajout d'association

Il est possible d'ajouter des associations dans le concepteur visuel dès lors qu'une classe est présente sur sa surface d'édition. Les associations sont l'équivalent objet des relations qui peuvent exister entre les tables dans la base de données. Lorsqu'une relation existe entre deux tables mappées, une association est d'ailleurs automatiquement ajoutée pour refléter le lien entre les tables.

Vous pouvez ajouter une association en utilisant le menu contextuel du concepteur visuel.

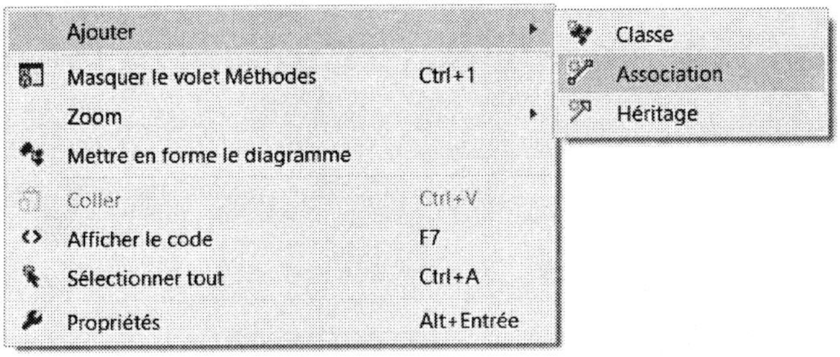

La boîte de dialogue **Éditeur d'associations** permet de configurer les tables et propriétés impliquées dans l'association.

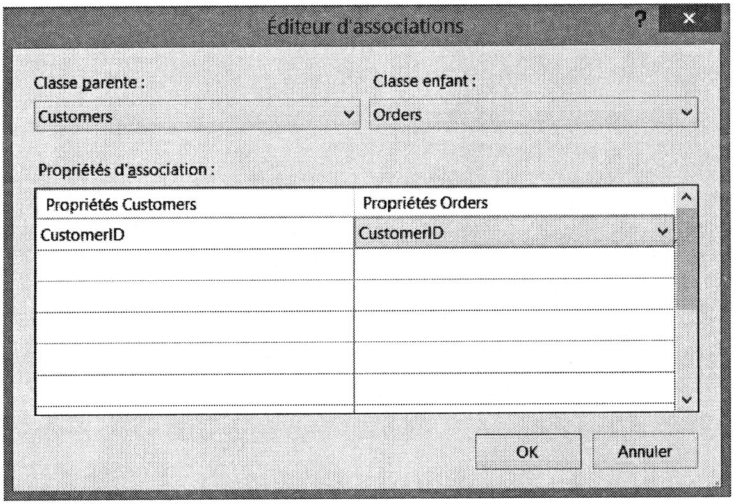

Après sa création, une association peut être éditée à l'aide de la fenêtre de propriétés de Visual Studio. Il est notamment possible de modifier la **cardinalité** de l'association pour indiquer qu'elle décrit une relation "un - un". **Propriété enfant** permet d'indiquer si une propriété de navigation doit être créée dans la classe parente. Le type de cette propriété est du type de la classe enfant si la cardinalité est `OneToOne`, et de type collection d'enfants si la cardinalité est `OneToMany`.

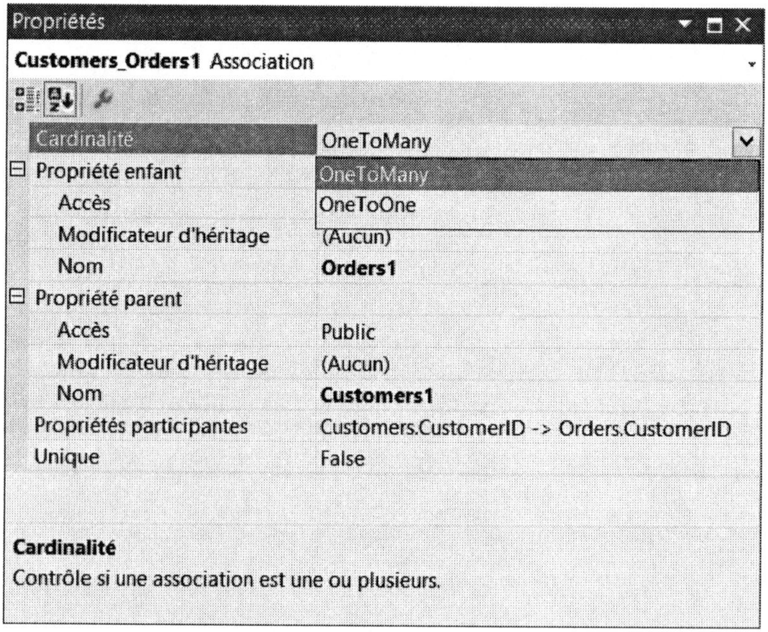

Ajout de méthode

Les fonctions et procédures stockées de la base de données peuvent être mappées à l'aide du concepteur visuel. Le concepteur visuel génère pour chacune d'elles une méthode dans la classe `DataContext`. Ces méthodes encapsulent l'exécution de l'élément de base de données qui leur est associé. Les paramètres de la procédure stockée sont également mappés dans les paramètres de la méthode, ce qui permet de les valoriser à l'aide d'un appel de fonction C# standard.

La génération d'une méthode est effectuée par le glisser-déposer d'un de ces éléments à partir de l'explorateur de serveurs vers la surface du concepteur visuel. Il est toutefois nécessaire d'être attentif à l'emplacement de destination. Le glisser-déposer sur une classe implique que la méthode doit retourner un objet du même type. Lorsque l'élément est déplacé vers la zone droite ou vers une partie libre de la zone gauche, le type de retour de la méthode est évalué et généré automatiquement.

Héritage

Le concepteur visuel objet/relationnel supporte la création de relations d'héritage. Cette notion est parfaitement intégrée à C#, mais est complètement absente des bases de données relationnelles. Il est donc nécessaire d'utiliser une solution de contournement pour réussir à simuler l'héritage dans une base de données.

Il est fréquent de n'utiliser qu'une seule table pour stocker les données relatives à un type parent et à ses types enfants. La table contient alors la totalité des colonnes liées à ces types, et une colonne supplémentaire est ajoutée. Cette colonne contient une valeur discriminante, c'est-à-dire que son contenu permet de connaître le type d'objet associé.

Avec l'utilisation de cette technique, l'ajout d'un type `ProduitAvecReduction` héritant de `Products` et possédant une propriété `PourcentageReduction` est implémenté de la manière suivante :

- Une colonne `Discriminant` est ajoutée à la table `Produit`. Les valeurs autorisées dans cette colonne seront 1 pour un produit et 2 pour un produit avec réduction.
- La colonne `PourcentageReduction` est ajoutée à la table `Produit`. Lorsque l'enregistrement concerne un produit, la valeur enregistrée dans cette colonne est `NULL`.

Une fois la base de données modifiée, il convient de créer le mappage correspondant.

▶ Ajoutez la table `Products` au modèle objet.

▶ Ajoutez une seconde fois la table `Products` au modèle objet et nommez-la `ProduitAvecReduction`.

- Supprimez les propriétés autres que `PourcentageReduction` dans la classe `ProduitAvecReduction`.
- Ajoutez une relation d'héritage à l'aide du menu contextuel du concepteur. Une boîte de dialogue demande la sélection de la classe de base et de la classe enfant.

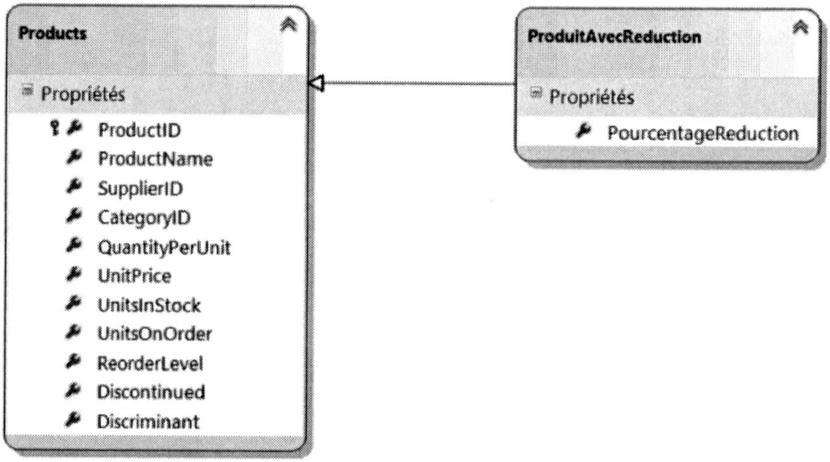

- Ouvrez la fenêtre de propriétés après avoir sélectionné la relation d'héritage et indiquez les valeurs suivantes :

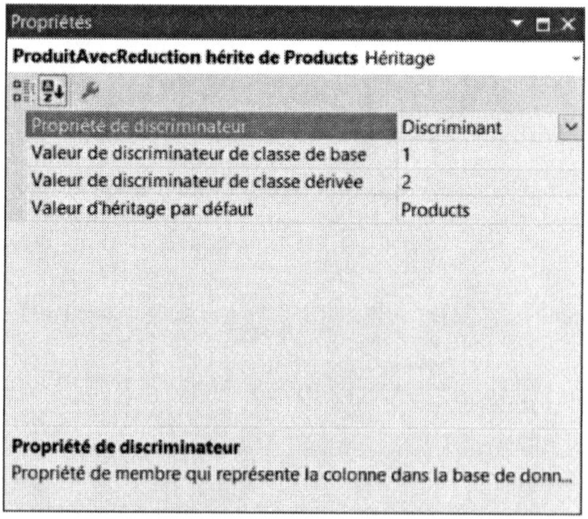

La valeur d'héritage par défaut permet de définir le type de l'objet créé lorsque la colonne `Discriminant` a une valeur inconnue.

3.2 Utilisation de LINQ to SQL

LINQ to SQL permet d'utiliser la syntaxe LINQ décrite dans la première partie de ce chapitre pour l'interrogation des bases de données SQL Server. La différence principale tient dans le fait que les objets manipulés sont créés à partir des données issues de la base de données.

3.2.1 Récupération de données

La communication avec la base est gérée par le `DataContext`, ce qui implique qu'il est obligatoire d'utiliser cette classe pour accéder aux données.

Différentes collections sont exposées par cette classe. Elles correspondent aux différentes tables mappées dans le concepteur visuel. Le code définissant la propriété liée à la table `Customers` dans le `DataContext` est le suivant :

```
public System.Data.Linq.Table<Customers> Customers
{
    get
    {
            return this.GetTable<Customers>();
    }
}
```

La récupération des données de la table `Customers` est effectuée au travers d'une requête LINQ impliquant la collection associée. L'affichage de la liste des clients français est ainsi fait de la manière suivante :

```
NorthwindDataContext context = new NorthwindDataContext();

var clientsFrancais = from c in context.Customers
                                where c.Country equals "France"
                                select c;

foreach (var client in clientsFrancais)
{
    Console.WriteLine(client.CompanyName);
}
```

Remarque

La classe parente de `NorthwindDataContext`, `DataContext`, implémente l'interface `IDisposable`. Il convient donc d'utiliser la structure `using` pour assurer la libération des ressources des objets de ce type.

Il est possible d'afficher la requête SQL générée par une requête LINQ en valorisant la propriété `Log` de l'objet `DataContext` avec le flux de sortie standard représenté par la console :

```
Context.Log = Console.Out;
```

Dans le cas de notre recherche des clients français, le code SQL exécuté est :

```
SELECT [t0].[CustomerID], [t0].[CompanyName], [t0].[ContactName],
[t0].[ContactTitle], [t0].[Address], [t0].[City], [t0].[Region],
t0].[PostalCode], [t0].[Country], [t0].[Phone], [t0].[Fax]
FROM [dbo].[Customers] AS [t0]
WHERE [t0].[Country] = @p0
```

La requête générée correspond exactement au code LINQ et aurait pu être facilement exécutable en utilisant ADO.NET. LINQ to SQL commence à dévoiler sa puissance lorsque les requêtes se complexifient. L'exemple ci-dessous affiche les dates de commandes par client.

```
using (NorthwindDataContext context = new NorthwindDataContext())
{
    var commandesClients =
        from c in context.Customers
        join comm in context.Orders on c.CustomerID equals
comm.CustomerID into commandesClient
        select new { Client = c, Commandes = commandesClient };

    foreach (var commCli in commandesClients)
    {
        Console.WriteLine(commCli.Client.CompanyName);
        foreach (var comm in commCli.Commandes)
        {
            Console.WriteLine(comm.OrderDate);
        }
    }
}
```

Le code SQL généré est le suivant :

```
SELECT [t0].[CustomerID], [t0].[CompanyName], [t0].[ContactName],
[t0].[ContactTitle], [t0].[Address], [t0].[City], [t0].[Region],
[t0].[PostalCode], [t0].[Country],
[t0].[Phone], [t0].[Fax], [t1].[OrderID], [t1].[CustomerID] AS
[CustomerID2], [t1].[EmployeeID], [t1].[OrderDate],
[t1].[RequiredDate], [t1].[ShippedDate], [t1].[ShipVia],
[t1].[Freight], [t1].[ShipName], [t1].[ShipAddress],
[t1].[ShipCity], [t1].[ShipRegion], [t1].[ShipPostalCode],
[t1].[ShipCountry], (
    SELECT COUNT(*)
    FROM [dbo].[Orders] AS [t2]
    WHERE [t0].[CustomerID] = [t2].[CustomerID]
    ) AS [value]
FROM [dbo].[Customers] AS [t0]
LEFT OUTER JOIN [dbo].[Orders] AS [t1] ON [t0].[CustomerID] =
[t1].[CustomerID]
ORDER BY [t0].[CustomerID], [t1].[OrderID]
```

3.2.2 Mise à jour de données

La mise à jour des données contenues dans la base est représentée par trois types d'actions : l'insertion, la modification et la suppression. Ces opérations peuvent toutes trois être exécutées à travers l'utilisation de LINQ to SQL.

Insertion de données

L'ajout d'un enregistrement passe par la création d'un objet dont les propriétés sont valorisées. Une fois l'objet complet, il est ajouté à la table par l'intermédiaire de la collection qui lui est associée dans le `DataContext`. Enfin, l'appel à la méthode `SubmitChanges` du `DataContext` répercute cet ajout dans la base de données par la génération et l'exécution d'une requête SQL adaptée.

L'exemple ci-dessous crée un nouveau client dans la base de données.

```
Customers client = new Customers();
client.CustomerID = "JMART";
client.CompanyName = "Ma société";
client.Address = "17, grande rue";
client.City = "Toulouse";
client.ContactName = "Jean MARTIN";
client.Country = "France";
```

```
client.Phone = "0501020304";

using (NorthwindDataContext context = new NorthwindDataContext())
{
    context.Customers.InsertOnSubmit(client);
    context.SubmitChanges();
}
```

Modification de données

LINQ permet de modifier un enregistrement en base de données d'une manière parfaitement naturelle. L'enregistrement que l'on souhaite modifier est tout d'abord récupéré sous la forme d'un objet à l'aide d'une requête LINQ. Les différentes propriétés de l'objet peuvent ensuite être revalorisées. La dernière étape consiste à appeler, comme pour l'action d'insertion, la méthode `SubmitChanges` du `DataContext`. Le code suivant effectue la modification du nom de la société dernièrement créée :

```
using (NorthwindDataContext context = new NorthwindDataContext())
{
    var client = (from c in context.Customers
                  where c.CustomerID == "JMART"
                  select c).First();

    client.CompanyName = "Ma nouvelle société";

    context.SubmitChanges();
}
```

Suppression de données

La dernière action de mise à jour des données concerne la suppression d'un élément. Elle est effectuée en fournissant l'objet pour lequel l'enregistrement doit être supprimé à la méthode `DeleteOnSubmit` de la collection liée à la table concernée.

La suppression de notre client est ainsi effectuée de la manière suivante :

```
using (NorthwindDataContext context = new NorthwindDataContext())
{
    var client = (from c in context.Customers
                  where c.CustomerID == "JMART"
                  select c).First();

    context.Customers.DeleteOnSubmit(client);

    context.SubmitChanges();
}
```

3.2.3 Gestion des conflits

Comme nous l'avons vu dans le chapitre concernant ADO.NET, une des problématiques les plus importantes dans l'utilisation de bases de données est la gestion des accès concurrentiels. LINQ to SQL n'étant qu'un intermédiaire pour l'exécution de requêtes SQL, il est également possible de se trouver dans une situation de conflit pendant son utilisation. LINQ inclut un mécanisme permettant de gérer ces problèmes. Celui-ci est constitué de quatre parties complémentaires.

Configuration de la détection de conflits

Lors de la création des classes de mappage avec le concepteur visuel, il est possible d'indiquer pour chaque propriété si elle est incluse dans le mécanisme de gestion des conflits, et si oui, comment sa présence dans le mécanisme doit être gérée. La fenêtre de propriétés permet d'éditer la valeur du champ **Vérification des mises à jour** de manière à choisir le comportement adapté.

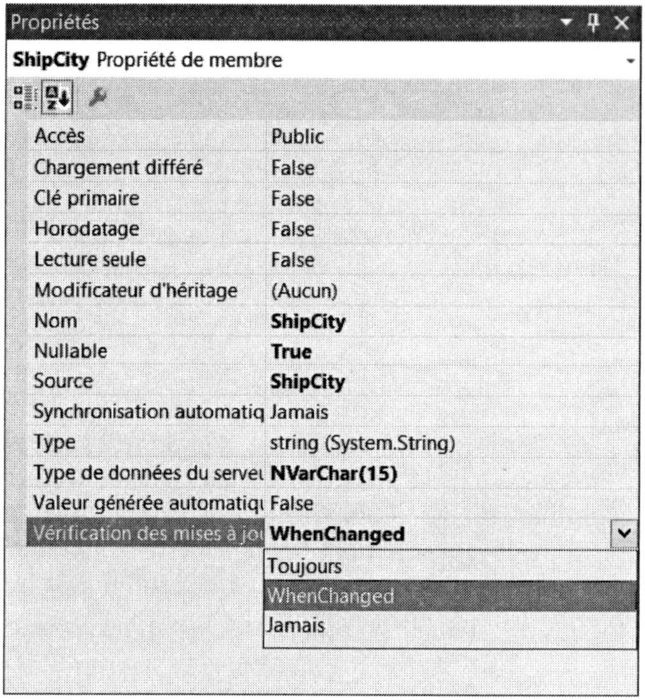

Les valeurs disponibles pour ce champ sont :

- **Toujours** : la détection des conflits prend toujours en compte la propriété. C'est la **valeur par défaut** pour toutes les propriétés.
- **WhenChanged** : la détection des conflits ne prend en compte cette propriété que si sa valeur a changé.
- **Jamais** : ce champ n'est jamais utilisé dans la détection des conflits.

Détection des conflits

La détection des conflits est effectuée lorsque les données sont remontées à la base de données. Cette étape intervient donc lorsque la méthode `SubmitChanges` du `DataContext` est appelée. Celle-ci a une surcharge permettant de spécifier le mode de détection des conflits à l'aide d'une valeur de l'énumération `ConflictMode`. Deux valeurs sont disponibles :

- `FailOnFirstConflict` indique que l'exécution des mises à jour sera arrêtée dès le premier conflit. Cette valeur est celle qui est appliquée lorsque l'on utilise la méthode `SubmitChanges` ne prenant pas de paramètres.
- `ContinueOnConflict` indique que toutes les mises à jour doivent être traitées. Les éventuels conflits sont remontés à la fin de l'exécution.

La remontée des informations liées aux conflits est effectuée par le déclenchement d'une exception de type `ChangeConflictException`. Il convient donc d'effectuer tout appel à `SubmitChanges` dans un bloc `try ... catch` afin de gérer les conflits.

Lecture des informations liées au conflit

Lorsqu'un ou plusieurs conflits sont détectés, la collection `ChangeConflicts` du `DataContext` est valorisée pour fournir certaines informations.

Chaque objet de cette collection est de type `ObjectChangeConflict`. La propriété `Object` de ce type renvoie l'objet pour lequel un conflit a été détecté. La collection `MemberConflicts` permet quant à elle d'affiner l'analyse du conflit en renvoyant la liste des membres à l'origine du problème. Les objets de cette collection possèdent trois propriétés permettant d'analyser et de résoudre le problème : `OriginalValue`, `CurrentValue`, `DatabaseValue`. Elles représentent respectivement la valeur originale d'un membre, la valeur actuelle de ce membre, et enfin la valeur actuelle en base de données pour la colonne associée.

Résolution des conflits

La résolution d'un conflit passe par un appel à la méthode `Resolve` de l'objet `ObjectChangeConflict` qui décrit les données problématiques. Cette méthode attend en paramètre une valeur de l'énumération `RefreshMode` :

- `OverwriteCurrentValues` : lorsque cette valeur est utilisée, les données de l'objet sont entièrement réactualisées à partir de la base de données. Les données modifiées disparaissent donc.
- `KeepCurrentValues` : cette valeur force l'écriture des valeurs actuelles en base de données.
- `KeepChanges` : les données conflictuelles de l'objet sont conservées, mais les autres propriétés sont mises à jour avec les données fraîches de la base.

Chapitre 10
XML

1. Présentation

XML (*eXtensible Markup Language*) est un langage de **description de données** conçu et standardisé par le **W3C** (*World Wide Web Consortium*) dont la première version de la spécification a été publiée au début de l'année 1998.

Le langage XML est un langage de balisage permettant de décrire des informations d'une manière structurée, cohérente et surtout portable. Le format est en effet basé sur du texte brut, ce qui autorise sa lecture sur tout type de support sans altération. Ces différentes qualités ont fait de XML un format de prédilection pour la **transmission d'informations** entre applications, voire entre systèmes.

Dans un document au format XML, chacune des données est représentée par une **balise** ou un **attribut** positionné dans une **arborescence**. Les balises peuvent donc être imbriquées de manière à faire apparaître une relation de parenté entre deux éléments. Les attributs permettent quant à eux de lier plusieurs informations à une même balise.

La structure des fichiers XML le classe dans la même catégorie que le langage HTML. Certains points le différencient pourtant fondamentalement de HTML :

- XML est un langage extensible, au contraire de HTML qui n'utilise qu'un ensemble fixe de balises.

- HTML est un langage conçu pour la présentation des données. Les documents XML n'ont aucune vocation à posséder une représentation graphique. Ils ne font que décrire des données.

2. Structure d'un fichier XML

Avant de voir comment manipuler ce format avec C# et le framework .NET, nous allons détailler les différents éléments de la structure d'un fichier XML.

2.1 Constituants d'un document XML

Un document XML peut être composé des types de blocs suivants :

Instructions de traitement

Les instructions de traitement permettent d'ajouter des informations destinées au processeur XML ou à tout autre programme dans le corps du document. Ces instructions doivent respecter une syntaxe particulière :

```
<?programme instruction ?>
```

La première partie de cette instruction de traitement indique le nom du programme destiné à la traiter. La seconde partie fournit l'instruction à proprement parler.

Un document XML contient la plupart du temps une instruction de traitement spéciale indiquant la version du format XML qu'il utilise ainsi que le jeu de caractères utilisé pour l'encodage du document.

```
<?xml version="1.0" encoding="utf-8" ?>
```

Commentaires

Comme avec C#, il est possible d'inclure des commentaires dans le code XML. Ceux-ci sont destinés aux utilisateurs, le plus souvent pour les aider à comprendre la structure ou le contenu du document. Ils sont ignorés par tout programme manipulant le code.

La syntaxe de définition de commentaires XML est identique à la syntaxe utilisée pour les commentaires HTML :

```
<!-- Ce texte est un commentaire ignoré par le processeur XML  -->
```

Éléments

Les éléments sont constitués d'une balise ouvrante et d'une balise fermante. Ils peuvent contenir des données sous la forme d'une chaîne de caractères, d'un ou plusieurs autres éléments ou bien d'attributs. La syntaxe permettant de créer un élément XML est la suivante :

```
<nomElement>contenu</nomElement>
```

Certaines règles doivent être respectées concernant les éléments :

- Les noms d'éléments ne doivent ni contenir d'espace, ni débuter par `xml`, par un chiffre ou par un signe de ponctuation.
- Les balises de début et de fin doivent avoir la même casse.
- Les noms d'éléments doivent débuter après le symbole <, sans espace.
- Un document XML doit contenir au minimum un élément : l'élément racine du document.
- Si un élément n'a pas de contenu, il peut avoir la forme `<nomElement />`, sauf si cet élément est l'élément racine du document.
- Aucun élément ne peut être situé au même niveau de l'arborescence que l'élément racine. Les éléments doivent donc être imbriqués dans cet élément racine.

```
<?xml version="1.0" encoding="utf-8"?>
<Clients>
  <Client>
    <IdClient>ALFKI</IdClient>
    <Societe>Alfreds Futterkiste</Societe>
    <NomContact>Alfreds Maria Anders</NomContact>
    <Adresse>Obere Str. 57</Adresse>
    <CodePostal>12209</CodePostal>
    <Ville>Berlin</Ville>
    <DerniereCommande>
      <Produits>
        <Produit>
```

```
            <IdProduit>58</IdProduit>
            <Nom>Escargots de Bourgogne</Nom>
            <PrixUnitaire>13,25</PrixUnitaire>
            <Quantite>40</Quantite>
          </Produit>
          <Produit>
            <IdProduit>71</IdProduit>
            <Nom>Floremysost</Nom>
            <PrixUnitaire>21,50</PrixUnitaire>
            <Quantite>20</Quantite>
          </Produit>
        </Produits>
      </DerniereCommande>
    </Client>
  </Clients>
```

Attributs d'éléments

Les attributs représentent des données stockées au niveau d'un élément. Ils sont placés dans la balise d'ouverture de l'élément. Les attributs sont définis en utilisant la syntaxe suivante :

```
<nomElement attribut1="valeur" attribut2="valeur"></nomElement>
```

```
<?xml version="1.0" encoding="utf-8"?>
<Clients>
  <Client IdClient="ALFKI">
    <Societe>Alfreds Futterkiste</Societe>
    <NomContact>Alfreds Maria Anders</NomContact>
    <Adresse>Obere Str. 57</Adresse>
    <CodePostal>12209</CodePostal>
    <Ville>Berlin</Ville>
    <DerniereCommande Date="09/04/1998">
      <Produits>
        <Produit IdProduit="58">
          <Nom>Escargots de Bourgogne</Nom>
          <PrixUnitaire>13,25</PrixUnitaire>
          <Quantite>40</Quantite>
        </Produit>
        <Produit IdProduit="71">
          <Nom>Floremysost</Nom>
          <PrixUnitaire>21,50</PrixUnitaire>
          <Quantite>20</Quantite>
        </Produit>
```

```
      </Produits>
    </DerniereCommande>
  </Client>
</Clients>
```

Espaces de noms

Les espaces de noms sont des identifiants permettant de dissocier plusieurs éléments dont le nom est identique. Ils permettent d'éviter les confusions lorsque plusieurs éléments ont le même nom, mais une signification différente. Ce type de cas peut arriver lorsque deux fichiers XML sont fusionnés.

Un espace de noms est défini en concaténant l'attribut `xmlns` suivi du symbole : et d'un préfixe pour l'espace de noms. La valeur de l'attribut est un identifiant unique, souvent écrit sous la forme d'une URL. Cette valeur nécessite d'être unique pour anticiper tout conflit en cas de transmission du document à une application pour laquelle le même élément est déjà défini.

```
<nomElement xmlns:prefixe="identifiant" />
```

Le document XML suivant fusionne des objets de type `Client` gérés respectivement par une application Web et une application WPF en boutique. Ils sont distingués dans le document résultant par leur espace de noms.

```
<?xml version="1.0" encoding="utf-8"?>
<Clients xmlns:web="http://www.masociete.com/clients/web"

xmlns:boutique="http://www.masociete.com/clients/boutique">
  <web:Client Id="ALFKI">
    <Societe>Alfreds Futterkiste</Societe>
    <NomContact>Alfreds Maria Anders</NomContact>
    <Adresse>Obere Str. 57</Adresse>
    <CodePostal>12209</CodePostal>
    <Ville>Berlin</Ville>
    <DerniereCommande Date="09/04/1998">
      <Produits>
        <Produit IdProduit="58">
          <Nom>Escargots de Bourgogne</Nom>
          <PrixUnitaire>13,25</PrixUnitaire>
          <Quantite>40</Quantite>
        </Produit>
        <Produit IdProduit="71">
          <Nom>Floremysost</Nom>
```

```
        <PrixUnitaire>21,50</PrixUnitaire>
        <Quantite>20</Quantite>
      </Produit>
    </Produits>
  </DerniereCommande>
</web:Client>

<boutique:Client Id="684316" EstAnonyme="True">
  <Achat Date="12/04/1998" ModePaiement="CB">
    <Produits>
      <Produit IdProduit="11">
        <Nom>Queso Cabrales</Nom>
        <PrixUnitaire>21,00</PrixUnitaire>
        <Quantite>2</Quantite>
      </Produit>
      <Produit IdProduit="19">
        <Nom>Teatime Chocolate Biscuits</Nom>
        <PrixUnitaire>9,20</PrixUnitaire>
        <Quantite>7</Quantite>
      </Produit>
    </Produits>
  </Achat>
</boutique:Client>
</Clients>
```

2.2 Document bien formé et document valide

Le langage XML définit plusieurs types de constituants permettant de décrire une structure de données cohérente. Mais cette notion seule ne suffit pas à définir la qualité d'un document XML. Deux notions complémentaires sont utilisées pour cela : le document bien formé et le document valide.

Un document bien formé est un document XML respectant les différentes règles syntaxiques du langage. Ces règles incluent les différents points évoqués ci-dessus.

Il est nécessaire que le document soit bien formé pour que le processeur XML soit en mesure de le traiter.

La validité du document est un point vérifiable lorsqu'une DTD (*Document Type Definition*) ou un schéma XSD (*Xml Schema Definition*) sont liés au fichier. Ces types de documents fournissent la description de la structure de données utilisées dans le fichier XML. Si cette structure déroge aux règles fixées par la DTD ou le schéma XSD, le fichier n'est pas valide.

3. Manipuler un document XML

Le framework .NET expose deux API ayant pour objectif la manipulation de documents XML.

Le **modèle DOM** existe depuis les débuts du framework .NET et est basé sur les recommandations du W3C. Chaque balise, attribut ou contenu textuel formant le document XML est ainsi considéré comme un nœud d'une structure hiérarchique. La recherche d'un nœud avec cette API peut être manuelle ou utiliser la navigation **XPath**. Les fonctionnalités du modèle DOM sont implémentées dans les types de l'espace de noms `System.Xml`.

L'apparition de la version 3.5 du framework .NET a introduit **LINQ to XML**, qui utilise pour sa part une approche plus moderne. Les balises, attributs ou espaces de noms sont tous considérés comme des éléments qui peuvent exister indépendamment, ce qui permet de traiter aisément des fragments de code XML. Ces éléments peuvent être interrogés de la même manière qu'une base de données à l'aide de requêtes LINQ. Les types associés à cette API sont implémentés dans l'espace de noms `System.Xml.Linq`.

Les exemples exposés dans cette section sont réalisés à partir du fichier `commandes.xml` dont le contenu est le suivant :

```
<?xml version="1.0" encoding="utf-8"?>
<Clients web="http://www.masociete.com/clients/web">
  <web:Client Id="ALFKI">
    <Societe>Alfreds Futterkiste</Societe>
    <NomContact>Alfreds Maria Anders</NomContact>
    <Adresse>Obere Str. 57</Adresse>
    <CodePostal>12209</CodePostal>
    <Ville>Berlin</Ville>
    <DerniereCommande Date="09/04/1998">
      <Produits>
        <Produit>
```

```
            <Nom>Escargots de Bourgogne</Nom>
            <PrixUnitaire>13,25</PrixUnitaire>
            <Quantite>40</Quantite>
          </Produit>
          <Produit>
            <Nom>Floremysost</Nom>
            <PrixUnitaire>21,50</PrixUnitaire>
            <Quantite>20</Quantite>
          </Produit>
        </Produits>
      </DerniereCommande>
    </web:Client>
  </Clients>
```

Remarque

Ce fichier est disponible en téléchargement sur le site des Éditions ENI.

3.1 Utilisation de DOM

La première étape dans l'utilisation de DOM consiste à charger un document XML en mémoire. Il est représenté par un objet de type `XmlDocument` contenant l'ensemble de l'arborescence du document.

La lecture et le chargement d'un fichier XML sont effectués à travers l'utilisation des méthodes `Load` ou `LoadXml` du type `XmlDocument`.

```
XmlDocument doc = new XmlDocument();
doc.Load("commandes.xml");
```

```
//La chaîne de caractères doit contenir une structure de document XML
string xml = "...";
doc.LoadXml(xml);
```

Il n'est toutefois pas obligatoire de créer cet objet en mémoire à partir d'un fichier. L'API DOM définit plusieurs classes et méthodes permettant la génération d'un document XML à l'aide de code C#. Le code suivant crée un objet `XmlDocument` contenant la même arborescence que le fichier `commandes.xml`.

```
XmlDocument doc = new XmlDocument();

//Création du noeud de déclaration XML
XmlDeclaration declarationXml = doc.CreateXmlDeclaration("1.0",
"utf-8", null);
doc.AppendChild(declarationXml);

//Création du noeud Clients
XmlElement racine = doc.CreateElement("Clients");
//Création de l'attribut qui définit le namespace web
racine.SetAttribute("xmlns:web",
"http://www.masociete.com/clients/web");
doc.AppendChild(racine);

//Création du noeud Client et indication de l'espace de noms associé
XmlElement client1 = doc.CreateElement("Client",
"http://www.masociete.com/clients/web");
client1.Prefix = "web";
racine.AppendChild(client1);
//Création de l'attribut Id du noeud Client
client1.SetAttribute("Id", "ALFKI");

//Création du noeud Societe
XmlElement societe = doc.CreateElement("Societe");
//Création du noeud texte contenant la valeur de Societe
XmlText valeurSociete = doc.CreateTextNode("Alfreds
Futterkiste");
societe.AppendChild(valeurSociete);
client1.AppendChild(societe);

//Création du noeud NomContact
XmlElement nomContact = doc.CreateElement("NomContact");
//Création du noeud texte contenant la valeur de NomContact
XmlText valeurNomContact = doc.CreateTextNode("Alfreds Maria
Anders");
nomContact.AppendChild(valeurNomContact);
client1.AppendChild(nomContact);
XmlElement adresse = doc.CreateElement("Adresse");
XmlText valeurAdresse = doc.CreateTextNode("Obere Str. 57");
adresse.AppendChild(valeurAdresse);
client1.AppendChild(adresse);
XmlElement codePostal = doc.CreateElement("CodePostal");
XmlText valeurCodePostal = doc.CreateTextNode("12209");
codePostal.AppendChild(valeurCodePostal);
client1.AppendChild(codePostal);
XmlElement ville = doc.CreateElement("Ville");
```

```
XmlText valeurVille = doc.CreateTextNode("Berlin");
ville.AppendChild(valeurVille);
client1.AppendChild(ville);

//Création du noeud DerniereCommande
XmlElement dernierecommande =
doc.CreateElement("DerniereCommande");
client1.AppendChild(derniereCommande);
//Création de l'attribut Date du noeud DerniereCommande
derniereCommande.SetAttribute("Date", "09/04/1998");

//Création du noeud Produits
XmlElement produits = doc.CreateElement("Produits");
derniereCommande.AppendChild(produits);
//Création du premier noeud Produit
XmlElement produit1 = doc.CreateElement("Produit");
produits.AppendChild(produit1);
//Création du noeud Nom
XmlElement nom1 = doc.CreateElement("Nom");
XmlText valeurNom1 = doc.CreateTextNode("Escargots de Bourgogne");
nom1.AppendChild(valeurNom1);
produit1.AppendChild(nom1);
//Création du noeud PrixUnitaire
XmlElement prixUnitaire1 = doc.CreateElement("PrixUnitaire");
XmlText valeurPrixUnitaire1 = doc.CreateTextNode("13,25");
prixUnitaire1.AppendChild(valeurPrixUnitaire1);
produit1.AppendChild(prixUnitaire1);
//Création du noeud Quantite
XmlElement quantite1 = doc.CreateElement("Quantite");
XmlText valeurQuantite1 = doc.CreateTextNode("40");
quantite1.AppendChild(valeurQuantite1);
produit1.AppendChild(quantite1);

//Création du second noeud Produit
XmlElement produit2 = doc.CreateElement("Produit");
produits.AppendChild(produit2);
//Création du noeud Nom
XmlElement nom2 = doc.CreateElement("Nom");
XmlText valeurNom2 = doc.CreateTextNode("Floremysost");
nom2.AppendChild(valeurNom2);
produit2.AppendChild(nom2);
//Création du noeud PrixUnitaire
XmlElement prixUnitaire2 = doc.CreateElement("PrixUnitaire");
XmlText valeurPrixUnitaire2 = doc.CreateTextNode("21,50");
prixUnitaire2.AppendChild(valeurPrixUnitaire2);
produit2.AppendChild(prixUnitaire2);
```

```
//Création du noeud Quantite
XmlElement quantite2 = doc.CreateElement("Quantite");
XmlText valeurQuantite2 = doc.CreateTextNode("20");
quantite2.AppendChild(valeurQuantite2);
produit2.AppendChild(quantite2);
```

Analysons les différents éléments utilisés dans cet exemple.

`XmlElement` représente une balise XML pour laquelle il est nécessaire de fournir un nom. Le moyen le plus simple pour créer un objet de ce type est d'appeler la méthode `CreateElement` de l'objet `XmlDocument` contenant l'arborescence XML. La propriété `Prefix` (utilisée ici sur `client1`) du type `XmlElement` permet de définir le préfixe d'espace de noms à utiliser pour l'élément.

La création d'attributs pour un objet `XmlElement` est effectuée en ajoutant des objets de type `XmlAttribute` à sa collection `Attributes`. Il est toutefois généralement plus approprié d'utiliser sa méthode `SetAttribute`, plus simple et plus lisible. Celle-ci accepte deux paramètres représentant respectivement le nom de l'attribut ainsi que sa valeur. C'est d'ailleurs en utilisant cette dernière méthode sur l'élément racine que l'espace de noms `web` est ajouté au document.

L'imbrication des différents constituants du document résulte de l'utilisation de la méthode `AppendChild`. Celle-ci est utilisée sur le nœud destiné à être le parent du nœud passé en paramètre. Cette méthode est définie sur la classe `XmlNode`, de manière à ce que tous ses types dérivés puissent l'utiliser. On trouve parmi eux les types `XmlDocument`, `XmlElement` et `XmlAttribute`.

Le type `XmlText` est quant à lui légèrement différent puisqu'il ne peut pas contenir d'autre élément. Il est le véritable conteneur de données, quand les autres ne permettent de définir que la structure du document. Les objets de ce type sont créés par un appel à la méthode `CreateTextNode` de l'objet `XmlDocument`. Le paramètre passé à cette fonction est la donnée qui doit être écrite.

Une fois ce document chargé ou généré, il est possible de rechercher certains éléments par leur nom ou leur identifiant.

La méthode GetElementsByTagName de la classe XmlNode est utilisée pour retrouver tous les nœuds XML dont le nom correspond à la valeur passée en paramètre. Elle effectue la recherche dans toute l'arborescence enfant d'un élément. La liste de nœud retournée peut donc contenir des éléments de tout niveau : nœuds enfants, petits-enfants ou plus bas encore.

L'exemple de code suivant affiche à l'écran le prix unitaire de chacun des produits commandés.

```
XmlNodeList prixUnitaires =
doc.GetElementsByTagName("PrixUnitaire");
foreach (XmlNode noeud in prixUnitaires)
{
   Console.WriteLine(noeud.InnerText);
}
```

Lorsque le document contient une DTD, il est possible de lister les éléments correspondant à un identifiant à l'aide de la méthode GetElementById. La DTD doit pour cela définir un ou plusieurs attributs de type ID.

L'insertion de la DTD suivante entre la déclaration XML et le nœud racine du document définit l'attribut Id des éléments de type web:Client comme étant l'identifiant pour la balise.

```
<!DOCTYPE Clients [
  <!ELEMENT Clients ANY>
  <!ELEMENT web:Client ANY>
  <!ATTLIST web:Client Id ID #REQUIRED>
]>
```

Une fois cette définition ajoutée, il est possible de rechercher et d'afficher le nœud dont l'identifiant est ALFKI.

```
XmlNode clientALFKI = doc.GetElementById("ALFKI");
Console.WriteLine(clientALFKI.OuterXml);
```

Une fois un nœud sélectionné, il est aisé de modifier un de ses attributs ou de lui ajouter un ou plusieurs nœuds enfants.

```
//Modification de la date et ajout d'un noeud Commercial
//pour chacun des noeuds DerniereCommande
XmlNodeList commandes =
doc.GetElementsByTagName("DerniereCommande");
foreach (XmlElement noeud in commandes)
```

```
{
    noeud.Attributes["Date"].Value = "24/10/2001";

    XmlElement commercial = doc.CreateElement("Commercial");
    XmlText valeurCommercial = doc.CreateTextNode("Steven
Buchanan");
    commercial.AppendChild(valeurCommercial);
    noeud.AppendChild(commercial);
}
```

L'enregistrement du document avec les modifications qui lui ont été apportées doit être effectué en appelant la méthode `Save` de l'objet `XmlDocument`. Sans cette opération, toute modification peut être perdue, puisque le document est traité uniquement en mémoire.

```
doc.Save("commandesModifiees.xml");
```

3.2 Utilisation de XPath

XPath a pour objectif la localisation d'un ou plusieurs éléments de la même manière que l'explorateur Windows permet d'adresser un fichier particulier. L'implémentation de la technologie XPath dans le framework .NET est située dans l'espace de noms `System.Xml.XPath`.

La première étape dans l'utilisation de XPath correspond à l'instanciation d'un objet de type `XPathNavigator`. C'est lui qui fournit la capacité d'adresser les éléments d'un document XML.

```
XmlDocument doc = new XmlDocument();
doc.Load("commandes.xml");

XPathNavigator navigateur = doc.CreateNavigator();
```

Une des méthodes de cet objet, `Select`, offre la possibilité de lister les éléments correspondant au chemin XPath qui lui est fourni en paramètre.

```
XPathNavigator navigateur = doc.CreateNavigator();

XPathNodeIterator produits =
navigateur.Select("/Clients/Client/DerniereCommande/Produits/
Produit");
```

```
while (produits.MoveNext())
{
   Console.WriteLine(produits.Current. OuterXml);
}
```

Dans notre cas, ce code n'affiche strictement rien à l'écran, et c'est bien normal : les nœuds `Client` et `web:Client` sont différents. Il est donc nécessaire d'ajouter quelques éléments pour que l'objet `XPathNavigator` puisse retourner les éléments souhaités.

Le chemin passé en paramètre à la méthode Select doit contenir le nom pleinement qualifié de chacun des types de nœuds. Dans le cas présent, cela signifie qu'il faut utiliser `web:Client` au lieu de `Client`.

Pour que le navigateur XPath soit en mesure de comprendre et trouver ce nom qualifié, il est nécessaire de lui fournir un objet de type `XmlNamespaceManager` auquel aura été ajoutée la définition de l'espace de noms `web`.

Le code fonctionnel est le suivant :

```
XPathNavigator navigateur = doc.CreateNavigator();
XmlNamespaceManager manager = new
XmlNamespaceManager(navigateur.NameTable);
manager.AddNamespace("web",
"http://www.masociete.com/clients/web");

XPathNodeIterator produits =
navigateur.Select("/Clients/web:Client/DerniereCommande/
Produits/Produit", manager);

while (produits.MoveNext())
{
    Console.WriteLine(produits.Current.OuterXml);
}
```

La modification de valeurs est à peine plus compliquée puisqu'il suffit d'appliquer la méthode `SetValue` à un élément retourné par la fonction `Select`. Une augmentation arbitraire de 10 % sur le tarif unitaire de chaque produit commandé est ainsi réalisée de la manière suivante.

```
XPathNodeIterator prixUnitaires =
navigateur.Select("/Clients/web:Client/DerniereCommande/Produits/
Produit/PrixUnitaire", manager);

while (prixUnitaires.MoveNext())
{
    double valeur = double.Parse(prixUnitaires.Current.Value);
    valeur = valeur * 1.10;
    prixUnitaires.Current.SetValue(valeur.ToString());
}
```

Après exécution de cette portion de code, chacun des nœuds `PrixUnitaire` du document XML a bien vu sa valeur changer.

```
<?xml version="1.0" encoding="utf-8"?>
<!DOCTYPE Clients[
  <!ELEMENT Clients ANY>
  <!ELEMENT web:Client ANY>
  <!ATTLIST web:Client Id ID #REQUIRED>
]>
<Clients xmlns:web="http://www.masociete.com/clients/web">
  <web:Client Id="ALFKI">
    <Societe>Alfreds Futterkiste</Societe>
    <NomContact>Alfreds Maria Anders</NomContact>
    <Adresse>Obere Str. 57</Adresse>
    <CodePostal>12209</CodePostal>
    <Ville>Berlin</Ville>
    <DerniereCommande Date="09/04/1998">
      <Produits>
        <Produit>
          <Nom>Escargots de Bourgogne</Nom>
          <PrixUnitaire>14,575</PrixUnitaire>
          <Quantite>40</Quantite>
        </Produit>
        <Produit>
          <Nom>Floremysost</Nom>
          <PrixUnitaire>23,65</PrixUnitaire>
          <Quantite>20</Quantite>
        </Produit>
      </Produits>
    </DerniereCommande>
  </web:Client>
</Clients>
```

3.3 Utilisation de LINQ to XML

L'arrivée de LINQ dans le framework .NET a apporté de nombreuses innovations dans la manipulation des données issues de collections locales ou de bases de données. Avec le fournisseur LINQ pour SQL Server, Microsoft a également livré un fournisseur pour les documents XML, permettant ainsi de manipuler plus simplement les données enregistrées dans ce format.

Le fournisseur LINQ to XML contient de nouveaux types simplifiant la création de documents XML et intégrant également les fonctionnalités nécessaires au requêtage des données qu'ils contiennent. Ils sont placés dans l'espace de noms `System.Xml.Linq`.

La première étape dans l'utilisation de LINQ to XML consiste à charger un document XML en mémoire. Cette opération est effectuée en utilisant la méthode statique `Load` de la classe `XDocument`.

```
XDocument doc = XDocument.Load("commandes.xml");
```

Comme avec l'API DOM, il est possible de créer une arborescence XML directement en mémoire. Le code C# suivant instancie et valorise un objet `Xdocument`.

```
XNamespace webNamespace = "http://www.masociete.com/clients/web";
XDocument doc =
    new XDocument(
        new XDeclaration("1.0", "utf-8", null),
        new XElement("Clients",
            new XAttribute(XNamespace.Xmlns + "web", webNamespace),
            new XElement(webNamespace + "Client",
                new XAttribute("Id", "ALFKI"),
                new XElement("Societe", "Alfreds Futterkiste"),
                new XElement("NomContact", "Alfreds Maria Anders"),
                    new XElement("Adresse", "Obere Str. 57"),
                    new XElement("CodePostal", "12209"),
                    new XElement("Ville", "Berlin"),
                    new XElement("DerniereCommande",
                        new XAttribute("Date", "09/04/1998"),
                        new XElement("Produits",
                            new XElement("Produit",
                                XElement("Nom", "Escargots de Bourgogne"),
                                new XElement("PrixUnitaire", "13,25"),
                                new XElement("Quantite", "40")),
                            new XElement("Produit",
                                new XElement("Nom", "Floremysost"),
                                new XElement("PrixUnitaire", "21,50"),
                                new XElement("Quantite", "20")))))));
```

Le code LINQ est **quatre fois plus court** que le code DOM générant la même arborescence, tout en gardant une **expressivité** que l'API DOM est incapable d'égaler. Un autre point positif concerne le **nombre de variables** nécessaires à la création de ce document : deux avec LINQ, contre une trentaine précédemment !

Un document XML est représenté avec LINQ par un objet dont le type est `XDocument`. Il définit un constructeur pouvant accepter un nombre variable de paramètres, ce qui permet de lui ajouter une arborescence enfant entière dès sa création. Le principe est le même pour le type `XElement`, qui représente quant à lui un nœud de l'arborescence. Ce mode de fonctionnement permet de chaîner les créations d'objets, ce qui a pour effet de rendre le code plus concis et plus expressif.

La lecture d'informations dans cette arborescence est elle aussi simplifiée. L'écriture de requêtes LINQ pour la recherche tire parti de certaines méthodes présentes dans la classe `XElement` :

- `Descendants` renvoie la liste des nœuds de l'arborescence enfant du nœud courant.
- `Elements` renvoie uniquement les enfants directs du nœud courant.
- `AncestorsAndSelf` renvoie la liste des nœuds trouvés en remontant du nœud courant jusqu'au nœud racine. Le résultat inclut le nœud courant.
- `Attributes` liste les attributs du nœud courant.
- `DescendantsAndSelf` renvoie la liste des nœuds de l'arborescence enfant du nœud courant et inclut ce dernier dans le résultat.

Le code ci-dessous effectue la recherche des nœuds dont le nom est `PrixUnitaire`.

```
var prixUnitaires =
    from noeud in doc.Descendants("PrixUnitaire")
    select noeud;

foreach (XElement noeud in prixUnitaires)
{
    Console.WriteLine(noeud.Value);
}
```

Il est également possible de rechercher les éléments dont un attribut a une valeur particulière. L'exemple suivant montre comment rechercher le premier nœud dont l'attribut `Id` a pour valeur `"ALFKI"`.

```
var clientALFKI =
    (from noeudClient in doc.Descendants(webNamespace + "Client")
     where noeudClient.Attribute("Id").Value == "ALFKI"
     select noeudClient).FirstOrDefault();

Console.WriteLine(clientALFKI);
```

La modification d'une valeur d'attribut ou d'élément peut être effectuée en affectant une nouvelle valeur à la propriété `Value` de l'élément. Le code suivant modifie les dates de commandes et les prix unitaires enregistrés dans le document.

```
var noeudsCommandeOuPrix =
    from noeud in doc.Descendants()
    where noeud.Name == "DerniereCommande"
       || noeud.Name == "PrixUnitaire"
    select noeud;

foreach (XElement noeud in noeudsCommandeOuPrix)
{
    if (noeud.Name == "DerniereCommande")
    {
        noeud.Attribute("Date").Value = "28/05/2014";
    }
    if (noeud.Name == "PrixUnitaire")
    {
        var nouvelleValeur = double.Parse(noeud.Value) * 1.10;
        noeud.Value = nouvelleValeur.ToString();
    }
}
```

La sauvegarde des modifications est effectuée comme avec l'API DOM, avec l'appel de la méthode `Save` sur l'objet `XDocument`.

```
doc.Save("commandes modifiees avec Linq.xml");
```

Le contenu de ce fichier est le suivant :

```
<?xml version="1.0" encoding="utf-8"?>
<Clients xmlns:web="http://www.masociete.com/clients/web">
  <web:Client Id="ALFKI">
    <Societe>Alfreds Futterkiste</Societe>
    <NomContact>Alfreds Maria Anders</NomContact>
    <Adresse>Obere Str. 57</Adresse>
    <CodePostal>12209</CodePostal>
    <Ville>Berlin</Ville>
    <DerniereCommande Date="28/05/2014">
      <Produits>
        <Produit>
          <Nom>Escargots de Bourgogne</Nom>
          <PrixUnitaire>14,575</PrixUnitaire>
          <Quantite>40</Quantite>
        </Produit>
        <Produit>
          <Nom>Floremysost</Nom>
          <PrixUnitaire>23,65</PrixUnitaire>
          <Quantite>20</Quantite>
        </Produit>
      </Produits>
    </DerniereCommande>
  </web:Client>
</Clients>
```

Chapitre 11
Déploiement

1. Introduction

La fin du cycle de développement est une phase critique pour tout projet. Le code source de l'application est finalisé, testé, débogué et éventuellement optimisé, mais une problématique n'est pas encore traitée : comment fournir cette application aux utilisateurs ?

Visual Studio permet l'utilisation de deux technologies dédiées à cette phase de déploiement :

- **Windows Installer** : l'application et ses dépendances sont incorporées dans un fichier exécutable, généralement nommé `setup.exe`, que l'utilisateur exécute.
- **ClickOnce** : les fichiers de l'application sont centralisés et l'utilisateur procède à l'exécution ou à l'installation à partir de l'emplacement distant où sont stockés ces fichiers.

2. Windows Installer

Windows Installer est un service de déploiement disponible pour tous les systèmes d'exploitation Microsoft. Le principe de fonctionnement de ce service est le regroupement de tous les composants d'une application dans un seul fichier exécutable qui peut ainsi être facilement mis à disposition des utilisateurs.

Lorsqu'un logiciel est installé à l'aide de Windows Installer, de nombreuses informations identifiant les opérations effectuées sont sauvegardées dans le système. Celles-ci concernent notamment les fichiers copiés, les modifications apportées à la base de registre ou l'enregistrement de composants externes nécessaires au bon fonctionnement de l'application. Ces informations sont précieuses : elles permettent au service Windows Installer d'effectuer convenablement la désinstallation du logiciel si celle-ci est demandée.

Chacune des modifications effectuées lors de l'installation est traitée pendant la désinstallation de manière à ne laisser aucune trace. Toutefois, Windows Installer vérifie la présence de composants partagés avant toute suppression afin d'éviter de nuire au bon fonctionnement d'autres applications qui pourraient utiliser ces composants.

Lorsqu'une application utilise Windows Installer, son processus d'installation est transactionnel, c'est-à-dire que soit l'installation réussit dans son ensemble, soit elle est purement et simplement annulée. Cette annulation entraîne la suppression complète des fichiers déjà copiés ainsi que la restauration de l'état originel du système. Ce dernier reste ainsi toujours dans un état cohérent.

Windows Installer fournit également un mécanisme de réparation d'une application qui remplace les fichiers corrompus ou manquants.

La création d'un exécutable Windows Installer est effectuée au travers d'un type de projet spécifique dans Visual Studio. Elle nécessite néanmoins l'installation d'un composant supplémentaire : InstallShield Limited Edition.

2.1 Installation de InstallShield Limited Edition

Cette édition du logiciel InstallShield est destinée aux développeurs souhaitant créer des exécutables d'installation utilisant le service Windows Installer. Il est fourni gratuitement aux utilisateurs de Visual Studio.

La boîte de dialogue **Nouveau projet** propose, dans la section **Autres types de projets**, une option intitulée **Activer InstallShield Limited Edition**.

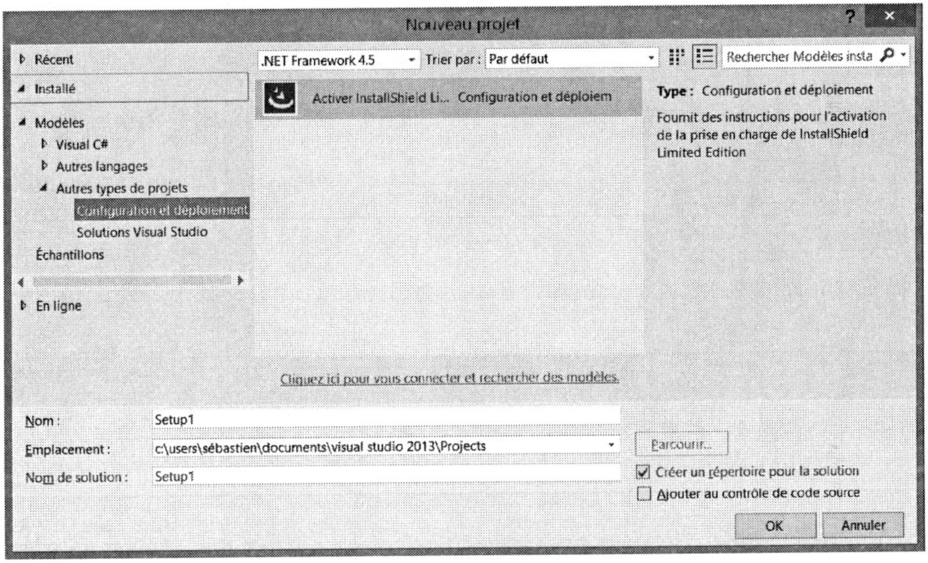

La sélection de ce "modèle" ouvre une page Web dans le navigateur par défaut de la machine. Celle-ci fournit des instructions pour le téléchargement et l'installation du logiciel. Il est nécessaire de remplir un formulaire avec certaines informations personnelles avant d'accéder à une page contenant un numéro de série et un lien de téléchargement direct.

Avant d'exécuter le programme d'installation, il est conseillé de fermer Visual Studio. Il est dans tous les cas nécessaire de relancer l'environnement de développement après installation pour intégrer InstallShield aux fonctionnalités supportées.

Le programme d'installation procède dans un premier temps, et si nécessaire, à l'installation des dépendances d'InstallShield.

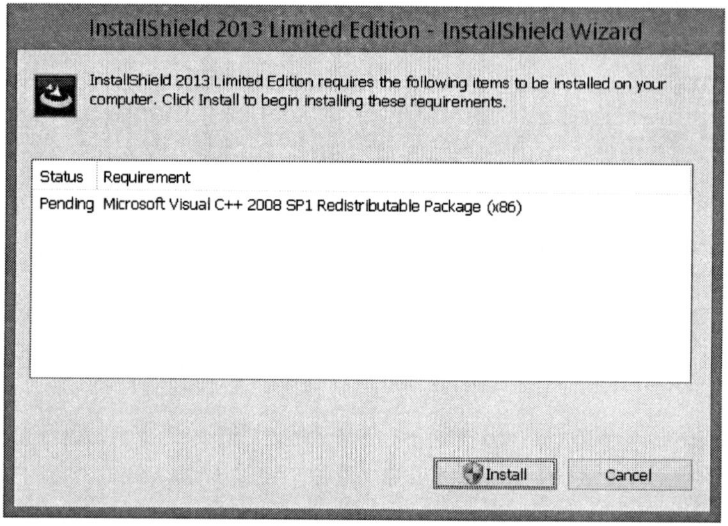

Il est ensuite nécessaire d'accepter le contrat de licence et de choisir le répertoire dans lequel seront copiés les fichiers constituant le logiciel avant de passer à l'installation à proprement parler.

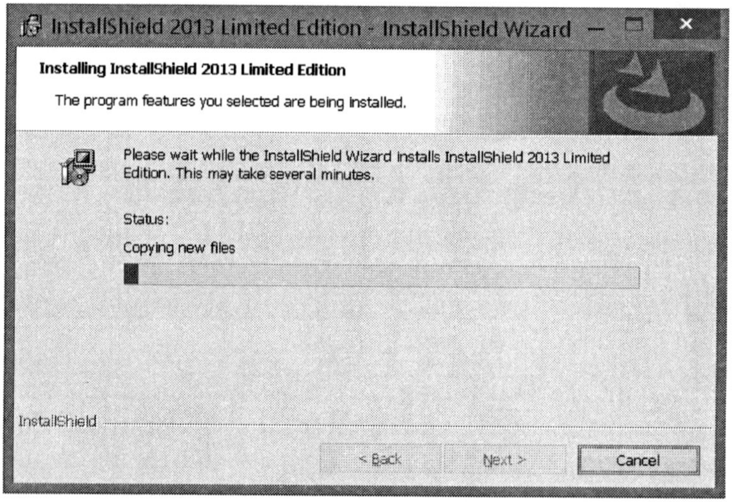

Une fois l'opération d'installation terminée, la liste des modèles de projet de Visual Studio contient un élément supplémentaire : **InstallShield Limited Edition**.

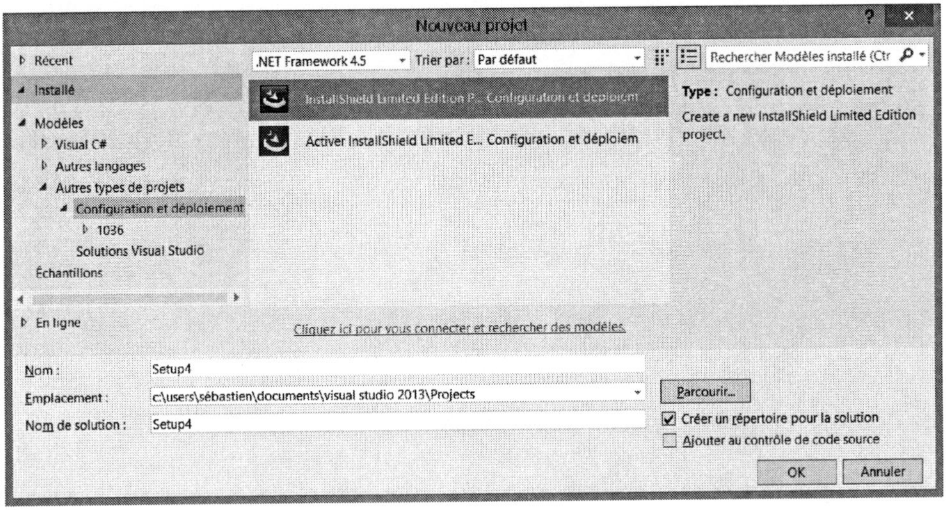

2.2 Création d'un projet d'installation

Les projets d'installation sont créés de la même manière que tout autre type de projet dans Visual Studio. Dans la boîte de dialogue **Nouveau projet**, sélectionnez la section **Autres types de projets - Configuration et déploiement** puis sélectionnez **InstallShield Limited Edition**.

Il est parfaitement possible de générer un programme d'installation pour une application ne faisant pas partie de la même solution, mais il est recommandé de conserver une certaine cohérence en plaçant les projets formant une application et le projet d'installation dans la même solution.

Après la création, un assistant de projet est ouvert. Il vous permet de dérouler les différentes étapes de la création du programme d'installation à l'aide de différents boutons situés dans la barre de navigation, dans la partie basse de la fenêtre.

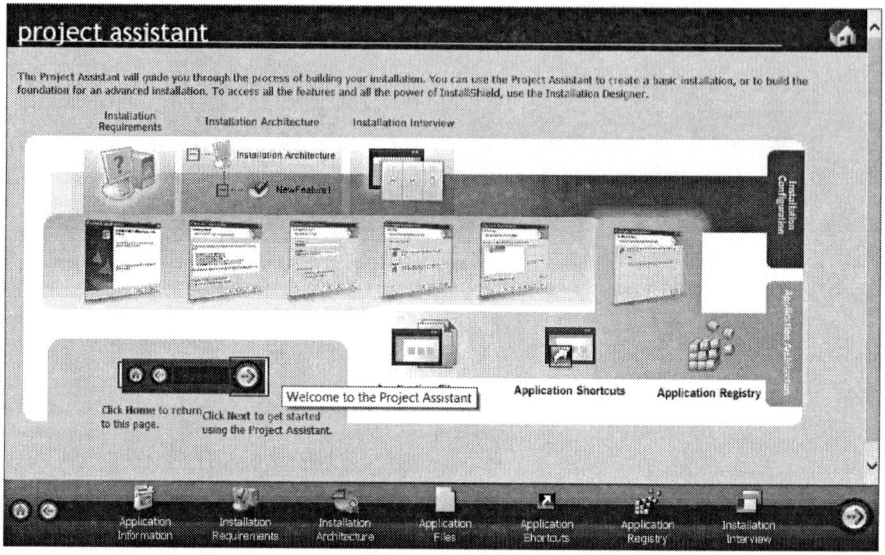

2.2.1 Informations sur l'application

La première étape de la configuration d'un projet d'installation correspond à la saisie des informations d'ordre général concernant l'application.

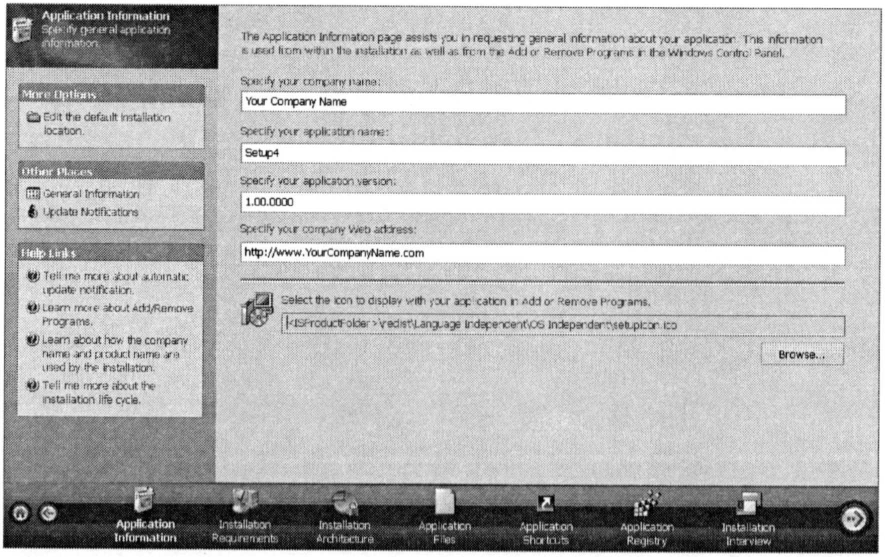

Les informations à fournir sont :

- le nom de l'éditeur (votre nom ou le nom de votre société),
- le nom de l'application déployée,
- la version de l'application,
- l'adresse du site Web de l'éditeur,
- l'icône associée à l'application.

Ces informations seront affichées dans la fenêtre principale du programme d'installation ainsi que dans la fenêtre **Ajout/Suppression de programmes** de Windows.

2.2.2 Prérequis d'installation

La deuxième étape de l'assistant permet de spécifier une configuration logicielle obligatoire pour le déploiement de l'application.

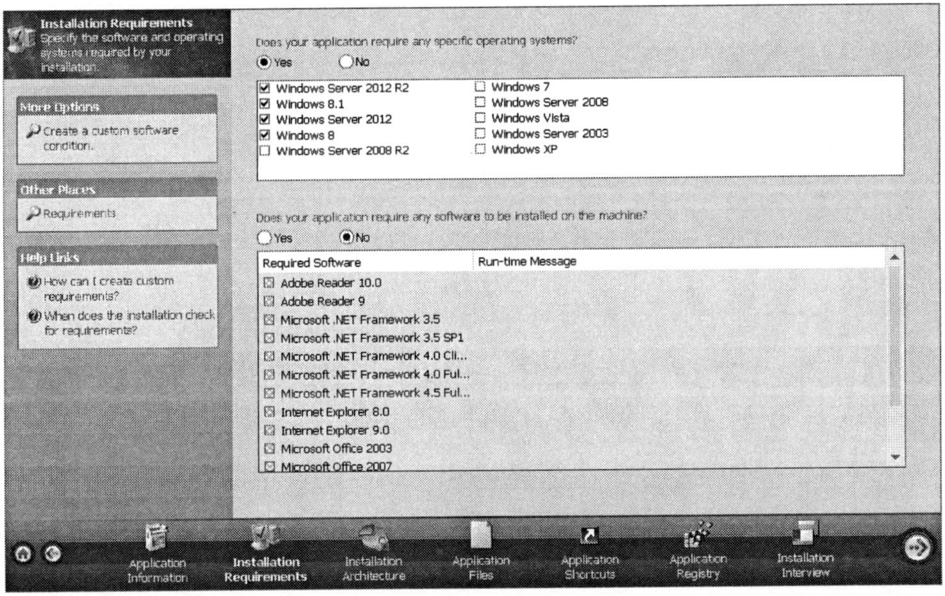

Il est possible de préciser une ou plusieurs versions de Windows supportées par l'application. Le lancement de l'installation sur un des systèmes non sélectionnés mènera à l'affichage d'une boîte de dialogue indiquant que le système n'est pas supporté et l'installation sera arrêtée.

De la même manière, vous pouvez sélectionner une ou plusieurs applications dont la présence est indispensable au bon fonctionnement de l'application que vous allez déployer.

L'étape suivante de l'assistant (Installation Architecture) n'est pas utilisable avec InstallShield Limited Edition. Nous passons directement à la page de configuration suivante.

2.2.3 Fichiers de l'application

Cette étape est probablement la plus importante de l'assistant puisque c'est elle qui permet de définir les fichiers à installer ainsi que leur emplacement dans le système de fichiers.

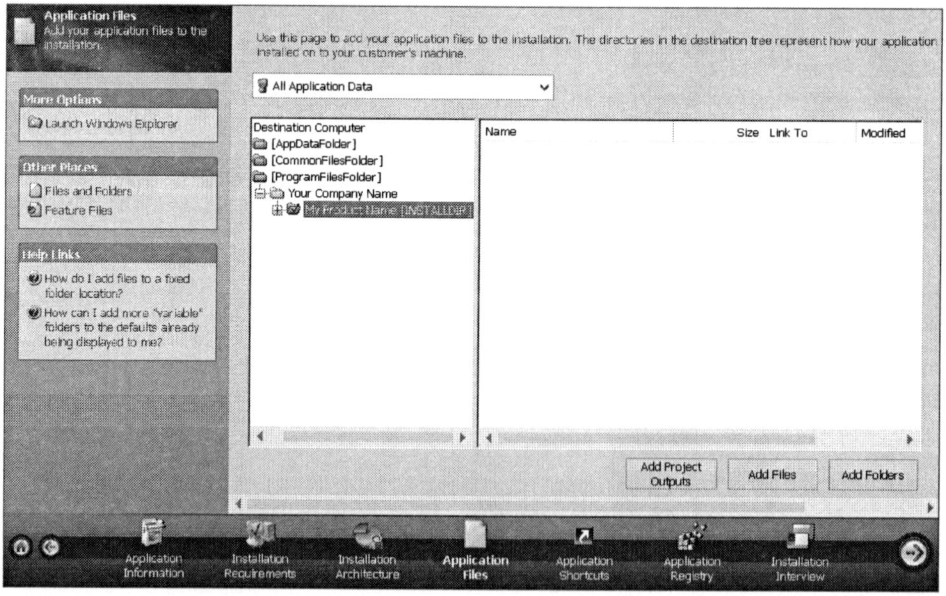

Cette fenêtre présente une structure semblable à celle de l'explorateur de fichiers de Windows. La partie gauche est dédiée à l'arborescence des dossiers de l'application, tandis que la partie droite présente la liste des fichiers contenus dans le dossier sélectionné.

Trois dossiers du système cible sont présents par défaut dans cette arborescence, mais d'autres dossiers peuvent être sélectionnés. Le menu contextuel de l'arborescence affiche dans son sous-menu **Show Predefined Folders** (afficher les dossiers prédéfinis) un grand nombre d'éléments sélectionnables correspondant chacun à un dossier système.

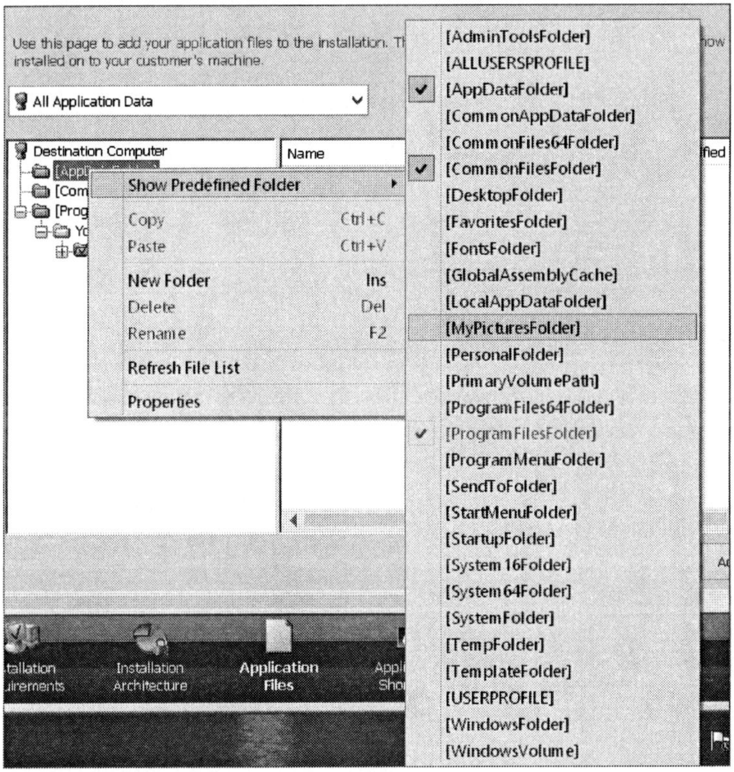

Ce menu contextuel offre également la possibilité d'ajouter, de supprimer ou de renommer un élément, entre autres.

Les trois boutons situés sous cet explorateur de fichiers permettent l'ajout de fichiers isolés ou d'un dossier complet. Il est également possible d'ajouter les fichiers générés par un projet de la solution active. Cette dernière solution, lorsqu'elle est utilisée, affiche la boîte de dialogue suivante :

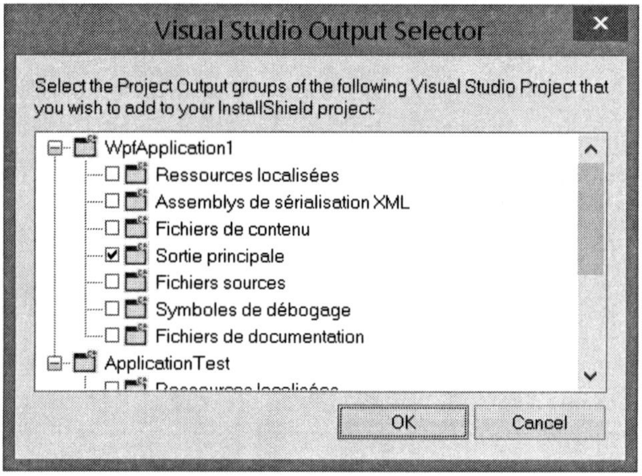

Les différents projets de la solution sont présentés sous la forme d'une arborescence dans laquelle certains choix peuvent être faits. Le choix le plus courant est libellé **Sortie principale**. Il correspond à l'exécutable ou à la bibliothèque de classes généré(e) par le compilateur. **Fichiers sources** et **Symboles de débogage** sont quant à eux beaucoup plus rarement utilisés.

2.2.4 Raccourcis

Le programme d'installation peut créer un ou plusieurs raccourcis pour votre application. Cette page de configuration permet de définir le fichier pour lequel est généré un raccourci, ainsi que son emplacement sur la machine cliente.

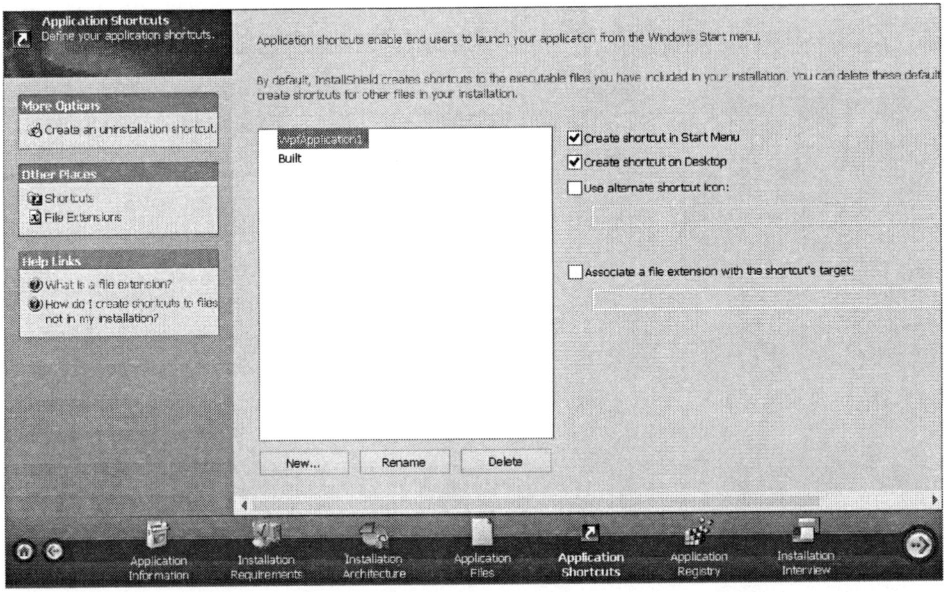

Ces raccourcis ne sont pas obligatoires, mais il est fortement conseillé d'en créer au moins un pour l'exécutable principal de l'application. Il est généralement placé dans le menu Démarrer (ou le StartScreen pour Windows 8) du système d'exploitation, mais peut également être placé sur le bureau de l'utilisateur.

2.2.5 Valeurs de la base de registre

La base de registre est un emplacement très souvent utilisé pour stocker des informations de configuration importantes. Cette étape vous assiste dans la création de ces valeurs.

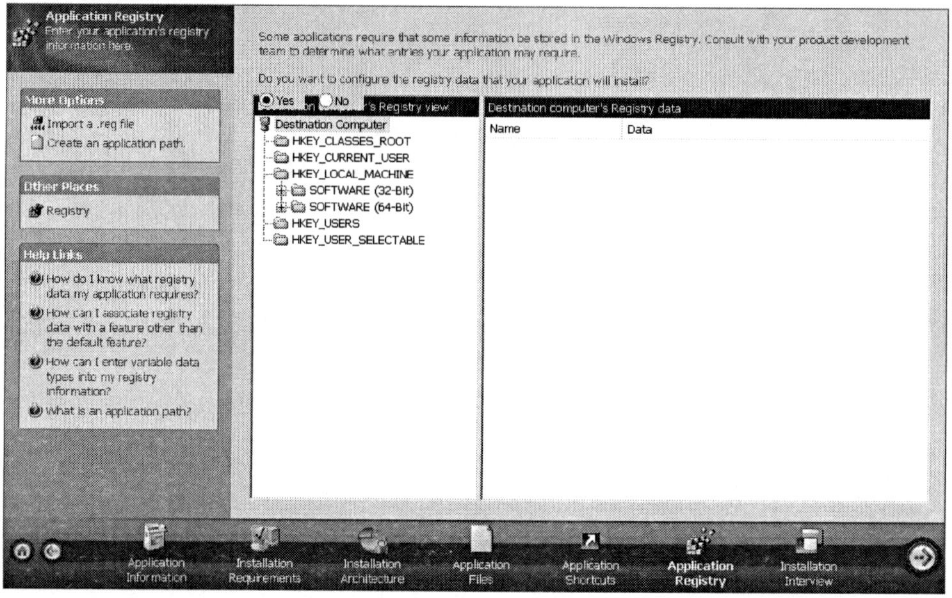

Pour ajouter une clé dans le registre, vous devez sélectionner dans l'arborescence le nœud parent dans lequel cette clé doit être créée, puis utiliser l'option **New - Key** du menu contextuel qui lui est associé. Vous pouvez également supprimer une clé et la totalité des clés et valeurs qu'elle contient à l'aide de ce menu contextuel.

Les menus contextuels de l'arborescence et de la liste située dans la partie droite offrent certains choix qui permettent la création de valeurs dans une clé. Ces valeurs peuvent être de type chaîne de caractères, binaire, DWORD, Multi-String et Expandable String.

Lorsque le programme d'installation est exécuté, les valeurs définies dans cette page de configuration sont placées dans le registre de l'utilisateur, en écrasant les données si une même clé ou valeur existe.

2.2.6 Boîtes de dialogue

La dernière étape permet de configurer le comportement du programme d'installation lui-même. Différentes boîtes de dialogue peuvent être ouvertes afin d'afficher des éléments importants à l'utilisateur ou de lui demander de fournir une ou plusieurs informations nécessaires au bon déroulement de l'installation.

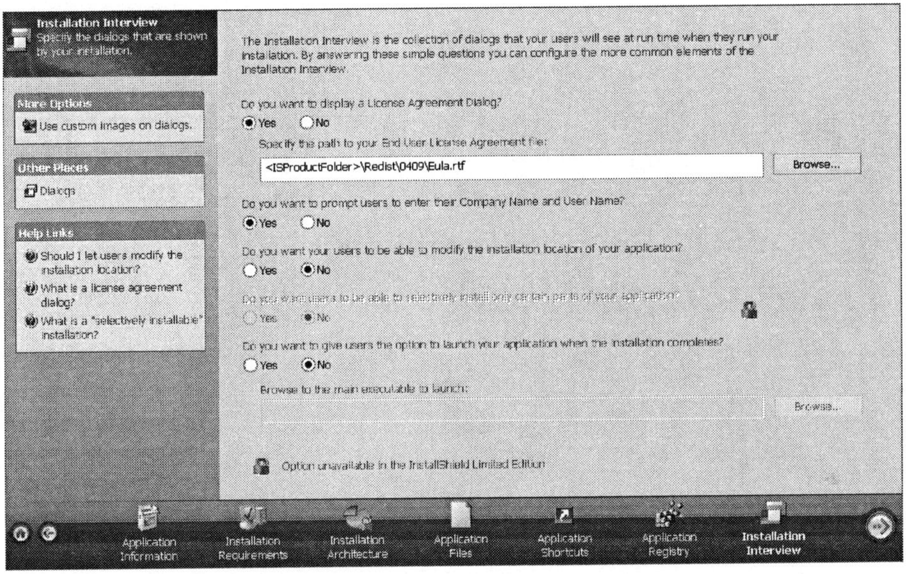

Les différentes options configurables sont les suivantes :

- L'affichage d'une licence d'utilisation que l'utilisateur doit accepter avant l'installation effective de l'application. Un fichier contenant le texte de la licence doit être fourni.
- Demander à l'utilisateur son nom et le nom de sa société. Ceci peut être intéressant dans le cas d'un produit utilisant ces données pour la génération d'un numéro de série.
- La possibilité de modifier le répertoire d'installation de l'application.
- La possibilité de lancer l'application à la fin du processus d'installation.

À l'issue de ce processus de configuration, le projet de déploiement est prêt à être généré.

3. ClickOnce

ClickOnce est une technologie dont les développeurs peuvent tirer parti pour le déploiement de leurs applications ainsi que de leurs mises à jour. Elle simplifie le processus d'installation en ne requérant qu'un minimum d'interventions de la part de l'utilisateur.

3.1 La technologie ClickOnce

La technologie ClickOnce est dite "intelligente" car elle permet d'éviter certains écueils rencontrés fréquemment lors des phases de déploiement.

En règle générale, pour pouvoir installer une application, il est nécessaire de se procurer un exemplaire du programme d'installation correspondant sur un support physique ou en le téléchargeant. Dans les deux cas, l'utilisateur est en possession de la totalité des composants du logiciel, le plus souvent sous une forme empaquetée, avant l'installation effective. En plus de ce mode d'installation classique, ClickOnce offre la possibilité de procéder à l'installation de manière distante via Internet ou un partage réseau. Seul un exécutable minimal est requis pour débuter le processus. Celui-ci est généralement disponible via un lien sur une page Web ou un intranet et ne pèse que quelques kilooctets.

La gestion des dépendances partagées par plusieurs applications peut rapidement devenir problématique, notamment en raison de conflits de versions. ClickOnce simplifie cette gestion en isolant les applications de manière à ce qu'elles soient autonomes et ne puissent donc pas rencontrer de situation de conflit.

La mise à jour d'une application déployée de manière traditionnelle passe dans la majorité des cas par une réinstallation de chacun de ses composants. Avec ClickOnce, l'installation de mises à jour passe par une installation incrémentielle : seuls les composants nécessitant d'être mis à jour sont installés.

Les applications déployées à l'aide de ClickOnce peuvent également être utilisées en mode connecté, c'est-à-dire que les fichiers de l'application ne sont pas installés sur la machine locale mais toujours exécutés à partir de l'emplacement distant. Ce mode de fonctionnement est plus souvent utilisé en entreprise, dans un contexte nécessitant que l'application soit constamment à jour.

3.1.1 Principes de fonctionnement

Le principe du déploiement ClickOnce repose sur l'existence de deux fichiers de description au format XML appelés manifestes :

- le manifeste d'application (fichier `.exe.manifest`),
- le manifeste de déploiement (fichier `.application`).

Le premier fournit une description de l'application au travers de ses assemblies, de ses dépendances, mais aussi les autorisations administratives qui sont nécessaires à son exécution. Il expose également la localisation des mises à jour qui pourront être mises à disposition pour l'application.

Le manifeste de déploiement décrit comment l'application est déployée ou quelles versions du framework .NET sont compatibles avec elle. Des informations concernant la version de l'application ou son éditeur sont également enregistrées dans ce fichier.

Lors de la publication, ces fichiers, ainsi que les composants de l'application, sont copiés vers un répertoire accessible aux utilisateurs suivant la méthode de déploiement choisie. Le manifeste et les fichiers d'application ne doivent pas nécessairement être stockés au même endroit que le manifeste de déploiement, mais ils doivent être accessibles aux utilisateurs et leur emplacement doit être correctement référencé dans le manifeste de déploiement.

L'ouverture du manifeste d'application, par un clic sur un lien dans une page Web ou par un double clic dans l'explorateur Windows, ouvre une fenêtre demandant confirmation de l'action à l'utilisateur. Lorsque celle-ci a été fournie, ClickOnce se charge d'installer ou d'ouvrir l'application, en fonction du mode de fonctionnement configuré.

3.1.2 Méthodes de déploiement disponibles

ClickOnce propose trois stratégies pour le déploiement d'une application. Le choix de la stratégie dépend essentiellement du type d'application et du public visé.

Installation à partir d'un CD-ROM

Cette stratégie correspond à l'installation du logiciel à partir d'un support amovible, comme un CD-ROM, un DVD ou une clé USB. Lorsque l'utilisateur choisit d'installer l'application, un raccourci est placé dans son menu Démarrer et une entrée est ajoutée à la liste **Ajout/Suppression de programmes** du **Panneau de configuration**.

L'utilisation de cette stratégie est adaptée aux clients dont la connectivité réseau est limitée ou inexistante, à plus forte raison si la taille de l'application est importante. L'utilisation du support amovible ne nécessite en effet aucune connectivité. Toutefois, la recherche de mises à jour au démarrage de l'application reste dépendante des accès réseau disponibles pour la machine.

Installation à partir du Web ou d'un emplacement réseau

Cette stratégie installe l'application sur le disque dur du client, en ajoutant un raccourci dans le menu Démarrer ainsi qu'une entrée dans la liste **Ajout/Suppression de programmes** du **Panneau de configuration**, mais l'installation doit être exécutée à partir d'un emplacement Web ou réseau. Dans le premier cas, l'utilisateur clique généralement sur un lien dans une page Web, tandis que l'installation à partir d'un emplacement réseau est plus généralement effectuée à l'aide d'un double clic sur le manifeste de déploiement dans un partage réseau.

Ce type d'installation nécessite une connectivité réseau adaptée à la taille de l'application, et est généralement parfaite pour le déploiement d'une application d'entreprise. Elle est également parfois utilisée lorsque l'application doit être distribuée à un public nombreux et très dispersé géographiquement.

Démarrage à partir d'un site web ou d'un emplacement réseau

Cette stratégie ne déploie pas l'application localement sur les machines clientes. Elle se comporte globalement comme une application Web, c'est-à-dire que lors d'un clic sur un lien Web, l'application est téléchargée et exécutée, et lors de sa fermeture, elle n'est plus disponible localement. Comme aucune installation n'a lieu, aucun raccourci n'est créé pour l'application et celle-ci n'apparaît pas dans la liste **Ajout/Suppression de programmes**.

Une condition à l'utilisation de cette stratégie est l'existence d'une connexion Internet adaptée chez tous les clients. Ce type de déploiement est utilisé lorsque les applications sont rarement exécutées, ceci afin de ne pas utiliser de ressources de stockage lorsque l'application n'a pas d'utilité.

3.1.3 Les mises à jour d'applications avec ClickOnce

Le processus de mise à jour peut être automatisé par le moteur d'exécution de ClickOnce. Les informations liées à la stratégie de mise à jour sont stockées dans le manifeste de déploiement lors de l'étape de publication.

L'application installée lit périodiquement les informations enregistrées dans ce manifeste de déploiement pour vérifier la disponibilité de mises à jour. Si une nouvelle version est disponible, ClickOnce télécharge uniquement les fichiers nécessaires pour maintenir l'application à jour et les installe. Si la source des mises à jour n'est pas accessible ou disponible, l'application est exécutée sans vérification.

Trois grandes stratégies sont disponibles pour gérer ces mises à jour :

- La vérification automatique au démarrage de l'application.
- La vérification automatique pendant l'exécution de l'application, en arrière-plan.
- L'affichage d'une interface destinée aux mises à jour.

Il est également possible de configurer la fréquence de recherche des mises à jour ou de forcer une mise à jour obligatoire.

Vérification au démarrage

Lorsque l'utilisateur demande l'exécution de l'application, ClickOnce lit le manifeste de déploiement et recherche les mises à jour disponibles pour l'application. Si une nouvelle version est disponible, elle est téléchargée et installée. Une fois l'installation terminée, l'application est exécutée.

Vérification pendant l'exécution

Par défaut, ClickOnce vérifie l'existence de mises à jour pendant l'exécution de l'application. Cette recherche est effectuée en arrière-plan, d'une manière transparente pour l'utilisateur. Si une nouvelle version est disponible, l'utilisateur est invité à la télécharger et à l'installer. Le lancement suivant de l'application exécutera la version mise à jour.

Intervalle de mise à jour

Il est possible de spécifier la fréquence des recherches de mise à jour d'une application. L'intervalle entre les vérifications peut être défini en termes d'heures, de jours ou de semaines. Si aucune connexion réseau n'est disponible au moment de cette recherche, cette dernière est reportée à l'exécution suivante de l'application.

Mises à jour obligatoires

Il est parfois souhaitable que les utilisateurs soient forcés d'utiliser la dernière version de l'application, notamment en cas de modifications importantes susceptibles d'entraîner des dysfonctionnements dans les anciennes versions de l'application. Il est dans ce cas possible de marquer la mise à jour comme étant obligatoire et de ce fait d'empêcher l'exécution des versions plus anciennes.

3.2 La publication ClickOnce

Le déploiement d'une application avec ClickOnce est facilité par la présence d'un assistant dans Visual Studio. Celui-ci présente la saisie des informations nécessaires sous la forme d'une suite d'étapes.

Le démarrage de l'**Assistant Publication** est effectué par l'utilisation de l'option **Publier** dans le menu contextuel du projet à déployer.

La première étape permet de définir l'emplacement dans lequel doit être publié le projet.

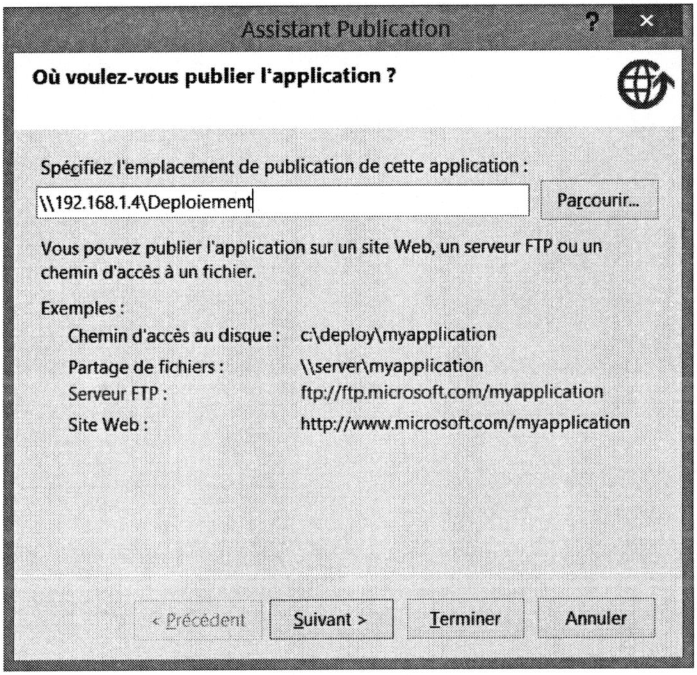

Cet emplacement peut être :

- Un répertoire de la machine locale.
- Un répertoire partagé situé sur une autre machine. Il doit être fourni sous la forme d'un chemin UNC, et l'utilisateur courant doit avoir les droits d'écriture sur ce dossier.
- Un serveur Web IIS sur lequel un répertoire virtuel doit avoir été configuré pour accueillir les fichiers.
- Un serveur FTP pour lequel il est nécessaire de fournir certaines informations de connexion. Celles-ci peuvent être saisies dans la boîte de dialogue ci-dessous, ouverte après la validation de la dernière étape de l'**Assistant Publication**.

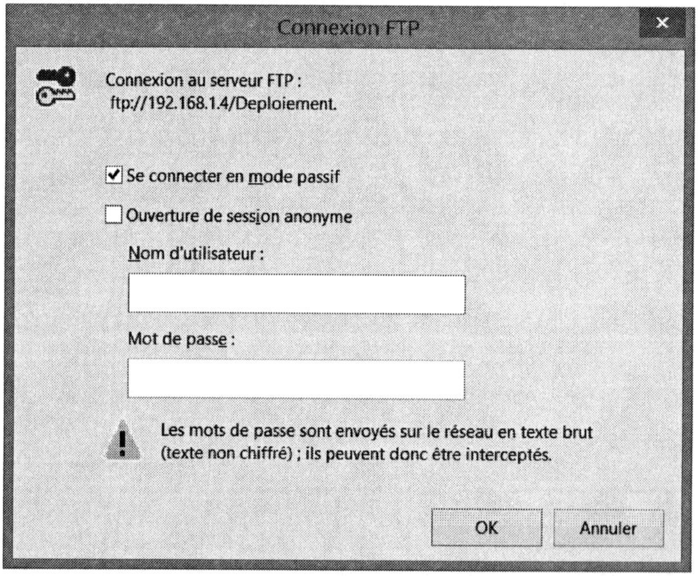

L'étape suivante permet d'indiquer la méthode de déploiement qui doit être utilisée pour l'application.

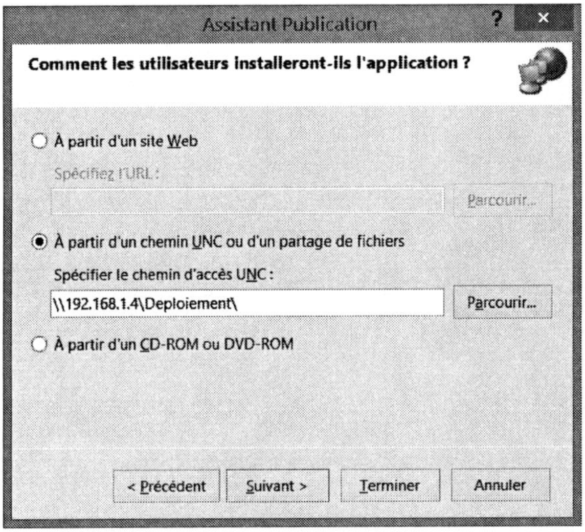

La sélection des options **À partir d'un site Web** ou **À partir d'un chemin UNC ou d'un partage de fichiers** nécessite de fournir une URL ou un chemin UNC à partir duquel sera installée l'application.

L'écran suivant permet de choisir le mode d'exécution de l'application :

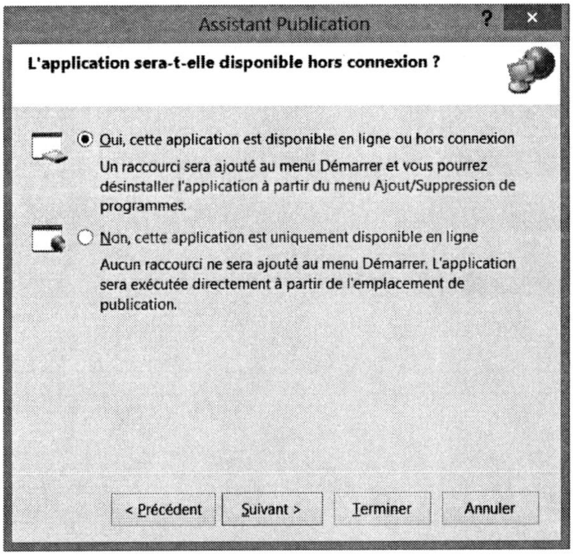

Après validation de cette étape, un nouvel écran rappelle l'emplacement de destination de la publication. Un clic sur le bouton **Terminer** lance l'exécution effective de la publication.

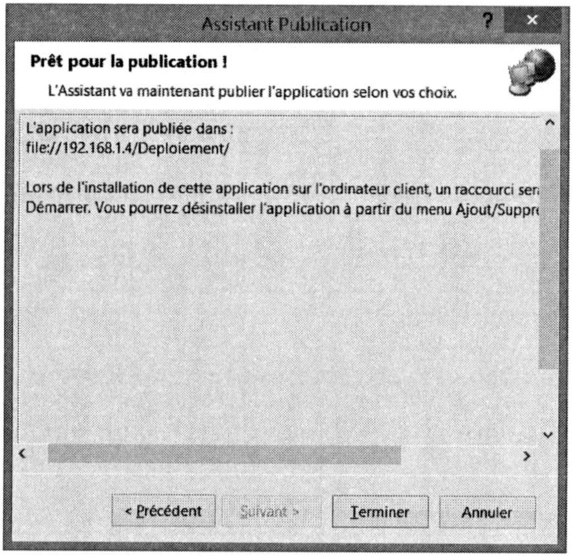

D'autres options de publication sont disponibles dans la section **Publier** des propriétés du projet.

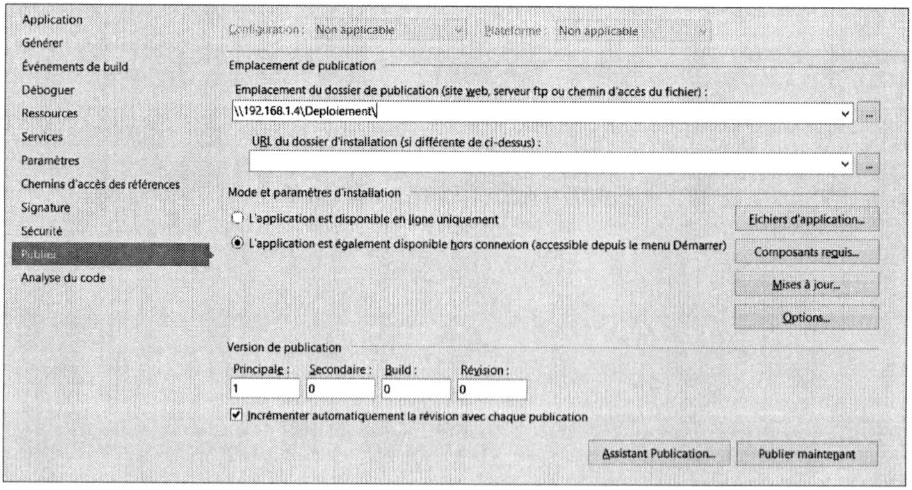

Le bouton **Fichiers d'application** ouvre une fenêtre permettant d'indiquer les fichiers à déployer. Les fichiers générés par la compilation du projet sont automatiquement inclus. D'autres fichiers peuvent être inclus en tant que **Fichiers de données**.

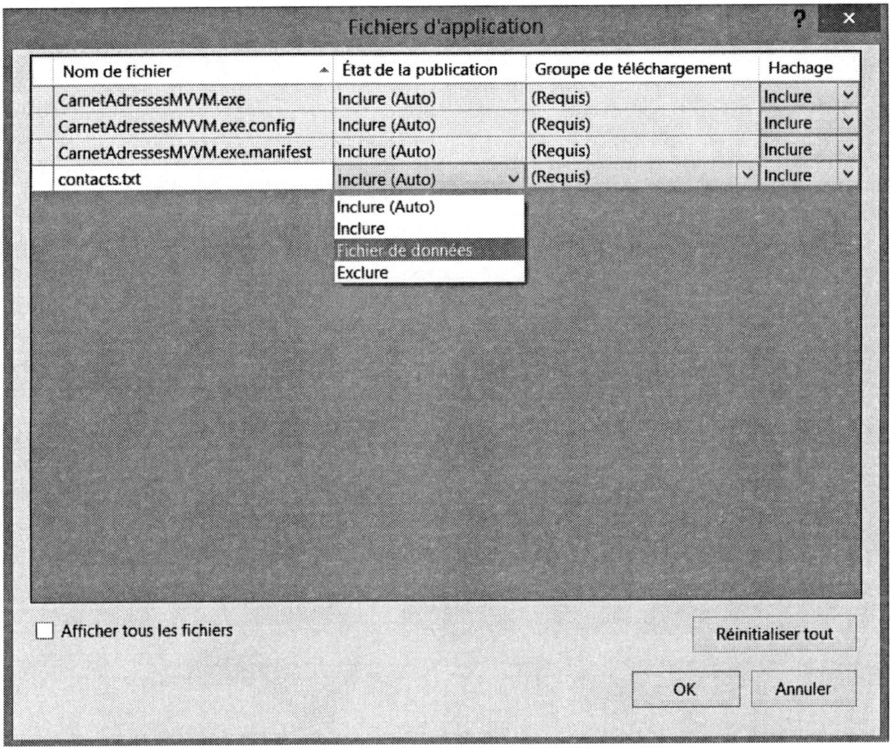

Le bouton **Composants requis** permet de sélectionner certains composants indispensables au bon fonctionnement de l'application.

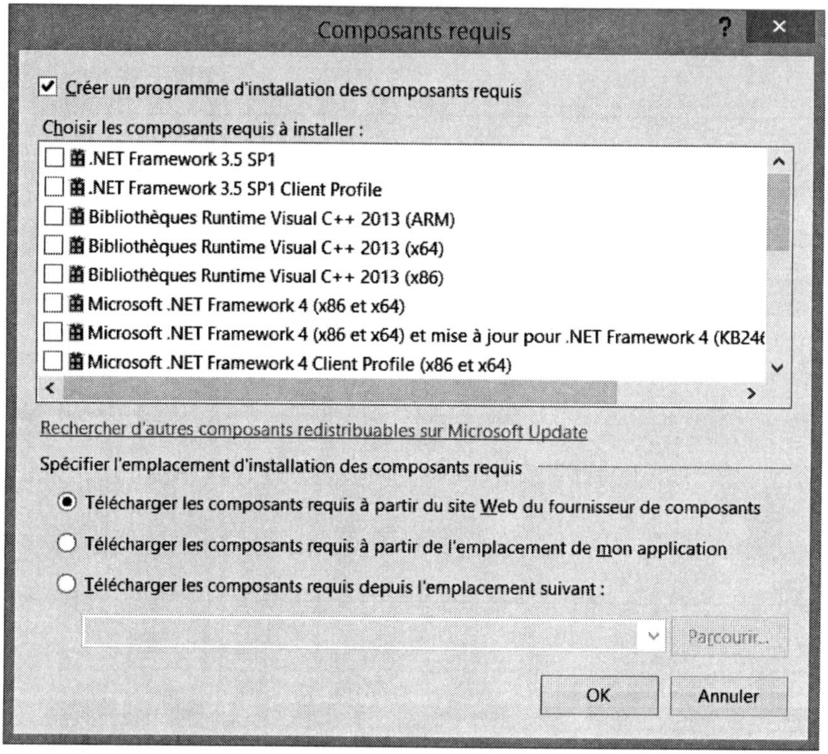

Il est possible de générer un programme d'installation pour les composants requis en cochant la case **Créer un programme d'installation des composants requis**. La source d'installation des composants requis doit être précisée à l'aide d'une des options situées dans la partie basse de cette fenêtre.

Le bouton **Mises à jour** permet d'indiquer certains paramètres relatifs notamment à la fréquence de vérification des mises à jour ou à leur mode de recherche.

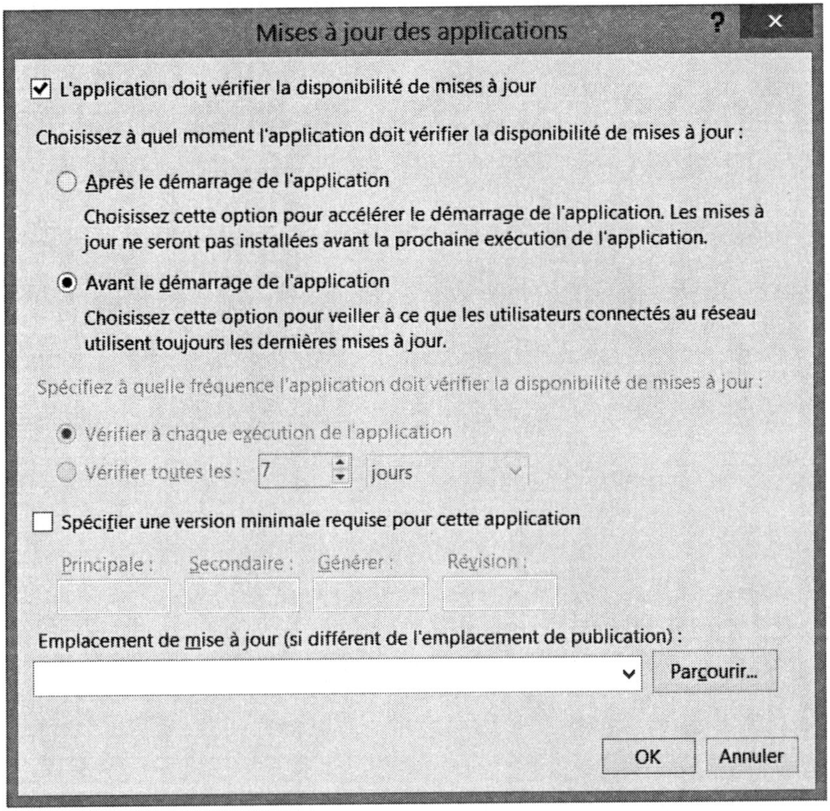

Le dernier bouton, nommé **Options**, ouvre une fenêtre de configuration de différents paramètres liés au déploiement.

Langue de publication

Indique la langue dans laquelle l'application doit être publiée.

Nom de l'éditeur

Spécifie le nom du développeur ou de la société éditrice de l'application. Si cette valeur n'est pas fournie, une valeur par défaut est utilisée.

Nom de la suite

Indique le nom de la suite logicielle dont fait partie l'application. Ce nom est utilisé pour nommer le dossier dans lequel l'application est installée.

Nom du produit

Ce paramètre correspond au nom de l'application. Lorsque ce paramètre n'a pas de valeur, le nom de l'assembly est utilisé pour le valoriser.

URL du support technique

Ce paramètre indique un site Web qui peut fournir des données d'assistance pour l'application.

Page Web de déploiement

La valeur de ce paramètre correspond au nom de la page Web de déploiement.

Utiliser l'extension de fichier ".deploy"

Les serveurs Web sont souvent configurés pour bloquer le téléchargement de fichiers dont l'extension n'est pas autorisée. Les exécutables et les bibliothèques de classes sont notamment régulièrement filtrés. Pour cette raison, le déploiement ClickOnce peut suffixer le nom de chacun des fichiers de l'application par l'extension `.deploy`. Ainsi, seules trois extensions doivent être autorisées dans la configuration du site Web pour que l'application puisse être exécutée :

- `.application`
- `manifest`
- `.deploy`

Bloquer l'activation de l'application via une URL

Lorsque cette option est cochée, l'application ne peut pas être démarrée à partir de l'URL associée à son manifeste de déploiement. Il est obligatoire de passer par le menu Démarrer de la machine.

Autoriser le transfert des paramètres d'URL vers l'application

Si cette option est activée, l'application peut accéder aux paramètres de l'URL utilisée pour lancer l'application. Elle peut ainsi les traiter et fournir un comportement particulier en fonction de ces paramètres.

Utiliser le manifeste d'application pour les informations d'approbation

La sélection de cette option vous permet de signer de nouveau le manifeste de l'application à l'aide d'un certificat contenant des informations vous concernant.

Chapitre 12
Aide-mémoire

Vous trouverez ici un récapitulatif des mots-clés de C# traités dans cet ouvrage, triés par ordre alphabétique. Chacun est accompagné d'un rapide descriptif et d'un exemple simple d'utilisation.

abstract

Utilisé avec une classe, définit que la classe ne peut pas être instanciée.

Utilisé avec une fonction/propriété, il indique que son implémentation devra être fournie par un type dérivé.

```
public abstract class Automobile
{
    public abstract void Demarrer();
}
```

as

Opérateur de transtypage. Lorsqu'une variable ne peut pas être transtypée, il renvoie `null`.

```
string maChaine = monObjet as string;
```

ascending

Définit un tri par ordre croissant lorsqu'il est utilisé avec le mot-clé `orderby` dans une requête LINQ.

```
var requete = from c in ListeClients
              orderby c.Nom ascending
              select c;
```

async & await

`async` marque une méthode comme pouvant être exécutée de manière asynchrone. Le type de retour des méthodes asynchrones doit être `void`, `Task` ou `Task<T>`.

`await` permet d'attendre la fin de l'exécution d'une tâche asynchrone avant d'exécuter la suite du code de la méthode.

```
public async Task<string> ExecuterAsync()
{
    return await Task.Run(() => "Coucou !");
}
```

base

Fournit un accès à un membre de la classe de base.

```
public class MonType : Object
{
    public string Afficher()
    {
           string texte = base.ToString();
           Console.WriteLine(texte);
    }
}
```

bool

Alias C# du type de données `System.Boolean`. Une variable de ce type a pour valeur `true` ou `false`.

```
bool estAffiche = true;
```

break

Dans un bloc `switch`, doit être présent à la fin de chaque étiquette `case` dans laquelle aucune instruction `return` n'est présente.

```
switch (valeur)
{
    case 0:
          Console.WriteLine("Cas 0");
          break;
}
```

Dans une boucle, permet la sortie de cette boucle.

```
int i = 0;
while (true)
{
    if (i == 7)
          break;
    i++
}
```

byte

Alias C# du type `System.Byte`. Une variable de ce type contient un numérique entier compris entre 0 et 255.

```
byte number = 42;
```

case

Associe un bloc d'instruction à une valeur numérique ou d'énumération dans un bloc `switch`.

```
switch (valeur)
{
    case 0:
          Console.WriteLine("Cas 0");
          break;
}
```

catch

Définit un bloc de gestion d'exception à la suite d'un bloc `try`.

```
try
{
    System.IO.File.Open("C:\\fichier.txt",
System.IO.FileMode.Open);
}
catch (System.IO.FileNotFoundException)
{
   //Gestion des exceptions de type FileNotFoundException
}
catch (Exception)
{
   //Gestion de toutes les exceptions non gérées
}
```

char

Alias C# du type `System.Char`. Contient un caractère Unicode défini par sa forme textuelle ou numérique.

```
char lettreC = 'C';
char lettreCNum =  '\u0063';
```

class

Définit une classe.

```
class MonType
{
}
```

const

Marque une variable comme constante. Les constantes sont des types particuliers de variables statiques, donc accessibles à travers le nom du type auquel elles appartiennent.

```
public const string NomFichierConfiguration = "config.xml";
```

continue

Permet d'interrompre l'exécution d'une itération d'une boucle pour passer à l'itération suivante.

```
for (int i = 0; i < 100; i++)
{
    if (i % 2 == 0)
        continue;
}
```

decimal

Alias C# du type `System.Decimal`. Une variable de ce type contient un numérique décimal compris entre ±1,0e-28 et ±7,9e28.

```
decimal valeurDecimal = 42.000042;
```

default

Utilisé comme étiquette dans un bloc `switch`, il permet d'exécuter une portion de code si aucune autre étiquette ne correspond à la valeur testée.

```
switch (valeur)
{
    case 0:
          Console.WriteLine("Cas 0");
          break;
    case 1:
          Console.WriteLine("Cas 1");
          break;
    default:
          Console.WriteLine("Ni le cas 0, ni le cas 1");
          break;

}
```

Il peut également être utilisé pour obtenir la valeur par défaut pour un type particulier.

```
int valeurDefautInt = default(int);
```

delegate

Type représentant une signature de fonction. Les délégués sont notamment utilisés pour fixer la signature des gestionnaires d'événements.

```
public delegate void EventHandler(object sender, EventArgs args);
```

descending

Définit un tri par ordre décroissant lorsqu'il est utilisé avec le mot-clé `orderby` dans une requête LINQ.

```
var requete = from c in ListeClients
              orderby c.Nom descending
              select c;
```

do

Utilisé pour débuter une structure de boucle `do ... while`. Ce type de boucle est exécuté au minimum une fois avant l'évaluation de la condition de sortie.

```
do
{
   Console.WriteLine(i);
} while (i < 5);
```

double

Alias C# du type `System.Double`. Une variable de ce type contient un numérique décimal compris entre ±5,0e-324 et ±1,7e308.

```
double valeurDecimal = 42.000042;
```

dynamic

Permet d'utiliser des variables dont le type n'est connu qu'au moment de l'exécution.

```
dynamic variableDynamic = "une valeur";
```

else

Utilisé dans la structure d'évaluation de condition `if ... else if ... else`. Il définit un bloc gérant les cas non vérifiés par la (les) condition(s) précédente(s).

```
if (valeur == 5)
{
}
else if (valeur > 5)
{
}
else
{
}
```

enum

Définit une énumération.

```
public enum TypePersonne
{
    Prospect,
    Client
}
```

event

Définit un événement qui peut être généré par sa classe parente.

```
public event EventHandler ExecutionTerminee;
```

false

Une des deux valeurs pour le type `System.Boolean`.

```
bool estActif = false;
```

finally

Utilisé dans l'écriture de structure `try ... catch ... finally`. Définit un bloc de code exécuté même si le blog `try` génère une exception.

```
try
{
}
finally
{
}
```

float

Alias C# du type `System.Single`. Une variable de ce type contient un numérique décimal compris entre ±1,5e-45et ±3,4e38.

```
float valeurDecimal = 42.000042;
```

for

Définit une boucle pour laquelle sont spécifiées une instruction d'initialisation, une condition de sortie et une instruction d'itération. Son nombre d'itérations est généralement connu avant son exécution.

```
for (int i = 0; i < 5; i++)
{
}
```

foreach

Définit une boucle parcourant tous les éléments d'une collection implémentant l'interface `IEnumerable` ou sa version générique `IEnumerable<T>`.

```
string[] tableau = new string[10];
foreach (string element in tableau)
{
}
```

from

Définit une source de données utilisée dans une requête LINQ.

```
var requete = from c in ListeClients
              select c;
```

get

Définit un bloc de code exécuté à la lecture d'une propriété. Si ce bloc n'est pas défini, la propriété est en écriture seule.

```
public string Message
{
     get { return "Un message"; }
}
```

goto

Définit un saut de l'exécution du code vers une étiquette.

```
Console.WriteLine("Avant le goto");
goto monEtiquette;
Console.WriteLine("Après le goto : jamais executé ");
monEtiquette:
Console.WriteLine("après l'étiquette ");
```

if

Définit un bloc de code exécuté uniquement si l'évaluation de la condition associée renvoie `true`.

```
if (i == 5)
{
}
```

in

Utilisé dans la définition d'une structure `foreach` ou dans une requête LINQ pour indiquer la collection source d'une variable.

```
foreach (string element in tableau)
{
}
```

```
var requete = from client in context.Clients
              select client.Nom;
```

int

Alias C# du type `System.Int32`. Une variable de ce type contient un numérique entier entre -2 147 483 648 et 2 147 483 647.

```
int nombreOiseaux = 123;
```

interface

Définit une interface. Le nom d'une interface commence, par convention, par un i majuscule.

```
public interface ITestable
{
}
```

internal

Modificateur de visibilité permettant de rendre un élément accessible par tous les types définis dans le même assembly.

```
internal class ClasseInterne
{
}
```

is

Opérateur de comparaison de type. Renvoie `true` si la variable indiquée est du type spécifié.

```
object valeur = "Ceci est une chaîne de caractères";
bool estUneChaine = valeur is string;
```

join

Permet d'effectuer une jointure entre deux collections de données dans une requête LINQ.

```
var requete =
    from c in ListeClients
    join comm in ListeCommandes on c.IdClient = comm.IdClient
    select new { c.IdClient, comm.IdCommande };
```

long

Alias C# du type `System.Int64`. Une variable de ce type contient un numérique entier compris entre -9 223 372 036 854 775 808 et 9 223 372 036 854 775 807.

```
long nombreOiseaux = 123;
```

namespace

Définit un espace de noms.

```
namespace MonApplication.ViewModel
{
}
```

new

Opérateur d'instanciation.

```
Client client = new Client();
```

Peut également être utilisé pour définir une contrainte sur un élément générique. Dans ce contexte, il force un type paramètre à avoir un constructeur sans paramètre.

```
public class Liste<T> where T : new ()
{
}
```

null

Valeur spéciale indiquant qu'un objet de type référence ne possède aucune valeur.

```
Client client = null;
if (client == null)
    client = new Client();
```

object

Alias C# du type `System.Object`. C'est la classe de base de tous les types .NET.

```
object obj = "Chaîne de caractères enregistrée dans une variable
de type object";
```

operator

Permet de redéfinir un opérateur standard de C#.

```
public static CollectionDeTimbres operator +(CollectionDeTimbres
collection1, CollectionDeTimbres collection2)
{
   CollectionDeTimbres resultat;
   resultat.nombreDeTimbres = collection1.nombreDeTimbres +
collection2.nombreDeTimbres;
   resultat.prixEstime = collection1.prixEstime +
collection2.prixEstime;

   return resultat;
}
```

orderby

Définit que les résultats d'une requête LINQ doivent être triés selon une ou plusieurs colonnes.

```
var requete = from c in ListeClients
              orderby c.Nom descending
              select c;
```

out

Définit un paramètre de méthode comme étant disponible en écriture.

```
private void ParametreOut(out int parametre)
{
    parametre = 5;
}
```

override

Dans une classe dérivée, indique qu'une méthode est redéfinie.

```
public override string ToString()
{
    return "Coucou !";
}
```

params

Indique qu'un paramètre de méthode peut contenir un nombre variable d'éléments.

```
static void Main(params string[] args)
{
}
```

partial

Définit qu'une classe ou une méthode peut avoir plusieurs parties.

```
public partial class ClassePartielle
{
}
```

private

Modificateur de visibilité permettant de rendre un élément visible uniquement par celui qui le contient.

```
private string chaine = "valeur";
```

protected

Modificateur de visibilité permettant de rendre un élément visible uniquement par la classe qui le contient ainsi que ses classes enfants.

```
protected string chaine = "valeur";
```

public

Modificateur de visibilité permettant de rendre un élément visible par tous les types.

```
public string chaine = "valeur";
```

ref

Définit un paramètre de méthode comme étant disponible en lecture et écriture.

```
private void ParametreRef(ref int parametre)
{
    parametre = 42;
}
```

return

Dans une procédure, force le retour à la méthode appelante. Dans une fonction, force le retour à la méthode appelante en renvoyant une valeur.

```
public void Procedure()
{
    return;
}
public int Fonction()
{
    return 42;
}
```

sbyte

Alias C# du type `System.SByte`. Une variable de ce type contient un numérique décimal entier compris entre -128 et 127.

```
sbyte nombreOiseaux = 123;
```

sealed

Indique qu'une classe ne peut pas être utilisée comme classe de base dans une relation d'héritage.

```
public sealed class ClasseScellee
{
}
```

select

Indique quel résultat doit être retourné par une requête LINQ.

```
var requete = from c in ListeClients
              select c;
```

set

Définit un bloc de code exécuté à l'écriture d'une propriété. Si ce bloc n'est pas défini, la propriété est en lecture seule.

```
public string Message
{
    set { this.message = value; }
}
```

short

Alias C# du type `System.Int16`. Une variable de ce type contient un numérique décimal entier compris entre -32768 et 32767.

```
short nombreOiseaux = 123;
```

static

Indique qu'un membre de classe est lié au type plutôt qu'à une instance du type. Les membres statiques sont utilisés avec la syntaxe `NomDeClasse.Membre`.

L'utilisation du mot-clé `static` avec une classe indique qu'une classe n'est pas instanciable et possède uniquement des membres statiques.

```
public static class ClasseStatique
{
    public static void MethodeStatique
    {
    }
}
```

string

Alias C# du type `System.String`. Une variable de ce type contient une chaîne de caractères.

```
string nomClient = "MARTIN";
```

struct

Définit une structure.

```
public struct MaStructure
{
}
```

switch

Exécute une portion de code en fonction d'une valeur numérique ou d'énumération. Chacun des cas traités est défini par un bloc case.

```
switch (valeur)
{
    case 0:
          Console.WriteLine("Cas 0");
          break;
    case 1:
          Console.WriteLine("Cas 1");
          break;
    default:
          Console.WriteLine("Ni le cas 0, ni le cas 1");
          break;

}
```

this

Référence l'instance actuelle de la classe contenant le code.

```
var objetActuel = this;
```

throw

Permet de générer une exception.

```
throw new Exception("Ceci est une exception !");
```

Utilisé seul dans un bloc `catch`, relance l'exception en cours de traitement.

```
catch (Exception ex)
{
    throw;
}
```

true

Une des deux valeurs pour le type `System.Boolean`.

```
bool estActif = true;
```

try

Définit un bloc d'instructions pouvant générer une exception. Un bloc `try` doit obligatoirement être suivi d'un bloc `catch` et/ou `finally`.

uint

Alias C# du type `System.UInt64`. Une variable de ce type contient un numérique décimal entier compris entre 0 et 18 446 744 073 709 551 615.

```
uint nombreOiseaux = 123;
```

ulong

Alias C# du type `System.UInt64`. Une variable de ce type contient un numérique entier compris entre 0 et 18 446 7440 73 709 551 615.

```
int nombreOiseaux = 123;
```

ushort

Alias C# du type `System.UInt16`. Une variable de ce type contient un numérique entier compris entre 0 et 65 535.

```
int nombreOiseaux = 123;
```

using

En en-tête de fichier, importe un espace de noms dans le fichier courant.

```
using System.Data.SqlClient;
```

Utilisé dans le code, permet de définir un bloc nettoyant automatiquement les ressources d'un objet implémentant l'interface `IDisposable` à la fin de son utilisation.

```
using (SqlConnection connexion = new
SqlConnection("Server=localhost\\SQLEXPRESS;Initial
Catalog=Northwind;Integrated Security=True"))
{
}
```

value

Utilisable uniquement dans le bloc `set` d'une propriété. Il correspond à la valeur assignée à la propriété.

```
public string Message
{
      get { return this.message; }
      set { this.message = value; }
}
```

var

Indique au compilateur qu'il doit déterminer par lui-même le type de la variable. Attention, ne pas confondre avec `dynamic` !

```
var chaine = "Coucou !";
```

virtual

Marque une méthode, une propriété ou un événement comme pouvant être redéfini dans une classe dérivée de la classe courante.

```
public virtual void MethodeVirtuelle()
{
}
```

void

Utilisé comme type de retour pour une procédure.

```
public void MaProcedure()
{
}
```

where

Dans une requête LINQ, permet de filtrer un jeu de données.

```
var requete = from c in ListeClients
              where c.Pays equals "France"
              select c;
```

Permet également de définir une contrainte sur un élément générique.

```
public class Liste<T> where T : IComparable
{
}
```

while

Définit une boucle dont le nombre d'itérations dépend de la valeur retournée par l'évaluation d'une condition.

```
while (i < 50)
{
}
```

A

B

C

D

G

H

I

L

O

P

T

U

V